CoinW...

Guide to U.S. C...
Prices & Value Trends

Written by
William T. Gibbs

with
Trends Values by
Keith M. Zaner

Edited by
Beth Deisher and Brad Reed

Designed by
Brad Reed

NINTH EDITION
1997

Published by Amos Press Inc., Post Office Box 150, Sidney, Ohio 45365-0150.
Publishers of Coin World; Linn's Stamp News; Cars and Parts Magazine;
Moneycard Collector; and the Scott Publishing line
of philatelic catalogs and albums.

ISBN:0-944945-19-8

Foreword

The information included in *The 1997 Coin World Guide to U.S. Coins, Prices & Value Trends* has been compiled by William T. Gibbs, news editor, Keith M. Zaner, Trends editor, and Brad Reed, project editor, with assistance from Paul Gilkes, senior staff writer.

For more than 35 years, *Coin World* has reported on the people, laws, new issues, auctions, pricing trends — all the elements that affect the hobby and business of collecting coins and related items. Our mission is to enrich coin collecting through knowledge.

In *The Coin World Price Guide* the *Coin World* editors present in an easy-to-use format a wealth of information and insights developed from experiences accumulated during the past three and a half decades. The Trends retail value guide and Trends Index charts included in *The Coin World Price Guide* are regular features in *Coin World*. The value of the information included in both Trends and the Trends Index charts has been proven over time.

To contact the editors of *Coin World* or request subscription information, write to Coin World, P.O. Box 150, Dept. 02, Sidney, Ohio 45365-0150.

CONTENTS

INTRODUCING THE GUIDE

WELCOME to the world of coins.

Coin World's *1997 Guide to U.S. Coins, Prices and Value Trends* is designed for the collector, whether neophyte or advanced. However, it should also be useful to the non-collector who has inherited some old coins, or has just become interested in coins, and to the history buff interested in facets of American history virtually ignored in most history textbooks.

In addition to our annual feature — this year focusing on finding rare and valuable coins in circulation — we present a greatly expanded values section, with almost 10,000 *more* values than previous editions. These additional Trends values are in the form of both more grades per series and more popularly collected varieties listed. With the additions, the 1997 Guide can now claim nearly twice the values of any other annual guide to United States coins.

Our comprehensive analysis of the rare coin market follows the annual feature, and then we get right in to what you buy this book for — the value trends of U.S. coins. Within the pricing section, we also present the technical specifications for each series, such as size, weight, composition and so on.

Following the pricing section are chapters devoted to mintages, Proof and Uncirculated sets and commemorative coins. Then you'll find a chapter about the art and science of grading (determining a coin's level of preservation and ultimately its value), a background history of U.S. coins, and a look at the Mint facilities.

We then discuss the history and latest techniques of coin manufacturing, followed by an illustrated guide to error coins. You'll also find information about the great and mysterious rarities of the hobby, a glossary of often-encountered terms and a full index for quick and easy reference.

Why do people collect coins?

There are many different reasons for collecting coins. You may want to collect coins because of their historical significance. Coins reveal much about a nation. For example, the word LIBERTY, appearing on every United States coin, says volumes about Americans' love of freedom. The motto E PLURIBUS UNUM, Latin for "one out of many," defines the nation's character, forged from 50 states and the many peoples who make up such a diverse country.

You may collect coins for their artistic beauty. The country's greatest sculptor at the turn of the century, Augustus Saint-Gaudens, sculptured classical designs for gold $10 and $20 coins. Many other U.S. coins are amazing examples of the coiner's art.

You may, like some people, collect for financial reward. This book is not an investment advisory. Many authors are willing to give you their personal recommendations. However, we would be remiss if we did not point out that many individuals have profited from collecting U.S. coins. As is true for any investment, investing in rare coins is a calculated risk. It is essential that the investor knows exactly what he is buying and understands the risks. The risks may be great, but so may be the rewards.

Or you may collect simply for the love of collecting. A true collector can't explain to the uninitiated the inner joy that comes from owning a 160-year-old half cent that cost less than $25, or a unique misstruck coin pulled from circulation at face value, or an 1861 half dollar which may have been struck by the Confederate States of America after it took control of the three U.S. Mints located south of the Mason-Dixon Line.

Regardless of your vantage point, we hope you will find this book useful, educational and entertaining.

Tips for new collectors

Beginning collectors soon learn that there are right ways and wrong ways for just about everything. But there are no "wrong" ways or "right" ways to collect coins and related numismatic items. No one way or method of collecting is objectively better than another.
• Never hold a coin by placing your fingers on the coin's surfaces. Instead, hold the coin by its edge. The human skin contains contaminants which can damage a coin's surfaces.

- Never speak or sneeze while bending over a coin. While this advice may sound silly, it's practical. Saliva and mucus can also damage a coin's surfaces if contact is made.
- Avoid the natural impulse to clean your coins. There are chemicals which can be used safely to remove dirt and other substances from a coin; however, these are best left to the expert. Cleaning coins with abrasive cleaners like scouring powder or pencil erasers will also damage them. Coins which have been naturally toned should be left alone; the patina — the film which builds up on the surfaces of the coin — forms on copper and silver coins as a natural result of the chemical reaction of the coinage metal to the environment, and actually helps protect the metal from further reactions. Many collectors and dealers find natural toning attractive, and will even pay a premium for attractively toned coins.
- Store your coins properly. In recent years, hobbyists have found that certain types of plastic used in coin holders and flips (plastic holders creased in the middle, with the coin housed on one side) actually damage the coins placed in them. Avoid storage materials made of polyvinylchloride (PVC); ask your dealer what is safe. Also, some forms of paper envelopes and albums contain high amounts of sulphur, a substance particularly damaging to copper coins. Do not leave your coins exposed to sunlight, high heat or high humidity for very long; all can damage a coin.
- Learn about grading. Chapter 8 discusses grading in more detail. Even a basic knowledge of what grading represents is important if you begin to buy coins from others. The higher the grade or condition a coin is in, the more it is worth.

Getting started

Collecting can be fun for the individual and for the entire family. It can be as easy as getting a couple of rolls of cents from the banks and placing the coins into folder-style albums, or a family trip to a local coin show (there are coin shows every weekend in some part of the United States; there's probably one in your area within the next few months).

A good place to start is with the Lincoln cent, particularly for the Lincoln Memorial design struck since 1959. It takes little effort to go to the bank, buy $5 worth (10 rolls) of cents and put individual dates and Mint marks into the holes of an inexpensive album or holder.

Your local coin dealer or newsstand probably has them. After going through the rolls and saving the dates needed, take the unwanted coins back to the bank and get some more.

Sorting pocket change and searching new rolls from the bank brings enjoyment to many beginners. It's inexpensive and doesn't take a lot of time or effort. You may want to substitute Roosevelt dimes for the cents, or maybe Washington quarter dollars, or Indian Head cents (the latter necessitating a trip to a coin show or your local dealer), but the goal is still the same — collecting an example of each date and Mint mark for any given series.

Coin collecting opens many doors: economics, history, art and technology, both old and new. Welcome to the world of numismatics and U.S. coins!

WANT to turn one cent into $3,000 overnight?

Just have the kind of luck an unemployed Oregon woman experienced during the spring of 1995. She found a Lincoln cent, struck in 1969 at the San Francisco Assay Office, that, because it was struck from an improperly produced die that had a doubled date and legends, makes it one of the most desirable of recent U.S. coins. She sold the coin to a coin dealer for $3,000!

Although finds such as this woman found are rare, collectors and non-collectors have discovered, in recent years, coins that are worth much more than their face value. Many of these coins are die varieties or errors – coins that feature some abnormality that make them more desirable than normal coins to many collectors. Others are coins with low mintages, some even unknown until their unexpected discovery.

The weekly pages of *Coin World* are occasionally filled with the reports of coins found in circulation and old collections that are worth more than their face value. Granted, these kinds of finds don't happen every day, or even every month, but they do occur. Knowing what to look for is important. Reading this book you hold in hands is a first step. Reading *Coin World* magazine, especially the Collectors' Clearinghouse column, is another step along the path of knowledge, of learning what is valuable, and what isn't.

The Oregon woman, an unemployed coin collector, didn't rely on luck. Instead, she took information that she had learned as a coin collector – that there is a rare and valuable coin collectors call a 1969-S Lincoln, Doubled Die cent – and used that knowledge when examining coins she encountered in circulation.

What makes her coin different from most of the other 540 million 1969-S Lincoln cents struck is the strongly doubled date and legends caused by a *doubled die.*

A *die* is the part of the coining press that forms the images on either side of a coin. Dies – it takes both obverse and reverse dies to strike a coin – are composed of a very hard steel, and bear the appropriate images (though the design elements on a die are reversed and incused, the complete opposite of what you find on a coin).

A die is formed on a hydraulic press. A blank piece of die steel, its face shaped into a cone to facilitate receiving design images, is placed into the press, as is a *hub.* A hub looks like a one-sided coin at the end of a cylinder made of hardened steel. The hub is impressed into the blank die steel, which begins to form the design elements on the new die. However, because the die steel is so hard, the designs cannot always be completely formed on the die with one pressing from a hub (the new die shop at the Denver Mint, which opened May 13, 1996, has state-of-the-art equipment that permits single-impression hubbing, thus eliminating most doubled dies). The partially completed die must be removed from the press, heated to soften the metal, cooled, and placed back into the press for a subsequent hubbing operation.

If the partially completed die is placed back into the press properly, and the same hub used for the first pressing is used for the second impression, the resultant die should be normal. However, if the alignment between the hub and partially completed die is incorrect, or if a different hub is used to complete the die, a doubled die can occur.

That's what happened to the die that struck the Oregon woman's coin. The first pressing of the hub into the die was normal, but when the die was reinserted into the press for a second hubbing, either the die or the hub was rotated slightly from its original alignment. Thus, when the hub and die came together a second time, the design elements were applied in a slightly different position on the die. (To duplicate what happened, make fists of both of your hands and bring them together so that the edges along the thumbs are perfectly aligned. Now twist one of your fists slightly so that the thumbs are no longer perfectly aligned. If you can imagine your left fist as the die being hubbed, and your right fist as the hub being used to complete the hubbing, you can approximate what occurs during the creation of a doubled die.)

As you can tell by the photographs of the 1969-S Lincoln, Doubled Die cent shown here, you can see two distinct images of LIBERTY and IN GOD WE TRUST as well as the date. Note, however, that the S Mint mark below the date is undoubled. That's because the S Mint mark was punched into the die after the die was otherwise completed.

The 1969-S Lincoln, Doubled Die cent is a highly desirable coin. The Oregon woman sent the coin to ANACS, a grading and authentication service located in Columbus, Ohio, where its graders authenticated the coin as a doubled die, and assigned a grade of Extremely Fine 45 to it (see **Chapter 8 "Grading"** for details on grading coins).

She then began offering the coin to dealers. She first showed the coin to local coin dealers, but rejected their offers because she felt they were too low. A friend told her about a coin dealer in Santa Rosa, Calif., so the woman borrowed her friend's phone (she didn't own a phone herself) and called Jack H. Beymer. Beymer offered the woman $3,000 for the coin, sight-unseen. He could do that because the woman had had the coin authenticated by ANACS. It's unlikely he would have offered to buy the coin if it had not been authenticated.

The woman accepted the offer, and sent it to Beymer, who in turn sold it to two other dealers for $3,500. They, in turn, sold it to another dealer for $4,000, and he sold it to another dealer for $5,250. A collector bought the coin from this Fowler, Calif., dealer for $6,000.

In a few short months, this 1969-S Lincoln cent went from its face value of 1 cent to a value of $6,000, all because a collector knew what she had found, and knew what to do with the coin (i.e., to get it authenticated, which probably cost her about $20).

The 1969-S Lincoln, Doubled Die cent is the rarest and most valuable of cents struck since 1959. A very high-grade specimen sold for $16,500 in January 1996, a record price for the Lincoln cent with Lincoln Memorial reverse.

This 1969-S Lincoln cent is just one of dozens of coins waiting to be found. Collectors routinely search their change, particularly when new coins are released, hoping to find a new doubled die variety. Many of the interesting coins collectors can find in circulation are doubled die coins.

The current record holder for a Lincoln cent doubled die is a 1958 Lincoln, Doubled Die cent which brought $25,025 in a private transaction in July 1996. The coin was one of two found by a collector in a Mint-sewn bag in 1960 at face value. Just two or three specimens are known, leading collectors to speculate that Mint officials prevented most of them from entering circulation.

A very good year

1995 was a good year for doubled dies, with at last count at least seven different varieties being identified (that's seven different doubled dies, from both the Philadelphia and Denver Mints). The varieties show differing levels of doubling, with none of the doubling as strong as it appears on the 1969-S Lincoln, Doubled Die cent.

The first 1995 Lincoln, Doubled Die cent was discovered in Connecticut in February of that year. The collector who found the coin recognized it as a doubled die thanks to Collectors' Clearinghouse articles he had read in *Coin World*. He sent the coin to *Coin World* where his find was verfied and announced to the world.

Like pop artist Andy Warhol predicted, the collector found his 15 minutes of fame. Newspapers and radio and television stations from all over the world – many of them interviewing him – carried the story. Many, many specimens of the 1995 Doubled Die cent were found by collectors and non-collectors alike, most of them east of the Mississippi River. The coins initially sold for several hundred dollars each, but as thousands were discovered, prices dropped to as low as $20 for specimens in really nice condition. Still, when prices for the coin were still high, *Coin World* received many reports from collectors and non-collectors who had found multiple specimens and were able to sell them, using their profits for such things as mortage payments and college tuition.

This initial discovery caused collectors and non-collectors to examine their coins closely. Other, less significant 1995 and 1995-D doubled die cents were found, none of which brought premiums that were as high as brought by the first variety discovered. Still, each of these doubled die coins is collectible, and there are specimens in circulation awaiting discovery.

Not all found in circulation

However, not all doubled dies are found in circulation. They can turn up at any time, in any place. Just ask the sister of New York coin dealer Paul Bosco.

A number of years ago, Bosco's sister purchased a box of antique stationery. Also included in the box were some old coins. She set the coins and stationery aside for several years. At the time, she had no idea that one of the coins she had purchased was quite rare and valuable.

Early in 1996, the woman visited her brother and while in church, mentioned she had some coins to show him. After the church service was over, Bosco examined the coins. Among the coins were a "motley" of Liberty Head 5-cent coins, some 1920 Winged Liberty Head dimes, and several Indian Head 5-cent coins, two dated 1914 and three dated 1916. However, the three 1916 Indian Head 5-cent coins weren't alike. One was a bit different. A lot different, in fact.

One of the 1916 coins was – you guessed it – a doubled die. The Indian Head, Doubled Die 5-cent coin is a really good example of this form of die variety. The doubling appears on the date, which is strongly doubled (see the accompanying photo), as well as on the throat and chin of the Indian, on the feathers of his headdress, and on the tie on the Indian's braids. The doubled date is especially spectacular.

The coin grades Extremely Fine (Bosco had the coin graded and authenticated like the Oregon woman who found the 1969-S cent). Bosco sold the coin in a June 1996 auction, where it brought $11,250.

His sister's price for the box of stationery, including the bag of coins? Just 50 cents!

Struck in the wrong metal

Not all of the valuable coins being found in circulation or family collections are doubled dies. There are all kinds of errors and die varieties waiting to be found, with collector values ranging from a dollar or so to $82,500.

That $82,500 is what a 1943-D Lincoln cent struck on a bronze planchet brought in a May 1996 auction in California. What makes this coin valuable is its composition. With the entry of the United States into World War II in December 1941, metals routinely used in coins suddenly became strategic metals, used in producing ships, aircraft, tanks, guns and munitions. The composition of the Jefferson 5-cent coin was altered in 1942, and that of the cent in 1943. The cent, normally struck in an alloy composed of 95% copper, was struck in a zinc-coated steel composition. However, some planchets from 1942 remained on hand when the 1943 steel cents went into production, and a small number were struck (some accidentally, others possibly deliberately).

All three Mints then in operation – Philadelphia, Denver and San Francisco – struck 1943 Lincoln cents on bronze planchets. The rarest is the Denver variety. Just one 1943-D Lincoln cent struck in bronze has been authenticated, the piece that sold in May 1996 for $82,500. It was consigned to the auction by the family of a late Denver Mint employee. It is not known how the employee obtained the coin.

An initial bid of $50,000 was made for the coin when it was offered at auction. Two collectors bidding by telephone quickly bid the coin to its final level before one dropped. That collector quickly regretted doing so, and contacted the winning bidder through the auction house to offer him $100,000 for the coin. The winning bidder turned down the offer and said he would refuse even $200,000 for the coin.

The Philadelphia and San Francisco versions of the 1943 bronze cent have brought somewhat lower bids, ranging from a couple thousand dollars to $40,000. Most of the specimens bringing these prices were found in circulation by average collectors and non-collectors who had enough knowledge to realize what they had discovered, and how to act on it.

A word of warning. Thousands of 1943 steel cents have been plated with copper as souvenirs. Each time a genuine bronze specimen sells and is publicized, *Coin World* receives numerous calls from individuals who believe they have one of the rare coins. A simple magnet test generally proves that the coin is plated (it the coin is attracted to a magnet, it's composed of steel and has been privately plated). If the coin is not attracted to a magnet, look at the 3 in the date. The tail of the 3 should extend to well below the other numerals in the date. If it doesn't, the coin may be an altered 1948 cent, with the left side of the 8 cut away to resemble a crude 3. However, if your coin passes these two tests, there's a slight chance you have a genuine coin. We'd like to know about that, and we can advise you on what steps to take next; call (513) 498-0853.

Amazing find

Sometimes, unexpectedly, coins surface for which no records exist, yet they're obviously genuine Mint products.

One such spectacular find was made in 1978, when a private individual walked into a Chicago coin shop with an 1870-S Seated Liberty half dime. There was just one problem. San Francisco Mint records indicate no such coin was struck, yet this coin was obviously genuine to the dealer who bought it and to authenticators, who determined the reverse die as the same one used to strike 1871-S Seated Liberty half dimes.

Numismatic legend has it that the coin was found in a "junk box." That's the term dealers and collectors apply to a box of coins generally considered junk: cheap foreign and U.S. coins; "culls," coins that have been damaged and thus are offered at low prices; tokens and medals; and pieces the dealer is unable to identify. Whther this is the truth or myth is uncertain, although the dream of finding an extremely valuable coin in a junk box is obtainable.

So how did a collector obtain a coin that supposedly was never struck?

The half dime isn't the only 1870-S coin in existence for which no mintage records exist. At least nine 1870-S Seated Liberty dollars are known, although as with the 1870-S half dime, no records exist. Several other 1870-S coins are unique or nearly so, including the unique 1870-S Indian Head $3 gold coin, and the 1870-S Indian Head gold dollar, of which 40 to 50 specimens survive (records do survive of this latter coin).

The San Francisco Mint began construction on a new facility in 1870, and when the cornerstone was laid that year, a number of coins struck at the older, existing facility were supposedly placed into the cornerstone. Numismatists believe a small number of coins were struck for the ceremony, with some placed into the cornerstone and others possibly distributed to dignitaries. The unique 1870-S Seated Liberty half dime may be one of those VIP pieces.

When the coin was authenticated, it was placed on display at a major coin convention before it was sold to a Michigan coin dealer for $425,000. It was sold later to another dealer for $176,000, and when auctioned in 1986, it brought $253,000. It was placed on the market in 1991 at a price of $1.5 million, although there has been no public record of the coin selling.

New York Subway Hoard: 23,000 coins strong!

Collectors attending the American Numismatic Association's 105th Anniversary Convention got a chance to see 241 1916-D Winged Liberty Head dimes – each of which was found in circulation! The 1916-D Winged Liberty Head dime is one of the key dates of the series, and one of the most desirable of 20th century U.S. coins. Even in Very Good 8, a low grade, these coins currently bring $700 or more, each.

The 241 dimes on display were part of nearly 23,000 coins called the "New York Subway Hoard." The 23,000 coins were pulled from circulation by a collector and part-time dealer and his brother-in-law, an employee of the New York Transit Authority.

During the 1940s, 1950s and 1960s, the two men pulled nearly 23,000 highly collectible coins used primarily in subway train and bus fares, acquiring the coins at face value by exchanging common coins for the scarce and rare ones.

The list of coins found by the men is enough to make any collector salivate at their good luck. Among the other rarities, they found 166 1942/1 Winged Liberty Head dimes (a rare doubled die "overdate"); 19 Standing Liberty quarter dollars dated 1916 (check out the Values section for the value of circulated specimens); 29 1918/7-S Indian Head 5-cent coins; three 1918/7-S Standing Liberty quarter dollars; 600 1921 Winged Liberty Head dimes; six 1893-S Barber half dollars; and much, much more.

A New Hampshire coin firm, Littleton Coin Company, paid $250,000 for the 23,000 coins in the hoard, all of which were pulled from circulation at face value. Collectors were to be offered the coins in the fall of 1996, just as this book was due to come off the press.

Cherrypicking is fun

One of the more interesting pursuits in the coin collecting hobby is called "cherrypicking." Cherrypicking is the art of finding rare die varieties or other coins (i.e., "cherries") at a fraction of their real value because the owner is unaware of their true nature.

Now not everyone agrees with the ethics of cherrypicking. Is it fair, opponents ask, for a collector to walk into a dealer's shop, search through the dealer's inventory and buy a $5 coin that has a value of $50 or $500? Some who object to the reverse – a dealer paying a collector $5 for a $500 coin and not telling the seller that the coin is rarer than he suspects – believe a collector has an obligation to be truthful to a dealer, just as a dealer has an obligation to be truthful to a collector.

Others, however, believe that a dealer, who is in the field as a professional, should know his stock. If he misses a rare die variety because he doesn't have time to closely examine each and every coin he owns for die varieties, or hasn't bothered to learn about die varieties, then it's his own fault that he has improperly identified and priced some of his stock, others say.

Ethical issues aside, lots of collectors and dealers cherrypick. Armed with specific knowledge about varieties, they closely examine coins in dealers' inventories, hoping to find a rare variety, or maybe even a previously unknown variety, such as a doubled die coin not previously reported.

It takes time to learn how to cherrypick. A cherrypicker must look at hundreds and thousands of coins, and must be able to distinguish doubled dies from machine-doubled coins; must know what repunched Mint marks look like; must know what series are ripe for the picking.

For those who successfully find cherries, it's great sport. Finding a rare die variety worth several hundreds of dollars for just a few bucks is a wonderful feeling. It makes those hours searching through thousands of coins with no luck all worthwhile. And everyone loves a bargain.

Pursuit of knowledge requires no magic

There's no magic to finding the rare die varieties mentioned in this chapter and in Collectors' Clearinghouse columns and *Coin World* news stories. Anyone can learn to find them. All it takes is knowledge, which is really quite easy to find.

Collectors are going to need a good library of magazines, newsletters and books in order to learn about die varieties.

Coin World is a must for its reports of new die varieties and old varieties unknown to all but a few specialists. A subscription form (if you're not already a subscriber) is available on the page immediately preceding the Collectors' Clearinghouse page in each issue.

J.T. Stanton's newsletter, *Cherrypickers' News*, is brand new and a good source for information on new die varieties. Write to Stanton at P.O. Box 15487, Savannah, Ga. 31416-2187.

Join the Combined Organizations of Numismatic Error Collectors of America and read the group's magazine, *Errorscope*. Annual dues (in 1996) are $15 for regular members and $5 for youths under age 18. Write for membership applications to CONECA, Ken Hill, Box 18943, Seattle, Wash. 98118-0943.

Join the Society of Doubled Die Collectors of America and read its newsletter, *Double Talk.* Annual dues are $15 for adults and $7.50 for youths under age 18. Make checks payable to Gary Wagnon/SDDCA, and mail check and application to Frank Bauman, Membership Chairman, 746 Isabelle St., Memphis, Tenn. 38122-3507.

Buy and read Arnold Margolis' *The Error Coin Encyclopedia* and J.T. Stanton's and Bill Fivaz's *The Cherrypickers' Guide to Rare Die Varieties.* Both books are available from dealers specializing in numismatic literature. (See the Classified Advertising section in this issue of *Coin World*, category 181, Coin Books, or call Coin World Books, 1-800-253-4555, for assistance.)

What should you do if you think you've found a valuable coin?

You can show it to a local coin dealer, but not all dealers have specialized backgrounds in die varieties and error coins.

You can send the coin to one of the authentication and grading services for authentication. Each firm charges a fee for its services, and keeps that fee whether or not they find your coin authentic, or whether they agree with you that your coin is a rare die variety.

You can send the coin to *Coin World*, in care of the Collectors' Clearinghouse department. Clearinghouse receives from 100 to 200 coins a month that collectors hope are rare and valuable coins. Many of the coins depicted in the chapter in this book on errors are from collectors who found the coins in circulation. There is no fee for this service, although we do request return postage, especially if you want the coins returned via insured or registered mail. Package the coins securely in a standard coin holder, and place the coin between two sheets of cardboard to keep them from sliding out. (We've received envelopes from collectors who simply threw them into an envelope without securing them in a holder, with the coins tearing a hole in the envelope and falling out during transit, so be careful. However, do not apply tape directly to the surface of the coin; the tape will leave a sticky residue on the coin that will lower its value.) Address the package to *Coin World*, Collectors' Clearinghouse, P.O. Box 150, Department B, Sidney, Ohio 45365-0150. We'll examine the coins and return them to you along with a letter explaining what happened to them.

The rare coin market 1995 – 1996

By Keith M. Zaner
Coin World Trends Analyst

If the rare coin market from summer 1995 through summer 1996 is remembered for just one event, it will have to be this: For the first time, a U.S. coin sold at public auction broke the $1 million barrier.

The sale of a 1913 Liberty Head 5-cent coin for $1.485 million during the May 1996 auction of the Louis E. Elisaberg Sr. collection has to be the highlight of the rare coin market during the period between the August 1995 and August 1996 conventions of the American Numismatic Association.

We'll examine the rare market from the viewpoints of several categories: auctions, conventions, private transactions, super finds and a look at what was hot during reporting period, and what wasn't.

Auctions

Although a number of major collections appeared on the auction block during the reporting period, the most anticipated was the first part of a planned two auctions of coins from the Louis E. Eliasberg Sr. Collection. The first part, sold May 20-22, 1996, brought a total prices realized of more than $11.5 million. This first part comprised half cents through dimes, plus early American coins, pioneer gold coins and pattern pieces.

The three-night spectacular was conducted by Auctions by Bowers and Merena Inc., Wolfeboro, N.H., in cooperation with Stack's of New York City.

The auction was characterized by heated bidding wars, excitement, great collector and dealer enthusiasm and a room packed with over 300 people. The atmosphere was reminiscent of the raging bull market that took place during the Garrett sales from 1979-81.

Many new price records were established. None, however, was bigger than the sale of the finest known 1913 Liberty Head 5-cent coin, which brought $1.485 million.

Eliasberg records

Other Eliasberg record prices include a 1796 No Pole, Liberty Cap half cent, $506,000; 1852 Coronet half cent, $78,100; 1793 Liberty Cap cent, $319,000; 1823/2 Coronet cent, $39,600; 1851 Proof silver 3-cent coin, $61,600; 1867 Shield, Rays 5-cent coin, $57,200; 1797 Draped Bust, 15 Stars half dime, $59,400; 1803 Draped Bust, Large 8 half dime, $53,900; 1796 Draped Bust dime $77,000; 1828 Capped Bust dime $40,700; Proof 1844 Seated Liberty dime, $88,000; 1845-O Seated Liberty dime, $90,200; 1873-CC Seated Liberty, No Arrows dime, $550,000; 1894-S Barber dime, $451,000; Undated 1652 New England shilling, $63,800; 1787 Indian/Excelsior New York copper piece, $143,000; 1882 Shield Earring pattern dollar, $85,250; 1879 Quintuple Stella $20 gold pattern, $214,500; 1860 $20 Clark, Gruber pioneer gold coin, $90,200; and a C. Bechtler $2.50 pioneer gold coin $42,900.

The Eliasberg auction was by no means the only sale during which price records fell. Four U.S. coins, each among the finest known for the date, established record prices during the Stack's session of Numisma '95 on Nov. 29. The Numisma' 95 two-session auction took place in New York Nov. 29-30, 1995, and realized more than $6.6 million. Collectors battled for rare coins which seldom appear on the market.

The four record prices reported were for a gem Brilliant Uncirculated 1796 Draped Bust, 16 Stars half dollar, which sold for $330,000; a gem BU 1797 Draped Bust half dollar, $517,000; a gem BU 1794 Flowing Hair dollar, $577,500; and a choice BU 1796 Capped Bust, No Stars $2.50 quarter eagle, $605,000.

The auction market was hot in late January and early February 1996. The results not only excited onlookers and participants but showed the strength of the collector market for truly outstanding quality and rare coins.

Superior's auction of the Robinson S. Brown collection of large cents dated 1793 to 1839 posted a total prices realized of nearly $2 million, for coins totaling less than $7 in face value. An 1834 Coronet cent with Large Date, Stars and Letters, graded Proof 40, realized $46,200. Early Date and Middle Date large cents prices jumped as aggressive bidders purchased coins at higher than expected prices.

Bowers and Merena's auction of the James B. Pryor collection of half dollars realized a total of nearly $2 million. Among the highlights was a trio of 1916 Walking Liberty half dollar patterns, each of which realized a winning bid of $20,900.

In a private sale conducted in Tucson, Ariz., March 14, 1996, by Scott Travers Rare Coin Galleries, New York, type coins brought strong prices. A Mint State 65 1875-CC Seated Liberty quarter dollar brought $6,710; an MS-66 1876-CC Seated Liberty half dollar, $4,180; a Proof 65 1909 Barber half dollar, $3,025; and an MS-64 1905 Coronet $5 half eagle sold for more than $3,700.

This sale, by invitation only to a handful of dealers, shows that when you get people bidding competitively for high-quality material, they can pay a substantial premium to acquire the coins.

In another Bowers and Merena auction, featuring the Dr. Set Shahbabian collection, a 1796 Draped Bust, Small Eagle quarter dollar, graded AU-55, brought $13,200, and an MS-65 1969-S Lincoln, Doubled Die cent realized $16,500, a record for the Lincoln Memorial series, in another sale realizing nearly $2 million.

Stack's New York auction of the Lewis M. Reagan collection topped $1.57 million in prices realized, including $42,900 bid for an About Uncirculated 1794 Flowing Hair half dollar.

Competitive bidding

A collection of early U.S. gold coins of outstanding quality and rarity brought sharp, competitive and strong bidding from dealers and collectors during the auction of the Michael I. Keston collection of classic United States and 20th century gold coinage.

The 253-lot auction brought approximately $3 million Jan. 30 before a packed auction room of more than 100 collectors and dealers. The auction, conducted by Superior Stamp & Coin – An A-Mark Company, had three individual gold coin rarities each realize more than $100,000. Two highlights include a PCGS MS-64 1829 Capped Head, Large Planchet half eagle which realized $209,000 and a PCGS MS-64 1933 Indian Head $10 eagle that brought $187,000.

A record price was realized for a small cent when $82,500 was paid for the only authenticated example of a 1943-D Lincoln cent struck on a bronze planchet. The winning bidder was prepared to pay more as he turned down $100,000 for the coin soon after the auction by Superior Stamp & Coin of Beverly Hills, Calif.

The August 1995 activity was dominated by the ANA convention in Anaheim and while the market was especially active it was not very volatile. It was a period which saw many rare coins and numismatic related material hit the public auction block. This was especially evident throughout the quarter as major auction companies had large auctions. The term *large* indicates that each sale contained more than 2,000 lots and generally generated more than $1,500,000.

These sales were held around the country from New York to California and collectors had ample opportunity to purchase coins while the economy was generally good, showing little signs of inflation becoming a problem. Yet, the price of rare coins remained stable and except for an occasional spurt in an individual rarity, things in the numismatic world remained rather quiet. Still, collector and type coins continued to dominate the demand side of the equation. Prices for these coins remained firm.

Precious metals weak

With inflation seemingly under control of the Federal Reserve, the precious metals were generally weak in lackluster trading. Therefore, common date bullion oriented coins mirrored their activity. Similarly, Proof sets, Uncirculated sets and modern commemorative coins experienced weakness throughout our yearly analysis.

However, there were some trades that took place which surprised many hobbyists. The old saying "nice material always brings strong money" seemed to hold true throughout the reporting period. For example, Tangible Investments of America Inc., Laguna Beach, Calif., sold several five- and six-figure rare coins as well as other coins totaling $750,000 during the five-day ANA show. Impressive was the $100,000 plus price paid for a Professional Coin Grading Service graded Proof 65 1802 Draped Bust dollar. Also, another coin sold by TIA, for an amount greater than $60,000 was a PCGS 1804 Draped Bust quarter dollar. This is the second finest known example and the first quarter dollar with the Heraldic Eagle reverse.

Still, the market was sluggish through November. In fact, the coin market was weaker than usual at the Oct. 5-8 Long Beach

(Calif.) Coin & Collectibles Expo, although collectors were still selectively buying certain coins and paper money on the bourse floor.

Public auctions held during this period resulted in Indian Head 5-cent coins declining in value while the Walking Liberty half dollars have been heading in the opposite direction. Those trends are true mainly for scarce dates grading in the Mint State category. However, prices for coins in the circulated category for each of these two series remain steady to increasing. It may be that an unusual number of high-grade Uncirculated Indian Head 5-cent coins hit the market at once in quantities greater than the number of collectors who want them. Also, as prices increased for these scarce dates, the number of buyers declined and the numbers looking to take profits increased.

Collectors should recognize these cycles and trends and regard them as opportunities. This way, a collector can enjoy his or her hobby and at the same time, protect his or her store of value. It's important to recognize trends and be ready to act upon them while enjoying coin collecting.

Kennedy half dollars?

Kennedy half dollars attracted collectors' attention during the latter half of 1995. Many mintages throughout the 1980s and '90s have been surprising small, and consequently Brilliant Uncirculated examples — especially rolls — have increased in value.

Collectors should notice the opportunities to find certain dates in circulation or in original bank rolls, still in BU condition. Although some dates such as 1987 and 1987-D were not struck for circulation, many others were. Collectors can acquire desirable low-mintage 1982-P, 1982-D, 1985-P, 1985-D, 1986-P, 1986-D, 1988-P, 1988-D, 1991-P, 1991-D, 1992-P, and 1992-D.

Values and demand for the 1986-P and 1986-D coins have been increasing. Dealers want to purchase these dates and are paying from $25-$30 for a 1986-P BU roll and $22-$25 for a roll of Denver coins.

What's hot and what's not

Several current-dated coins have become popular among collectors. A strong secondary market has developed for the 1-ounce silver Proof 1995-W American Eagle dollar. The West Point Mint struck coin was only available as part of the 10th Anniversary set, which also includes the four gold Proof issues.

The 1995-W bullion silver dollar has a mintage of only 30,125 and the next lowest mintage is the 1994-P, more than 10 times greater; it's obvious why the price has jumped. In fact, by June 1996 the coin was retailing for more than $500.

Collectors who purchased 1995-S Proof sets will be happy to learn that the sales of the regular five-coin set were the lowest of any Proof set sold since the 1960 set. However, it's too early to draw long-term conclusions to the May 1996 $13 to $18 bid/asked spread. This market should be established by Autumn 1996.

Demand remains strong for Flying Eagle cents, Indian Head cents, Indian Head 5-cent coins, and Seated Liberty dollars.

Collectors are picky

However, collectors continue to be very picky. For example, those collectors interested in acquiring key and semi-key date Indian Head 5-cent coins want them to grade from Very Fine through About Uncirculated. They expect those coins grading Very Fine to come with a full horn (on the bison on the reverse).

In a private dealer-to-dealer transaction, the N.M. Kaufman specimen 1825/4 Capped Head $5 half eagle gold coin changed hands Feb. 20, 1995, for a reported amount of more than $200,000. Dealer Julian Leidman, Silver Spring, Md., sold it for a client to Heritage Rare Coin Galleries, Dallas.

The coin has been graded and encapsulated by NGC as AU-50. Some dealers believe the coin to only grade Extremely Fine condition. Regardless, the coin is one of two known and is in great demand by specialists.

Until the 1970s, the specimen in the Louis E. Eliasberg Sr. Collection was thought to be the only known specimen. However, the existence of a second example was confirmed by Harry X Boosel, when he appraised a collection which had been off the market for decades. This collection was residing in the vault of a Marquette, Mich., bank.

Nathan M. Kaufman, the son of a German immigrant, was born in Marquette in 1863. Among his interests beyond coin collecting, he was one of the founders and president of the Marquette County Savings Bank. About the turn of the century, Nathan sold or gave his collection to his brother, Louis G. Kaufman. Nathan died in 1918.

Louis Kaufman was president of several banks, including the First National Bank & Trust Co. in Marquette. When a new bank building was built in 1927, the Kaufman collection was placed on display in the directors' room, where it remained for 50 years until appraised by Boosel.

On Aug. 4-5, 1978, the Kaufman collection was sold at public auction by the Rare Coin Company of America Inc., Chicago. The 1825/4 half eagle brought $140,000.

Demand for Uncirculated Peace dollars was evident among some dealers. Peace dollars are considered to be attractively priced at current levels. Many dealers believe that Peace dollars grading MS-64 and MS-65 are good values, at $50 and $150 respectively for common dates. They also believe the key and semi-key dates are equally reasonably priced at current levels.

A second specimen of the NC-5 1800/1798 Draped Bust cent has been identified from a grouping of coins that came from an old shipyard that operated in the 1920s and 1930s in New Bern, N.C.

The NC-5 designation refers to Dr. William H. Sheldon's description in *Penny Whimsy* of a variety as being "Non-Collectible" — fewer than three specimens are known to be in collector hands.

The cent, in a later die state than the previously unique specimen, was discovered by North Carolina collector W.S. "Sherwood" Henderson. The coin was verified and graded by EAC member Rod Burress in Cincinnati. Burress said the coin has Very Fine detail, but he gave it a net grade of Very Good 10 (EAC Fine 12) because of surface roughness and minor imperfections.

The most interesting hoard to hit the market during the year is the 1913-S $20 Saint-Gaudens double eagle. The hoard contains at least 250 coins and probably more. It surfaced from another country where many American gold coins found salvation after the 1933 law prohibiting the manufacture of gold coins, private hoarding of gold and the use of gold as money or in lieu of money was signed by President Franklin D. Roosevelt.

Naturally, the value for 1913-S $20 gold coins has dropped significantly. This drop was especially steep in MS-64 as the *PCGS Population Report* indicated a 104.76 percent increase in March.

Out of hiding

It's amazing how one coin can bring another out of hiding. That was the case as the seventh known specimen of a copper 1943-S Lincoln cent emerged during the Long Beach (Calif.) Coin & Collectibles Expo May 30-June 2. The coin grades Extremely Fine and collector is interested in selling it although, there hasn't been any confirmation yet.

The year 1996 may be remembered for a long time as the year of the Lincoln cent. Not only did a Lincoln cent set a record price for a small cent, but during Stack's June 10-2 auction in New York, a choice Brilliant Uncirculated 1944 zinc-coated steel Lincoln cent sold for $22,000. The buyer purchased this coin despite the fact that zinc is highly unstable chemically and is therefore prone to flaking.

Market trends

The strength of four series pushed *Coin World's* MS-65 Trends Index in a positive direction in 1995 in what was otherwise a lackluster market. Morgan dollars, Indian Head 5-cent coins, Walking Liberty half dollars and Seated Liberty 20-cent coins all registered strong gains in 1995. Actually, the *Coin World* MS-65 Index would have suffered a decline if not for the strength of these four series.

Strong gains in MS-65 key and semi-key date Morgan dollars, Indian Head 5-cent coins and Walking Liberty half dollars were instrumental for the increases among these three popular series between Jan. 1 and Dec. 31.

Gold coin values generally declined throughout 1995. Rare date gold coins were especially hard hit. Significant gains realized by these coin throughout the early 1990s have resulted in profit taking.

Declines occurred for coins from all Mints, but especially for those struck at the Carson City and New Orleans Mints. Circulated and Uncirculated grades lost ground. However, occasionally, an outstanding specimen received a record price, but this was the exception rather than the rule.

Coin dealers specializing in rare-date gold coins report a lot of interest for scarce dates in circulated through Mint State condition. However, demand is selective as buyers are carefully examining each coin. Activity has increased because prices have come down over the past year and collectors are attracted to these new levels. But the increase in the price of gold bullion, to just below the $400 per ounce level, was the overwhelming catalyst for gold coin demand.

Overall Trends Index graph

Legend: ⋯⋯ AU.50 — MS.60 - - MS.65 ✚ PF.65 ✖ SERIES

About the Trend graphs

The *Coin World* Trend Index graphs in this book track the movement of individual series on a quarterly basis from December 1983 through June 1996. All information is garnered from *Coin World's* Trends, tracking more than 16,000 of the more than 30,000 values in Trends.

December 1983 is the base month and is assigned the value 100. Price movement from that date is depicted as a percentage of the base value — a price rise of 10 percent is depicted as 110; a decrease of 10 percent, 90. These are not actual dollar amounts; a circulated grade in a particular series may have risen dramatically, while the Uncirculated values have remained steady. However, the actual dollar values of the Uncirculateds may be much higher than the circulated pieces.

Three value ranges for each series are depicted in the graphs. The series line traces the movement of the series as a whole, across all available grade ranges. The highest available circulated grade is shown, as is the highest available Uncirculated grade. The exception is for charts depicting the currently circulating series. Here, the highest available Uncirculated grade and the highest available Proof grade are depicted, usually Mint State 65 and Proof 65.

The Trend graphs visually depict information from *Coin World* Trends. While no one has a lock on predicting the future, past performance is one of the tools market analysts watch carefully for indications of the future. However, past performance is no guarantee of future performance.

Changes in grading standards may also affect future price movements, as they have done in the past.

Changes to Trends

A change has taken place in the listing of the Gobrecht dollar series. Values will no longer be listed in the Mint State category, since production was limited to Proofs, including those struck for circulation. *Coin World* has added the circulated Proof grades of Extremely Fine 45 and About Uncirculated 55, plus Proof 64.

We've also expanded the number of Gobrecht dollar varieties listed. Restrike listings now include the 1836 Name on Base, coin turn; the 1836 Name on Base, medal turn; and the 1839 medal and coin turn.

Collectors should be aware that a handy way of detecting an original Proof from a restrike is by noting the orientation of the flying eagle on the reverse to the obverse. It is believed original strikes will show the eagle flying upward if the coin is carefully rotated along its horizontal axis (coin turn) or vertical axis (medal turn). Restrikes will show the eagle flying horizontally when examined in the same manner.

RARE coin prices rise and fall based upon the interest of collectors, investors and dealers, the overall economy, changes in precious metals prices and a host of other factors.

In 1979-80, rare coins enjoyed immense popularity and prices soared. Rare coins became a very popular investment commodity as investors who had never considered coins turned to the numismatic hobby. That market peak coincided with higher precious metals prices, high inflation rates, interest rates that were six to eight points higher than they are today, oil prices that were much higher than they are currently and an otherwise weak national economy.

The rare coin boom was good for dealers, many of whom found themselves making more money than ever before. The average collector, on the other hand, found himself locked out of the booming market by high prices. Coins that a few years earlier were well within the budget of the average collector suddenly were being offered at prices that in many cases exceeded the collector's total annual budget for coins. Numismatic publications of the boom period were filled with letters from disgruntled collectors, angry over the high cost of collecting. Many said they were leaving the hobby, possibly forever.

However, interest in rare coins as investments waned as inflation seemed to be tamed and the national economy improved. Other, more traditional investments like the stock market began bringing higher returns than rare coins, and precious metals prices dropped. Common-date gold double eagles — $20 coins struck from 1850-1933 — that were worth $774 in precious metals value alone when gold was worth $800 an ounce dropped in value intrinsically as the price of gold lost half of its value in the early to mid-1980s.

Most market observers consider the bottom of the rare coin market to have coincided with the recession in the summer of 1982.

Problems in the numismatic market also helped lessen investor interest in rare coins. As prices dropped, dealers and others sought to maintain the values of their holdings. Grading standards tightened; in order to keep a value of a Mint State 65 coin, for example, a specimen would have to grade at a level that a few months earlier would have been called Mint State 67. Collectors, dealers and investors found that their holdings would have to pass stricter scrutiny. What would have been accepted as one grade level in 1979 — Mint State 65, for example — may have been accepted as only a Mint State 63 several years later, with a corresponding drop in price. Investors who were already losing money because of falling prices lost even more money as new grading standards made their coins worth even less.

From 1982 to 1987, grading standards changed and the market wavered. Some years were better than others, but the market never approached the levels achieved in 1979-80. That's not to say the market was dead. Indeed, many major collections entered the market through public auctions. Collections built over the span of decades by such collector greats as Virgil Brand, Emery May Norweb, Amon G. Carter Jr. and Robinson Brown were sold, often in auctions spaced over 18 months to three years. Prices for the classic rarities —coins such as the 1804 silver dollars and 1913 Liberty Head 5-cent coins — generally did not reach the lofty levels generated in 1979-80. In fact, some of the same pieces selling for record highs in those two years realized much lower prices when they reappeared at auction from 1981-87.

However, a new force began to emerge beginning in late 1987. The collector, who had all but abandoned the rare coin field since the boom period, began to return. Collector rarities became the most sought-after pieces, as well as common-date coins in top-notch conditions preferred by investors.

Meanwhile, investors were also re-examining the rare coin market. Coins that many collectors have always considered common suddenly became rare in the eyes of some dealers and investors. Franklin half dollars, struck from 1948 to 1963, became a hot item. Specimens in the higher levels of Mint State and sharply struck began realizing prices that only a few years earlier would have been unthinkable.

It is difficult to define what is a collector's coin and what is an investor's coin, since there is a great deal of overlapping. However, to generalize, investors — some of whom know little about numismatics — prefer high-grade coins, usually graded by a grading service and housed within that service's permanently sealed plastic holders (the sealed holders, investors believe, will prevent any future disagreement over a coin's grade). In many cases, the coin is a common-date piece; it is the high quality of the coin that attracts the investor because high profits can be made quickly.

Collectors, on the other hand, pride themselves on their advanced knowledge. While grade is important, the rarity of the coin or the variety is important (a variety is the difference between individual dies or hubs of the same basic design type). Many true collectors dislike the concept of permanently sealed holders because they cannot physically handle their coins.

The philosophies between the two groups differ as well. Investors purchase rare coins for one reason: to make a profit. Collectors, on the other hand, collect out of the sheer joy of collecting (although most would not mind if the value of their collections increases through the years).

We make no predictions in these pages about what the future may bring for rare coins. We provide the reader with information. The Trends listings give a guide as to retail value. The Coin World Trends Trend graphs provide a look at performance by quarterly increments over the past few years. Such charts reflect the past, and some use them as a tool for spotting undervalued series and as a means of projecting the future.

We will note that historically, the rare coin market appears to move in cycles. Q. David Bowers, a longtime and well-respected dealer, was one of the first in the hobby to write about price cycles. The overall market moves in cycles, with peaks in 1973-74 and 1979-80, and slumps in 1975-76 and 1981 to late 1987. In 1979-80, the cycle peaked, with prices and interest higher than ever before.

Individual series also experience cyclical movements, with gold coins popular in some years, Proof sets and rolls in other years, and silver dollars at other times.

How coins become rare

The first factor that makes a coin rare is its mintage. The term mintage is the number of specimens struck for any given date at a specific Mint. However, mintage figures are often deceptive. For example, the United States Mint struck a total of 312,500 1933 Indian Head eagles, a $10 gold coin. However, price records indicate that the coin is much rarer than the mintage would indicate; perhaps as few as 30-40 pieces now exist.

What happened? The coins were struck shortly before President Franklin D. Roosevelt signed an executive order forbidding Americans to own gold coins. The only gold coins not banned from private ownership were those with numismatic value held by collectors and dealers. Only a few of the 1933 Indian Head eagles struck were released into circulation; the rest were melted before they ever left the Mint. (The 1933 Saint-Gaudens double eagle, a $20 gold coin, was *never* released into circulation. However, a few pieces turned up in dealers' hands, only to be confiscated or withdrawn from circulation. Treasury officials deem it illegal to own the coin since it was never officially released.)

Another case of how mintage figures can be misleading is raised by the 1883 Liberty Head 5-cent varieties. Two distinct varieties were struck that year. The first bears the denomination on the reverse in the form of the Roman numeral V; the word cents does not appear. After larcenous individuals began gold-plating the Liberty Head, No CENTS 5-cent coin and passing it off as the similarly sized $5 gold half eagle, a new variety was struck. The second variety bears the word cents in addition to the Roman numeral V. Approximately three times as many of the second, with CENTS variety were struck (mintage: 16 million) as the first, no CENTS variety (mintage: 5.5 million). However, prices for the more common variety are much higher than for the lower mintage piece.

The sudden replacement of the 1883 Liberty, No CENTS 5-cent variety led to the quick withdrawal of the coin by the public, certain they had a rarity. The much more common variety entered circulation and stayed there, with many more pieces eventually consigned to the melting pot as they became too worn and were withdrawn by banks. Thus, many more specimens of the first variety were saved by collectors.

As noted, most coins end up in the melting pot. As coins circulate, they become worn, scratched and damaged. Eventually, they are returned to the Mint for melting. Gold and silver coins have been melted in large quantities by the government and by private individuals. When gold surpassed $800 an ounce and silver reached $50 an ounce in January 1980, millions of common-date gold and silver coins were melted for their precious metal content. A worn 1964 quarter dollar, for example, worth a dollar or less to a collector in 1978 had a bullion value of $9.04 when silver hit $50 an ounce!

Researchers study survival rates by degree of preservation. One author traced the appearances of all U.S. gold coins sold at auction by grade. Several grading services now publish population reports of the coins they grade, another indicator of the survival rate for a particular coin in a particular condition.

Unexpected supplies of coins turning up on the market can also have an impact on the rare coin market. A 1903-O Morgan silver dollar in Uncirculated was listed in a popular price guide published in 1962 as being valued at $1,500, and a 1904-O Morgan dollar, also in Uncirculated condition, was priced at $350. A year later, in the next edition of the same price guide, the 1903-O dollar was priced at $30 in the same grade, a loss of more than $1,400, and the 1904-O dollar was worth just $3.50, 1 percent of its value a year earlier!

What had happened was that the Treasury Department cleaned out some of its vaults as citizens turned in ever-increasing numbers of silver certificates in exchange for silver dollars. Numerous bags of the 1903-O and 1904-O dollars, in storage for nearly 60 years, were suddenly dumped onto the market at face value. Prices plummeted.

It is unlikely that such extreme examples will occur again. The Treasury Department sold the last of its silver dollar holdings beginning in 1972 in a series of seven sales, through the General Services Administration. However, some private hoards of certain coins may still exist.

Demand and dealer promotion can also affect the price of a coin. For example, certain types of error coins are promoted as part of the regular series although in actuality, they are not. For example, the 1955 Lincoln, Doubled Die cent is heavily promoted, as is the 1972 Lincoln, Doubled Die cent. Activity is high for both coins, collector albums often have a space reserved for them, and they are heavily promoted by dealers. However, other doubled die cents, much rarer than the 1955 and 1972 coins, are promoted only by a few dealers specializing in error coins. Their prices are often much lower than the heavily promoted pieces because their existence is known only to a few specialists, and the supply is greater than the demand.

About the Trends values

The values in this price guide were compiled by *Coin World* Trends Editor Keith M. Zaner through August 1996. *Coin World's* Trends is a comprehensive retail value guide of U.S. coins, published consecutively in a three-week cycle in *Coin World*. Many different sources are used in determining the Trends, including dealer price lists (both buy and sell), prices quoted on two dealer trading networks, public auction prices, realistic private transactions and any additional information acquired by the staff. Also, demand and rarity are key considerations in compiling Trends. Values are for problem-free, original and uncleaned coins with attractive color.

Coin World neither buys nor sells coins. Trends values are published as a reader service and may or may not be the same as an individual's or a firm's buy or sell prices.

Unless otherwise noted, condition (grade) designations are for the lowest possible level of each grade range. See **Chapter 8** for additional information concerning grading.

Reading a Trends listing

It is not possible to configure each line of Trends to the market peculiarities of each date and variety of every series of U.S. coin. As a result, holes may appear in the listing.

A dash listed among the values usually indicates a coin for which accurate market information is not available due to rarity or lack of activity in the marketplace. An asterisk indicates no coins issued. FV means the coin is commonly available at face value.

	F-12	VF-20	EF-40	AU-50	MS-60	MS-63	MS-65	Prf-65
1954 S/D	—	6.00	9.85	14.00	22.50	35.00	50.00	*
1955	.23	.25	.30	.35	.45	.60	2.15	8.00
1955-D	.07	.08	.10	.15	.19	.28	1.25	*

— = Insufficient pricing data   *** = None Issued**   **FV = Face Value**

Half cent Trend graph

----- AU-50   —— MS-60   - - SERIES

Liberty Cap, Left half cent

Date of authorization:	April 2, 1792
Dates of issue:	1793
Designer/Engraver:	Adam Eckfeldt
Diameter (Millimeters/inches):	23.50mm/0.93 inch
Weight (Grams/ounces):	6.739 grams/0.21666 ounce
Metallic content:	100% copper
Edge:	Lettered (TWO HUNDRED FOR A DOLLAR)
Mint mark:	None

	AG-3	G-4	VG-8	F-12	VF-20	VF-30	EF-40	EF-45
1793	800.	1425.	2100.	3550.	4750.	7000.	10500.	13500.

— = Insufficient pricing data   * = None Issued   FV = Face Value

Liberty Cap, Right half cent

Date of authorization: April 2, 1792
Dates of issue: 1794-1797
Designers: (Large Head): Robert Scot
(Small Head): Scot-John Gardner
Engraver: Robert Scot
Diameter (Millimeters/inches): 23.50mm/0.93 inch
Weight (Grams/ounce): 1794-1795: 6.739 grams/0.21666 ounce
1795-1797: 5.443 grams/0.17500 ounce
Metallic content: 100% copper
Edge: 1794-1797: Plain
1797: Lettered (TWO HUNDRED FOR A DOLLAR)
1797: Gripped
Mint mark: None

	AG-3	G-4	VG-8	F-12	VF-20	VF-30	EF-40	EF-45
1794	145.	275.	550.	785.	1700.	2200.	3350.	4750.
1795 Lettered Edge	140.	275.	525.	750.	1650.	2150.	3250.	4250.
1795 Plain Edge, Pole, Punctuated Date	90.00	215.	400.	700.	1200.	2100.	3150.	4500.
1795 Plain Edge, No Pole	85.00	200.	375.	600.	1000.	1850.	2900.	3750.
1795 Lettered Edge, Pole, Puctuated Date	175.	325.	600.	900.	1500.	2750.	4500.	5500.
1796 With Pole	6250.	10750.	14000.	19000.	24500.	28500.	36500.	41500.
1796 No Pole	8500.	19000.	27500.	38500.	65000.	——	——	——
1797 Plain Edge	150.	250.	400.	750.	1300.	2100.	4500.	5500.
1797 Plain Edge, 1 above 1	115.	200.	375.	675.	1050.	1700.	2900.	4000.
1797 Lettered Edge	390.	685.	1300.	2450.	5250.	——	26000.	——
1797 Gripped Edge	5250.	9500.	19000.	——	——	——	——	——

Draped Bust half cent

Date of authorization: April 2, 1792
Dates of issue: 1800-1808
Designers: Obverse: Gilbert Stuart-Robert Scot
Reverse: Scot-John Gardner
Engraver: Robert Scot
Diameter (Millimeters/inches): 23.50mm/0.93 inch
Weight (Grams/ounces): 5.443 grams/0.175 ounce
Metallic content: 100% copper
Edge: Plain
Mint mark: None

	G-4	VG-8	F-12	VF-20	VF-30	EF-40	AU-50	MS-60
1800	29.00	55.00	100.	190.	325.	400.	650.	1500.
1802/0 Reverse of 1802	500.	1250.	2200.	8000.	—	—	—	—
1802/0 Reverse of 1800	13500.	27500.	45000.	—				
1803	35.00	55.00	130.	225.	325.	675.	1500.	3000.
1804 Plain 4, Stemless	30.00	37.50	55.00	105.	150.	240.	440.	1300.
1804 Plain 4, Stems	50.00	90.00	150.	300.	800.	2000.	4000.	—
1804 Crosslet 4, Stemless	37.50	50.00	65.00	125.	250.	450.	750.	1450.
1804 Crosslet 4, Stems	35.00	45.00	62.50	110.	200.	300.	800.	2250.
1804 Spiked Chin	37.50	57.50	77.50	160.	225.	385.	700.	1750.
1805 Small 5, Stemless	26.75	38.00	57.50	125.	155.	340.	575.	1550.
1805 Large 5, Stems	30.00	55.00	80.00	135.	275.	450.	750.	—
1805 Small 5, Stems	500.	1850.	3350.	—				
1806 Small 6, Stemless	26.00	35.00	50.00	80.00	105.	225.	385.	1000.
1806 Large 6, Stems	30.00	40.00	60.00	90.00	150.	250.	450.	1100.
1806 Small 6, Stems	200.	375.	675.	1250.	1450.	2650.	—	—
1807	30.00	47.50	80.00	130.	190.	300.	600.	1550.
1808	28.00	55.00	90.00	185.	265.	400.	1200.	3250.
1808/7	165.	385.	775.	1950.	2700.	4000.		

Classic Head half cent

Date of authorization:	April 2, 1792
Dates of issue:	1809-1835
Designer/Engraver:	John Reich
Diameter (Millimeters/inches):	23.50mm/0.93 inch
Weight (Grams/ounces):	5.443 grams/0.175 ounce
Metallic content:	100% copper
Edge:	Plain
Mint mark:	None

	G-4	VG-8	F-12	VF-20	VF-30	EF-40	AU-50	MS-60
1809	24.00	30.00	47.50	60.00	85.00	150.	340.	800.
1809 Circle in O	25.00	37.50	70.00	110.	200.	375.	800.	—
1809/6	26.00	30.00	40.00	80.00	100.	150.	525.	950.
1810	29.00	35.00	80.00	190.	265.	525.	1050.	2350.
1811	135.	325.	735.	1275.	2350.	5000.	12000.	—
1825	27.50	32.50	55.00	77.50	105.	175.	325.	850.
1826	20.00	30.00	37.00	57.50	75.00	125.	200.	385.
1828 13 Stars	20.00	30.00	36.00	55.00	65.00	85.00	180.	310.
1828 12 Stars	20.50	31.00	42.50	85.00	105.	185.	375.	1450.
1829	20.00	28.00	35.50	52.50	62.50	82.50	170.	275.

1831 Originals and Restrikes
  Original Very Fine 25 $8600 VF-30 $10250 Prf-65 Br $22500; Restrike Prf-64 R&B $12500 Prf-66 red $24500.

	G-4	VG-8	F-12	VF-20	VF-30	EF-40	AU-50	MS-60
1832	20.00	28.00	35.50	45.00	52.50	70.00	150.	250.
1833	20.00	28.00	35.00	45.00	52.50	70.00	145.	245.
1834	20.00	28.00	35.00	45.00	52.50	70.00	145.	245.
1835	20.00	28.00	35.00	45.00	52.50	70.00	145.	245.

1836 Originals and Restrikes
  Original Prf-15 $2100; Prf-60 $3500 Prf-63 $5500 Prf-64 $12000; 2nd Restrike Prf-65 red $45000.

Coronet half cent

Date of authorization:	April 2, 1792
Dates of issue:	1849-1857
Designers:	Obverse: Robert Scot-Christian Gobrecht
	Reverse: John Reich-Gobrecht
Engraver:	Christian Gobrecht
Diameter (Millimeters/inches):	23.50mm/0.93 inch
Weight (Grams/ounces):	5.443 grams/0.175 ounce
Metallic content:	100% copper
Edge:	Plain
Mint mark:	None

	G-4	VG-8	F-12	VF-20	VF-30	EF-40	AU-50	MS-60	MS-63
1840-49 Originals and Restrikes									
AU-50 $2200 Prf-60 $3300 Prf-63 $4750 Prf-64 $8750 Prf-65 red $20000.									
1849 Large Date	32.00	40.00	47.50	62.50	70.00	95.00	175.	325.	950.
1850	34.00	42.00	50.00	67.50	75.00	125.	225.	415.	1500.
1851	29.00	32.50	40.00	50.00	55.00	70.00	135.	245.	400.
1852 Restrikes									
1st Restrike Small Berries Prf-60 $2600 Prf-62 $4000 Prf-63 $4500 Prf-64 Br $4750 Prf-65 R&B									
$11500; Large Berries Prf-63 Br $90000.									
1853	29.00	32.50	45.00	55.00	60.00	72.50	115.	215.	360.
1854	30.00	33.00	42.50	50.00	55.00	70.00	115.	215.	375.
1855	30.00	32.50	42.50	50.00	55.00	70.00	120.	215.	360.
1856	32.00	35.00	43.00	60.00	65.00	82.50	140.	225.	450.
1857	35.00	40.00	52.50	80.00	87.50	125.	190.	375.	600.

Flowing Hair, Chain cent

Date of authorization:	April 2, 1792
Dates of issue:	1793
Designer/Engraver:	Henry Voigt
Diameter (Millimeters/inches):	28.50mm/1.13 inches
Weight (Grams/ounces):	13.478 grams/0.43333 ounce
Metallic content:	100% copper
Edge:	Vine and bars, or lettered (ONE HUNDRED FOR A DOLLAR)
Mint mark:	None

	AG-3	G-4	VG-8	F-12	VF-20	VF-30	EF-40	AU-50
1793 AMERICA	1100.	2450.	3850.	5850.	12000.	14250.	19000.	39000.
1793 AMERICA, Periods	1200.	2550.	4000.	6000.	12500.	15000.	20000.	40000.
1793 AMERI.	1350.	2750.	4100.	6100.	13500.	15500.	20500.	40500.

— = Insufficient pricing data   * = None issued   FV = Face Value

Flowing Hair, Wreath cent

Date of authorization:	April 2, 1792
Dates of issue:	1793
Designers:	Obverse: Henry Voigt-Adam Eckfeldt
	Reverse: Eckfeldt
Engraver:	Adam Eckfeldt
Diameter (Millimeters/inches):	28.50mm/1.13 inches
Weight (Grams/ounces):	13.478 grams/0.43333 ounce
Metallic content:	100% copper
Edge:	Plain, lettered (ONE HUNDRED FOR A DOLLAR)
Mint mark:	None

	AG-3	G-4	VG-8	F-12	VF-20	VF-30	EF-40	AU-50
1793 Vine and Bars	475.	900.	1250.	2400.	3400.	5750.	7500.	13000.
1793 Lettered Edge	575.	1050.	1400.	2800.	3900.	6000.	8750.	16500.
1793 Strawberry Leaf	75000.	125000.	250000.	——	——	——	——	——

—— = Insufficient pricing data   *** = None Issued**   **FV = Face Value**

Liberty Cap cent

Date of authorization:	April 2, 1792	
Dates of issue:	1793-1796	
Designers:	(1793-1794): Joseph Wright	
	(1794-1796): Wright-John Gardner	
Engravers:	(1793-1794): Joseph Wright	
	(1794-1796): Robert Scot	
Diameter (Millimeters/inches):	28.50mm/1.13 inches	
Weight (Grams/ounces):	1793-1795: 13.478 grams/0.43333 ounce	
	1795-1796: 10.886 grams/0.34999 ounce	
Metallic content:	100% copper	
Edge:	Plain, or lettered (ONE HUNDRED FOR A DOLLAR)	
Mint mark:	None	

	AG-3	G-4	VG-8	F-12	VF-20	VF-30	EF-40	AU-50
1793	1000.	2350.	3750.	7000.	15000.	20000.	30000.	——
1794 Head of 1793	475.	1050.	2250.	3750.	7750.	9750.	16500.	——
1794 Head of 1794	70.00	155.	325.	500.	1000.	1500.	2600.	4750.
1794 Head of 1795	70.00	155.	325.	490.	1025.	1650.	2850.	5000.
1794 Starred Reverse	4500.	8750.	18000.	37500.	60000.	72500.	80000.	——
1795 Plain Edge	70.00	125.	245.	425.	725.	900.	1650.	3500.
1795 Lettered Edge	105.	225.	475.	900.	1750.	2400.	4500.	6500.
1795 Jefferson Head, Plain Edge	3750.	7250.	13500.	22000.	45000.	75000.	——	——
1796	95.00	155.	325.	725.	1250.	1850.	3350.	6000.

— = Insufficient pricing data   * = None Issued   FV = Face Value

Draped Bust cent

Date of authorization: April 2, 1792
Dates of issue: 1796-1807
Designers: Obverse: Gilbert Stuart-Robert Scot
Reverse: Joseph Wright-Scot
Engraver: Robert Scot
Diameter (Millimeters/inches): 28.50mm/1.13 inches
Weight (Grams/ounces): 10.886 grams/0.34999 ounce
Metallic content: 100% copper
Edge: Plain, lettered (ONE HUNDRED FOR A DOLLAR), gripped
Mint mark: None

	AG-3	G-4	VG-8	F-12	VF-20	VF-30	EF-40	AU-50
1796 Reverse of 1794	85.00	195.	575.	1150.	2000.	2350.	3400.	7250.
1796 Reverse of 1796	60.00	125.	230.	475.	925.	1175.	2250.	4750.
1796 Reverse of 1797	55.00	115.	225.	460.	850.	1125.	2100.	3750.
1796 LIHERTY	135.	250.	550.	1150.	2350.	3750.	7000.	——
1797 Reverse of 1797, Stems	30.00	60.00	140.	275.	525.	840.	1600.	2600.
1797 Reverse of 1796, Gripped Edge	42.50	80.00	180.	325.	775.	1150.	2350.	4000.
1797 Reverse of 1796, Plain Edge	50.00	85.00	235.	425.	850.	1350.	2600.	——
1797 Reverse of 1797, Stemless	75.00	150.	310.	575.	1300.	2250.	3750.	8500.
1798 1st Hair Style	21.00	50.00	150.	325.	675.	975.	2150.	3750.
1798 2nd Hair Style	20.00	40.00	125.	240.	475.	1200.	2350.	4000.
1798 Reverse of 1796	52.50	100.	290.	550.	1450.	3300.	6600.	9000.
1798/7 1st Hair Style	72.50	135.	300.	525.	1050.	2500.	3500.	9250.
1799	775.	1600.	3000.	6500.	12750.	21000.	57500.	250000.
1799/8	850.	1950.	3800.	7500.	16000.	——	——	——
1800 Normal Date	18.00	40.00	92.50	240.	550.	750.	1250.	4750.
1800/798 1st Hair Style	22.50	57.50	175.	550.	1250.	2650.	4000.	8000.
1800 80/79 2nd Hair Style	20.50	45.00	120.	285.	600.	1700.	2850.	6350.
1801	12.50	29.00	75.00	160.	400.	550.	750.	1900.
1801 3 Errors	47.50	140.	385.	750.	1550.	4250.	6000.	——
1801 1/000	20.00	42.50	90.00	200.	450.	1200.	2200.	5000.
1801 1/100 over 1/000	25.00	85.00	165.	235.	560.	1100.	2050.	4000.
1802	13.00	28.50	72.50	185.	315.	500.	725.	1700.
1802 Stemless	13.50	32.50	90.00	165.	325.	525.	750.	1600.
1802 1/000	14.00	45.00	115.	250.	415.	750.	975.	2500.

— = Insufficient pricing data   *** = None Issued**   **FV = Face Value**

DRAPED BUST CENT (CONTINUED)

	AG-3	G-4	VG-8	F-12	VF-20	VF-30	EF-40	AU-50
1803 Small Date, Small Fraction	11.50	26.50	57.50	115.	255.	400.	750.	1550.
1803 Large Date, Small Fraction	2450.	5500.	10250.	17500.	37500.	75000.	—	—
1803 Large Date, Large Fraction	32.50	92.50	225.	425.	875.	1950.	2850.	5500.
1803 Stemless	16.00	37.00	80.00	225.	540.	675.	1200.	2300.
1803 1/100 over 1/000	18.50	40.00	105.	215.	635.	875.	1500.	3000.
1804	300.	600.	1350.	2750.	3850.	6000.	7750.	17000.
1804 restrike	—	—	—	250.	300.	335.	365.	450.
1805 Pointed 1	12.00	30.00	70.00	175.	375.	525.	825.	1950.
1805 Blunt 1	12.00	30.00	70.00	165.	295.	425.	700.	1350.
1806	22.50	40.00	110.	245.	425.	850.	1750.	4000.
1807 Large Fraction	15.00	28.50	57.50	160.	345.	475.	765.	1500.
1807 Small Fraction	15.50	34.00	90.00	250.	525.	1200.	2750.	—
1807 Small Fraction, Comet	22.50	36.00	80.00	225.	475.	1200.	2850.	—
1807/6 Large 7	19.00	30.00	75.00	195.	400.	525.	825.	2750.
1807/6 Small 7	1600.	2750.	4400.	9000.	17500.	—	—	—

Classic Head cent

Date of authorization: April 2, 1792
Dates of issue: 1808-1814
Designer/Engraver: John Reich
Diameter (Millimeters/inches): 28.50mm/1.13 inches
Weight (Grams/ounces): 10.886 grams/0.35999 ounce
Metallic content: 100% copper
Edge: Plain
Mint mark: None

	AG-3	G-4	VG-8	F-12	VF-20	VF-30	EF-40	AU-50
1808	18.00	37.50	110.	250.	535.	1150.	1750.	3500.
1809	25.00	100.	225.	440.	825.	1850.	2400.	4250.
1810	16.00	32.00	75.00	190.	425.	540.	825.	2200.
1810 10/09	17.00	40.00	100.	250.	545.	825.	1250.	3250.
1811	20.00	75.00	160.	400.	775.	1350.	2250.	4000.

— = Insufficient pricing data   * = None Issued   FV = Face Value

CLASSIC HEAD CENT (CONTINUED)

1811/0	26.00	95.00	210.	465.	1075.	2100.	4250.	12000.
1812	15.00	29.00	67.50	190.	435.	540.	850.	2250.
1813	23.00	60.00	125.	240.	465.	700.	1300.	2450.
1814 Plain 4	17.00	37.50	75.00	215.	480.	575.	1000.	2350.
1814 Crosslet 4	17.00	37.50	75.00	215.	480.	575.	1000.	2350.

Coronet cent

Date of authorization:	April 2, 1792
Dates of issue:	1816-1857
Designers:	(1816-1835)
	Obverse: Robert Scot
	Reverse: John Reich
	(1835-1839)
	Obverse: Scot-Christian Gobrecht
	Reverse: Reich
	(1839-1857)
	Obverse: Scot-Gobrecht
	Reverse: Reich-Gobrecht
Engravers:	(1816-1835)
	Obverse : Scot
	Reverse: Reich
	(1835-1839)
	Obverse: Gobrecht
	Reverse: Reich
	(1839-1857)
	Obverse: Gobrecht
	Reverse: Gobrecht
Diameter (Millimeters/inches):	28.50mm/1.13 inches
Weight (Grams/ounces):	10.886 grams/0.34999 ounce
Metallic content:	100% copper
Edge:	Plain
Mint mark:	None

	G-4	VG-8	F-12	VF-20	EF-40	AU-50	AU-55	MS-60	MS-63
1816	11.75	20.00	37.50	90.00	185.	345.	400.	475.	1150.
1817 13 Stars	12.00	18.00	33.00	67.50	175.	290.	350.	400.	660.

— = Insufficient pricing data	* = None issued	FV = Face Value

	G-4	VG-8	F-12	VF-20	EF-40	AU-50	AU-55	MS-60	MS-63
1817 15 Stars	15.00	24.00	45.00	145.	450.	900.	1450.	3150.	—
1818	11.00	17.50	31.00	55.00	145.	245.	280.	325.	575.
1819	11.50	19.00	32.00	55.00	150.	250.	315.	400.	625.
1819/8	19.00	29.00	47.50	110.	220.	360.	575.	950.	2000.
1820	11.75	20.00	33.00	55.00	175.	280.	325.	375.	625.
1820/19	12.00	21.50	45.00	130.	400.	900.	1250.	1750.	2500.
1820 Small Date, Curled 2	11.75	20.00	33.00	55.00	425.	800.	1100.	1500.	—
1820 Large Date, Curled 2	15.00	25.00	60.00	120.	750.	1950.			
1820 Large Date, Plain 2	11.75	20.00	33.00	55.00	190.	300.	375.	500.	1300.
1821	30.00	55.00	150.	525.	1325.	2600.	3500.	8000.	17500.
1822	11.50	20.00	50.00	125.	350.	660.	875.	1650.	3100.
1823	70.00	175.	350.	875.	2400.	5500.	7500.	12500.	—
1823/2	65.00	115.	290.	775.	2100.	5000.	6900.	12250.	—
1823 restrike	—	—	—	—	450.	700.	900.	975.	1150.
1824	11.75	25.00	57.50	165.	600.	1250.	2000.	3500.	9000.
1824/2	15.00	32.00	80.00	280.	1100.	2500.	3000.	6250.	—
1825	11.50	19.00	50.00	150.	375.	875.	1400.	2400.	8500.
1826	11.25	16.00	45.00	115.	285.	525.	650.	950.	1900.
1826/5	30.00	75.00	190.	400.	850.	1600.	2100.	3500.	8850.
1827	11.00	16.00	40.00	110.	265.	475.	600.	850.	1200.
1828 Large Date	10.75	14.50	32.50	75.00	245.	400.	500.	625.	1100.
1828 Small Date	14.50	25.00	65.00	145.	350.	650.	750.	1050.	2050.
1829 Large Letters	10.75	15.00	37.00	80.00	250.	600.	700.	850.	1550.
1829 Small Letters	27.50	65.00	145.	475.	1250.	3000.			
1830 Large Letters	10.75	13.50	30.00	60.00	205.	330.	415.	550.	900.
1830 Small Letters	18.00	32.50	125.	385.	950.	2400.	3850.		
1831	10.00	13.50	30.00	55.00	185.	335.	425.	625.	1700.
1832	11.00	13.50	28.00	50.00	175.	325.	400.	565.	850.
1833	10.00	13.00	26.00	49.00	160.	300.	375.	475.	750.
1834 Small 8, Large Stars	10.75	13.50	28.00	50.00	225.	425.	575.	850.	1100.
1834 Large 8, Small Stars	10.75	13.50	28.00	50.00	225.	425.	575.	850.	—
1834 Large 8, Stars, Reverse Letters	11.25	16.75	34.50	52.50	160.	275.	310.	445.	600.
1834 Large 8, Stars, Small Letters	95.00	195.	315.	575.	2050.	4350.			
1835	10.00	13.00	27.50	50.00	155.	275.	300.	390.	575.
1835 Small 8, Small Stars	10.00	13.00	27.50	50.00	250.	450.	550.	850.	—
1835 Large 8, Large Stars	10.00	14.00	35.00	70.00	365.	725.	900.	1500.	—
1835 Type of 1836	9.75	12.00	24.50	52.50	170.	265.	365.	475.	650.
1836	9.75	12.00	24.00	45.00	105.	240.	325.	440.	575.
1837 Plain Cord, Large Letters	9.75	11.00	20.00	41.00	95.00	200.	300.	425.	650.
1837 Plain Cord, Small Letters	9.75	11.00	25.00	50.00	150.	275.	400.	675.	—
1837 Beaded Cord	9.75	11.00	15.00	40.00	80.00	195.	275.	445.	—
1838	9.50	11.25	16.00	40.00	90.00	185.	260.	350.	575.
1839 Head of 1838	11.25	15.50	23.00	52.50	150.	330.	400.	690.	1650.
1839/6	215.	415.	1250.	2500.	5750.	12000.			

CORONET CENT (CONTINUED)

	G-4	VG-8	F-12	VF-20	EF-40	AU-50	AU-55	MS-60	MS-63
1839 Silly Head	11.50	15.25	26.00	67.50	230.	525.	735.	1250.	2750.
1839 Booby Head	10.50	15.00	30.00	70.00	205.	510.	725.	1075.	2550.
1839 Type of 1840	9.50	12.25	19.00	45.00	115.	185.	240.	365.	700.
1840 Large Date	9.15	11.50	17.00	32.00	70.00	160.	235.	350.	525.
1840 Small Date	9.15	11.50	17.00	32.00	70.00	160.	225.	245.	400.
1840 Small Date, Large 18	11.00	13.50	25.00	52.50	170.	275.	325.	450.	750.
1841	9.20	12.50	24.00	50.00	165.	250.	300.	355.	550.
1842	9.15	12.00	15.00	25.00	75.00	165.	225.	250.	360.
1843 Petite, Small Letters	9.15	11.50	19.00	42.50	87.50	170.	230.	270.	400.
1843 Mature, Large Letters	9.15	14.00	15.00	35.00	115.	190.	245.	325.	480.
1843 Petite, Large Letters	14.50	21.00	42.50	120.	295.	525.	775.	1050.	1850.
1844	9.00	11.00	13.50	32.00	85.00	185.	230.	300.	410.
1844/81	16.00	25.00	45.00	130.	425.	750.	1000.	1500.	—
1845	9.00	11.00	12.50	21.00	62.50	130.	195.	230.	320.
1846 Medium Date	9.00	11.00	12.50	19.00	60.00	145.	200.	255.	400.
1846 Small Date	9.00	11.00	14.00	27.50	95.00	215.	265.	350.	725.
1846 Tall Date	9.00	11.00	16.00	30.00	100.	200.	275.	400.	—
1847	9.15	11.25	13.25	21.00	67.50	140.	200.	260.	500.
1847 7/Small 7	13.00	22.00	35.00	65.00	250.	500.	750.	1000.	—
1848	9.00	10.50	12.50	20.00	40.00	115.	175.	205.	375.
1849	9.00	10.50	12.75	21.00	55.00	125.	185.	220.	325.
1850	9.00	10.50	12.50	18.00	40.00	105.	165.	195.	305.
1851	9.00	10.50	12.50	18.00	40.00	105.	165.	195.	305.
1851/81	13.75	18.00	26.00	55.00	125.	250.	325.	450.	1100.
1852	9.00	10.50	12.50	18.00	40.00	105.	165.	195.	305.
1853	9.00	10.50	12.50	18.00	40.00	105.	165.	195.	305.
1854	9.15	10.50	12.50	18.00	40.00	105.	165.	195.	305.
1855 Upright 5	9.25	11.15	13.25	20.00	42.50	110.	170.	215.	375.
1855 Slant 5, Knob	10.40	12.25	17.00	32.50	75.00	200.	275.	400.	1050.
1856 Upright 5	9.20	10.75	12.75	19.00	40.00	105.	165.	210.	320.
1857 Small Date	32.00	41.00	50.00	55.00	95.00	175.	200.	240.	550.
1857 Large Date	26.50	32.00	40.00	50.00	90.00	180.	225.	300.	600.

Flying Eagle cent Trend graph

····· AU.50 —— MS.65 – – SERIES

Flying Eagle cent

Date of authorization:	Feb. 21, 1857									
Dates of issue:	1857-1858									
Designers:	Obverse: Christian Gobrecht-James B. Longacre									
	Reverse: Longacre									
Engraver:	James B. Longacre									
Diameter (Millimeters/inches):	19.30mm/0.76 inch									
Weight (Grams/ounces):	4.666 grams/0.15002 ounce									
Metallic content:	88% copper, 12% nickel									
Edge:	Plain									
Mint mark:	None									

	G-4	VG-8	F-12	VF-20	EF-40	AU-50	MS-60	MS-63	MS-64	MS-65
1856	2550.	3600.	4000.	4750.	5550.	5900.	6750.	9500.	11500.	19750.
1857	12.75	15.00	20.00	29.00	77.50	135.	205.	440.	785.	2350.
1858 Large Letters										
	13.50	16.00	23.00	34.50	100.	165.	245.	515.	975.	2450.
1858 Small Letters										
	13.00	15.25	21.00	30.00	87.50	145.	225.	465.	850.	2450.
1858/7 early die state										
	40.00	75.00	135.	290.	485.	950.	1900.	4250.	6000.	——

— = Insufficient pricing data   * = None issued   FV = Face Value

Indian Head cent Trend graph

Indian Head cent Trend graph

----- AU.50 — MS.65 - - - SERIES

Indian Head cent

Date of authorization:	Feb. 21, 1857	
Dates of issue:	1859-1909	
Designer/Engraver:	James B. Longacre	
Diameter (Millimeters/inches):	1859-1864: 19.30mm/0.76 inch	
	1864-1909: 19.05mm/0.75 inch	
Weight (Grams/ounces):	1859-1864: 4.666 grams/0.15002 ounce	
	1864-1909: 3.110 grams/0.09999 ounce	
Metallic content:	1859-1864: 88% copper, 12% nickel	
	1864-1909: 95 % copper, 5% tin and zinc	
Edge:	Plain	
Mint mark:	1908-1909, reverse under wreath	

	G-4	VG-8	F-12	VF-20	EF-40	AU-50	MS-60	MS-63	MS-64	MS-65
1859	6.50	8.50	11.00	26.50	70.00	110.	180.	435.	950.	2450.
SHIELD ADDED										
1860 Broad Bust T 2										
	4.75	6.50	8.50	13.50	35.00	65.00	125.	200.	350.	675.
1860 Narrow Bust										
	8.50	12.50	17.00	40.00	80.00	140.	225.	350.	950.	3150.
1861	13.50	16.00	22.00	32.00	62.50	115.	190.	265.	375.	625.
1862	3.75	5.00	7.00	9.75	22.00	42.50	95.00	145.	275.	565.
1863	3.00	4.00	6.00	9.00	20.00	40.00	77.50	145.	270.	575.
1864	11.50	14.50	18.00	23.00	40.00	72.50	115.	200.	325.	1100.
BRONZE										
1864 Initial L	30.00	40.00	62.50	100.	160.	200.	290.	400.	750.	3250.
1864	4.50	7.50	11.00	21.00	35.00	40.00	80.00	135.	175.	725.

— = Insufficient pricing data   * = None issued   FV = Face Value

	G-4	VG-8	F-12	VF-20	EF-40	AU-50	MS-60	MS-63	MS-64	MS-65
1865	5.50	7.00	10.00	18.00	28.00	38.00	77.50	130.	170.	710.
1866	24.00	34.00	45.00	70.00	120.	165.	210.	310.	475.	3600.
1867	24.50	35.00	47.50	80.00	125.	175.	235.	340.	675.	5750.
1867/7	40.00	50.00	67.50	135.	175.	225.	340.	650.	1100.	——
1868	17.50	31.00	45.00	70.00	115.	155.	190.	250.	475.	2600.
1869	32.00	50.00	150.	190.	250.	355.	445.	550.	1050.	3000.
1870	29.00	47.50	145.	190.	240.	315.	350.	500.	725.	2750.
1871	32.00	50.00	165.	215.	285.	340.	405.	625.	825.	6500.
1872	52.50	75.00	210.	260.	295.	365.	475.	800.	1200.	10000.
1873 Closed 3	12.50	19.00	37.50	60.00	115.	260.	325.	525.	925.	6250.
1873 Doubled LIBERTY Die 1 bold	100.	200.	500.	800.	1750.	3000.	4750.	10000.	25000.	——
1873 Open 3	11.00	16.50	25.00	37.50	80.00	130.	170.	240.	375.	3750.
1874	9.50	13.00	22.50	34.00	77.00	105.	135.	230.	330.	1700.
1875	10.25	14.50	23.00	33.50	75.00	110.	145.	265.	350.	1750.
1876	18.00	25.00	36.00	48.00	90.00	125.	205.	290.	365.	2900.
1877	350.	425.	550.	665.	1300.	1575.	2050.	3000.	5000.	13500.
1878	21.00	27.50	37.50	55.00	97.50	120.	180.	275.	450.	1675.
1879	4.25	5.75	7.50	17.50	35.00	47.50	62.50	125.	175.	640.
1880	2.75	3.50	4.75	7.25	21.00	35.00	57.50	105.	155.	500.
1881	2.60	3.15	4.00	7.00	14.50	23.50	37.50	75.00	130.	450.
1882	2.60	3.15	4.00	6.00	14.25	22.00	35.00	72.50	125.	455.
1883	2.60	3.15	4.00	6.00	14.00	21.50	35.00	75.00	135.	465.
1884	2.60	3.50	5.00	9.50	15.00	28.00	52.50	115.	235.	700.
1885	3.75	4.50	9.75	19.00	42.50	60.00	90.00	165.	275.	875.
1886 feather between I and C	2.50	4.25	11.00	35.00	65.00	95.00	135.	200.	350.	1850.
1886 feather between C and A	3.00	4.25	15.00	50.00	90.00	155.	250.	475.	1250.	5500.
1887	1.25	1.65	2.75	5.75	11.50	20.00	32.00	67.50	140.	465.
1888/7	450.	825.	1100.	1400.	1750.	——	——	22500.	——	——
1888	1.25	1.65	2.75	5.75	13.00	21.00	36.00	90.00	250.	1850.
1889	1.25	1.65	2.75	5.00	10.00	19.50	30.50	65.00	155.	1700.
1890	1.25	1.50	2.30	3.75	10.00	18.00	29.50	62.00	145.	875.
1891	1.25	1.50	2.25	3.75	10.00	19.00	30.00	65.00	150.	850.
1892	1.25	1.50	2.25	3.75	10.00	18.00	29.50	60.00	130.	825.
1893	1.25	1.50	2.25	3.75	10.00	19.00	28.75	62.00	125.	575.
1894	1.60	2.50	5.00	8.75	16.00	25.00	45.00	90.00	180.	650.
1895	1.25	1.50	2.25	3.50	9.25	19.00	28.00	47.50	120.	345.
1896	1.25	1.50	2.25	3.50	9.00	16.50	27.50	47.50	155.	775.
1897	1.25	1.50	2.00	3.25	8.50	16.50	27.50	47.50	110.	375.
1898	1.25	1.50	2.00	3.25	8.00	15.50	26.00	42.50	63.50	275.
1899	1.25	1.50	2.00	3.25	8.00	15.50	26.00	42.50	63.50	270.
1900	1.15	1.30	1.75	2.25	7.00	13.75	21.00	37.00	46.00	250.
1901	1.15	1.30	1.75	2.25	6.00	13.50	20.00	37.00	46.00	250.
1902	1.15	1.30	1.75	2.25	6.00	13.50	20.00	37.00	46.00	250.
1903	1.15	1.30	1.75	2.25	6.00	13.50	20.00	37.00	46.00	250.
1904	1.15	1.30	1.75	2.25	6.00	13.50	20.00	37.00	46.00	250.
1905	1.15	1.30	1.75	2.25	6.00	13.50	20.00	37.00	46.00	250.
1906	1.15	1.30	1.75	2.25	6.50	13.75	20.50	37.00	46.00	250.
1907	1.15	1.30	1.75	2.25	6.00	13.50	20.00	37.00	46.00	250.
1908	1.15	1.30	1.75	2.25	6.50	14.00	21.00	37.00	46.00	250.
1908-S	26.00	36.00	42.50	50.00	75.00	125.	185.	285.	400.	1100.
1909	1.50	1.90	2.25	3.50	8.50	14.50	26.00	40.00	50.00	275.
1909-S	200.	250.	270.	335.	370.	405.	500.	625.	825.	1950.

— = Insufficient pricing data   * = None issued   FV = Face Value

Lincoln cent Trend graph

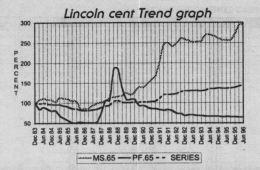

----- MS.65 —— PF.65 - - SERIES

Lincoln, Wheat Ears cent

Date of authorization: Feb. 21, 1857
Dates of issue: 1909-1958
Designer: Victor D. Brenner
Engraver: Charles Barber
Diameter (Millimeters/inches): 19.05mm/0.75 inch
Weight (Grams/ounces): 1909-1942, 1944-1958: 3.110 grams/
0.09999 ounce
1943: 2.689 grams/0.08645 ounce; 2.754 grams/0.08854
Metallic content: 1909-1942: 95% copper, 5% zinc and tin
1942: 95% copper, 5% zinc
1943: zinc-plated steel
1944-1946: 95% copper, 5% zinc
1947-1958: 95% copper, 5% zinc and tin
Edge: Plain
Mint mark: Obverse under date

	G-4	VG-8	F-12	VF-20	EF-40	AU-50	MS-60	MS-63	MS-64	MS-65
1909 VDB	1.60	1.75	2.00	2.25	2.90	4.45	9.00	13.50	25.00	37.50
1909-S VDB	375.	415.	435.	450.	515.	560.	650.	825.	1025.	2000.
1909	0.50	0.60	0.80	1.75	2.75	5.75	12.50	17.50	22.50	60.00
1909-S	36.00	42.00	47.00	57.00	75.00	95.00	110.	130.	160.	345.
1909-S over Horizontal S										
	42.00	46.00	57.50	72.50	95.00	135.	200.	275.	325.	450.
1910	0.15	0.20	0.30	0.95	2.00	4.50	14.00	24.00	30.00	67.50

— = Insufficient pricing data ✱ = None Issued FV = Face Value

	G-4	VG-8	F-12	VF-20	EF-40	AU-50	MS-60	MS-63	MS-64	MS-65
1910-S	5.50	6.00	7.00	10.75	19.50	47.50	58.00	65.00	85.00	290.
1911	0.20	0.25	0.50	1.50	4.00	8.00	19.00	33.50	55.00	145.
1911-D	4.00	5.00	6.00	12.50	29.00	50.00	70.00	90.00	160.	715.
1911-S	13.00	15.00	17.50	20.50	32.50	65.00	125.	175.	245.	875.
1912	0.60	0.80	1.50	3.50	6.75	13.00	22.50	40.00	58.50	170.
1912-D	3.75	4.75	7.00	14.00	35.00	58.00	110.	175.	315.	825.
1912-S	9.00	10.50	12.00	15.00	28.00	55.00	97.50	130.	275.	775.
1913	0.40	0.55	1.00	3.00	8.00	15.00	22.50	42.50	65.00	250.
1913-D	1.85	2.75	4.00	6.50	20.50	42.50	65.00	135.	300.	950.
1913-S	4.50	5.50	7.00	10.50	24.00	50.00	80.00	175.	385.	1450.
1914	0.35	0.50	1.50	3.00	8.50	18.50	35.00	50.00	65.00	165.
1914-D	72.50	85.00	130.	190.	425.	600.	950.	1450.	2400.	5500.
1914-S	7.00	8.50	11.00	18.00	34.00	62.50	190.	415.	925.	4500.
1915	0.90	1.50	4.50	9.00	31.00	55.00	80.00	105.	120.	350.
1915-D	0.70	0.95	1.75	3.75	11.00	20.50	50.00	77.50	145.	290.
1915-S	5.25	6.00	7.50	10.75	25.00	47.50	92.50	185.	400.	2000.
1916	0.15	0.20	0.40	1.10	2.50	5.50	12.00	22.50	42.50	95.00
1916-D	0.25	0.35	1.25	3.00	7.75	19.50	48.00	87.50	140.	1250.
1916-S	0.75	0.95	1.60	2.75	8.00	20.00	62.50	95.00	350.	3400.
1917	0.15	0.20	0.30	1.00	2.25	4.75	11.50	25.00	37.50	165.
1917 Doubled Die										
	70.00	100.	240.	400.	900.	1100.	1500.	2250.	3500.	12000.
1917-D	0.25	0.35	1.75	4.00	9.00	19.00	55.00	130.	250.	600.
1917-S	0.40	0.50	0.75	1.75	6.75	18.00	57.50	140.	280.	2250.
1918	0.15	0.20	0.30	0.90	2.00	4.75	10.00	27.50	70.00	135.
1918-D	0.25	0.35	1.50	3.00	8.00	19.50	50.00	115.	230.	1100.
1918-S	0.35	0.45	1.00	2.00	6.00	21.00	57.50	135.	390.	3800.
1919	0.15	0.20	0.30	0.75	2.00	4.50	9.00	22.50	30.00	65.00
1919-D	0.20	0.35	0.60	1.50	4.50	16.50	45.00	87.50	175.	600.
1919-S	0.20	0.25	0.40	1.15	2.00	12.50	35.00	77.50	350.	2650.
1920	0.15	0.20	0.35	0.70	2.00	4.50	10.50	1S.50	28.50	80.00
1920-D	0.20	0.30	0.65	2.00	5.75	18.50	50.00	82.50	140.	540.
1920-S	0.20	0.30	0.60	1.15	3.75	20.00	85.00	225.	1000.	3500.
1921	0.20	0.25	0.50	1.55	4.50	14.00	35.00	57.50	75.00	155.
1921-S	0.65	0.80	1.50	3.50	11.50	40.00	90.00	150.	375.	2750.
1922 Missing D, Die Pair 2										
	190.	265.	375.	525.	1400.	2500.	5000.	11500.	20000.	——
1922-D	5.50	6.50	7.50	11.00	17.50	42.50	60.00	77.50	150.	575.
1923	0.15	0.20	0.30	0.85	2.75	5.00	14.50	25.00	70.00	150.
1923-S	1.50	1.85	2.75	5.00	16.00	55.00	165.	360.	790.	3350.
1924	0.15	0.20	0.30	0.80	3.00	8.50	21.00	46.50	60.00	140.
1924-D	8.00	9.75	12.50	20.00	50.00	100.	205.	300.	590.	2900.
1924-S	0.75	1.00	1.30	2.25	9.50	37.50	95.00	210.	700.	4500.
1925	0.10	0.15	0.20	0.60	1.75	4.25	9.25	19.50	28.50	60.00
1925-D	0.25	0.40	0.60	2.00	7.00	16.50	47.50	77.50	175.	1350.
1925-S	0.15	0.30	0.50	1.00	4.50	18.00	57.50	140.	650.	3750.
1926	0.10	0.15	0.20	0.60	1.75	3.75	8.00	12.50	19.00	35.00
1926-D	0.25	0.30	0.60	1.50	5.50	14.00	40.00	80.00	240.	1150.
1926-S	2.00	2.25	2.75	4.00	10.00	49.00	105.	225.	675.	——
1927	0.10	0.15	0.20	0.75	1.75	3.85	9.00	15.00	27.00	65.00
1927-D	0.20	0.30	0.50	1.00	3.50	11.00	32.50	67.50	150.	850.
1927-S	0.50	0.75	1.10	1.75	7.00	21.50	60.00	125.	250.	2350.
1928	0.10	0.15	0.20	0.45	1.45	3.00	8.50	15.00	26.50	55.00
1928-D	0.20	0.30	0.40	1.00	2.50	9.50	24.00	55.00	75.00	475.
1928-S	0.45	0.50	0.60	1.50	3.50	14.50	44.00	80.00	120.	425.
1929	0.10	0.15	0.20	0.45	1.25	2.85	6.50	12.50	25.00	72.50

— = Insufficient pricing data	* = None Issued	FV = Face Value

LINCOLN, WHEAT EARS CENT (CONTINUED)

	G-4	VG-8	F-12	VF-20	EF-40	AU-50	MS-60	MS-63	MS-64	MS-65
1929-D	0.20	0.25	0.35	0.60	1.75	4.75	17.00	28.50	45.00	145.
1929-S	0.15	0.25	0.35	0.50	1.40	3.00	9.00	17.50	28.00	90.00
1930	0.10	0.15	0.20	0.35	1.00	2.25	4.75	6.50	10.00	26.50
1930-D	0.15	0.25	0.35	0.80	1.75	4.50	13.00	23.50	27.50	65.00
1930-S	0.20	0.25	0.35	0.65	1.15	2.50	6.50	12.50	25.00	45.00
1931	0.45	0.55	0.65	1.15	1.85	6.75	15.00	28.00	37.50	85.00
1931-D	2.25	2.75	3.25	3.85	8.00	26.00	44.00	78.00	97.50	395.
1931-S	28.00	30.00	32.00	36.00	40.00	44.00	57.50	67.50	80.00	245.
1932	1.20	1.50	1.75	2.00	3.50	9.00	16.50	19.50	25.00	55.00
1932-D	0.90	1.05	1.25	1.50	2.00	7.00	14.00	26.50	33.50	50.00
1933	1.00	1.15	1.35	1.75	2.50	8.50	15.00	22.00	26.50	52.50
1933-D	1.75	2.00	2.50	2.75	3.75	10.50	16.00	21.50	24.00	55.00

	F-12	VF-20	EF-40	AU-50	AU-55	MS-60	MS-63	MS-64	MS-65	PF-65
1934	0.25	0.40	0.75	1.50	1.75	3.00	4.75	6.75	13.75	*
1934-D	0.35	0.55	5.00	8.75	9.25	11.50	13.50	15.00	30.00	*
1935	0.22	0.40	0.65	0.90	1.00	1.25	4.50	5.00	6.00	*
1935-D	0.40	0.45	0.85	1.65	1.90	3.25	5.00	7.25	18.50	*
1935-S	0.65	1.50	2.50	4.25	5.00	7.00	9.00	17.00	45.00	*
1936	0.22	0.40	0.70	0.90	1.00	1.25	2.25	3.00	6.00	850.
1936-D	0.30	0.40	0.85	1.00	1.20	1.85	3.75	4.50	10.00	*
1936-S	0.32	0.50	1.00	1.60	1.80	2.65	4.00	4.75	10.75	*
1937	0.20	0.30	0.50	0.60	0.65	0.80	1.50	2.00	6.00	120.
1937-D	0.25	0.40	0.65	1.00	1.20	2.25	2.85	4.00	6.50	*
1937-S	0.25	0.40	0.65	1.00	1.10	2.00	2.75	3.50	8.50	*
1938	0.20	0.30	0.60	1.00	1.10	1.25	1.75	2.50	6.00	105.
1938-D	0.40	0.75	0.85	1.00	1.25	1.85	3.75	4.25	6.50	*
1938-S	0.35	0.55	0.80	1.00	1.10	2.50	3.00	4.00	9.50	*
1939	0.15	0.25	0.30	0.40	0.45	0.50	1.00	2.00	6.50	95.00
1939-D	0.40	0.75	1.00	1.30	1.50	1.75	4.00	5.50	13.00	*
1939-S	0.25	0.40	0.75	1.00	1.10	1.30	2.00	4.50	12.50	*
1940	0.20	0.30	0.40	0.45	0.50	0.60	1.00	2.00	3.00	90.00
1940-D	0.30	0.50	0.60	0.70	0.80	0.90	1.00	2.25	3.75	*
1940-S	0.30	0.50	0.60	0.90	0.95	1.25	1.85	2.75	6.25	*
1941	0.23	0.40	0.50	0.55	0.60	0.80	1.00	2.50	4.00	90.00
1941-D	0.40	0.60	0.90	1.45	1.50	1.65	2.50	3.75	7.25	*
1941-S	0.50	0.70	0.80	1.00	1.10	1.75	2.50	4.25	8.50	*
1942	0.20	0.30	0.40	0.45	0.50	0.65	0.75	1.75	2.75	87.50
1942-D	0.25	0.35	0.40	0.45	0.50	0.60	0.70	2.00	3.75	*
1942-S	0.55	0.75	1.00	1.50	1.65	2.50	5.00	8.50	22.50	*
ZINC-COATED STEEL										
1943	0.20	0.30	0.40	0.65	0.70	0.80	1.40	1.75	4.00	*
1943-D	0.25	0.45	0.60	0.75	0.80	0.90	1.65	2.75	6.50	*
1943-S	0.35	0.55	0.75	1.00	1.10	1.40	2.65	4.50	10.00	*
SHELL-CASE BRASS										
1944	0.10	0.15	0.20	0.35	0.39	0.42	0.65	1.25	1.75	*
1944-D	0.20	0.25	0.30	0.35	0.38	0.40	0.50	1.50	2.50	*
1944-D/S Variety 1	75.00	115.	190.	245.	260.	325.	425.	575.	1700.	*
1944-D/S Variety 2	32.50	47.50	90.00	125.	145.	185.	330.	450.	900.	*
1944-S	0.15	0.20	0.25	0.35	0.38	0.40	0.55	——	2.50	*
1945	0.10	0.15	0.24	0.40	0.45	0.55	0.65	——	1.70	*
1945-D	0.15	0.20	0.25	0.40	0.42	0.45	0.50	——	1.60	*
1945-S	0.15	0.20	0.25	0.30	0.35	0.40	0.45	——	2.00	*
1946	0.10	0.15	0.20	0.25	——	0.30	0.50	——	1.25	*

—— = Insufficient pricing data   * = None Issued   FV = Face Value

LINCOLN, WHEAT CENT (CONTINUED)

	F-12	VF-20	EF-40	AU-50	AU-55	MS-60	MS-63	MS-64	MS-65	PF-65
1946-D	0.15	0.18	0.20	0.25	——	0.30	0.50	——	1.50	*
1946-S	0.20	0.25	0.30	0.35	——	0.40	0.50	——	2.00	*
1946-S/D	——	——	——	——	——	175.	300.	400.	600.	
BRONZE ALLOY RESUMED										
1947	0.20	0.30	0.40	0.75	——	1.15	1.50	——	3.00	*
1947-D	0.15	0.18	0.20	0.25	——	0.30	0.40	——	1.75	*
1947-S	0.16	0.22	0.26	0.35	——	0.50	0.75	——	2.00	*
1948	0.20	0.25	0.30	0.35	——	0.40	0.50	——	2.25	*
1948-D	0.25	0.30	0.35	0.40	——	0.45	0.50	——	2.50	*
1948-S	0.30	0.40	0.50	0.85	——	0.90	1.35	——	3.00	*
1949	0.20	0.30	0.40	0.50	——	0.55	0.65	——	3.00	*
1949-D	0.30	0.40	0.45	0.50	——	0.55	0.65	——	3.50	*
1949-S	0.30	0.45	0.60	0.75	——	1.00	1.25	——	5.00	*
1950	0.07	0.15	0.25	0.40	——	0.55	0.75	——	2.00	40.00
1950-D	0.05	0.14	0.20	0.25	——	0.45	0.65	——	1.50	*
1950-S	0.07	0.15	0.25	0.55	——	0.65	0.85	——	2.65	*
1951	0.07	0.15	0.25	0.40	——	0.55	0.65	——	2.00	30.00
1951-D	0.05	0.10	0.20	0.25	——	0.30	0.35	——	1.65	*
1951-S	0.20	0.25	0.35	0.40	——	0.45	0.55	——	3.00	*
1952	0.07	0.12	0.25	0.35	——	0.50	0.55	——	2.75	25.00
1952-D	0.04	0.08	0.15	0.20	——	0.23	0.25	——	1.60	*
1952-S	0.07	0.12	0.25	0.50	——	0.75	1.40	——	3.30	*
1953	0.05	0.09	0.15	0.16	——	0.18	0.20	——	1.20	22.50
1953-D	0.04	0.08	0.15	0.16	——	0.18	0.20	——	1.25	*
1953-S	0.07	0.12	0.16	0.26	——	0.35	0.50	——	1.75	*
1954	0.12	0.16	0.20	0.30	——	0.35	0.40	——	1.50	12.00
1954-D	0.04	0.07	0.10	0.20	——	0.25	0.35	——	0.50	*
1954-S	0.05	0.06	0.08	0.10	——	0.12	0.15	——	0.60	*
1955	0.04	0.07	0.09	0.10	——	0.12	0.15	——	0.75	11.50
1955 Doubled Die										
	325.	425.	490.	540.	585.	675.	1050.	2450.	12000.	*
1955-D	0.04	0.07	0.09	0.10	——	0.12	0.15	——	0.80	*
1955-S	0.15	0.18	0.20	0.22	——	0.25	0.30	——	1.25	*
1956	0.03	0.04	0.05	0.10	——	0.12	0.15	——	0.60	3.50
1956-D	0.03	0.04	0.05	0.10	——	0.12	0.15	——	0.60	*
1957	0.03	0.04	0.05	0.10	——	0.12	0.15	——	0.60	2.50
1957-D	0.03	0.04	0.05	0.10	——	0.12	0.15	——	0.60	*
1958	0.03	0.04	0.05	0.10	——	0.12	0.15	——	0.50	2.00
1958-D	0.03	0.04	0.05	0.10	——	0.12	0.15	——	0.50	*

Lincoln, Memorial cent

Date of authorization:	Feb. 21, 1857		
Dates of issue:	1959-present		
Designers:	Obverse: Victor D. Brenner		
	Reverse: Frank Gasparro		
Engraver:	Obverse: Charles Barber		
	Reverse: Gilroy Roberts		
Diameter (Millimeters/inches):	19.05mm/0.75 inch		
Weight (Grams/ounces):	1959-1982: 3.110 grams/0.09999 ounce		
	1982-present: 2.5 grams/0.08038 ounce		
Metallic content:	1959-1962: 95% copper, 5% zinc and tin		
	1962-1982: 95% copper, 5% zinc		
	1982-present: 97.5% zinc, 2.5% copper		
	(99.2% zinc, 0.8% copper planchet plated		
	with pure copper)		
Edge:	Plain		
Mint mark:	Obverse under date		

	F-12	VF-20	EF-40	AU-50	MS-60	MS-63	MS-65	PF-65
1959	FV	FV	FV	FV	FV	0.15	0.50	1.50
1959-D	FV	FV	FV	FV	FV	0.15	0.50	*
1960 Large Date	FV	FV	FV	FV	FV	0.15	0.50	0.95
1960 Small Date	0.40	0.50	0.85	1.00	1.25	1.50	6.00	19.00
1960-D Large Date	FV	FV	FV	FV	FV	0.15	0.50	*
1960-D Small Date	0.03	0.05	0.10	0.12	0.15	0.20	1.65	*
1961	FV	FV	FV	FV	FV	0.15	0.50	0.75
1961-D	FV	FV	FV	FV	FV	0.15	0.50	*
BRASS ALLOY								
1962	FV	FV	FV	FV	FV	0.15	0.50	0.75
1962-D	FV	FV	FV	FV	FV	0.15	0.50	*
1963	FV	FV	FV	FV	FV	0.15	0.50	0.75
1963-D	FV	FV	FV	FV	FV	0.15	0.50	*
1964	FV	FV	FV	FV	FV	0.15	0.50	0.75
1964-D	FV	FV	FV	FV	FV	0.15	0.50	*
1965	FV	FV	FV	FV	FV	0.15	0.60	*
1966	FV	FV	FV	FV	FV	0.25	0.65	*
1967	FV	FV	FV	FV	FV	0.15	0.60	*
1968	FV	FV	FV	FV	FV	0.15	0.50	*
1968-D	FV	FV	FV	FV	FV	0.15	0.50	*
1968-S	FV	FV	FV	FV	FV	0.15	0.85	0.90
1969	FV	FV	FV	FV	FV	0.25	1.35	*
1969-D	FV	FV	FV	FV	FV	0.15	0.50	*
1969-S	FV	FV	FV	FV	FV	0.15	0.50	0.90

— = Insufficient pricing data   * = None Issued   FV = Face Value

	F-12	VF-20	EF-40	AU-50	MS-60	MS-63	MS-65	PF-65
1969-S Doubled Die	—	—	—	—	—		19750.	
1970	FV	FV	FV	FV	FV	0.25	1.00	*
1970-D	FV	FV	FV	FV	FV	0.15	0.50	*
1970-S Low 7	FV	FV	FV	FV	FV	0.15	0.50	0.90
1970-S Level 7	5.00	7.50	9.50	11.00	19.00	28.00	62.50	55.00
1971	FV	FV	FV	FV	FV	0.25	1.35	*
1971-D	FV	FV	FV	FV	FV	0.25	1.10	*
1971-S	FV	FV	FV	FV	FV	0.15	1.00	0.90
1972	FV	FV	FV	FV	FV	0.15	0.50	*
1972-D	FV	FV	FV	FV	FV	0.15	0.50	*
1972-S	FV	FV	FV	FV	FV	0.20	0.50	0.90
1972 Doubled Die	—	—	—	145.	160.	190.	300.	*
1973	FV	FV	FV	FV	FV	0.15	0.50	*
1973-D	FV	FV	FV	FV	FV	0.15	0.50	*
1973-S	FV	FV	FV	FV	FV	0.25	0.50	0.90
1974	FV	FV	FV	FV	FV	0.15	0.50	*
1974-D	FV	FV	FV	FV	FV	0.15	0.50	*
1974-S	FV	FV	FV	FV	FV	0.25	0.85	0.90
1975	FV	FV	FV	FV	FV	0.15	0.50	*
1975-D	FV	FV	FV	FV	FV	0.15	0.50	*
1975-S	*	*	*	*	*	*	*	4.00
1976	FV	FV	FV	FV	FV	0.15	0.50	*
1976-D	FV	FV	FV	FV	FV	0.15	0.50	*
1976-S	*	*	*	*	*	*	*	3.00
1977	FV	FV	FV	FV	FV	0.15	0.50	*
1977-D	FV	FV	FV	FV	FV	0.15	0.50	*
1977-S	*	*	*	*	*	*	*	2.50
1978	FV	FV	FV	FV	FV	0.15	0.50	*
1978-D	FV	FV	FV	FV	FV	0.15	0.50	*
1978-S	*	*	*	*	*	*	*	2.00
1979	FV	FV	FV	FV	FV	0.15	0.50	*
1979-D	FV	FV	FV	FV	FV	0.15	0.50	*
1979-S Filled S	*	*	*	*	*	*	*	1.75
1979-S Clear S	*	*	*	*	*	*	*	2.50
1980	FV	FV	FV	FV	FV	0.15	0.50	*
1980-D	FV	FV	FV	FV	FV	0.15	0.50	*
1980-S	*	*	*	*	*	*	*	1.25
1981	FV	FV	FV	FV	FV	0.15	0.50	*
1981-D	FV	FV	FV	FV	FV	0.15	0.50	*
1981-S	*	*	*	*	*	*	*	1.50
1982 Large Date	FV	FV	FV	FV	0.12	0.20	0.50	*
1982 Small Date	FV	FV	FV	FV	0.17	0.30	1.00	*
1982-D Large Date	FV	FV	FV	FV	0.12	0.20	0.70	*
COPPER-PLATED ZINC								
1982 Large Date	FV	FV	FV	FV	0.22	0.25	0.95	*
1982 Small Date	FV	FV	FV	FV	0.67	0.75	1.75	*
1982-D Large Date	FV	FV	FV	FV	0.17	0.30	1.20	*
1982-D Small Date	FV	FV	FV	FV	0.14	0.24	0.85	*
1982-S	*	*	*	*	*	*	*	2.00
1983	FV	FV	FV	FV	FV	0.15	0.50	*
1983-D	FV	FV	FV	FV	FV	0.15	0.50	*
1983-S	*	*	*	*	*	*	*	3.00
1983 Doubled Die	—	—	—	130.	145.	165.	250.	*
1984	FV	FV	FV	FV	FV	0.15	0.50	*
1984-D	FV	FV	FV	FV	FV	0.17	0.30	0.75	*

— = Insufficient pricing data   * = None Issued   FV = Face Value

LINCOLN, MEMORIAL CENT (CONTINUED)

	F-12	VF-20	EF-40	AU-50	MS-60	MS-63	MS-65	PF-65
1984-S	*	*	*	*	*	*	*	3.50
1984 Doubled Die	—	—	—	90.00	135.	160.	205.	*
1985	FV	FV	FV	FV	FV	0.50	0.50	*
1985-D	FV	FV	FV	FV	FV	0.15	0.50	*
1985-S	*	*	*	*	*	*	*	2.35
1986	FV	FV	FV	FV	0.15	0.75	0.90	*
1986-D	FV	FV	FV	FV	FV	0.20	0.50	*
1986-S	*	*	*	*	*	*	*	5.50
1987	FV	FV	FV	FV	FV	0.50	0.50	*
1987-D	FV	FV	FV	FV	FV	0.15	0.50	*
1987-S	*	*	*	*	*	*	*	1.75
1988	FV	FV	FV	FV	FV	0.15	0.50	*
1988-D	FV	FV	FV	FV	FV	0.15	0.50	*
1988-S	*	*	*	*	*	*	*	3.00
1989	FV	FV	FV	FV	FV	0.15	0.50	*
1989-D	FV	FV	FV	FV	FV	0.15	0.50	*
1989-S	*	*	*	*	*	*	*	3.00
1990	FV	FV	FV	FV	FV	0.15	0.50	*
1990-D	FV	FV	FV	FV	FV	0.15	0.50	*
1990-S	*	*	*	*	*	*	*	5.50
1990-S No S	*	*	*	*	*	*	*	1200.
1991	FV	FV	FV	FV	FV	0.15	0.50	*
1991-D	FV	FV	FV	FV	FV	0.15	0.50	*
1991-S	*	*	*	*	*	*	*	5.50
1992	FV	FV	FV	FV	FV	0.15	0.50	*
1992-D	FV	FV	FV	FV	FV	0.15	0.50	*
1992-S	*	*	*	*	*	*	*	4.25
1993	FV	FV	FV	FV	FV	0.15	0.50	*
1993-D	FV	FV	FV	FV	FV	0.15	0.50	*
1993-S	*	*	*	*	*	*	*	7.00
1994	FV	FV	FV	FV	FV	0.15	0.50	*
1994-D	FV	FV	FV	FV	FV	0.15	0.50	*
1994-S	*	*	*	*	*	*	*	5.00
1995	FV	FV	FV	FV	FV	0.15	0.50	*
1995 Doubled Die, early die state	—	—	—	14.00	20.00	22.00	30.00	*
1995-D	FV	FV	FV	FV	FV	0.15	0.50	*
1995-S	*	*	*	*	*	*	*	5.00
1996	FV	FV	FV	FV	FV	0.15	0.50	*
1996-D	FV	FV	FV	FV	FV	0.15	0.50	*
1996-S	*	*	*	*	*	*	*	4.50

— = Insufficient pricing data   * = None Issued   FV = Face Value

2 cents Trend graph

Legend: AU.50 — MS.65 — SERIES

2 cents

Date of authorization:	April 22, 1864
Dates of issue:	1864-1872
Designer/Engraver:	James B. Longacre
Diameter (Millimeters/inches):	23.00mm/0.91 inch
Weight (Grams/ounces):	6.221 grams/0.20001 ounce
Metallic content:	95% copper, 5% zinc and tin
Edge:	Plain
Mint mark:	None

	F-12	VF-20	EF-40	AU-50	MS-60	MS-63	MS-64	MS-65	PF-63	PF-65
1864 Small Motto										
	90.00	200.	330.	415.	500.	700.	1150.	3300.	12000.	60000.
1864 Large Motto										
	16.00	19.00	27.50	50.00	95.00	130.	240.	975.	725.	4250.
1865	16.25	19.50	29.00	52.50	100.	135.	245.	1025.	490.	3250.
1866	17.50	21.00	29.00	56.00	110.	140.	250.	1250.	470.	1750.
1867	17.50	21.00	30.00	65.00	115.	145.	255.	1200.	475.	1950.
1868	18.00	22.00	31.50	75.00	120.	160.	325.	1300.	470.	1725.
1869	18.75	26.00	37.50	85.00	120.	150.	450.	1175.	470.	1800.
1869/9			—	—	—	—	—	—	—	—
1870	22.50	36.50	55.00	95.00	160.	275.	600.	1950.	490.	1925.
1871	25.00	40.00	77.50	135.	225.	425.	1000.	2400.	500.	1950.
1872	165.	285.	400.	585.	750.	1100.	1600.	2850.	525.	2100.
1873 Closed 3 Proofs Only				1050.	1250.	—	—	—	1375.	2800.
1873 Open 3 Restrike Proofs Only				—	1450.	—	—	—	2000.	6000.

— = Insufficient pricing data   * = None Issued   FV = Face Value

Copper-nickel 3 cents Trend graph

Legend: AU.50 — MS.65 - - SERIES

Copper-nickel 3 cents

Date of authorization:	April 22, 1864
Dates of issue:	1865-1889
Designer/Engraver:	James B. Longacre
Diameter (Millimeters/inches):	17.90mm/0.71 inch
Weight (Grams/ounces):	1.944 grams/0.0625 ounce
Metallic content:	75% copper, 25% nickel
Edge:	Plain
Mint mark:	None

	F-12	VF-20	EF-40	AU-50	MS-60	MS-63	MS-64	MS-65	PF-65
1865	7.25	8.50	14.00	35.00	80.00	125.	210.	675.	5500.
1866	7.25	8.50	14.00	35.00	80.00	125.	215.	685.	1950.
1867	7.25	8.50	14.50	36.50	82.50	130.	220.	700.	1100.
1868	7.25	8.75	15.00	37.50	83.50	130.	215.	685.	1225.
1869	8.00	9.50	16.50	38.00	85.00	135.	230.	775.	975.
1870	8.00	9.50	17.50	40.00	87.50	135.	245.	750.	1100.
1871	9.00	11.75	20.00	50.00	105.	150.	250.	750.	1000.
1872	8.50	10.50	19.00	47.50	92.50	175.	350.	1250.	950.
1873 Closed 3	12.00	22.50	35.00	65.00	140.	265.	425.	2250.	900.
1873 Open 3	9.50	12.00	22.00	40.00	87.50	155.	325.	2200.	——
1874	9.50	12.00	22.00	47.50	105.	170.	300.	2150.	950.
1875	11.50	20.50	27.00	70.00	115.	175.	260.	690.	1050.
1876	16.00	24.00	37.50	80.00	165.	275.	400.	1750.	800.
1877 (Proofs only)	1025.	1050.	1075.	1100.	1125.	1200.	*	*	2100.
1878 (Proofs only)	385.	400.	415.	425.	450.	475.	*	*	600.
1879	60.00	65.00	85.00	135.	220.	300.	425.	715.	560.
1880	80.00	90.00	135.	180.	230.	325.	350.	690.	530.

— = Insufficient pricing data   * = None Issued   FV = Face Value

	F-12	VF-20	EF-40	AU-50	MS-60	MS-63	MS-64	MS-65	PF-65
1881	7.25	9.50	14.50	36.50	80.00	130.	195.	690.	520.
1882	65.00	80.00	110.	165.	245.	350.	625.	1100.	525.
1883	175.	200.	245.	280.	375.	925.	1350.	2350.	520.
1884	335.	365.	390.	430.	485.	1200.	1450.	3500.	535.
1885	440.	475.	500.	600.	700.	1050.	1175.	2000.	545.
1886 (Proofs only)	400.	425.	450.	475.	350.	400.	*	*	535.
1887/6 (Proofs only)	375.	385.	400.	500.	400.	450.	*	*	725.
1887	250.	285.	305.	325.	365.	550.	675.	1000.	975.
1888	41.00	47.00	60.00	95.00	180.	300.	375.	650.	515.
1889	75.00	82.50	90.00	105.	220.	350.	425.	665.	500.

Silver 3 cents Trend graph

----- AU.50 ——— MS.65 - - SERIES

Silver 3 cents

Date of authorization:	March 3, 1851
Dates of issue:	1851-1873
Designer/Engraver:	James B. Longacre
Diameter (Millimeters/inches):	14.00mm/0.55 inch
Weight (Grams/ounces):	(1851-1853): 0.802 gram/0.02578 ounce
	(1854-1873): 0.746 gram/0.02398 ounce
Metallic content:	(1851-1853): 75% silver, 25% copper
	(1854-1873): 90% silver, 10% copper
Weight of pure silver:	(1851-1853): 0.6015 grams/0.01934
	(1854-1873): 0.6714 grams/0.02159
Edge:	Plain
Mint mark:	1851-O only, reverse right field

— = Insufficient pricing data   * = None Issued   FV = Face Value

	VG-8	F-12	VF-20	EF-40	AU-50	MS-60	MS-63	MS-64	MS-65	PF-65
1 OUTLINE OF STAR										
1851	14.50	19.00	23.50	48.00	95.00	130.	225.	335.	1100.	6600.
1851-O	18.00	30.00	55.00	95.00	185.	275.	415.	875.	2350.	——
1852	14.50	19.00	23.50	48.00	95.00	130.	225.	335.	1100.	*
1853	14.50	19.00	23.50	48.00	95.00	130.	230.	345.	1150.	*
3 OUTLINES OF STAR										
1854	19.00	24.00	40.00	77.50	190.	325.	650.	2050.	4400.	34000.
1855	25.00	45.00	70.00	115.	210.	500.	1100.	2850.	10500.	——
1856	18.00	23.00	38.00	75.00	185.	320.	675.	2350.	5500.	13500.
1857	18.25	23.25	40.00	77.50	175.	300.	650.	2100.	4500.	11250.
1858	18.00	23.00	38.00	75.00	160.	295.	640.	2050.	4400.	8200.
2 OUTLINES OF STAR										
1859	16.00	21.35	33.00	60.00	100.	150.	285.	350.	1050.	2750.
1860	16.00	21.00	32.50	60.00	100.	145.	290.	350.	1075.	——
1861	16.00	21.35	33.00	60.00	97.50	135.	270.	345.	1050.	2100.
1862	17.00	22.50	35.00	65.00	105.	145.	265.	340.	1000.	1500.
1862/1	——	24.00	40.00	75.00	125.	210.	400.	525.	1025.	——

	AU-50	MS-60	MS-62	MS-63	MS-64	MS-65	PF-60	PF-63	PF-64	PF-65
1863	425.	575.	625.	775.	1225.	1625.	325.	425.	725.	1400.
1863/2 (Proofs only)	450.	*	*	*	*	*	390.	445.	1750.	4500.
1864	435.	575.	660.	965.	1200.	1650.	325.	435.	725.	1425.
1865	435.	585.	635.	825.	1100.	1750.	330.	450.	735.	1425.
1866	435.	585.	635.	825.	1075.	1700.	325.	445.	725.	1425.
1867	440.	600.	685.	1150.	1600.	2900.	345.	440.	725.	1300.
1868	445.	610.	700.	1200.	2350.	5750.	330.	440.	725.	1300.
1869	450.	625.	675.	890.	1400.	3000.	330.	440.	725.	1400.
1869/8 (Proofs only)	650.	*	*	*	*	*	850.	1750.	2500.	4900.
1870	455.	635.	685.	935.	1250.	2500.	350.	455.	725.	1400.
1871	450.	615.	650.	835.	1100.	1650.	365.	525.	700.	1350.
1872	600.	750.	825.	1350.	——	——	425.	625.	775.	1325.
1873 Closed 3 (Proofs only)	600.	*	*	*	*	*	635.	860.	1250.	1950.

Shield 5 cents index chart

····· AU.50 —— MS.65 - - SERIES

Shield 5 cents

Date of authorization: May 16, 1866
Dates of issue: 1866-1883
Designer/Engraver: James B. Longacre
Diameter (Millimeters/inches): 20.50mm/0.81 inch
Weight (Grams/ounces): 5.000 grams/0.16075 ounce
Metallic content: 75% copper, 25% nickel
Edge: Plain
Mint mark: None

	G-4	VG-8	F-12	VF-20	EF-40	AU-50	MS-60	MS-63	MS-64	MS-65
1866	15.00	17.00	21.00	37.50	92.50	140.	205.	440.	675.	2500.
1867	18.00	22.50	27.50	45.00	120.	185.	280.	530.	1050.	3400.
RAYS REMOVED FROM REVERSE										
1867	8.00	9.00	11.50	14.00	27.00	50.00	85.00	140.	275.	715.
1868	8.00	9.00	11.50	14.00	27.00	52.50	85.00	140.	275.	700.
1869	8.50	9.50	12.00	14.25	30.00	55.00	95.00	185.	285.	690.
1870	9.50	11.50	16.00	22.50	38.00	65.00	115.	235.	400.	1000.
1871	27.50	37.50	55.00	77.50	120.	175.	275.	500.	800.	1250.
1872	8.50	9.75	12.50	19.00	38.00	65.00	125.	270.	675.	1000.
1873 Closed 3										
	22.50	30.00	37.50	72.50	115.	155.	225.	375.	750.	1100.
1873 Open 3	8.50	9.75	12.50	20.50	41.00	67.50	115.	235.	375.	735.
1874	8.75	10.00	13.50	27.50	55.00	75.00	130.	255.	485.	1150.
1875	13.00	20.00	30.00	42.00	62.50	90.00	145.	270.	550.	1450.

— = Insufficient pricing data   * = None Issued   FV = Face Value

SHIELD 5 CENTS (CONTINUED)

	G-4	VG-8	F-12	VF-20	EF-40	AU-50	MS-60	MS-63	MS-64	MS-65
1876	12.50	19.00	26.00	35.00	57.50	77.50	130.	255.	490.	1200.
1877 (Proofs only)										
	950.	1000.	1050.	1100.	1150.	1200.	1250.	1350.	1475.	2250.
1878 (Proofs only)										
	500.	525.	550.	600.	650.	675.	700.	725.	750.	1000.
1879	200.	250.	300.	385.	450.	500.	575.	825.	1125.	1550.
1880	275.	325.	375.	435.	550.	700.	1050.	1650.	1900.	3200.
1881	125.	160.	205.	250.	310.	370.	550.	725.	900.	1150.
1882	8.50	9.00	11.25	14.50	27.00	50.00	87.50	140.	255.	685.
1883	8.50	9.25	11.50	15.00	27.50	52.50	87.50	135.	245.	675.
1883/2	35.00	50.00	75.00	110.	135.	165.	250.	650.	925.	1850.

Liberty Head 5 cents index chart

Legend: ---- AU.50 —— MS.65 - - SERIES

Liberty Head 5 cents

Date of authorization:	May 16, 1866
Dates of issue:	1883-1912
Designer/Engraver:	Charles Barber
Diameter (Millimeters/inches):	21.21mm/0.84 inch
Weight (Grams/ounces):	5.000 grams/0.16075 ounce
Metallic content:	75% copper, 25% nickel
Edge:	Plain
Mint mark:	1912 only, reverse left of CENTS

— = Insufficient pricing data   * = None issued   FV = Face Value

LIBERTY HEAD 5 CENTS (CONTINUED)

	VG-8	F-12	VF-20	EF-40	AU-50	AU-55	MS-60	MS-63	MS-64	MS-65
1883	2.75	3.25	4.50	6.25	10.75	13.00	23.00	32.50	65.00	300.
CENTS ADDED BELOW WREATH										
1883	8.00	13.50	20.00	32.50	62.50	65.00	70.00	90.00	235.	475.
1884	10.00	15.00	22.50	42.50	77.50	85.00	125.	225.	315.	850.
1885	250.	300.	400.	550.	675.	750.	825.	1000.	1250.	1950.
1886	70.00	130.	175.	260.	335.	390.	485.	700.	1050.	1750.
1887	8.00	14.00	16.50	40.00	62.50	65.00	77.50	150.	250.	850.
1887 Doubled Die (E Pluribus Unum)									500.	
1888	11.00	18.00	29.00	50.00	92.50	97.50	110.	170.	260.	775.
1889	6.25	14.00	17.00	38.00	60.00	65.00	77.50	145.	265.	750.
1890	6.50	15.00	19.00	39.00	61.00	67.50	82.50	155.	260.	825.
1891	5.00	11.00	14.50	37.00	60.00	65.00	72.50	140.	265.	835.
1892	5.50	11.50	17.00	40.00	62.50	67.50	82.50	155.	245.	740.
1893	5.00	11.00	15.50	37.50	60.00	65.00	72.50	145.	245.	735.
1894	14.00	35.00	67.50	135.	155.	165.	175.	225.	305.	900.
1895	4.50	10.50	14.50	37.50	55.00	60.00	77.50	160.	275.	925.
1896	5.50	12.50	19.00	42.50	65.00	70.00	80.00	175.	280.	1000.
1897	2.50	5.50	8.00	19.50	52.50	57.50	70.00	145.	260.	1025.
1898	2.65	5.25	8.00	20.00	56.50	62.50	72.50	150.	225.	875.
1899	1.30	4.50	7.50	19.00	52.50	55.00	60.00	75.00	140.	475.
1900	1.25	4.50	7.00	17.50	42.50	47.50	60.00	72.50	135.	450.
1901	1.25	4.25	7.00	18.50	40.00	45.00	57.50	75.00	140.	455.
1902	1.25	4.25	7.00	17.50	40.00	45.00	57.50	75.00	140.	465.
1903	1.25	4.25	7.00	17.50	40.00	45.00	60.00	72.50	135.	455.
1904	1.30	4.50	7.50	18.50	42.50	47.50	60.00	77.50	140.	455.
1905	1.25	4.25	7.00	17.50	40.00	45.00	55.00	72.50	135.	460.
1906	1.25	4.25	7.00	18.50	40.00	45.00	57.50	75.00	140.	460.
1907	1.25	4.25	7.00	17.50	40.00	45.00	55.00	72.50	135.	460.
1908	1.25	4.25	7.50	18.50	37.50	42.50	57.50	75.00	175.	525.
1909	1.65	4.50	8.00	19.00	50.00	55.00	65.00	82.50	180.	475.
1910	1.25	4.00	6.00	17.00	37.50	42.50	52.50	72.50	135.	460.
1911	1.25	4.00	6.00	16.50	37.50	42.50	52.50	72.50	135.	455.
1912	1.25	4.00	7.00	16.50	37.50	42.50	52.50	75.00	140.	465.
1912-D	1.40	4.65	9.50	40.00	85.00	95.00	135.	325.	400.	1000.
1912-S	49.00	92.50	235.	385.	485.	550.	675.	965.	1500.	2050.
1913 Proof 63 $1000000 Prf-66 $1500000.										

Indian Head 5 cents index chart

----- AU.50 ——— MS.65 - - - SERIES

Indian Head 5 cents

"BUFFALO NICKEL"

Date of authorization:	May 16, 1866
Dates of issue:	1913-1938
Designer:	James Earle Fraser
Engraver:	Charles Barber
Diameter (Millimeters/inches):	21.21mm/0.84 inch
Weight (Grams/ounces):	5.000 grams/0.16075 ounce
Metallic content:	75% copper, 25% nickel
Edge:	Plain
Mint mark:	Reverse below FIVE CENTS

	G-4	VG-8	F-12	VF-20	EF-40	AU-50	MS-60	MS-63	MS-64	MS-65
BISON STANDING ON MOUND										
1913	4.25	5.00	6.00	7.35	10.25	17.00	31.00	42.50	60.00	90.00
1913-D	6.50	7.75	9.50	12.50	20.00	33.00	47.50	60.00	72.50	215.
1913-S	10.00	12.50	17.00	24.00	37.00	47.50	65.00	125.	200.	690.
BISON STANDING ON PLAIN										
1913	4.00	4.75	6.00	7.00	12.00	18.00	28.00	52.50	115.	275.
1913-D	34.00	39.00	45.00	52.50	67.50	100.	150.	230.	315.	650.
1913-S	72.50	90.00	120.	155.	190.	235.	325.	515.	1250.	3150.
1914	5.75	7.25	8.25	11.00	14.00	25.50	41.00	70.00	150.	350.
1914-D	27.50	38.00	48.00	70.00	95.00	125.	195.	315.	650.	1150.
1914-S	7.00	9.00	14.00	22.50	35.00	52.50	165.	365.	635.	1750.
1915	3.00	3.75	5.00	6.50	12.00	22.50	42.00	65.00	115.	285.

— = Insufficient pricing data   *** = None issued**   **FV = Face Value**

INDIAN HEAD 5 CENTS (CONTINUED)

	G-4	VG-8	F-12	VF-20	EF-40	AU-50	MS-60	MS-63	MS-64	MS-65
1915-D	6.75	10.00	22.50	34.00	46.50	70.00	140.	365.	625.	1700.
1915-S	12.00	16.00	30.00	62.50	135.	200.	460.	775.	1300.	2500.
1916	1.05	1.30	2.00	3.75	6.00	15.00	40.00	62.50	90.00	300.
1916 Doubled Die										
	1900.	3000.	4900.	7000.	11500.	17500.	23500.	52500.	—	—
1916-D	6.00	8.00	13.00	21.50	47.50	67.50	135.	275.	425.	3100.
1916-S	4.00	5.00	11.00	20.00	46.50	70.00	145.	300.	550.	2400.
1917	1.05	1.40	2.25	5.50	10.00	26.00	43.00	90.00	225.	450.
1917-D	5.25	7.50	18.00	45.00	82.50	140.	290.	650.	1075.	2250.
1917-S	6.00	8.50	19.00	47.50	115.	190.	400.	700.	1150.	2700.
1918	1.15	1.55	2.40	8.25	16.50	30.00	45.00	215.	450.	1475.
1918/7-D	300.	500.	975.	2200.	4150.	7250.	14000.	38500.	75000.	165000.
1918-D	6.00	8.00	19.00	75.00	165.	210.	365.	875.	1800.	3000.
1918-S	4.75	7.50	18.00	65.00	145.	225.	675.	2750.	5750.	20000.
1919	1.00	1.20	1.80	3.50	8.00	21.00	40.00	87.50	175.	350.
1919-D	6.00	9.00	19.00	75.00	175.	285.	465.	1075.	1800.	3700.
1919-S	4.00	6.00	15.00	60.00	165.	255.	485.	1100.	3500.	11500.
1920	0.80	1.05	1.80	4.00	9.00	24.00	40.00	87.50	225.	625.
1920-D	5.00	8.00	20.00	82.50	200.	315.	475.	1350.	2250.	4750.
1920-S	2.25	4.00	10.00	50.00	135.	205.	335.	1850.	4800.	19500.
1921	1.10	1.35	2.75	8.50	19.00	40.00	80.00	120.	265.	540.
1921-S	17.00	30.00	55.00	315.	590.	825.	1350.	1950.	2600.	4350.
1923	0.80	0.90	1.55	3.75	8.00	18.00	35.00	60.00	200.	495.
1923-S	2.25	3.25	7.00	80.00	160.	245.	410.	700.	1300.	7500.
1924	0.80	1.05	1.80	4.00	9.50	27.50	45.00	82.50	250.	575.
1924-D	2.35	3.40	7.75	55.00	125.	185.	380.	650.	1050.	3450.
1924-S	5.00	7.00	32.50	350.	950.	1200.	1750.	2850.	4250.	7750.
1925	0.80	0.90	1.55	3.50	9.00	20.00	31.50	75.00	125.	335.
1925-D	4.75	7.25	24.00	62.50	160.	235.	375.	675.	1225.	3500.
1925-S	2.50	6.75	10.00	52.50	145.	230.	425.	2000.	4350.	32500.
1926	0.65	0.75	1.05	2.00	6.00	17.00	28.00	55.00	80.00	185.
1926-D	3.00	5.00	18.00	60.00	120.	165.	190.	425.	1500.	2800.
1926-S	6.00	8.50	20.00	325.	700.	1200.	2150.	6000.	10500.	19000.
1927	0.65	0.75	0.95	1.75	5.00	17.50	28.50	52.50	77.50	135.
1927-D	1.05	1.55	5.00	16.00	42.50	70.00	115.	265.	525.	2300.
1927-S	1.00	1.20	2.00	17.50	60.00	115.	360.	1750.	5000.	14000.
1928	0.58	0.65	0.80	1.95	6.00	16.00	25.00	45.00	95.00	330.
1928-D	1.05	1.55	4.00	6.00	17.00	30.00	38.50	80.00	145.	725.
1928-S	0.85	1.05	1.30	4.00	11.00	30.00	130.	615.	1100.	4350.
1929	0.58	0.65	0.80	1.75	5.00	14.00	21.50	35.00	82.50	275.
1929-D	1.05	1.40	2.00	5.00	13.00	28.00	40.00	82.50	285.	1450.
1929-S	0.70	0.80	1.05	1.50	8.00	17.50	37.00	70.00	130.	315.
1930	0.66	0.70	0.85	2.50	4.50	15.00	23.00	40.00	55.00	75.00
1930-S	0.63	0.70	1.05	1.50	6.50	21.00	32.50	65.00	140.	410.
1931-S	2.75	3.50	4.00	5.00	10.00	28.50	43.00	67.50	90.00	180.
1934	0.56	0.60	0.65	2.75	4.50	12.00	24.00	40.00	60.00	335.
1934-D	0.60	0.65	1.30	4.50	10.00	21.00	40.00	87.50	240.	1450.
1935	0.56	0.60	0.65	1.00	2.10	7.25	16.00	26.00	32.50	80.00
1935 Doubled Die										
	30.00	40.00	75.00	150.	400.	1200.	2500.	5000.	—	—
1935-D	0.65	0.80	1.55	4.00	9.00	25.00	32.50	60.00	130.	325.
1935-S	0.63	0.65	0.75	1.15	3.50	11.00	23.00	48.50	75.00	160.
1936	0.56	0.60	0.70	1.00	2.35	6.25	13.00	20.00	35.00	59.00
1936-D	0.63	0.65	0.75	1.25	5.00	13.00	17.00	23.50	42.50	85.00
1936-S	0.58	0.63	0.75	1.15	3.50	11.00	15.00	25.00	32.50	80.00

— = Insufficient pricing data   * = None issued   FV = Face Value

INDIAN HEAD 5 CENTS (CONTINUED)

	G-4	VG-8	F-12	VF-20	EF-40	AU-50	MS-60	MS-63	MS-64	MS-65
1937	0.56	0.60	0.70	1.00	2.25	6.00	11.00	18.00	22.50	32.50
1937-D	0.60	0.65	0.75	1.15	2.75	7.25	14.50	20.50	24.00	45.00
1937-D 3 Legs										
	100.	195.	250.	325.	375.	600.	1300.	3300.	4900.	17000.
1937-S	0.58	0.63	0.75	1.15	3.00	8.00	13.00	20.00	27.50	42.50
1938-D	0.56	0.60	0.70	1.10	2.10	7.00	11.50	16.50	20.00	30.00
1938-D/D	1.75	2.75	4.00	5.25	7.00	11.00	19.00	25.00	30.00	50.00
1938-D/S	5.75	8.00	10.00	15.00	22.00	26.50	35.00	52.50	72.50	110.

Jefferson 5 cents index chart

----- MS.65 ——— PF.65 - - SERIES

Jefferson 5 cents

Date of authorization:	May 16, 1866; March 27, 1942
Dates of issue:	1938-present
Designer:	Felix Schlag
Engraver:	John R. Sinnock
Diameter (Millimeters/inches):	21.21mm/0.84 inch
Weight (Grams/ounces):	5.000 grams/0.16075 ounce
Metallic content:	(1938-1942): 75% copper, 25% nickel
	(1942-1945): 56% copper, 35% silver, 9% manganese
	(1946-present): 75% copper, 25% nickel

— = Insufficient pricing data   * = None Issued   FV = Face Value

Weight of pure silver: (1942-1945) 1.750 grams/0.05626 ounce
Edge: Plain
Mint mark: (1938-1964): Reverse right of building
(1942-1945, silver): Reverse above dome
(1968-present): Obverse below Jefferson's
ponytail

	VG-8	F-12	VF-20	EF-40	AU-50	MS-60	MS-63	MS-64	MS-65	PF-65
1938	0.15	0.35	0.45	0.65	0.90	2.25	2.75	—	4.50	60.00
1938-D	0.90	1.00	1.35	1.60	2.25	3.00	4.00	8.00	14.00	*
1938-S	1.35	1.75	2.15	2.50	2.85	3.50	4.50	9.50	19.00	*
1939	0.08	0.18	0.25	0.45	0.75	1.35	2.50	—	4.00	50.00
1939 Doubled Die										
	24.00	40.00	60.00	70.00	125.	165.	300.	375.	575.	*
1939-D	2.75	3.50	4.50	7.00	16.00	26.00	42.50	50.00	65.00	*
1939-S	0.85	0.95	1.50	2.75	7.00	14.00	20.00	23.50	39.50	*
1940	FV	0.10	0.20	0.25	0.60	0.75	1.35	—	2.85	42.50
1940-D	0.13	0.20	0.30	0.50	1.45	2.25	2.75	—	5.50	*
1940-S	0.14	0.20	0.35	0.55	1.00	1.90	3.35	—	5.00	*
1941	FV	0.10	0.20	0.30	0.40	0.65	1.25	—	2.10	47.50
1941-D	0.10	0.15	0.30	0.55	1.40	2.15	3.00	—	4.85	*
1941-S	0.10	0.15	0.30	0.60	1.75	2.75	4.00	—	6.00	*
1942	0.10	0.15	0.20	0.45	0.70	1.25	4.25	—	6.25	45.00
1942-P	0.30	0.65	0.75	1.10	3.00	5.25	8.00	9.00	11.50	115.
1942-D	0.35	0.45	1.25	2.75	7.00	14.00	21.00	22.50	35.00	*
1942-D/Horizontal D										
	—	30.00	45.00	—	—	—	750.	1550.	2850.	*
1942-S	0.40	1.00	1.45	2.00	3.50	5.00	8.00	12.50	25.00	*
1943/2-P	35.00	42.50	65.00	90.00	135.	235.	300.	350.	625.	*
1943-P	0.30	0.60	0.70	1.10	1.75	2.75	4.00	4.75	8.00	*
1943-P Doubled Eye										
	20.00	27.50	32.50	50.00	87.50	115.	150.	180.	450.	*
1943-D	0.45	0.75	1.00	1.50	2.10	2.50	3.50	5.50	12.00	*
1943-S	0.30	0.60	0.70	1.10	1.75	2.90	5.00	6.50	12.25	*
1944-P	0.35	0.65	0.75	1.15	2.00	2.75	4.00	5.00	9.25	*
1944-D	0.45	0.85	1.00	1.80	3.00	6.50	9.00	10.00	12.50	*
1944-S	0.60	0.90	1.25	1.90	3.00	3.75	4.50	5.00	8.50	*
1945-P	0.35	0.65	0.75	1.50	2.00	2.65	4.50	5.00	8.75	*
1945-P Doubled Die										
	—	15.00	20.00	30.00	47.50	75.00	120.	190.	460.	*
1945-D	0.60	1.00	1.35	1.75	2.35	2.65	3.75	4.50	7.00	*
1945-S	0.30	0.55	0.65	1.25	1.50	2.15	3.25	4.00	6.75	*
1946	FV	0.07	0.15	0.20	0.30	0.50	0.70	—	1.85	*
1946-D	0.07	0.10	0.15	0.30	0.45	0.55	0.80	—	5.50	*
1946-D/Horizontal D										
	42.50	65.00	80.00	140.	225.	275.	400.	650.	1100.	*
1946-S	0.10	0.20	0.25	0.35	0.40	0.50	0.55	—	5.00	*
1947	FV	0.07	0.15	0.20	0.30	0.55	0.95	—	2.00	*
1947-D	0.06	0.08	0.15	0.40	0.60	0.70	1.20	—	2.25	*
1947-S	0.06	0.08	0.15	0.25	0.30	0.35	0.45	—	2.00	*
1948	FV	0.07	0.10	0.20	0.32	0.40	0.55	—	1.80	*
1948-D	0.07	0.10	0.30	0.45	0.60	0.85	1.35	—	2.65	*
1948-S	0.10	0.20	0.35	0.40	0.45	0.50	0.60	—	2.25	*
1949	0.08	0.15	0.20	0.30	0.45	0.65	0.75	—	3.25	*

— = Insufficient pricing data   *** = None Issued**   **FV = Face Value**

	VG-8	F-12	VF-20	EF-40	AU-50	MS-60	MS-63	MS-64	MS-65	PF-65
1949-D	0.07	0.10	0.25	0.45	0.55	0.75	1.50	——	4.00	*
1949-D/S	——	——	35.00	70.00	95.00	145.	185.	225.	410.	*
1949-S	0.35	0.45	0.60	0.75	0.90	1.15	1.45	——	5.00	*
1950	0.15	0.20	0.30	0.45	0.70	0.80	0.90	——	3.65	42.50
1950-D	4.75	5.00	5.15	5.25	5.35	5.75	6.50	7.00	10.50	*
1951	FV	0.07	0.15	0.30	0.35	0.75	1.40	——	2.75	37.50
1951-D	FV	0.07	0.25	0.45	0.55	0.65	1.00	——	2.65	*
1951-S	0.25	0.30	0.45	0.70	1.00	1.50	2.25	——	5.00	*
1952	FV	0.07	0.08	0.10	0.50	0.70	0.95	——	2.25	27.00
1952-D	FV	0.07	0.15	0.25	0.75	1.00	1.25	——	3.35	*
1952-S	0.07	0.10	0.15	0.25	0.35	0.60	1.00	——	2.50	*
1953	FV	0.07	0.08	0.10	0.20	0.22	0.35	——	1.10	26.50
1953-D	FV	0.07	0.10	0.15	0.18	0.21	0.35	——	1.25	*
1953-S	0.08	0.15	0.20	0.25	0.30	0.38	0.75	——	3.50	*
1954	FV	0.07	0.08	0.10	0.15	0.19	0.35	——	1.25	20.00
1954-D	FV	0.07	0.08	0.10	0.15	0.19	0.35	——	1.35	*
1954-S	FV	0.07	0.08	0.10	0.20	0.23	0.40	——	1.75	*
1954 S/D	——	——	9.00	16.00	22.00	30.00	52.50	65.00	130.	*
1955	0.15	0.22	0.25	0.30	0.35	0.40	0.75	——	2.15	10.00
1955-D	FV	0.07	0.08	0.10	0.15	0.19	0.30	——	1.25	*
1955 D/S Variety 1										
	——	——	10.00	17.00	26.00	32.50	52.50	75.00	165.	*
1956	FV	FV	FV	FV	FV	0.16	0.25	——	0.75	4.00
1956-D	FV	FV	FV	FV	FV	0.16	0.25	——	0.75	*
1957	FV	FV	FV	FV	FV	0.17	0.25	——	0.85	1.75
1957-D	FV	FV	FV	FV	FV	0.16	0.25	——	0.75	*
1958	0.06	0.08	0.12	0.17	0.20	0.25	0.35	——	1.65	2.50
1958-D	FV	FV	FV	FV	FV	0.16	0.25	——	0.75	*
1959	FV	FV	FV	FV	FV	0.16	0.25	——	0.75	1.75
1959-D	FV	FV	FV	FV	FV	0.16	0.25	——	0.75	*
1960	FV	FV	FV	FV	FV	0.16	0.25	——	0.75	0.40
1960-D	FV	FV	FV	FV	FV	0.16	0.25	——	0.75	*
1961	FV	FV	FV	FV	FV	0.16	0.25	——	0.75	0.40
1961-D	FV	FV	FV	FV	FV	0.16	0.25	——	0.75	*
1962	FV	FV	FV	FV	FV	0.16	0.25	——	0.75	0.40
1962-D	FV	FV	FV	FV	FV	0.16	0.25	——	0.75	*
1963	FV	FV	FV	FV	FV	0.16	0.25	——	0.75	0.40
1963-D	FV	FV	FV	FV	FV	0.16	0.25	——	0.75	*
1964	FV	FV	FV	FV	FV	0.16	0.25	——	0.75	0.40
1964-D	FV	FV	FV	FV	FV	0.16	0.25	——	0.75	*
1965	FV	FV	FV	FV	FV	0.13	0.25	——	0.85	*
1966	FV	FV	FV	FV	FV	0.13	0.25	——	0.85	*
1967	FV	FV	FV	FV	FV	0.13	0.25	——	0.85	*
1968-D	FV	FV	FV	FV	FV	0.13	0.25	——	0.35	*
1968-S	FV	FV	FV	FV	FV	0.13	0.25	——	0.35	0.40
1969-D	FV	FV	FV	FV	FV	0.13	0.25	——	0.35	*
1969-S	FV	FV	FV	FV	FV	0.13	0.25	——	0.35	0.40
1970-D	FV	FV	FV	FV	FV	0.13	0.25	——	0.35	*
1970-S	FV	FV	FV	FV	FV	0.13	0.25	——	0.35	0.40
1971	FV	FV	FV	FV	FV	0.45	0.75	——	1.25	*
1971-D	FV	FV	FV	FV	FV	0.20	0.50	——	0.75	*
1971-S	*	*	*	*	*	*	*	*	*	1.50
1971-S No S					*	*	*	*	*	475.
1972	FV	FV	FV	FV	FV	0.13	0.25	——	0.35	*
1972-D	FV	FV	FV	FV	FV	0.13	0.25	——	0.35	*

—— = Insufficient pricing data   * = None Issued   FV = Face Value

	VG-8	F-12	VF-20	EF-40	AU-50	MS-60	MS-63	MS-64	MS-65	PF-65
1972-S	*	*	*	*	*	*	*	*	*	1.50
1973	FV	FV	FV	FV	FV	0.13	0.25	—	0.35	*
1973-D	FV	FV	FV	FV	FV	0.13	0.25	—	0.35	*
1973-S	*	*	*	*	*	*	*	*	*	1.00
1974	FV	FV	FV	FV	FV	0.13	0.25	—	0.35	*
1974-D	FV	FV	FV	FV	FV	0.15	0.27	—	0.45	*
1974-S	*	*	*	*	*	*	*	*	*	1.10
1975	FV	FV	FV	FV	FV	0.25	0.40	—	0.75	*
1975-D	FV	FV	FV	FV	FV	0.20	0.35	—	0.60	*
1975-S	*	*	*	*	*	*	*	*	*	1.25
1976	FV	FV	FV	FV	FV	0.25	0.45	—	0.85	*
1976-D	FV	FV	FV	FV	FV	0.30	0.45	—	1.50	*
1976-S	*	*	*	*	*	*	*	*	*	0.95
1977	FV	FV	FV	FV	FV	0.13	0.25	—	0.35	*
1977-D	FV	FV	FV	FV	FV	0.28	0.40	—	1.25	*
1977-S	*	*	*	*	*	*	*	*	*	0.65
1978	FV	FV	FV	FV	FV	—	0.25	—	—	*
1978-D	FV	FV	FV	FV	FV	0.15	0.35	—	—	*
1978-S	*	*	*	*	*	*	*	*	*	0.45
1979	FV	FV	FV	FV	FV	—	0.25	—	—	*
1979-D	FV	FV	FV	FV	FV	0.13	0.27	—	—	*
1979-S Filled S	*	*	*	*	*	*	*	*	*	0.60
1979-S Clear S	*	*	*	*	*	*	*	*	*	1.50
1980-P	FV	FV	FV	FV	FV	—	0.25	—	—	*
1980-D	FV	FV	FV	FV	FV	—	0.25	—	—	*
1980-S	*	*	*	*	*	*	*	*	*	0.75
1981-P	FV	FV	FV	FV	FV	—	0.25	—	—	*
1981-D	FV	FV	FV	FV	FV	—	0.25	—	—	*
1981-S Filled S	*	*	*	*	*	*	*	*	*	0.75
1981-S Clear S	*	*	*	*	*	*	*	*	*	1.10
1982-P	FV	FV	FV	FV	FV	0.14	0.75	—	—	*
1982-D	FV	FV	FV	FV	FV	0.25	1.25	—	—	*
1982-S	*	*	*	*	*	*	*	*	*	1.50
1983-P	FV	FV	FV	FV	FV	0.87	0.90	—	1.50	*
1983-D	FV	FV	FV	FV	FV	0.80	0.90	—	1.75	*
1983-S	*	*	*	*	*	*	*	*	*	2.00
1984-P	FV	FV	FV	FV	FV	0.10	0.45	—	—	*
1984-D	FV	FV	FV	FV	FV	0.15	0.45	—	—	*
1984-S	*	*	*	*	*	*	*	*	*	2.50
1985-P	FV	FV	FV	FV	FV	0.13	0.45	—	—	*
1985-D	FV	FV	FV	FV	FV	0.15	0.45	—	—	*
1985-S	*	*	*	*	*	*	*	*	*	2.25
1986-P	FV	FV	FV	FV	FV	0.10	0.45	—	—	*
1986-D	FV	FV	FV	FV	FV	0.15	0.85	—	—	*
1986-S	*	*	*	*	*	*	*	*	*	4.75

	MS-63	MS-64	MS-65	PF-65
1987-P	0.25	—	—	*
1987-D	0.25	—	—	*
1987-S	*	*	*	2.00
1988-P	0.25	—	—	*
1988-D	0.25	—	—	*
1988-S	*	*	*	2.75
1989-P	0.25	—	—	*
1989-D	0.25	—	—	*
1989-S	*	*	*	2.00

— = Insufficient pricing data   * = None Issued   FV = Face Value

JEFFERSON 5 CENTS (CONTINUED)

	MS-63	MS-64	MS-65	PF-65
1990-P	0.25	——	——	*
1990-D	0.25	——	——	*
1990-S	*	*	*	3.50
1991-P	0.25	——	——	*
1991-D	0.25	——	——	*
1991-S	*	*	*	3.75
1992-P	0.25	——	——	*
1992-D	0.25	——	——	*
1992-S	*	*	*	4.00
1993-P	0.25	——	——	*
1993-D	0.25	——	——	*
1993-S	*	*	*	4.00
1994-P	0.25	——	——	——
1994-P Matte	*	*	*	39.00
1994-D	0.25	——	——	*
1994-S	*	*	*	4.00
1995-P	0.25	——	——	——
1995-D	0.25	——	——	*
1995-S	*	*	*	3.50
1996-P	0.25	——	——	——
1996-D	0.25	——	——	*
1996-S	*	*	*	3.00

Early half dimes Trend graph

----- EF.40 —— MS.60 - - SERIES

Flowing Hair half dime

Date of authorization:	April 2, 1792
Dates of issue:	1792 (half disme); 1794-1795
Designer/Engraver:	Robert Scot
Diameter (Millimeters/inches):	16.50mm/0.65 inch
Weight (Grams/ounces):	1.348 grams/0.04334 ounce
Metallic content:	89.25% silver, 10.75% copper
Weight of pure silver:	1.2031 grams/0.03868 ounce
Edge:	Reeded
Mint mark:	None

	AG-3	G-4	VG-8	F-12	VF-20	EF-40	AU-50
HALF DISME PATTERN							
1792	3500.	4100.	5250.	7000.	11000.	18000.	26000.
FLOWING HAIR							
1794	350.	675.	850.	1425.	2050.	2850.	4350.
1795	315.	515.	675.	900.	1350.	2000.	2800.

— = Insufficient pricing data   *** = None issued**   **FV = Face Value**

Draped Bust half dime

Date of authorization:	April 2, 1792
Dates of issue:	1796-1805
Designer:	Obverse: Gilbert Stuart-Robert Scot
	Reverse:
	(1796-1797): Robert Scot-John Eckstein
	(1800-1805): Robert Scot
Engraver:	Robert Scot
Diameter (Millimeters/inches):	16.50mm/0.65 inch
Weight (Grams/ounces):	1.348 grams/0.04334 ounce
Metallic content:	89.25% silver, 10.75% copper
Weight of pure silver:	1.2031 grams/0.03868 ounce
Edge:	Reeded
Mint mark:	None

	AG-3	G-4	VG-8	F-12	VF-20	EF-40	AU-50
SMALL EAGLE							
1796/5	405.	625.	825.	1350.	2450.	4350.	10500.
1796	375.	550.	800.	1150.	1875.	3300.	5650.
1796 LIKERTY	375.	550.	800.	1250.	2100.	3600.	7250.
1797 15 Stars	350.	525.	790.	1150.	1800.	2800.	5400.
1797 16 Stars	365.	540.	800.	1200.	1825.	2950.	5650.
1797 13 Stars	425.	650.	1000.	1950.	2550.	4150.	6600.
HERALDIC EAGLE							
1800	200.	425.	575.	780.	1200.	2000.	3100.
1800 LIBEKTY	205.	435.	580.	795.	1250.	2050.	3250.
1801	245.	475.	600.	805.	1275.	2075.	3700.
1802	4750.	7750.	11500.	18500.	32500.	67500.	——
1803	210.	450.	590.	790.	1225.	2025.	3200.
1805	300.	595.	675.	900.	1600.	3000.	6000.

Capped Bust half dime

Date of authorization:	April 2, 1792								
Dates of issue:	1829-1837								
Designers:	John Reich-William Kneass								
Engraver:	William Kneass								
Diameter (Millimeters/inches):	15.50mm/0.61 inch								
Weight (Grams/ounces):	1.348 grams/0.04334 ounce								
Metallic content:	89.25% silver, 10.75% copper								
Weight of pure silver:	1.2031 grams/0.03868 ounce								
Edge:	Reeded								
Mint mark:	None								

	G-4	VG-8	F-12	VF-20	EF-40	AU-50	AU-55	MS-60	MS-62	MS-63
1829	14.50	21.00	28.00	55.00	120.	180.	225.	300.	420.	515.
1830	14.50	21.00	28.00	55.00	115.	175.	210.	285.	420.	500.
1831	14.50	21.00	28.00	55.00	115.	175.	210.	280.	415.	485.
1832	14.50	21.00	28.00	55.00	115.	180.	215.	285.	420.	495.
1833	14.50	21.00	28.00	55.00	115.	175.	210.	280.	415.	485.
1834	14.50	21.00	28.00	55.00	115.	180.	215.	280.	415.	485.
1835 all varieties										
	14.50	21.00	28.00	55.00	115.	175.	210.	280.	415.	485.
1836 all varieties										
	14.50	21.00	28.00	55.00	115.	185.	220.	285.	420.	495.
1837 Small 5c										
	18.50	25.00	40.00	97.50	240.	425.	500.	825.	1250.	2100.
1837 Large 5c										
	14.50	21.00	28.00	55.00	115.	180.	215.	280.	420.	500.

Seated Liberty half dime chart

Seated Liberty half dime

Date of authorization:	April 2, 1792
Dates of issue:	1837-1873
Designers:	(1837-1840): Christian Gobrecht
	(1840-1859):
	Obverse: Gobrecht-Robert B. Hughes
	Reverse: Christian Gobrecht
	(1860-1873):
	Obverse: Christian Gobrecht-Robert B. Hughes-James B. Longacre
	Reverse: James B. Longacre
Engraver:	(1837-1840): Christian Gobrecht
	(1840-1859): Christian Gobrecht
	(1860-1873): James B. Longacre
Diameter (Millimeters/inches):	15.50mm/0.61 inch
Weight (Grams/ounces):	(1837-1853): 1.336 grams/0.04295 ounce
	(1853-1873): 1.244 grams/0.04000 ounce
Metallic content:	90% silver, 10% copper
Weight of pure silver:	(1837-1853): 1.2024 grams/0.03866 ounce
	(1853-1873): 1.1196 grams/0.03600 ounce
Edge:	Reeded
Mint mark:	Reverse within or below wreath

	G-4	VG-8	F-12	VF-20	EF-40	AU-50	AU-55	MS-60	MS-63
1837	24.00	32.50	45.00	90.00	180.	300.	365.	560.	875.
1837 Small Date	22.50	28.00	42.50	77.50	150.	255.	325.	525.	700.
1838-O No Stars	67.50	100.	190.	350.	575.	1375.	1800.	2550.	5300.

— = Insufficient pricing data   *** = None issued**   **FV = Face Value**

	G-4	VG-8	F-12	VF-20	EF-40	AU-50	AU-55	MS-60	MS-63
NO DRAPERY									
1838 Stars	6.75	7.75	9.35	25.00	60.00	120.	150.	240.	380.
1838 Small Stars	13.00	27.50	45.00	85.00	145.	280.	325.	575.	800.
1839	6.75	7.75	9.35	22.00	55.00	110.	145.	240.	365.
1839-O	8.50	11.00	18.00	32.00	65.00	190.	250.	425.	1200.
1839-O Large O	325.	625.	1100.	—	—	3750.			
1840	6.75	7.75	9.35	22.00	60.00	125.	155.	310.	490.
1840-O	8.50	11.50	21.00	35.00	67.50	235.	300.	445.	1350.
DRAPERY									
1840	18.00	30.00	45.00	85.00	160.	275.	315.	490.	900.
1840-O	28.00	40.00	80.00	150.	265.	800.	—	—	—
1841	6.75	7.75	9.35	20.00	45.00	100.	115.	165.	380.
1841-O	11.00	18.50	26.00	37.50	120.	300.	330.	600.	1300.
1842	6.75	7.75	9.35	20.00	45.00	100.	120.	170.	390.
1842-O	24.00	35.00	62.50	175.	675.	1500.	1750.	2950.	5500.
1843	6.75	7.75	9.35	20.00	44.00	110.	115.	155.	380.
1844	6.75	7.75	9.35	22.00	50.00	110.	130.	190.	405.
1844-O Small O	45.00	105.	225.	400.	850.	1700.	2150.	4900.	—
1844-O Large O	50.00	100.	175.	350.	700.	—	—	4000.	—
1845	6.75	7.75	9.35	21.00	45.00	92.50	105.	155.	380.
1846	155.	240.	475.	750.	1350.	2750.	—	—	—
1847	6.75	7.75	9.35	20.00	43.50	92.50	105.	155.	380.
1848 Medium Date	6.75	7.75	9.35	20.00	43.50	92.50	105.	155.	380.
1848 Large Date	10.00	17.50	28.00	40.00	75.00	190.	265.	475.	1350.
1848-O	11.00	15.00	27.50	42.50	97.50	200.	290.	425.	725.
1849/6	10.00	13.00	26.00	48.00	77.50	145.	185.	375.	650.
1849/8	13.00	16.00	30.00	52.50	100.	185.	235.	450.	875.
1849	6.75	7.75	9.35	19.50	42.50	95.00	105.	155.	390.
1849-O	18.00	42.50	80.00	185.	450.	950.	1350.	2200.	5500.
1850	6.75	7.75	9.35	19.50	42.50	95.00	105.	160.	385.
1850-O	12.50	15.00	25.00	50.00	110.	245.	335.	625.	1450.
1851	6.80	7.85	9.35	19.50	42.50	95.00	110.	165.	410.
1851-O	8.35	12.00	23.00	38.00	72.50	175.	225.	350.	825.
1852	6.75	7.75	9.35	19.50	42.50	95.00	110.	165.	385.
1852-O	22.00	33.00	65.00	100.	235.	485.	625.	1150.	2750.
1853	25.00	35.00	55.00	90.00	195.	350.	390.	500.	985.
1853-O	140.	215.	300.	585.	1350.	2800.	—	—	—
ARROWS									
1853	6.35	6.95	8.75	15.00	42.00	80.00	115.	165.	360.
1853-O	7.10	7.75	12.00	20.00	52.50	135.	165.	275.	1050.
1854	6.35	7.25	9.00	15.00	42.00	82.50	120.	185.	375.
1854-O	6.65	7.75	12.00	20.00	55.00	145.	185.	325.	1150.
1855	6.35	6.95	8.75	17.00	42.00	85.00	120.	185.	365.
1855-O	16.00	21.00	27.50	55.00	120.	235.	275.	425.	1350.
NO ARROWS									
1856	6.45	7.00	9.00	17.00	40.00	80.00	105.	140.	215.
1856-O	7.75	12.00	19.00	35.00	70.00	185.	250.	385.	1075.
1857	6.45	7.00	9.00	17.00	40.00	77.50	100.	130.	210.
1857-O	7.75	11.00	15.00	29.00	55.00	130.	160.	240.	400.
1858	6.45	7.00	9.00	17.00	40.00	77.50	100.	130.	210.
1858/Inverted Date	28.00	45.00	55.00	115.	200.	300.	350.	475.	750.
1858/1858	35.00	50.00	75.00	155.	245.	325.	350.	675.	1300.
1858-O	6.75	8.00	12.00	32.00	57.50	150.	180.	250.	390.
1859	8.00	12.00	18.00	31.00	53.00	105.	125.	165.	325.
1859-O	15.00	18.00	23.00	45.00	95.00	175.	195.	250.	425.
1860 Transitional	—	—	—	—	—	—	—	1800.	2950.

— = Insufficient pricing data   * = None Issued   FV = Face Value

SEATED LIBERTY HALF DIME (CONTINUED)

	G-4	VG-8	F-12	VF-20	EF-40	AU-50	AU-55	MS-60	MS-63
LEGEND OBVERSE									
1860	6.20	7.00	9.35	16.50	31.00	67.50	77.50	125.	205.
1860-O	10.00	12.00	17.00	23.00	45.00	87.50	97.50	145.	210.
1861	6.25	7.00	9.50	17.50	31.00	67.50	77.50	120.	200.
1861/0	20.50	30.00	52.50	85.00	175.	325.	365.	515.	900.
1862	6.20	7.00	9.35	17.00	31.00	67.50	77.50	110.	195.
1863	115.	160.	225.	290.	340.	450.	475.	500.	750.
1863-S	15.00	19.50	35.00	55.00	105.	265.	300.	550.	975.
1864	250.	325.	395.	515.	595.	675.	725.	825.	1250.
1864-S	25.00	37.50	52.50	90.00	200.	375.	425.	660.	1300.
1865	245.	285.	345.	390.	475.	550.	600.	750.	925.
1865-S	14.00	17.75	28.50	40.00	90.00	370.	435.	675.	1500.
1866	235.	270.	335.	425.	540.	600.	625.	725.	950.
1866-S	14.00	17.75	28.50	55.00	95.00	260.	325.	550.	825.
1867	325.	365.	415.	505.	575.	665.	700.	765.	915.
1867-S	14.50	18.50	34.00	57.50	75.00	225.	265.	350.	685.
1868	32.50	55.00	90.00	160.	235.	310.	335.	425.	675.
1868-S	6.85	7.60	9.50	24.00	60.00	145.	190.	275.	500.
1869	7.25	8.60	16.00	23.50	52.50	95.00	135.	225.	400.
1869-S	8.00	10.00	13.50	22.00	60.00	120.	165.	265.	725.
1870	6.90	7.85	9.95	13.50	29.00	65.00	75.00	125.	195.
1870-S	—	—	—	—	—	—	—	—1000000.	
1871	6.55	7.25	9.35	14.50	28.00	62.50	72.50	120.	195.
1871-S	8.25	13.00	32.00	42.50	65.00	125.	175.	275.	375.
1872	6.50	7.00	8.50	13.50	28.00	60.00	70.00	115.	190.
1872-S S in Wreath	6.75	7.60	9.95	13.50	28.00	60.00	70.00	115.	190.
1872-S S Below Wreath									
	6.75	7.60	9.95	13.50	28.00	60.00	70.00	115.	195.
1873	6.50	7.00	8.50	13.50	28.00	60.00	70.00	115.	190.
1873-S	7.75	10.50	16.00	25.00	42.50	80.00	90.00	125.	210.

Early dimes Trend graph

PERCENT

x-axis: Dec 83, Jun 84, Dec 84, Jun 85, Dec 85, Jun 86, Dec 86, Jun 87, Dec 87, Jun 88, Dec 88, Jun 89, Dec 89, Jun 90, Dec 90, Jun 91, Dec 91, Jun 92, Dec 92, Jun 93, Dec 93, Jun 94, Dec 94, Jun 95, Dec 95, Jun 96

······ EF.40 —— MS.60 - - SERIES

Draped Bust dime

Date of authorization:	April 2, 1792
Dates of issue:	1796-1807
Designers:	Obverse: Gilbert Stuart-Robert Scot
	Reverse:
	(1796-1797): Robert Scot-John Eckstein
	(1798-1807): Robert Scot
Engraver:	Robert Scot
Diameter (Millimeters/inches):	18.80mm/0.74 inch
Weight (Grams/ounces):	2.696 grams/0.08668 ounce
Metallic content:	89.25% silver, 10.75% copper
Weight of pure silver:	2.4062 grams/0.07736 ounce
Edge:	Reeded
Mint mark:	None

	G-4	VG-8	F-12	VF-20	EF-40	AU-50	AU-55	MS-60
1796	900.	1350.	1650.	2750.	4250.	5350.	6600.	8250.
1797 16 Stars	825.	1150.	1600.	2800.	4750.	7000.	8100.	13000.
1797 13 Stars	825.	1150.	1625.	2900.	5000.	7250.	8350.	13500.
1798/97 16 Stars	550.	650.	900.	1550.	3000.	4700.	5150.	7000.
1798/97 13 Stars	1650.	2750.	4300.	6500.	—	—	—	30000.
1798	425.	475.	625.	1000.	1650.	2300.	3350.	4000.
1798 Small 8	525.	700.	1000.	1750.	2500.	4750.	5750.	9500.

— = Insufficient pricing data   • = None Issued   FV = Face Value

DRAPED BUST DIME (CONTINUED)

	G-4	VG-8	F-12	VF-20	EF-40	AU-50	AU-55	MS-60
1800	425.	475.	600.	875.	1650.	2500.	3500.	4800.
1801	425.	475.	625.	975.	2200.	4350.	5750.	9000.
1802	650.	900.	1550.	2700.	4950.	10250.	17750.	30000.
1803	415.	455.	610.	1000.	1850.	3000.	5250.	8250.
1804 13 Star	975.	1500.	2400.	4750.	9500.	20000.	—	—
1804 14 Star	1100.	1650.	2750.	5000.	—	22500.	—	—
1805 4 Berries	410.	450.	575.	750.	1400.	2150.	3150.	3750.
1805 5 Berries	450.	500.	750.	1250.	2150.	4250.	—	—
1807	410.	450.	585.	775.	1400.	2200.	3100.	3750.

Capped Bust dime

Date of authorization:	April 2, 1792
Dates of issue:	1809-1837
Designer/Engraver:	John Reich
Diameter (Millimeters/inches):	(1809-1828): 18.80mm/0.74 inch
	(1828-1837): 17.90mm/0.71 inch
Weight (Grams/ounces):	2.696 grams/0.08668 ounce
Metallic content:	89.25% silver, 10.75% copper
Weight of pure silver:	2.4062 grams/0.07736 ounce
Edge:	Reeded
Mint mark:	None

	G-4	VG-8	F-12	VF-20	EF-40	AU-50	AU-55	MS-60
1809	95.00	175.	325.	500.	1000.	1650.	2250.	4250.
1811/9	55.00	105.	185.	350.	850.	1400.	1750.	2750.
1814 Small Date	30.00	60.00	105.	225.	400.	675.	1025.	1950.
1814 Large Date	20.00	34.00	57.50	140.	345.	535.	600.	950.
1814 STATESOFAMERICA	22.50	40.00	72.50	175.	375.	640.	700.	1150.
1820 Large O	15.50	32.00	42.00	110.	325.	575.	665.	900.
1820 Small O	16.50	33.00	48.00	130.	345.	550.	655.	925.
1820 STATESOFAMERICA	20.00	35.00	60.00	165.	425.	825.	900.	1650.
1821 Small Date	20.00	35.00	55.00	115.	335.	650.	700.	1200.
1821 Large Date	14.50	22.00	38.00	87.50	285.	500.	570.	875.
1822	310.	485.	775.	1275.	2150.	4250.	5250.	10000.
1823/2 Large E reverse	17.00	22.50	35.00	85.00	290.	505.	575.	875.
1823/2 Small E reverse	17.00	22.50	35.00	85.00	290.	505.	575.	900.
1824/2	23.00	45.00	75.00	260.	475.	1050.	1300.	2250.
1825	13.75	19.50	32.50	80.00	275.	490.	560.	800.
1827	14.00	19.50	32.50	80.00	275.	490.	560.	800.
1828 Large Date	80.00	97.50	165.	275.	575.	925.	1150.	2400.

— = Insufficient pricing data   *** = None issued**   **FV = Face Value**

CAPPED BUST DIME (CONTINUED)

	G-4	VG-8	F-12	VF-20	EF-40	AU-50	AU-55	MS-60	MS-63	MS-64
1828 Small Date										
	22.00	37.50	60.00	150.	335.	600.	650.	1050.	2750.	4250.
1829 Curl Base 2										
	3850.	5250.	7250.	15500.	—	—	—	—	—	—
1829 Small 10c										
	16.50	25.00	40.00	75.00	190.	325.	475.	850.	1700.	2600.
1829 Medium 10c										
	16.50	25.00	40.00	75.00	190.	325.	475.	850.	1700.	2600.
1829 Large 10c										
	32.50	48.00	95.00	175.	400.	585.	750.	1800.	3750.	5750.
1830	14.00	16.00	21.00	55.00	185.	290.	380.	590.	1050.	2450.
1830/29	35.00	57.50	85.00	135.	350.	575.	625.	1200.	3500.	5500.
1831	14.00	16.00	21.00	52.50	175.	275.	360.	575.	1000.	2300.
1832	14.00	16.00	21.00	52.50	175.	285.	370.	590.	1150.	2325.
1833	14.00	16.00	21.00	52.50	175.	275.	360.	585.	1050.	2350.
1834	14.00	16.00	21.00	52.50	175.	275.	360.	585.	1050.	2325.
1835	14.00	16.00	21.00	52.50	175.	275.	360.	575.	1025.	2250.
1836	14.00	16.00	21.00	52.50	175.	275.	360.	600.	1100.	2450.
1837	14.00	16.00	21.00	52.50	175.	275.	360.	600.	1100.	2500.

Seated Liberty dime Trend graph

----- EF.40 —— MS.60 - - SERIES

Seated Liberty dime

Date of authorization: April 2, 1792
Dates of issue: 1837-1891

— = Insufficient pricing data   * = None issued   FV = Face Value

SEATED LIBERTY DIME (CONTINUED)

Designer: (1837-1840)
Obverse: Thomas Sully-Christian Gobrecht
Reverse: Christian Gobrecht
(1840-1860):
Obverse: John Hughes-Gobrecht-Sully
Reverse: Christian Gobrecht
(1860-1891):
Obverse: James B. Longacre-Hughes-
Gobrecht-Sully
Reverse: James B. Longacre
Engraver: (1837-1840): Christian Gobrecht
(1840-1860): Christian Gobrecht
(1860-1891): James B. Longacre
Diameter (Millimeters/inches): 17.90mm/0.71 inch
Weight (Grams/ounces): (1837-1853): 2.673 grams/0.08594 ounce
(1853-1873): 2.488 grams/0.07999 ounce
Metallic content: 90% silver, 10% copper
Weight of pure silver: (1837-1853): 2.4057 grams/0.07735 ounce
(1853-1873): 2.2392 grams/0.07199 ounce
Edge: Reeded
Mint mark: Reverse within or below wreath

	G-4	VG-8	F-12	VF-20	EF-40	AU-50	AU-55	MS-60	MS-63
1837 No Stars	24.00	35.00	70.00	250.	485.	575.	650.	1050.	1650.
1838-O	28.00	45.00	95.00	285.	550.	1300.	1500.	2600.	8500.
1838 Sm Stars	18.00	27.50	47.50	72.50	155.	290.	350.	675.	1300.
1838 Lg Stars	8.00	10.00	15.00	25.00	60.00	150.	185.	280.	700.
1838 Partial Drapery	20.00	30.00	50.00	90.00	175.	275.	340.	425.	1550.
1839	8.00	10.00	15.50	26.00	55.00	145.	180.	260.	650.
1839-O Reverse of 1838									
	115.	200.	350.	475.	750.	—	—	—	—
1839-O	9.50	12.50	23.00	44.00	90.00	265.	375.	600.	1350.
1840 No Drapery	7.50	9.75	14.00	26.00	52.50	135.	180.	260.	635.
1840-O No Drapery	9.75	14.00	25.00	50.00	100.	285.	400.	950.	2500.
1840 Drapery	24.00	40.00	75.00	135.	265.	650.	800.	1750.	—
1841	7.00	9.50	14.00	30.00	55.00	130.	175.	260.	635.
1841-O Large O, Close Bud Reverse									
	650.	950.	1400.	2350.	—	—	—	—	—
1841-O Small O, Close Bud Reverse									
	1050.	1600.	3000.	—	—	—	—	—	—
1841-O Open Bud Reverse									
	8.00	10.00	18.00	37.50	80.00	210.	375.	900.	2100.
1842	7.00	9.75	13.00	18.00	37.50	120.	155.	255.	625.
1842-O	9.00	12.50	25.00	45.00	200.	1200.	1450.	2750.	5500.
1843	7.00	9.50	12.75	18.00	37.50	125.	170.	260.	750.
1843/1843	11.00	17.50	27.50	60.00	115.	185.	250.	375.	—
1843-O	32.50	50.00	130.	215.	500.	1550.	1950.	2700.	—
1844	85.00	190.	350.	600.	975.	1900.	—	—	16000.
1845	7.00	9.00	11.75	19.00	37.50	110.	145.	225.	650.
1845/1845	10.00	20.00	37.50	50.00	150.	415.	—	—	—
1845-O	17.50	25.00	62.50	175.	600.	1250.	—	—	3850.
1846	60.00	95.00	165.	285.	775.	1750.	—	—	—
1847	10.50	16.00	35.00	60.00	120.	340.	385.	575.	1675.
1848	8.00	11.00	16.00	37.50	82.50	175.	285.	600.	1350.

—· = Insufficient pricing data   * = None Issued   FV = Face Value

	G-4	VG-8	F-12	VF-20	EF-40	AU-50	MS-60	MS-63
1849	7.75	10.00	14.50	25.00	52.50	140.	190.	300.	1050.
1849-O	9.00	15.00	45.00	100.	300.	865.	1500.	3000.	5500.
1850	7.50	9.50	12.00	17.50	38.00	115.	150.	225.	675.
1850-O	8.75	13.50	37.50	75.00	175.	350.	475.	1150.	2650.
1851	7.00	9.00	12.00	17.00	37.50	110.	180.	290.	900.
1851-O	9.75	14.00	27.50	75.00	200.	500.	800.	1850.	3500.
1852	7.00	9.00	12.00	18.00	37.50	105.	140.	230.	625.
1852-O	12.50	19.00	40.00	77.50	210.	550.	850.	1800.	3100.
1853	55.00	80.00	110.	160.	290.	450.	550.	775.	1575.

ARROWS AT DATE

	G-4	VG-8	F-12	VF-20	EF-40	AU-50	MS-60	MS-63
1853	6.75	8.00	9.00	14.00	37.50	110.	185.	275.	750.
1853-O	7.50	12.50	24.00	35.00	90.00	345.	500.	850.	2900.
1854	6.75	8.75	9.50	14.50	37.50	115.	195.	285.	750.
1854-O	6.65	8.00	9.25	19.50	65.00	190.	260.	585.	1350.
1855	6.85	8.25	9.75	14.50	50.00	120.	215.	430.	850.

ARROWS REMOVED

	G-4	VG-8	F-12	VF-20	EF-40	AU-50	MS-60	MS-63
1856 Small Date	6.50	7.50	9.75	16.50	40.00	115.	150.	225.	620.
1856 Large Date	7.50	8.75	13.00	19.00	50.00	160.	195.	275.	700.
1856-S	7.75	9.50	14.00	25.00	75.00	210.	270.	600.	1950.
1856-S	85.00	145.	225.	425.	800.	1750.	2350.	3500.	6500.
1857	6.50	7.25	8.50	13.50	37.50	90.00	130.	230.	600.
1857-O	7.50	8.50	12.00	24.00	65.00	175.	225.	315.	975.
1858	6.40	7.00	8.50	13.00	37.50	90.00	130.	225.	630.
1858-O	12.75	21.00	35.00	70.00	125.	350.	425.	675.	1500.
1858-S	75.00	140.	225.	375.	675.	1300.	1750.	2750.	5450.
1859	6.75	7.25	10.00	23.00	55.00	145.	180.	300.	600.
1859-O	8.00	13.00	23.50	37.50	80.00	185.	245.	* 315.	675.
1859-S	85.00	145.	230.	425.	900.	1750.	2400.	—	—
1860-S	25.00	31.00	45.00	115.	275.	700.	1000.	2250.	6600.

LEGEND OBVERSE

	G-4	VG-8	F-12	VF-20	EF-40	AU-50	MS-60	MS-63
1860	6.90	9.00	13.50	20.00	37.00	69.00	80.00	160.	360.
1860-O	300.	475.	625.	1000.	2650.	5250.	6500.	10250.	26500.
1861	6.75	8.50	12.25	16.50	36.00	65.00	75.00	150.	335.
1861-S	47.50	77.50	120.	225.	390.	700.	900.	1800.	—
1862	6.50	8.50	12.25	16.50	36.00	65.00	75.00	175.	400.
1862-S	31.00	47.50	77.50	165.	365.	685.	785.	1600.	2850.
1863	250.	360.	415.	565.	650.	725.	875.	1175.	1650.
1863-S	25.00	30.00	45.00	85.00	165.	475.	675.	1550.	2600.
1864	185.	300.	375.	475.	600.	700.	800.	925.	1250.
1864-S	23.00	28.00	40.00	80.00	160.	375.	590.	875.	1750.
1865	250.	370.	460.	560.	645.	775.	875.	950.	1350.
1865-S	23.00	30.00	50.00	97.50	250.	675.	1125.	2300.	4650.
1866	260.	385.	535.	685.	800.	950.	1050.	1175.	1600.
1866-S	23.00	28.50	47.50	90.00	235.	475.	775.	1900.	—
1867	300.	475.	575.	675.	750.	105J.	1150.	1350.	1950.
1867-S	32.50	40.00	60.00	100.	225.	490.	900.	2200.	5300.
1868	9.00	12.00	20.00	32.50	60.00	135.	185.	350.	725.
1868-S	14.00	21.00	32.50	65.00	120.	210.	270.	665.	—
1869	13.00	20.00	28.00	50.00	105.	205.	265.	585.	1200.
1869-S	11.50	20.00	30.00	45.00	80.00	145.	210.	450.	1075.
1870	7.00	7.75	10.25	22.50	50.00	125.	150.	225.	500.
1870-S	190.	275.	340.	435.	585.	950.	1150.	1900.	2950.
1871	6.75	7.50	9.00	15.00	35.00	130.	180.	310.	675.
1871-CC	850.	1150.	1650.	2900.	5000.	7250.	9000.	14500.	—
1871-S	14.00	20.00	32.50	67.50	155.	350.	425.	685.	1500.

— = insufficient pricing data   * = None issued   FV = Face Value

SEATED LIBERTY DIME (CONTINUED)

	G-4	VG-8	F-12	VF-20	EF-40	AU-50	MS-60	MS-63
1872	6.50	7.25	8.50	12.50	32.00	90.00	115.	160.	305.
1872-CC	350.	575.	775.	1750.	2950.	5500.	10500.	25000.	
1872-S	21.00	35.00	72.50	120.	225.	425.	600.	1250.	2300.
1873 Closed 3	9.00	14.00	20.00	30.00	40.00	87.50	108.	180.	360.
1873 Open 3	14.50	19.00	40.00	60.00	105.	210.	270.	550.	
1873-CC (unique) Eliasberg specimen MS-65 $550000.									

ARROWS AT DATE

	G-4	VG-8	F-12	VF-20	EF-40	AU-50	MS-60	MS-63
1873	8.00	11.75	21.75	42.50	160.	265.	315.	425.	800.
1873 Doubled Die (Shield)									
		350.	500.	775.	1000.	——	——	——	
1873-CC	675.	925.	1800.	3350.	4750.	8250.	10500.	22500.	50000.
1873-S	13.00	19.00	30.00	60.00	170.	300.	450.	700.	2100.
1874	7.75	11.00	22.00	42.50	160.	280.	325.	440.	900.
1874-CC	1650.	3250.	5750.	9750.	18500.	24500.	27500.	37500.	——
1874-S	16.50	32.50	50.00	115.	250.	450.	550.	875.	2400.

ARROWS REMOVED

	G-4	VG-8	F-12	VF-20	EF-40	AU-50	MS-60	MS-63
1875	6.50	7.00	8.25	11.50	25.00	60.00	70.00	130.	190.
1875-CC	7.50	9.50	18.50	33.00	60.00	125.	170.	265.	675.
1875-CC in Wreath	7.00	8.50	12.00	19.00	31.00	70.00	105.	200.	360.
1875-S	6.50	7.00	8.25	12.00	20.00	60.00	70.00	140.	205.
1875-S S in Wreath	6.50	7.00	8.25	11.50	19.75	60.00	70.00	140.	205.
1876	6.50	7.00	8.25	11.50	19.50	57.50	67.50	130.	185.
1876-CC	6.75	7.50	9.00	14.00	32.50	67.50	97.50	200.	390.
1876-CC Doubled Die	15.00	30.00	50.00	85.00	225.	315.	390.	475.	1250.
1876-S	7.00	7.75	9.25	16.00	34.00	60.00	70.00	140.	215.
1877	6.50	7.00	8.25	11.50	19.50	57.50	67.50	125.	210.
1877-CC	6.75	7.75	8.75	12.75	30.00	65.00	75.00	155.	240.
1877-S	7.25	7.75	9.75	15.00	28.00	57.50	67.50	130.	200.
1878	6.75	7.75	10.25	16.00	24.50	57.50	75.00	185.	350.
1878-CC	45.00	62.50	100.	160.	240.	465.	515.	725.	1550.
1879	150.	180.	215.	260.	315.	365.	400.	485.	640.
1880	110.	165.	190.	220.	245.	315.	375.	430.	575.
1881	110.	165.	195.	250.	310.	350.	385.	425.	625.
1882	6.50	7.00	8.50	11.75	20.00	55.00	65.00	125.	190.
1883	6.50	7.00	8.50	11.75	20.00	55.00	65.00	125.	190.
1884	6.50	7.00	8.50	11.75	20.00	55.00	65.00	125.	190.
1884-S	14.00	18.00	24.00	32.50	77.50	225.	325.	635.	1450.
1885	6.50	7.00	8.50	11.75	20.00	55.00	65.00	125.	200.
1885-S	335.	450.	700.	1300.	2150.	3300.	4000.	5750.	9000.
1886	6.50	7.00	8.00	11.25	19.50	55.00	65.00	125.	190.
1886-S	35.00	42.50	55.00	85.00	115.	225.	270.	525.	1100.
1887	6.50	7.00	8.00	11.25	19.50	55.00	65.00	125.	190.
1887-S	6.50	7.00	8.50	12.00	20.50	57.50	67.50	130.	280.
1888	6.50	7.00	8.00	11.25	19.50	55.00	65.00	125.	195.
1888-S	6.60	7.15	8.75	13.25	32.50	85.00	115.	235.	460.
1889	6.50	7.00	8.00	11.25	19.50	55.00	65.00	125.	190.
1889-S	7.75	10.50	22.00	35.00	65.00	210.	255.	465.	1075.
1890	6.50	7.00	8.25	11.50	19.50	55.00	65.00	125.	190.
1890-S	11.50	17.00	25.00	39.00	60.00	150.	185.	300.	650.
1891	6.50	7.00	8.00	11.25	19.50	55.00	65.00	125.	190.
1891-O	6.75	7.50	9.00	12.00	25.00	60.00	70.00	145.	290.
1891-O/Horizontal O	50.00	80.00	115.	165.	225.	425.	——	——	——
1891-S	6.50	7.25	8.75	13.50	30.00	70.00	80.00	155.	350.

Barber dime Trend graph

----- AU.50 ——— MS.60 -- SERIES

Barber dime

Date of authorization:	April 2, 1792
Dates of issue:	1892-1916
Designer:	Obverse: Charles Barber
	Reverse: James B. Longacre
Engraver:	Charles Barber
Diameter (Millimeters/inches):	17.91mm/0.71 inch
Weight (Grams/ounces):	2.500 grams/0.08038 ounce
Metallic content:	90% silver, 10% copper
Weight of pure silver:	2.250 grams/0.07234 ounce
Edge:	Reeded
Mint mark:	Reverse within or below wreath

	G-4	VG-8	F-12	VF-20	EF-40	AU-50	AU-55	MS-60	MS-63	MS-64
1892	3.00	5.50	15.00	18.50	24.50	47.50	60.00	95.00	215.	245.
1892-O	6.25	11.00	26.00	33.00	50.00	70.00	80.00	135.	290.	475.
1892-S	32.50	65.00	145.	165.	185.	215.	240.	375.	750.	1550.
1893	5.00	10.00	17.00	24.00	37.00	65.00	75.00	100.	225.	255.
1893/2	—	—	—	130.	275.	400.	475.	550.	1350.	2200.
1893-O	16.00	30.00	95.00	105.	120.	140.	170.	250.	450.	1000.
1893-S	7.00	16.00	23.50	32.50	52.50	125.	150.	230.	500.	1800.
1894	8.00	19.50	78.00	105.	125.	150.	175.	235.	410.	750.
1894-O	29.00	70.00	165.	210.	275.	575.	700.	1475.	2350.	4000.
1894-S (Proofs only)										
Good 4 $40000 Prf-60 $ 65000 Prf-63 $125000 Prf-65 $450000										
1895	60.00	92.50	280.	370.	435.	475.	535.	600.	1050.	1500.
1895-O	180.	315.	675.	1025.	1650.	2450.	2600.	3000.	5100.	6750.

— = Insufficient pricing data   * = None Issued   FV = Face Value

BARBER DIME (CONTINUED)

	G-4	VG-8	F-12	VF-20	EF-40	AU-50	AU-55	MS-60	MS-63	MS-64
1895-S	23.00	35.00	95.00	140.	200.	275.	300.	415.	1000.	3100.
1896	7.25	16.00	35.00	55.00	67.50	100.	125.	165.	375.	600.
1896-O	47.50	90.00	225.	285.	390.	575.	635.	825.	1850.	3900.
1896-S	42.50	65.00	190.	260.	350.	450.	525.	650.	1400.	3000.
1897	2.95	3.30	4.75	9.00	21.50	50.00	60.00	95.00	195.	245.
1897-O	34.00	62.50	225.	315.	425.	485.	550.	725.	1350.	2600.
1897-S	8.50	22.50	62.50	82.50	120.	190.	225.	375.	1000.	2500.
1898	1.50	1.90	4.75	9.00	21.50	50.00	60.00	85.00	180.	220.
1898-O	5.00	15.00	72.50	90.00	145.	225.	250.	450.	1100.	2550.
1898-S	4.25	11.00	22.00	32.50	50.00	125.	150.	285.	950.	2950.
1899	1.50	1.90	4.50	8.00	21.50	47.50	60.00	85.00	180.	220.
1899-O	4.50	10.00	57.50	77.50	140.	215.	245.	475.	1150.	2900.
1899-S	4.50	9.75	16.00	22.00	36.00	82.50	125.	290.	600.	1700.
1900	1.60	2.00	4.50	7.50	22.00	47.50	60.00	85.00	180.	245.
1900-O	7.00	14.00	80.00	100.	225.	425.	465.	750.	1400.	2950.
1900-S	3.00	5.00	8.75	13.00	25.00	65.00	80.00	190.	475.	775.
1901	1.50	1.90	4.50	7.50	21.50	45.00	60.00	85.00	180.	220.
1901-O	2.75	4.00	12.50	19.00	45.00	115.	150.	350.	950.	1850.
1901-S	40.00	62.50	275.	345.	475.	600.	650.	875.	1950.	2850.
1902	1.50	1.90	4.50	7.50	21.50	45.00	60.00	85.00	180.	220.
1902-O	2.75	5.00	14.00	21.00	47.50	130.	175.	425.	825.	1750.
1902-S	5.00	9.75	42.50	57.50	80.00	170.	200.	325.	625.	2100.
1903	1.50	1.90	4.50	7.50	21.50	45.00	60.00	85.00	190.	230.
1903-O	2.50	4.00	8.50	14.00	27.00	85.00	125.	240.	550.	1200.
1903-S	29.00	62.50	295.	400.	650.	800.	900.	1075.	1700.	2400.
1904	1.50	2.50	5.00	8.00	21.50	47.50	60.00	85.00	180.	220.
1904-S	21.00	38.00	105.	160.	225.	435.	510.	750.	1350.	2500.
1905	1.50	1.90	4.50	7.50	21.00	46.00	60.00	85.00	180.	220.
1905-O	3.00	6.00	27.00	38.00	55.00	110.	150.	225.	500.	900.
1905-O Micro O										
	25.00	50.00	135.	225.	300.	400.	500.	725.	1400.	2650.
1905-S	2.50	5.00	8.25	15.00	30.00	75.00	85.00	170.	290.	450.
1906	1.50	1.90	4.00	6.50	21.00	45.00	60.00	85.00	180.	220.
1906-D	2.50	4.50	9.50	14.50	27.00	67.50	75.00	135.	285.	900.
1906-O	4.75	11.50	40.00	62.50	82.50	145.	160.	200.	300.	590.
1906-S	3.25	5.75	12.00	21.00	40.00	100.	135.	240.	365.	800.
1907	1.50	1.90	3.75	6.50	21.00	45.00	60.00	85.00	180.	220.
1907-D	3.00	4.50	7.50	15.00	37.50	85.00	105.	220.	775.	1500.
1907-O	2.00	4.00	29.50	39.00	50.00	82.50	95.00	190.	330.	675.
1907-S	2.85	4.25	8.75	16.00	38.00	90.00	125.	300.	800.	1625.
1908	1.50	1.90	3.50	7.00	21.00	45.00	60.00	85.00	180.	220.
1908-D	1.85	3.00	6.00	9.00	27.00	55.00	65.00	100.	210.	275.
1908-O	3.50	9.50	40.00	60.00	85.00	135.	150.	280.	475.	650.
1908-S	3.00	5.50	10.00	16.00	29.00	87.50	110.	240.	535.	1300.
1909	1.70	2.25	3.50	6.50	21.00	45.00	60.00	85.00	190.	230.
1909-D	5.00	9.00	55.00	70.00	140.	235.	260.	475.	1075.	1450.
1909-O	3.00	5.00	9.00	18.00	32.50	82.50	115.	170.	460.	700.
1909-S	5.00	10.50	70.00	105.	150.	275.	300.	525.	1275.	1850.
1910	1.50	2.50	7.00	10.00	21.00	46.50	60.00	85.00	180.	220.
1910-D	3.00	5.00	8.00	16.00	32.00	82.50	97.50	185.	490.	675.
1910-S	3.25	8.50	45.00	62.50	90.00	175.	200.	300.	675.	1150.
1911	1.50	2.05	3.50	6.50	21.00	44.50	60.00	85.00	180.	220.
1911-D	1.50	2.05	4.00	8.00	22.00	50.00	62.50	100.	195.	235.
1911-S	1.75	3.25	8.00	16.00	31.00	77.50	85.00	135.	240.	600.
1912	1.50	2.05	3.50	6.75	21.00	44.50	60.00	85.00	180.	220.
1912-D	1.50	2.00	3.75	8.00	22.00	50.00	62.50	90.00	190.	230.

— = Insufficient pricing data	* = None issued	FV = Face Value

	G-4	VG-8	F-12	VF-20	EF-40	AU-50	AU-55	MS-60	MS-63	MS-64
1912-S	1.75	3.00	7.00	13.00	27.00	75.00	100.	175.	315.	525.
1913	1.50	2.00	3.50	6.50	21.00	44.50	60.00	85.00	180.	220.
1913-S	7.00	15.50	65.00	100.	170.	245.	275.	375.	625.	850.
1914	1.50	2.05	3.50	6.50	21.00	44.50	60.00	85.00	180.	220.
1914-D	1.50	2.05	3.50	7.00	22.00	48.00	62.50	90.00	195.	285.
1914-S	1.75	3.00	7.00	13.00	29.00	80.00	87.50	125.	350.	650.
1915	1.50	2.05	3.50	8.00	21.00	45.50	60.00	85.00	180.	220.
1915-S	2.30	6.00	27.50	40.00	65.00	135.	155.	250.	475.	640.
1916	1.50	2.25	3.50	7.00	21.00	47.50	60.00	85.00	180.	220.
1916-S	1.75	2.75	5.25	7.25	22.50	50.00	62.50	87.50	200.	290.

Winged Liberty Head Trend graph

~~~~ AU.50 —— MS.65 - - SERIES

Winged Liberty Head dime

"MERCURY DIME"

Date of authorization:	April 2, 1792
Dates of issue:	1916-1945
Designer:	Adolph Weinman
Engraver:	Charles Barber
Diameter (Millimeters/inches):	17.91mm/0.71 inch
Weight (Grams/ounces):	2.500 grams/0.08038 ounce
Metallic content:	90% silver, 10% copper
Weight of pure silver:	2.250 grams/0.07234 ounce
Edge:	Reeded
Mint mark:	Reverse left of base of fasces (bundle of rods)

NOTE: B refers to Full Split Bands on the fasces on the reverse

---

— = Insufficient pricing data   * = None Issued   FV = Face Value

	VG-8	F-12	VF-20	EF-40	AU-50	MS-60	MS-63	MS-64	MS-65	MS-65B
1916	2.50	4.25	6.50	8.75	18.00	26.00	40.00	46.00	85.00	115.
1916-D	700.	1050.	1500.	2400.	3800.	4500.	5250.	6000.	10750.	14500.
1916-S	3.50	6.00	9.00	15.00	21.00	36.00	60.00	80.00	275.	500.
1917	1.65	2.25	4.50	6.00	13.00	23.00	55.00	77.50	140.	290.
1917-D	4.50	9.00	18.00	44.00	65.00	125.	350.	450.	1450.	4750.
1917-S	2.00	3.00	5.00	9.00	26.50	52.50	140.	200.	430.	1600.
1918	2.00	6.00	10.00	22.50	39.00	67.50	95.00	140.	350.	625.
1918-D	2.25	4.25	9.00	18.00	41.00	95.00	215.	325.	775.	12500.
1918-S	2.35	4.50	6.50	13.00	30.00	70.00	250.	400.	675.	5750.
1919	1.95	3.00	5.00	9.00	20.00	29.00	80.00	120.	350.	525.
1919-D	4.75	7.00	15.00	30.00	67.50	195.	450.	700.	1850.	10500.
1919-S	3.00	6.00	13.00	29.00	65.00	180.	400.	650.	1000.	5000.
1920	1.80	2.25	4.00	6.50	13.00	24.00	45.00	77.50	235.	290.
1920-D	2.50	3.50	5.50	14.00	37.50	100.	290.	365.	825.	3100.
1920-S	2.25	4.00	7.00	14.25	30.00	75.00	240.	525.	1250.	5750.
1921	32.50	75.00	225.	460.	750.	900.	1300.	1525.	2500.	3750.
1921-D	51.00	80.00	250.	525.	800.	1000.	1450.	1850.	2850.	4600.
1923	1.65	2.50	4.00	6.50	13.00	20.00	38.00	45.00	100.	215.
1923-S	2.50	5.00	9.00	42.00	80.00	160.	400.	775.	1400.	5400.
1924	1.55	2.50	5.00	9.00	20.00	30.00	65.00	105.	250.	535.
1924-D	2.40	4.50	12.00	45.00	95.00	135.	325.	565.	1050.	2400.
1924-S	2.00	3.00	9.00	37.00	77.50	115.	390.	585.	1150.	10750.
1925	1.60	2.25	4.00	7.00	18.00	31.00	60.00	87.50	240.	550.
1925-D	3.75	10.00	29.00	115.	170.	325.	550.	875.	1450.	3850.
1925-S	2.35	3.50	7.00	41.00	85.00	165.	525.	800.	1750.	4250.
1926	1.45	2.00	3.50	4.75	13.00	17.50	38.00	82.50	265.	550.
1926-D	2.00	3.50	5.25	16.00	35.00	72.50	225.	290.	490.	2300.
1926-S	7.00	18.00	40.00	175.	400.	700.	1300.	1750.	2950.	5000.
1927	1.40	2.00	3.50	4.50	12.00	17.00	36.00	72.50	190.	365.
1927-D	3.75	5.00	15.00	40.00	95.00	200.	335.	450.	1375.	5100.
1927-S	2.00	2.75	5.50	15.00	38.00	100.	265.	600.	1750.	4500.
1928	1.40	2.10	3.50	5.00	13.00	20.00	42.50	55.00	140.	250.
1928-D	3.75	5.50	16.00	42.50	80.00	125.	295.	400.	800.	2650.
1928-S	2.00	3.00	4.75	13.00	28.00	67.50	190.	265.	435.	1700.
1929	1.30	2.00	3.40	4.50	10.00	16.75	30.00	36.00	60.00	210.
1929-D	2.75	4.00	7.00	12.00	21.00	27.00	37.50	42.50	80.00	125.
1929-S	1.60	2.50	3.50	5.00	17.00	37.50	50.00	65.00	160.	375.
1930	1.55	2.25	3.35	5.25	13.00	22.00	40.00	47.50	170.	300.
1930-S	2.50	4.00	5.50	12.00	38.00	66.50	80.00	95.00	175.	275.
1931	2.25	2.85	4.00	9.00	19.00	35.00	55.00	75.00	160.	585.
1931-D	5.00	8.75	14.50	28.00	48.50	67.50	100.	125.	195.	260.
1931-S	2.50	3.50	5.00	11.00	33.00	65.00	100.	130.	210.	1500.
1934	0.60	1.25	2.25	4.00	7.00	14.00	19.00	21.00	26.00	110.
1934-D	1.50	2.50	5.00	10.50	19.00	28.50	42.50	50.00	75.00	290.
1935	0.60	1.00	1.35	2.25	4.50	9.00	15.00	18.00	22.00	60.00
1935-D	1.25	2.50	4.75	9.50	19.00	30.00	40.00	55.00	55.00	365.
1935-S	1.00	1.35	1.85	3.25	9.00	21.00	24.00	27.50	36.00	285.
1936	0.60	1.00	1.35	2.00	3.25	8.00	15.00	17.00	23.50	52.00
1936-D	1.05	1.45	2.75	6.00	12.00	18.00	24.00	27.50	35.00	250.
1936-S	1.05	1.35	2.00	3.25	9.00	17.00	20.00	23.00	27.50	46.00
1937	0.60	1.00	1.35	1.85	3.50	9.00	13.00	15.00	23.00	30.00
1937-D	1.05	1.35	2.25	3.75	8.00	18.00	22.50	25.00	29.00	75.00
1937-S	1.05	1.35	2.25	3.75	7.50	16.00	19.50	22.50	28.00	180.
1938	0.60	0.95	1.30	2.35	5.50	10.00	13.00	16.50	21.00	45.00
1938-D	1.50	1.75	2.50	5.00	10.00	14.00	17.50	18.50	28.50	44.00

— = Insufficient pricing data   * = None Issued   FV = Face Value

WINGED LIBERTY HEAD DIME (CONTINUED)

	VG-8	F-12	VF-20	EF-40	AU-50	MS-60	MS-63	MS-64	MS-65	MS-65B
1938-S	1.15	1.35	1.75	2.50	6.00	15.00	18.00	20.00	28.00	135.
1939	0.60	1.00	1.30	1.85	3.00	9.00	11.00	12.50	21.00	170.
1939-D	0.95	1.15	1.50	2.00	5.00	10.00	14.00	16.50	22.50	35.00
1939-S	1.25	1.60	2.00	4.00	9.00	19.00	23.50	27.50	35.00	390.
1940	0.55	0.85	1.10	1.85	3.00	6.00	9.00	15.00	18.00	29.00
1940-D	0.55	0.95	1.25	2.50	5.00	7.00	12.00	15.75	22.50	38.00
1940-S	0.55	0.95	1.25	1.75	3.00	7.25	11.00	14.00	22.00	85.00
1941	0.55	0.85	1.10	1.50	2.50	5.50	9.00	13.50	18.00	27.50
1941-D	0.55	0.95	1.25	1.85	4.00	7.00	11.00	15.00	22.50	28.00
1941-S	0.55	0.95	1.25	1.85	2.50	9.00	12.50	16.00	23.00	29.00
1942/1	180.	225.	260.	350.	490.	1450.	3300.	4600.	6850.	11000.
1942/1-D	190.	230.	280.	485.	850.	1750.	2850.	3150.	5750.	8000.
1942	0.55	0.85	1.10	1.50	2.00	5.00	9.00	12.50	17.00	28.00
1942-D	0.55	0.95	1.25	1.85	2.75	7.00	12.00	14.00	22.50	29.00
1942-S	0.55	0.95	1.35	2.00	2.50	9.00	13.00	15.50	22.00	65.00
1943	0.55	0.85	1.10	1.50	2.25	5.50	9.00	12.50	17.00	28.00
1943-D	0.55	0.95	1.25	1.85	2.50	7.00	10.50	13.00	22.50	29.50
1943-S	0.55	0.95	1.25	1.85	2.75	9.00	12.00	15.00	22.00	38.50
1944	0.55	0.85	1.00	1.25	2.00	5.00	11.00	13.00	17.00	45.00
1944-D	0.55	0.95	1.25	1.85	2.50	7.00	12.00	13.50	22.00	29.00
1944-S	0.55	0.95	1.25	1.85	2.25	7.50	11.50	13.00	23.00	39.00
1945	0.55	0.85	1.00	1.25	2.25	5.50	9.00	14.00	22.00	4450.
1945-D	0.55	0.95	1.25	1.85	3.50	7.00	10.00	16.00	22.00	29.50
1945-S	0.55	0.95	1.25	2.00	2.50	7.00	12.00	16.50	20.00	75.00
1945-S Micro S	1.25	1.50	2.50	5.00	15.00	19.50	26.50	30.00	65.00	425.

Roosevelt dime Trend graph

----- MS.65   —— PF.65   - - SERIES

— = Insufficient pricing data   * = None issued   FV = Face Value

Roosevelt dime

Date of authorization:	April 2, 1792; July 23, 1965
Dates of issue:	1946-present
Designer/Engraver:	John R. Sinnock
Diameter (Millimeters/inches):	17.91mm/0.71 inch
Weight (Grams/ounces):	(1946-1964): 2.500 grams/0.08038 ounce
	(1965-present): 2.268 grams/0.07292 ounce
Metallic content:	(1946-1964): 90% silver, 10% copper
	(1965-present): 75% copper, 25% nickel clad
	to pure copper core
Weight of pure silver:	(1946-1964) 2.250 grams/0.07234 ounce
Edge:	Reeded
Mint mark:	(1946-1964): Reverse left of base of torch
	(1968-present): Obverse above date

	VG-8	F-12	VF-20	EF-40	AU-50	MS-60	MS-63	MS-65	PF-65
1946	0.40	0.50	0.53	0.55	0.58	0.60	0.85	4.75	*
1946-D	0.40	0.55	0.60	0.65	0.70	0.90	1.00	7.00	*
1946-S	0.40	0.55	0.60	1.15	1.25	1.50	2.25	10.50	*
1947	0.40	0.55	0.60	0.75	0.95	1.40	1.75	4.50	*
1947-D	0.50	0.65	0.75	1.35	1.75	2.20	2.75	11.00	*
1947-S	0.55	0.70	0.80	0.90	1.25	1.75	2.50	13.00	*
1948	0.40	0.55	0.65	0.90	1.55	4.00	5.50	14.00	*
1948-D	0.50	0.65	0.75	1.35	2.00	2.50	3.50	10.00	*
1948-S	0.40	0.55	0.50	0.95	1.25	1.90	2.25	12.00	*
1949	1.00	1.25	1.75	2.25	4.00	10.00	12.00	22.00	*
1949-D	0.45	0.65	0.90	1.65	3.25	3.75	5.00	13.00	*
1949-S	0.79	1.50	2.25	3.50	6.25	15.50	18.50	42.50	*
1950	0.40	0.55	0.80	1.25	1.40	1.90	2.50	8.00	25.00
1950-D	0.40	0.55	0.70	0.85	1.00	3.00	3.75	8.00	*
1950-S	1.00	1.35	1.75	2.85	6.00	9.50	10.00	22.50	*
1951	0.40	0.55	0.60	0.70	0.75	1.30	1.70	3.75	20.00
1951-D	0.40	0.55	0.60	0.75	0.85	1.40	1.80	4.00	*
1951-S	0.60	1.05	1.15	1.75	3.50	5.25	6.50	10.00	*
1952	0.40	0.55	0.60	0.80	0.85	1.75	1.85	4.00	19.00
1952-D	0.40	0.55	0.60	0.75	0.80	1.00	1.25	4.25	*
1952-S	0.55	1.00	1.15	1.25	1.50	3.75	5.00	9.50	*
1953	0.40	0.50	0.55	0.85	0.95	1.10	1.40	4.25	18.50
1953-D	0.40	0.50	0.60	0.65	0.70	0.90	1.10	3.75	*
1953-S	0.40	0.45	0.50	0.55	0.60	0.75	0.85	3.30	*
1954	0.40	0.50	0.55	0.57	0.58	0.60	0.80	3.35	9.00
1954-D	0.40	0.50	0.55	0.57	0.58	0.60	0.80	3.20	*
1954-S	0.45	0.50	0.55	0.60	0.65	0.70	0.75	3.20	*
1955	0.60	0.62	0.65	0.70	0.75	0.80	0.95	5.00	8.50
1955-D	0.50	0.55	0.60	0.67	0.68	0.70	0.75	3.40	*

— = Insufficient pricing data   *** = None issued**   **FV = Face Value**

	VG-8	F-12	VF-20	EF-40	AU-50	MS-60	MS-63	MS-65	PF-65
1955-S	0.50	0.55	0.60	0.67	0.68	0.70	0.75	4.75	*
1956	0.40	0.50	0.55	0.58	0.60	0.63	0.75	2.90	3.50
1956-D	0.40	0.50	0.55	0.60	0.62	0.65	0.90	2.80	*
1957	0.40	0.50	0.55	0.58	0.60	0.63	0.75	2.90	3.00
1957-D	0.40	0.50	0.55	0.60	0.65	0.70	0.90	3.85	*
1958	0.40	0.50	0.55	0.60	0.62	0.65	0.75	4.00	3.50
1958-D	0.40	0.50	0.55	0.57	0.58	0.60	0.75	3.75	*
1959	0.40	0.50	0.55	0.57	0.58	0.60	0.75	2.60	2.00
1959-D	0.40	0.50	0.55	0.60	0.62	0.65	0.75	3.00	*
1960	0.40	0.45	0.50	0.55	0.58	0.60	0.70	2.55	1.00
1960-D	0.40	0.45	0.50	0.55	0.58	0.60	0.70	2.55	*
1961	0.40	0.45	0.50	0.55	0.58	0.60	0.70	2.30	1.00
1961-D	0.40	0.45	0.50	0.55	0.58	0.60	0.70	2.30	*
1962	0.40	0.45	0.50	0.55	0.58	0.60	0.70	2.30	1.00
1962-D	0.40	0.45	0.50	0.55	0.58	0.60	0.70	2.75	*
1963	0.40	0.45	0.50	0.55	0.58	0.60	0.70	2.25	1.00
1963-D	0.40	0.45	0.50	0.55	0.58	0.60	0.70	2.25	*
1964	0.40	0.45	0.50	0.55	0.58	0.60	0.70	2.25	1.00
1964-D	0.40	0.45	0.50	0.55	0.58	0.60	0.70	2.25	*

	MS-60	MS-63	MS-65	PF-65
1965	0.23	0.40	0.70	*
1966	0.25	0.40	0.70	*
1967	0.23	0.40	0.70	*
1968	0.23	0.40	0.70	*
1968-D	0.23	0.40	0.70	*
1968-S	*	*	*	0.70
1968-S No S	*	*	*	5750.
1969	0.35	0.75	1.00	*
1969-D	0.25	0.40	0.65	*
1969-S	*	*	*	0.70
1970	0.23	0.40	0.65	*
1970-D	0.23	0.40	0.65	*
1970-S	*	*	*	0.70
1970-S No S	*	*	*	375.
1971	0.27	0.45	0.75	*
1971-D	0.23	0.40	0.65	*
1971-S	*	*	*	0.75
1972	0.27	0.40	0.70	*
1972-D	0.25	0.40	0.65	*
1972-S	*	*	*	0.95
1973	0.23	0.40	0.65	*
1973-D	0.23	0.40	0.65	*
1973-S	*	*	*	0.75
1974	0.23	0.40	0.65	*
1974-D	0.23	0.40	0.65	*
1974-S	*	*	*	0.75
1975	0.25	0.45	0.70	*
1975-D	0.25	0.40	0.65	*
1975-S	*	*	*	1.00
1975-S No S	*	*	*	28000.
1976	0.25	0.55	0.80	*
1976-D	0.25	0.55	0.80	*
1976-S	*	*	*	0.75
1977	0.20	0.35	0.65	*

	MS-60	MS-63	MS-65	PF-65
1977-D	0.21	0.35	0.70	*
1977-S	*	*	*	0.75
1978	0.20	0.35	0.65	*
1978-D	0.21	0.35	0.70	*
1978-S	*	*	*	0.75
1979	0.20	0.35	0.65	*
1979-D	0.20	0.35	0.65	*
1979-S	*	*	*	0.75
1980-P	0.20	0.35	0.50	*
1980-D	0.20	0.35	0.50	*
1980-S	*	*	*	0.75
1981-P	0.20	0.35	0.50	*
1981-D	0.20	0.35	0.50	*
1981-S	*	*	*	0.75
1982 No Mintmark, Strong Strike				
	100.	135.	225.	*
1982-P	0.85	1.45		*
1982-D	0.30	0.55	——	*
1982-S	*	*	*	0.75
1983-P	0.30	0.95	——	*
1983-D	0.28	0.95	——	*
1983-S	*	*	*	1.00
1983-S No S	*	*	*	325.
1984-P	0.20	0.50	——	*
1984-D	0.20	0.55	——	*
1984-S	*	*	*	1.00
1985-P	0.21	0.60	——	*
1985-D	0.20	0.50	——	*
1985-S	*	*	*	0.75
1986-P	0.20	0.75	——	*
1986-D	0.20	0.75	——	*
1986-S	*	*	*	1.25
1987-P	0.20	0.35	——	*
1987-D	0.20	0.35	——	*

—— = Insufficient pricing data   *** = None Issued**   **FV = Face Value**

ROOSEVELT DIME (CONTINUED)

	MS-60	MS-63	MS-65	PF-65
1987-S	*	*	*	1.10
1988-P	0.20	0.40	——	*
1988-D	0.20	0.35	——	*
1988-S	*	*	*	1.50
1989-P	0.20	0.35	——	*
1989-D	0.20	0.35	——	*
1989-S	*	*	*	1.10
1990-P	0.20	0.35	——	*
1990-D	0.20	0.35	——	*
1990-S	*	*	*	2.75
1991-P	0.20	0.35	——	*
1991-D	0.20	0.35	——	*
1991-S	*	*	*	3.25
1992-P	0.20	0.35	——	*
1992-D	0.20	0.35	——	*
1992-S Clad	*	*	*	3.00
1992-S Silver	*	*	*	3.25

	MS-60	MS-63	MS-65	PF-65
1993-P	0.20	0.35	——	*
1993-D	0.20	0.35	——	*
1993-S Clad	*	*	*	4.50
1993-S Silver	*	*	*	5.00
1994-P	0.20	0.35	——	*
1994-D	0.20	0.35	——	*
1994-S Clad	*	*	*	3.00
1994-S Silver	*	*	*	5.50
1995-P	0.20	0.35	——	*
1995-D	0.20	0.35	——	*
1995-S Clad	*	*	*	3.00
1995-S Silver	*	*	*	3.75
1996-P	0.20	0.35	——	*
1996-W	7.00	7.25	8.00	*
1996-D	0.20	0.35	——	*
1996-S Clad	*	*	*	3.00
1996-S Silver	*	*	*	3.75

20 cents Trend graph

Seated Liberty 20 cents

Date of authorization:	March 3, 1875
Dates of issue:	1875-1876
Designers:	Obverse: Thomas Sully-Christian Gobrecht-John Hughes-William Barber
	Reverse: William Barber
Engraver:	William Barber
Diameter (Millimeters/inches):	22.50mm/0.89 inch
Weight (Grams/ounces):	5.000 grams/0.16075 ounce
Metallic content:	90% silver, 10% copper
Weight of pure silver:	4.500 grams/0.14468 ounce
Edge:	Plain
Mint mark:	Reverse below eagle

	F-12	VF-20	EF-40	AU-50	MS-60	MS-62	MS-63	MS-64	MS-65	PF-65
1875	75.00	97.50	185.	300.	550.	750.	1150.	1850.	5350.	7750.
1875-CC	77.50	155.	210.	465.	775.	1300.	1800.	3000.	7250.	——
1875-S	67.50	87.50	155.	275.	435.	625.	950.	1700.	4750.	45000.
1876	140.	200.	330.	480.	640.	890.	1175.	1800.	5600.	6500.
1876-CC	——	——	17500.	25000.	47500.	57500.	77500.	115000.	225000.	——
1877 Proofs only	——	1600.	1700.	1750.	2150.	2550.	3200.	5000.	10000.	8500.
1878 Proofs only	——	——	1450.	1500.	1600.	1900.	2350.	3750.	8250.	7250.

— = Insufficient pricing data	* = None Issued	FV = Face Value

Early quarter dollars index chart

----- EF.40 —— MS.60 -- SERIES

Draped Bust quarter dollar

Date of authorization:	April 2, 1792
Dates of issue:	1796, 1804-1807
Designers:	Obverse: Gilbert Stuart-Robert Scot
	Reverse:
	(1796): Robert Scot-John Eckstein
	(1804-1807): Robert Scot
Engraver:	Robert Scot
Diameter (Millimeters/inches):	27.00mm/1.07 inch
Weight (Grams/ounces):	6.739 grams/0.21666 ounce
Metallic content:	89.25% silver, 10.75% copper
Weight of pure silver:	6.015 grams/0.19339 ounce
Edge:	Reeded
Mint mark:	None

	G-4	VG-8	F-12	VF-20	EF-40	AU-50	AU-55	MS-60	MS-62	MS-63
SMALL EAGLE										
1796	3750.	5750.	7500.	11500.	13750.	16000.	18000.	23500.	25750.	29000.
HERALDIC EAGLE										
1804	860.	1100.	2250.	3000.	7500.	15500.	—	—	—	75000.
1805	180.	260.	390.	725.	1550.	2150.	3150.	7500.	9000.	12000.

— = Insufficient pricing data　　　　* = None issued　　　　FV = Face Value

	G-4	VG-8	F-12	VF-20	EF-40	AU-50	AU-55	MS-60	MS-62	MS-63
1806/5	180.	255.	385.	775.	1850.	3000.	4750.	7750.	9500.	16500.
1806	175.	240.	365.	710.	1500.	1950.	2600.	3800.	4500.	6500.
1807	175.	240.	360.	700.	1475.	1900.	2550.	3750.	4800.	6500.

Capped Bust quarter dollar

Date of authorization: April 2, 1792
Dates of issue: 1815-1838
Designer/Engraver: John Reich
Diameter (Millimeters/inches): 1815-1828: 27.00mm/1.07 inches
1831-1838: 24.26mm/0.96 inch
Weight (Grams/ounces): 6.739 grams/0.21666 ounce
Metallic content: 89.25% silver, 10.75% copper
Weight of pure silver: 6.015 grams/0.19339 ounce
Edge: Reeded
Mint mark: None

	G-4	VG-8	F-12	VF-20	EF-40	AU-50	AU-55	MS-60	MS-62	MS-63
1815	40.00	75.00	115.	285.	685.	1000.	1400.	2200.	2950.	4450.
1818/5	42.50	87.50	120.	290.	700.	1075.	1550.	2350.	3100.	5000.
1818	40.00	57.50	87.50	255.	660.	950.	1275.	2150.	2900.	4300.
1819	40.00	55.00	82.50	245.	660.	950.	1325.	2150.	3050.	5400.
1820 Small O										
	40.00	57.50	87.50	255.	675.	1000.	1425.	2300.	3350.	5650.
1820 Large O										
	40.00	55.00	80.00	245.	650.	925.	1325.	2150.	3150.	5150.
1821	40.00	55.00	80.00	245.	650.	925.	1250.	2150.	2900.	4300.
1822	55.00	95.00	135.	310.	875.	1575.	2100.	2800.	3500.	5400.
1822 25/50c										
	1650.	2750.	3950.	5250.	8500.	15000.	——	25000.	——	——
1823/2	8500.	12500.	18000.	25000.	38500.	55000.	——	——	——	——
1824/2	70.00	110.	190.	525.	1375.	2150.	2800.	6000.	——	——
1825/2	145.	185.	300.	650.	1300.	1900.	2500.	3750.	——	——
1825/3	40.00	55.00	80.00	240.	640.	900.	1250.	2150.	2900.	4300.
1825/4	40.00	55.00	80.00	240.	640.	900.	1275.	2200.	2950.	4350.
1827 Originals and Restrikes									
Original Prf-60 $35000 Prf-64 $82500; Restrike Prf-63 $35000.									
1828	40.00	55.00	80.00	240.	640.	900.	1300.	2250.	2900.	4800.
1828 25/50c	140.	280.	400.	850.	1550.	3600.	——	8500.	——	——

—— = insufficient pricing data   * = None issued   FV = Face Value

CAPPED BUST QUARTER DOLLAR (CONTINUED)

				G-4	VG-8	F-12	VF-20	EF-40	AU-50	MS-60
1831 Small Letters, No Motto										
	28.00	35.00	47.50	80.00	190.	425.	525.	850.	1100.	1550.
1832	28.00	35.00	47.50	80.00	190.	435.	550.	940.	1450.	2250.
1833	30.00	42.50	60.00	97.50	250.	525.	800.	1350.	1800.	2750.
1834	29.00	35.50	50.00	80.00	200.	440.	545.	875.	1150.	1650.
1835	28.00	35.00	47.50	80.00	190.	425.	540.	850.	1150.	1650.
1836	28.50	35.00	47.50	80.00	190.	480.	625.	1200.	2000.	3200.
1837	28.50	35.00	47.50	80.00	190.	430.	575.	900.	1175.	1650.
1838	28.50	36.00	51.50	82.50	195.	440.	550.	925.	1300.	1700.

Seated Liberty quarter index chart

------ EF.40 ——— MS.60 - - SERIES

Seated Liberty quarter dollar

Date of authorization: April 2, 1792
Dates of issue: 1838-1891
Designers: (1838-1840):
Obverse: Thomas Sully-Christian Gobrecht
Reverse: John Reich-William Kneass-Gobrecht
(1840-1891):
Obverse: Robert B. Hughes-Gobrecht-Sully
Reverse: Hughes-Gobrecht-Sully

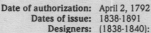

— = Insufficient pricing data   * = None Issued   FV = Face Value

Engravers: Obverse: Christian Gobrecht
Reverse:
(1838-1853): Christian Gobrecht
(1853-1891): James B. Longacre
Diameter (Millimeters/inches): 24.26mm/0.96 inch
Weight (Grams/ounces): (1838-1873): 6.221 grams/0.20001 ounce
(1873-1891): 6.250 grams/0.20094 ounce
Metallic content: 90% silver, 10% copper
Weight of pure silver: (1838-1873): 5.599 grams/0.18001 ounce
(1873-1891): 5.625 grams/0.18085 ounce
Edge: Reeded
Mint mark: Reverse below eagle

	G-4	VG-8	F-12	VF-20	EF-40	AU-50	AU-55	MS-60	MS-63
NO DRAPERY AT ELBOW									
1838	10.25	13.75	28.00	72.50	265.	525.	650.	875.	3650.
1839	10.50	14.00	27.50	62.50	210.	495.	565.	650.	3600.
1840-O	11.25	16.00	29.00	85.00	230.	550.	675.	1200.	3850.
DRAPERY AT ELBOW									
1840	19.00	29.00	45.00	80.00	180.	340.	440.	800.	3050.
1840-O Small O	22.00	35.00	57.50	125.	275.	525.	650.	1100.	3650.
1840-O Large O	300.	360.	600.	1100.	—	—			
1841	44.50	57.50	87.50	140.	255.	435.	590.	1050.	2700.
1841-O	15.00	23.00	40.00	70.00	150.	310.	400.	675.	1850.
1842 Small Date Proofs only	—	—	—	—	—	—		25000.	50000.
1842 Large Date	70.00	97.50	175.	250.	375.	875.	1500.	2800.	6000.
1842-O Small Date	410.	550.	1050.	1700.	3950.	9750.		16500.	—
1842-O Large Date	13.25	17.25	36.00	70.00	175.	585.	900.	2900.	7500.
1843	11.00	12.25	21.00	35.00	62.50	190.	250.	475.	1075.
1843-O Small O	16.50	26.50	50.00	100.	235.	800.	1550.	—	—
1843-O Large O	75.00	110.	200.	400.	800.				
1844	10.00	12.00	21.00	35.00	65.00	185.	240.	475.	1300.
1844-O	12.75	15.50	35.00	60.00	145.	390.	850.	1950.	4250.
1845	10.00	12.00	20.50	35.00	75.00	220.	255.	515.	1350.
1845/5	12.75	17.00	32.50	55.00	145.	275.	350.	625.	
1846	11.50	14.50	25.00	35.00	67.50	190.	250.	480.	1700.
1846/1846	12.75	17.50	35.00	57.50	155.	325.	500.		
1847	10.00	12.00	20.50	32.50	65.00	180.	240.	450.	1350.
1847/7	13.00	25.00	50.00	62.50	125.	285.	475.		
1847-O	19.50	35.00	55.00	97.50	315.	685.	1600.	3200.	6250.
1848 (triple date)	25.00	37.50	82.50	140.	210.	375.	550.	1050.	2850.
1848/1848	40.00	55.00	87.50	170.	235.	590.	1150.		
1849	15.00	23.00	37.50	67.50	135.	290.	485.	950.	
1849-O	385.	610.	1025.	1600.	3350.	6250.	7500.	—	—
1850	22.50	35.00	60.00	82.50	150.	300.	550.	875.	2400.
1850-O	14.75	25.00	52.50	85.00	200.	490.	800.	1400.	3750.
1851	32.50	45.00	80.00	125.	190.	315.	415.	800.	1900.
1851-O	150.	250.	390.	625.	1350.	2650.	3600.	4950.	—
1852	31.50	42.50	80.00	135.	200.	360.	435.	900.	1550.
1852-O	175.	245.	400.	675.	1400.	3250.	3750.	5250.	13500.
1853/53 Recut Date	195.	265.	375.	600.	800.	1575.	2100.	3000.	5500.
ARROWS AND RAYS									
1853	10.25	12.50	22.50	38.00	145.	335.	425.	775.	2200.
1853/4	35.00	52.50	145.	200.	450.	800.	1250.	2350.	6350.
1853-O	11.75	16.00	26.50	57.50	200.	1475.	1950.	2650.	7500.

—— = Insufficient pricing data   * = None issued   FV = Face Value

	G-4	VG-8	F-12	VF-20	EF-40	AU-50	AU-55	MS-60	MS-63
1853-O/Horizontal O	27.50	40.00	75.00	150.	400.	1800.	——	——	——
ARROWS, NO RAYS									
1854	10.25	10.50	20.00	28.00	75.00	225.	285.	500.	1250.
1854-O Large O	10.75	13.50	28.00	50.00	115.	305.	550.	1350.	2450.
1854-O Huge O	90.00	145.	190.	350.	750.	——	——	——	——
1855	9.75	10.50	19.50	25.00	70.00	225.	295.	550.	1500.
1855-O	32.50	50.00	115.	250.	675.	1550.	2150.	3250.	8000.
1855-S	30.00	34.00	65.00	140.	425.	1150.	1450.	1950.	4750.
NO ARROWS									
1856	10.00	11.00	19.50	24.00	47.00	130.	185.	290.	650.
1856-O	11.00	15.00	22.00	45.00	100.	450.	600.	1200.	2750.
1856-S	35.00	52.50	85.00	185.	435.	1025.	2250.	2750.	5000.
1856-S/ Small S	42.50	65.00	135.	275.	775.	1600.	——	——	——
1857	10.00	11.00	19.50	24.00	47.00	120.	165.	280.	560.
1857-O	10.25	11.50	21.00	40.00	75.00	325.	475.	1100.	3450.
1857-S	60.00	115.	205.	335.	485.	1150.	1900.	2900.	5500.
1858	10.00	11.00	19.50	24.00	47.00	120.	165.	285.	565.
1858-O	13.75	17.50	30.00	52.50	115.	445.	750.	1500.	5250.
1858-S	47.50	75.00	145.	225.	625.	1900.	——	——	——
1859	10.25	12.00	20.00	26.50	65.00	145.	200.	395.	1500.
1859-O	14.50	22.50	33.50	52.50	110.	375.	700.	1450.	——
1859-S	85.00	125.	210.	320.	1250.	2750.	5750.	——	——
1860	10.00	11.00	19.50	26.50	62.50	135.	190.	385.	825.
1860-O	13.25	19.00	36.00	47.50	90.00	300.	475.	1050.	2200.
1860-S	155.	265.	465.	950.	4250.	10000.	——	——	——
1861	10.00	11.00	19.50	26.00	55.00	120.	165.	300.	565.
1861-S	55.00	80.00	160.	270.	725.	2500.	——	——	——
1862	10.75	14.00	22.00	28.50	57.50	150.	200.	375.	625.
1862-S	50.00	77.50	155.	250.	540.	1350.	1650.	2750.	4500.
1863	28.50	40.00	52.50	72.50	170.	300.	375.	750.	1250.
1864	47.50	60.00	105.	160.	225.	430.	525.	850.	1700.
1864-S	290.	475.	650.	1050.	1850.	3500.	——	——	23000.
1865	55.00	70.00	145.	190.	285.	390.	485.	775.	1350.
1865-S	70.00	115.	200.	240.	475.	1300.	1675.	2850.	4750.
1866	——	——	——	——	——	——	——	——	——
WITH MOTTO									
1866	275.	390.	465.	575.	685.	1050.	1250.	1750.	2650.
1866-S	195.	300.	550.	800.	1350.	2100.	2850.	3750.	4750.
1867	155.	200.	245.	315.	440.	575.	665.	975.	1800.
1867-S	145.	230.	330.	460.	700.	1350.	2500.	4500.	——
1868	87.50	105.	200.	260.	330.	415.	575.	675.	1600.
1868-S	55.00	70.00	130.	215.	590.	1250.	1650.	2800.	6000.
1869	230.	290.	385.	450.	650.	950.	1200.	1750.	3450.
1869-S	70.00	100.	175.	265.	525.	1200.	1500.	2550.	3950.
1870	47.50	65.00	95.00	145.	235.	375.	475.	825.	2100.
1870-CC	1850.	2500.	4500.	8500.	17500.	30000.	——	——	——
1871	32.50	40.00	52.50	87.50	155.	300.	400.	750.	1350.
1871-CC	1150.	2250.	3500.	4500.	12500.	24000.	——	——	——
1871-S	285.	365.	465.	575.	900.	1550.	2050.	3750.	6500.
1872	30.00	37.50	52.50	82.50	145.	280.	350.	875.	2200.
1872-CC	375.	640.	1175.	2150.	4150.	14500.	——	——	——
1872-S	350.	575.	1150.	1800.	3850.	5650.	——	7500.	15000.
1873 Closed 3	160.	225.	350.	460.	610.	1125.	1450.	2900.	——
1873 Open 3	30.00	35.00	52.50	95.00	175.	275.	325.	585.	1750.
1873-CC MS-64 $350000.									

	G-4	VG-8	F-12	VF-20	EF-40	AU-50	AU-55	MS-60	MS-63
ARROWS ADDED									
1873	11.50	15.50	29.00	55.00	185.	350.	400.	650.	1400.
1873-CC	1300.	2400.	3800.	7000.	11500.	22500.	——	——	——
1873-S	25.00	40.00	80.00	160.	330.	600.	750.	1200.	3000.
1874	13.75	19.00	32.50	60.00	185.	325.	425.	750.	1500.
1874-S	20.00	32.50	60.00	130.	275.	550.	650.	925.	1450.
ARROWS REMOVED									
1875	10.00	11.00	19.25	24.50	47.50	100.	145.	230.	410.
1875-CC	50.00	85.00	140.	250.	410.	660.	775.	1200.	2250.
1875-S	39.00	52.50	72.50	110.	160.	290.	325.	650.	1500.
1876	10.00	11.00	19.25	23.00	47.00	100.	145.	225.	410.
1876-CC	10.35	13.00	20.00	29.00	55.00	145.	200.	375.	700.
1876-S	10.25	11.00	19.25	24.50	50.00	140.	165.	230.	450.
1877	10.00	11.50	19.25	23.00	47.00	100.	145.	225.	410.
1877-CC	10.25	13.50	20.50	30.00	60.00	140.	175.	260.	625.
1877-S	10.00	11.00	20.00	26.00	48.00	105.	150.	235.	440.
1877-S/Horizontal S	25.00	37.50	75.00	175.	225.	275.	375.	750.	2350.
1878	10.00	11.00	19.25	25.00	47.00	100.	145.	240.	525.
1878-CC	17.00	27.50	40.00	60.00	105.	225.	275.	400.	975.
1878-S	75.00	140.	190.	265.	425.	750.	800.	1400.	2650.
1879	140.	180.	205.	250.	335.	365.	405.	445.	700.
1880	140.	185.	210.	250.	345.	370.	415.	440.	675.
1881	145.	190.	215.	265.	330.	365.	410.	470.	725.
1882	150.	195.	215.	265.	345.	380.	430.	525.	765.
1883	145.	190.	215.	265.	340.	375.	425.	520.	775.
1884	175.	225.	260.	320.	365.	385.	465.	600.	800.
1885	145.	190.	215.	260.	345.	370.	405.	440.	700.
1886	190.	235.	275.	325.	450.	700.	750.	850.	1000.
1887	160.	200.	240.	285.	360.	390.	475.	525.	765.
1888	160.	200.	240.	285.	360.	390.	475.	525.	750.
1888-S	10.35	11.75	20.00	26.00	48.00	140.	195.	375.	675.
1889	145.	200.	240.	275.	365.	400.	465.	550.	675.
1890	50.00	57.50	85.00	110.	160.	225.	340.	465.	650.
1891	10.00	11.00	19.50	24.00	47.00	100.	145.	235.	400.
1891-O	135.	165.	300.	475.	775.	1550.	1950.	2950.	——
1891-S	10.50	12.25	21.00	30.50	49.50	145.	185.	275.	500.

Barber quarter dollar index chart

----- AU.50 ——— MS.60 - - SERIES

Barber quarter dollar

Date of authorization:	April 2, 1792
Dates of issue:	1892-1916
Designer/Engraver:	Charles Barber
Diameter (Millimeters/inches):	24.26mm/0.96 inch
Weight (Grams/ounces):	6.250 grams/0.20094 ounce
Metallic content:	90% silver, 10% copper
Weight of pure silver:	5.625 grams/0.18085 ounce
Edge:	Reeded
Mint mark:	Reverse below eagle

	G-4	VG-8	F-12	VF-20	EF-40	AU-50	MS-60	MS-62	MS-63
1892	3.75	5.00	20.00	28.00	70.00	115.	155.	190.	315.
1892-O	5.00	8.00	24.00	37.00	80.00	140.	235.	300.	525.
1892-S	14.00	26.00	50.00	75.00	150.	250.	420.	575.	850.
1892-S/S	21.00	40.00	65.00	87.50	195.	375.	600.	800.	1400.
1893	3.75	4.85	20.00	27.50	70.00	115.	190.	210.	335.
1893-O	4.50	7.75	23.00	44.50	77.50	150.	265.	360.	550.
1893-S	7.50	11.00	37.50	57.50	130.	265.	430.	725.	1100.
1894	4.25	5.25	21.50	37.00	75.00	120.	180.	210.	350.
1894-O	4.50	9.00	29.00	42.00	85.00	170.	355.	500.	1050.
1894-S	5.00	8.50	28.00	47.50	85.00	165.	350.	465.	825.
1895	4.75	5.85	20.00	27.00	70.00	110.	180.	375.	500.
1895-O	6.00	8.75	32.00	47.50	95.00	205.	375.	650.	1050.
1895-S	7.00	11.00	35.00	55.00	100.	200.	365.	450.	900.

— = Insufficient pricing data   * = None issued   FV = Face Value

	G-4	VG-8	F-12	VF-20	EF-40	AU-50	MS-60	MS-62	MS-63
1895-S/S	10.50	16.00	50.00	85.00	150.	325.	550.	1000.	2750.
1896	3.75	4.85	20.50	28.50	70.00	110.	185.	205.	355.
1896-O	4.50	11.00	60.00	190.	290.	525.	775.	1350.	2000.
1896-S	235.	350.	575.	900.	1400.	2800.	3900.	6750.	8500.
1897	3.35	4.15	19.50	28.00	70.00	110.	150.	170.	280.
1897-O	6.00	15.00	75.00	170.	350.	675.	900.	1175.	1800.
1897-S	11.00	22.00	95.00	175.	360.	650.	850.	1025.	1700.
1898	3.00	4.15	19.50	28.00	65.00	110.	150.	170.	265.
1898-O	5.00	10.00	40.00	90.00	185.	385.	600.	750.	1350.
1898-S	4.35	8.00	25.00	45.00	88.00	175.	440.	600.	1150.
1899	3.00	4.15	19.50	28.00	62.50	110.	150.	170.	265.
1899-O	4.50	11.00	26.00	50.00	92.50	225.	375.	500.	850.
1899-S	8.00	15.50	30.00	52.50	90.00	200.	335.	525.	1400.
1900	3.00	3.85	18.50	27.50	62.50	110.	150.	170.	265.
1900-O	5.25	11.00	40.00	70.00	125.	250.	425.	625.	1250.
1900-S	5.00	8.50	25.00	42.00	77.50	120.	325.	450.	1100.
1901	4.00	5.50	18.50	27.50	62.50	110.	150.	170.	265.
1901-O	15.00	32.50	70.00	180.	325.	550.	690.	1050.	2100.
1901-S	1650.	2500.	3900.	5250.	6500.	8150.	9750.	12500.	17500.
1902	3.00	3.85	18.50	27.50	62.50	110.	150.	170.	265.
1902-O	4.25	8.50	32.50	52.50	100.	185.	485.	675.	1175.
1902-S	7.50	15.50	32.50	55.00	97.50	205.	440.	600.	1150.
1903	3.00	3.85	18.50	27.50	62.50	110.	150.	170.	270.
1903-O	5.00	7.50	28.00	47.50	87.50	175.	475.	650.	1200.
1903-S	7.50	16.50	37.50	65.00	125.	210.	400.	500.	775.
1904	3.00	3.85	18.50	27.50	62.50	110.	150.	170.	285.
1904-O	4.90	9.00	39.00	70.00	165.	350.	700.	875.	1400.
1905	3.75	4.30	20.00	32.00	67.50	110.	150.	170.	280.
1905-O	6.75	11.00	55.00	85.00	175.	245.	450.	625.	1250.
1905-S	6.00	10.00	30.00	48.00	90.00	210.	400.	590.	1200.
1906	3.00	3.85	18.50	27.50	62.50	110.	150.	170.	265.
1906-D	3.75	4.35	21.00	34.50	70.00	130.	220.	275.	400.
1906-O	3.60	4.85	27.00	41.00	85.00	165.	225.	270.	390.
1907	3.00	3.85	18.50	27.50	62.50	110.	150.	205.	335.
1907-D	3.50	4.50	25.00	38.00	80.00	165.	265.	375.	725.
1907-O	3.00	4.10	21.00	31.00	67.50	140.	225.	275.	450.
1907-S	4.15	4.60	32.00	50.00	110.	195.	375.	515.	1000.
1908	3.00	3.85	18.50	27.50	62.50	110.	150.	185.	275.
1908-D	3.25	4.25	19.50	28.00	67.50	120.	185.	250.	345.
1908-O	3.00	4.00	20.00	29.50	70.00	125.	180.	235.	325.
1908-S	9.00	23.00	55.00	97.50	225.	390.	590.	715.	1200.
1909	3.00	3.85	19.00	28.50	62.50	110.	150.	170.	265.
1909-D	3.50	4.25	19.25	30.50	68.50	140.	190.	225.	360.
1909-O	7.75	16.00	72.50	145.	250.	325.	565.	725.	1425.
1909-S	3.35	5.15	22.50	34.00	82.50	170.	265.	365.	850.
1910	3.25	3.85	21.50	32.00	70.00	130.	170.	185.	290.
1910-D	4.00	6.00	23.50	37.00	95.00	175.	345.	450.	1025.
1911	3.25	3.85	18.50	28.50	70.00	110.	175.	185.	280.
1911-D	4.25	8.00	70.00	175.	260.	390.	540.	640.	1075.
1911-S	3.25	5.10	27.50	38.00	100.	185.	275.	325.	625.
1912	3.00	3.85	18.00	28.50	62.50	110.	150.	170.	265.
1912-S	3.20	4.60	26.50	41.50	90.00	210.	350.	500.	950.
1913	10.00	16.00	50.00	140.	350.	550.	775.	850.	1175.
1913-D	4.50	6.00	26.00	37.00	92.50	145.	235.	275.	375.
1913-S	450.	700.	1650.	2450.	3150.	3600.	4000.	4450.	5250.
1914	3.25	3.85	17.00	30.50	65.00	110.	150.	170.	280.

— = Insufficient pricing data   *** = None issued**   **FV = Face Value**

	G-4	VG-8	F-12	VF-20	EF-40	AU-50	MS-60	MS-62	MS-63
1914-D	3.25	4.60	18.50	31.00	67.50	115.	160.	190.	300.
1914-S	55.00	77.50	125.	185.	375.	525.	825.	1000.	1250.
1915	3.25	3.85	17.00	27.50	62.50	110.	155.	185.	280.
1915-D	3.25	3.90	17.50	27.50	65.00	110.	150.	175.	275.
1915-S	3.65	6.25	23.00	42.00	90.00	170.	295.	375.	600.
1916	3.25	3.95	17.50	28.25	67.50	115.	145.	155.	265.
1916-D	3.35	4.00	17.00	27.50	65.00	120.	150.	160.	280.
1916-D Large D/Small D		21.00	40.00	60.00	110.	185.	400.	650.	——

Standing Liberty quarter chart

----- AU.50 —— MS.65 - - - SERIES

Standing Liberty quarter dollar

Date of authorization:	April 2, 1792
Dates of issue:	1916-1930
Designer:	Hermon MacNeil
Engravers:	Obverse: Hermon MacNeil
	Reverse: MacNeil, Charles Barber
Diameter (Millimeters/inches):	24.26mm/0.96 inch
Weight (Grams/ounces):	6.250 grams/0.20094 ounce
Metallic content:	90% silver 10% copper
Weight of pure silver:	5.625 grams/0.18085 ounce
Edge:	Reeded
Mint mark:	Obverse left of date

Note: MS-65H refers to Full Head

— = Insufficient pricing data   * = None Issued   FV = Face Value

	G-4	F-12	VF-20	EF-40	AU-50	MS-60	MS-63	MS-63H	MS-65	MS-65H
BARE BREAST										
1916	1025.	1850.	2250.	2600.	3250.	5000.	6850.	8300.	14000.	23500.
1917	10.00	16.00	27.50	52.50	95.00	150.	240.	300.	725.	950.
1917-D	14.50	25.00	49.00	80.00	135.	240.	365.	500.	950.	1500.
1917-S	13.75	22.50	60.00	100.	180.	280.	400.	550.	1650.	2250.
MAILED BREAST, STARS BELOW EAGLE										
1917	12.50	16.75	24.00	40.00	70.00	125.	175.	300.	525.	850.
1917-D	18.75	45.00	57.50	80.00	115.	160.	330.	800.	1400.	4250.
1917-S	17.75	32.50	52.50	72.50	97.50	170.	310.	850.	950.	3700.
1918	14.25	20.00	32.50	45.00	70.00	135.	195.	360.	600.	1450.
1918-D	22.50	40.00	60.00	90.00	140.	215.	350.	1400.	1350.	5350.
1918-S	15.00	22.50	28.00	42.50	80.00	170.	325.	2500.	1400.	18750.
1918/7-S	1075.	1700.	2300.	4300.	6600.	14500.	27500.	110000.	85000.	300000.
1919	23.00	39.00	50.00	65.00	90.00	140.	220.	350.	575.	1050.
1919-D	45.00	115.	175.	300.	465.	625.	1100.	5750.	2250.	22000.
1919-S	42.00	105.	250.	365.	485.	875.	1650.	7500.	3000.	30000.
1920	14.00	19.00	24.00	35.00	67.50	130.	165.	325.	490.	1700.
1920-D	27.00	55.00	75.00	105.	155.	200.	585.	1900.	1750.	6900.
1920-S	15.00	25.00	40.00	62.50	85.00	215.	925.	8500.	2250.	32000.
1921	55.00	110.	140.	235.	310.	465.	900.	1600.	1650.	4250.
1923	14.50	23.00	28.50	35.00	62.50	125.	170.	800.	505.	3900.
1923-S	87.50	200.	325.	385.	475.	575.	900.	1500.	1850.	3950.
1924	14.00	17.00	22.00	32.50	62.50	120.	160.	325.	450.	1575.
1924-D	29.50	52.50	67.50	92.50	115.	145.	200.	1350.	480.	6250.
1924-S	18.50	28.50	39.00	77.50	170.	350.	675.	2150.	1800.	7000.
1925	2.50	5.00	14.50	26.50	57.50	105.	155.	325.	470.	850.
1926	2.50	5.00	13.50	25.00	57.50	105.	155.	325.	450.	1650.
1926-D	6.00	14.00	27.00	45.00	85.00	115.	160.	6750.	500.	30500.
1926-S	3.50	10.00	26.00	87.50	185.	325.	850.	6500.	1900.	25000.
1927	2.50	5.00	13.50	25.00	57.50	100.	155.	300.	440.	875.
1927-D	6.00	16.50	39.00	80.00	125.	165.	225.	900.	475.	3250.
1927-S	7.50	47.50	150.	1000.	2450.	3600.	5500.	40000.	9500.	105000.
1928	2.50	5.00	13.50	25.00	57.50	100.	155.	375.	430.	1400.
1928-D	4.50	8.00	19.50	37.50	77.50	135.	185.	2100.	440.	8000.
1928-S	2.75	6.00	13.75	29.00	65.00	125.	160.	350.	450.	800.
1929	2.50	5.00	13.50	25.00	55.00	100.	155.	300.	445.	750.
1929-D	4.75	8.00	16.50	31.50	65.00	135.	165.	1350.	485.	7900.
1929-S	2.50	5.50	14.00	29.00	57.50	115.	150.	295.	435.	775.
1930	2.50	4.75	13.00	24.00	52.50	95.00	150.	290.	430.	700.
1930-S	2.50	5.00	13.25	29.00	55.00	115.	225.	450.	550.	1000.

— = Insufficient pricing data   * = None Issued   FV = Face Value

Washington quarter index chart

Chart showing PERCENT from 50 to 300 on vertical axis, dates from Dec 83 to Jun 96 on horizontal axis.

----- MS.65 ——— PF.65 - - SERIES

Washington quarter dollar

Date of authorization:	April 2, 1792; July 23, 1965; Oct. 18, 1973	
Dates of issue:	1932-present	
Designers:	James Flanagan	
	(Bicentennial Reverse): Jack L. Ahr	
Engravers:	John R. Sinnock	
	(Bicentennial Reverse): Frank Gasparro	
Diameter (Millimeters/inches):	24.26mm/0.96 inch	
Weight (Grams/ounces):	(1932-1964): 6.250 grams/0.20094 ounce	
	(1965-present): 5.670 grams/0.18229 ounce	
	1976 Bicentennial Proof and Uncirculated: 5.750 grams/0.18487 ounce	
Metallic content:	(1932-1964): 90% silver, 10% copper	
	(1965-present): 75% copper, 25% nickel bonded to a pure copper core	
	(1976 Bicentennial Proof and Uncirculated sets only): 80% silver, 20% copper bonded to a core of 21.5% silver, 78.5% copper	
Weight of pure silver:	(1932-1964): 5.625 grams/0.18085 ounce	
	(1976 Bicentennial Proof and Uncirculated sets only): 2.300 grams/0.07395 ounce	

— = Insufficient pricing data   * = None Issued   FV = Face Value

Edge: Reeded
Mint mark: (1932-1964): Reverse below eagle
(1968-present): Obverse right of
Washington's queue (ponytail)

	G-4	VG-8	F-12	VF-20	EF-40	AU-50	MS-60	MS-63	MS-65	PF-65
1932	2.00	2.25	3.00	4.00	7.50	13.50	21.50	30.00	175.	*
1932-D	29.00	32.50	45.00	62.50	125.	250.	435.	900.	4900.	*
1932-S	28.00	30.00	36.50	41.00	55.00	95.00	250.	415.	2500.	*
1934	1.50	1.75	2.25	3.00	4.75	7.50	17.00	27.00	65.00	*
1934 Light Motto										
	1.75	3.20	3.75	6.00	7.50	11.00	26.00	60.00	275.	*
1934 Doubled Die										
	30.00	32.50	37.50	75.00	145.	230.	550.	750.	2850.	*
1934-D	3.50	4.00	5.75	7.50	16.50	47.50	95.00	225.	1075.	*
1935	1.30	1.50	2.00	2.75	4.25	8.00	17.00	26.00	72.50	*
1935-D	2.15	2.75	5.00	7.25	14.50	40.00	85.00	250.	525.	*
1935-S	2.00	2.75	4.00	5.00	10.00	25.00	40.00	70.00	180.	*
1936	1.30	1.50	2.00	2.75	4.25	7.75	15.00	24.00	45.00	1050.
1936-D	2.25	2.75	5.25	14.00	34.00	120.	245.	425.	615.	*
1936-S	2.00	2.75	4.00	6.25	12.00	26.00	37.50	67.50	110.	*
1937	1.30	1.85	3.10	3.75	5.00	15.00	20.00	24.00	65.00	390.
1937-D	1.90	2.50	4.00	6.00	9.00	19.00	30.00	45.00	70.00	—
1937-S	3.25	3.50	7.00	11.50	21.00	55.00	82.50	120.	165.	*
1938	2.00	2.60	4.00	8.00	14.00	25.00	37.50	57.50	115.	240.
1938-S	3.00	3.25	4.25	8.25	14.50	28.00	42.00	60.00	110.	*
1939	1.30	1.50	2.00	2.50	3.50	7.00	12.50	20.00	67.50	175.
1939-D	1.90	2.90	3.75	6.00	8.50	13.00	24.00	30.00	75.00	*
1939-S	3.25	3.50	4.00	6.00	13.00	32.50	47.50	62.50	110.	*
1940	1.30	1.50	2.00	2.25	3.00	6.00	10.00	14.00	37.50	165.
1940-D	3.00	3.65	5.25	8.50	15.00	30.00	45.00	65.00	110.	*
1940-S	1.90	2.00	2.75	3.00	3.25	9.00	15.00	22.50	60.00	*
1941	1.00	1.25	2.10	2.25	2.75	3.50	5.00	7.00	24.00	165.
1941-D	1.00	1.25	2.10	2.85	3.50	6.00	14.50	19.00	37.50	*
1941-S	1.00	1.25	2.10	2.60	3.25	6.00	14.50	24.00	60.00	*
1942	1.00	1.25	2.10	2.50	3.00	3.50	4.75	6.50	24.00	135.
1942-D	1.35	1.60	2.35	2.85	3.40	5.25	8.00	12.50	42.50	*
1942-S	1.45	1.65	2.45	3.00	5.00	17.50	40.00	58.50	115.	*
1943	1.00	1.25	2.10	2.60	2.75	3.00	4.25	5.75	25.00	*
1943-D	1.00	1.25	2.10	2.50	3.10	6.00	11.50	15.75	26.00	*
1943-S	1.00	1.25	2.10	2.60	4.00	12.00	18.00	26.00	34.00	*
1943-S Doubled Die										
	40.00	50.00	75.00	125.	185.	225.	325.	675.	1800.	*
1944	1.00	1.25	2.10	2.25	2.65	3.00	3.50	4.75	13.00	*
1944-D	1.00	1.25	2.10	2.25	2.75	4.75	6.75	9.25	24.00	*
1944-S	1.00	1.25	2.10	2.25	2.75	4.50	7.25	9.50	27.50	*
1945	1.00	1.25	2.10	2.25	2.35	2.40	2.50	4.25	14.00	*
1945-D	1.40	1.60	2.45	2.75	3.20	4.25	5.75	8.50	25.50	*
1945-S	1.00	1.25	2.10	2.35	2.80	3.75	4.25	5.00	22.50	*
1946	1.00	1.25	2.10	2.25	2.55	2.75	3.75	5.50	12.50	*
1946-D	1.00	1.25	2.10	2.35	2.60	2.90	3.25	4.50	12.00	*
1946-S	1.35	1.55	2.45	2.50	2.75	2.85	3.00	4.50	16.00	*
1947	1.00	1.25	2.10	2.25	2.55	3.75	5.25	6.50	12.50	*
1947-D	1.00	1.25	2.10	2.35	2.80	3.00	3.75	6.00	14.50	*
1947-S	1.00	1.25	2.10	2.35	2.80	3.00	3.25	4.50	13.50	*
1948	1.00	1.25	2.10	2.25	2.55	3.00	3.25	4.00	11.00	*

— = Insufficient pricing data   *** = None Issued**   **FV = Face Value**

	G-4	VG-8	F-12	VF-20	EF-40	AU-50	MS-60	MS-63	MS-65	PF-65
1948-D	1.00	1.25	2.10	2.35	2.80	3.15	3.50	5.50	13.00	*
1948-S	1.00	1.25	2.10	2.35	2.80	3.15	4.50	6.00	17.50	*
1949	1.00	1.25	2.10	2.85	3.45	7.00	15.00	20.00	29.00	*
1949-D	1.00	1.25	2.10	2.35	2.80	4.00	5.75	8.75	22.50	*
1950	1.00	1.05	2.10	2.25	2.55	2.85	3.00	3.75	9.00	50.00
1950-D	1.00	1.05	2.10	2.25	2.55	2.90	3.25	4.00	10.50	*
1950-D/S	——	——	37.50	80.00	125.	155.	240.	365.	875.	*
1950-S	1.00	1.05	2.10	2.25	2.55	4.00	5.50	6.50	15.00	*
1950-S/D	——	——	50.00	87.50	145.	200.	260.	325.	650.	*
1951	1.00	1.05	2.10	2.25	2.55	2.75	3.00	4.00	9.50	40.00
1951-D	1.00	1.05	2.10	2.25	2.55	2.75	2.90	3.75	8.00	*
1951-S	1.00	1.05	2.10	2.25	2.55	6.50	8.50	17.00	25.00	*
1952	1.00	1.05	2.10	2.25	2.35	2.55	2.65	3.50	7.00	37.50
1952-D	1.00	1.05	2.10	2.25	2.50	2.65	2.75	3.50	8.00	*
1952-S	1.00	1.05	2.10	2.25	2.45	4.50	6.75	9.00	15.00	*
1953	1.20	1.25	2.35	2.45	2.50	2.55	2.65	3.50	8.00	24.00
1953-D	1.00	1.05	1.95	2.00	2.05	2.10	2.15	3.25	8.00	*
1953-S	1.00	1.05	2.20	2.35	2.40	2.50	2.75	4.25	10.00	*
1954	1.00	1.05	1.45	1.55	1.65	1.75	1.85	3.25	5.75	12.50
1954-D	1.00	1.05	1.33	1.35	1.40	1.45	1.50	2.75	5.50	*
1954-S	1.00	1.05	1.90	1.95	2.00	2.05	2.10	3.25	8.00	*
1955	1.00	1.05	1.75	1.85	1.90	1.95	2.00	3.25	7.50	12.50
1955-D	1.40	1.45	1.75	2.00	2.10	2.15	2.25	2.75	10.00	*
1956	1.00	1.05	1.55	1.60	1.70	1.75	1.80	2.50	6.00	6.00
1956-D	1.20	1.25	1.75	1.85	1.95	2.05	2.25	3.00	6.50	*
1957	1.00	1.05	1.55	1.60	1.70	1.75	1.80	2.50	5.00	4.00
1957-D	1.00	1.05	1.55	1.60	1.70	1.75	1.80	2.50	4.50	*
1958	1.00	1.05	1.60	1.70	1.75	1.80	1.85	2.50	4.75	6.50
1958-D	1.00	1.05	1.40	1.45	1.50	1.55	1.75	2.25	4.15	*
1959	1.00	1.05	1.50	1.60	1.65	1.70	1.65	2.25	5.00	5.00
1959-D	1.00	1.05	1.40	1.45	1.50	1.55	1.65	2.50	4.15	*
1960	1.00	1.05	1.35	1.40	1.45	1.50	1.70	2.25	4.75	2.00
1960-D	1.00	1.05	1.35	1.40	1.45	1.50	1.70	2.25	3.65	*
1961	1.00	1.05	1.40	1.45	1.50	1.55	1.70	3.00	5.50	2.00
1961-D	1.00	1.05	1.35	1.40	1.45	1.50	1.65	2.25	3.65	*
1962	1.00	1.05	1.35	1.40	1.45	1.50	1.65	2.25	3.65	2.00
1962-D	1.00	1.05	1.35	1.40	1.45	1.50	1.70	2.25	3.65	*
1963	1.00	1.00	1.30	1.35	1.40	1.45	1.55	2.00	3.50	2.00
1963-D	1.00	1.00	1.30	1.35	1.40	1.45	1.55	3.00	3.50	*
1964	1.00	1.00	1.30	1.35	1.40	1.45	1.55	2.00	3.50	2.00
1964-D	1.00	1.00	1.30	1.35	1.40	1.45	1.55	2.00	3.50	*
COPPER-NICKEL CLAD										
1965	FV	FV	FV	FV	FV	FV	0.50	0.70	1.50	*
1966	FV	FV	FV	FV	FV	FV	0.50	0.70	1.50	*
1967	FV	FV	FV	FV	FV	FV	0.50	0.95	1.75	*
1968	FV	FV	FV	FV	FV	FV	0.40	0.95	1.25	*
1968-D	FV	FV	FV	FV	FV	FV	0.42	0.95	1.30	*
1968-S	*	*	*	*	*	*	*	*	*	0.95
1969	FV	FV	FV	FV	FV	FV	0.40	0.95	1.25	*
1969-D	FV	FV	FV	FV	FV	FV	0.50	0.95	1.30	*
1969-S	*	*	*	*	*	*	*	*	*	0.95
1970	FV	FV	FV	FV	FV	FV	0.35	0.55	0.95	*
1970-D	FV	FV	FV	FV	FV	FV	0.35	0.55	0.95	*
1970-S	*	*	*	*	*	*	*	*	*	0.95
1971	FV	FV	FV	FV	FV	0.35	0.50	0.95	1.10	*
1971-D	FV	FV	FV	FV	FV	0.35	0.40	0.95	1.05	*

— = Insufficient pricing data   * = None Issued   FV = Face Value

	G-4	VG-8	F-12	VF-20	EF-40	AU-50	MS-60	MS-63	MS-65	PF-65
1971-S	*	*	*	*	*	*	*	*	*	0.95
1972	FV	FV	FV	FV	FV	FV	0.35	0.65	1.00	*
1972-D	FV	FV	FV	FV	FV	FV	0.35	0.65	1.00	*
1972-S	*	*	*	*	*	*	*	*	*	0.95
1973	FV	FV	FV	FV	FV	FV	0.30	0.65	1.00	*
1973-D	FV	FV	FV	FV	FV	FV	0.30	0.65	1.00	*
1973-S	*	*	*	*	*	*	*	*	*	0.95
1974	FV	FV	FV	FV	FV	FV	0.30	0.75	1.00	*
1974-D	FV	FV	FV	FV	FV	FV	0.30	0.75	1.00	*
1974-S	*	*	*	*	*	*	*	*	*	0.95
DUAL DATE, BICENTENNIAL REVERSE										
1776-1976	FV	FV	FV	FV	FV	FV	0.41	0.75	1.00	*
1776-1976-D	FV	FV	FV	FV	FV	FV	0.41	0.75	1.00	*
1776-1976-S	*	*	*	*	*	*	*	*	*	0.95
1776-1976-S 40% silver							1.50	2.50	3.50	2.00
EAGLE REVERSE RESUMED										
1977	FV	FV	FV	FV	FV	FV	0.30	0.55	1.00	*
1977-D	FV	FV	FV	FV	FV	FV	0.30	0.55	1.00	*
1977-S	*	*	*	*	*	*	*	*	*	0.95
1978	FV	FV	FV	FV	FV	FV	——	0.55	——	*
1978-D	FV	FV	FV	FV	FV	FV	——	0.55	——	*
1978-S	*	*	*	*	*	*	*	*	*	0.95
1979	FV	FV	FV	FV	FV	FV	0.40	0.65	——	*
1979-D	FV	FV	FV	FV	FV	FV	0.40	0.65	——	*
1979-S Filled S	*	*	*	*	*	*	*	*	*	0.95
1979-S Clear S	*	*	*	*	*	*	*	*	*	1.25
1980-P	FV	FV	FV	FV	FV	FV	——	0.55	——	*
1980-D	FV	FV	FV	FV	FV	FV	——	0.55	——	*
1980-S	*	*	*	*	*	*	*	*	*	1.25
1981-P	FV	FV	FV	FV	FV	FV	——	0.55	——	*
1981-D	FV	FV	FV	FV	FV	FV	——	0.55	——	*
1981-S	*	*	*	*	*	*	*	*	*	0.75
1982-P	FV	FV	FV	FV	FV	1.50	2.25	4.50	——	*
1982-D	FV	FV	FV	FV	FV	FV	——	1.50	——	*
1982-S	*	*	*	*	*	*	*	*	*	1.75
1983-P	FV	FV	FV	FV	1.50	2.50	3.25	7.75	——	*
1983-D	FV	FV	FV	FV	1.10	1.35	2.50	——	*
1983-S	*	*	*	*	*	*	*	*	*	2.25
1984-P	FV	FV	FV	FV	FV	FV	——	1.25	——	*
1984-D	FV	FV	FV	FV	FV	1.10	1.25	2.00	——	*
1984-S	*	*	*	*	*	*	*	*	*	1.75
1985-P	FV	FV	FV	FV	FV	1.10	1.25	2.25	——	*
1985-D	FV	FV	FV	FV	1.25	1.75	2.25	4.00	——	*
1985-S	*	*	*	*	*	*	*	*	*	1.50
1986-P	FV	FV	FV	FV	1.25	1.75	2.50	5.00	——	*
1986-D	FV	FV	FV	FV	1.00	1.50	2.00	4.00	——	*
1986-S	*	*	*	*	*	*	*	*	*	3.00

	MS-63	MS-65	PF-64	PF-65
1987-P	0.55	——		*
1987-D	0.55	——		*
1987-S	*	*	0.95	1.50
1988-P	1.65	——		*
1988-D	0.60	——		*
1988-S	*	*	0.95	1.50

— = Insufficient pricing data   * = None Issued   FV = Face Value

	MS-63	MS-65	PF-64	PF-65
1989-P	0.85	——		*
1989-D	0.85	——		*
1989-S	*	*	0.95	1.25
1990-P	0.55	——		*
1990-D	0.55	——		*
1990-S	*	*	2.10	3.25
1991-P	0.55	——		*
1991-D	0.55	——		*
1991-S	*	*	3.00	4.25
1992-P	0.55	——		*
1992-D	0.55	——		*
1992-S Clad	*	*	2.70	3.75
1992-S Silver	*	*	3.00	4.00
1993-P	0.55	——		*
1993-D	0.55	——		*
1993-S Clad	*	*	3.00	4.75
1993-S Silver	*	*	3.50	5.00
1994-P	0.55	——		*
1994-D	0.55	——		*
1994-S Clad	*	*	2.25	4.00
1994-S Silver	*	*	3.75	5.25
1995-P	0.55	——		*
1995-D	0.55	——		*
1995-S Clad	*	*	1.85	3.25
1995-S Silver	*	*	2.25	3.75
1996-P	0.55	——		*
1996-D	0.55	——		*
1996-S Clad	*	*	1.50	2.50
1996-S Silver	*	*	2.25	3.50

Early half dollars Trend graph

----- EF.40 ——— MS.60 - - - SERIES

Flowing Hair half dollar

Date of authorization:	April 2, 1792
Dates of issue:	1794-1795
Designer:	Robert Scot
Engravers:	Robert Scot, John S. Gardner
Diameter (Millimeters/inches):	32.50mm/1.28 inches
Weight (Grams/ounces):	13.478 grams/0.43333 ounce
Metallic content:	90% silver, 10% copper
Weight of pure silver:	12.1302 grams/0.39 ounce
Edge:	Lettered (FIFTY CENTS OR HALF A DOLLAR)
Mint mark:	None

	AG-3	G-4	VG-8	F-12	VF-20	EF-40	EF-45	AU-50	MS-60
1794	485.	1000.	1800.	2550.	4300.	11000.	14500.	23500.	—
1795 2 Leaves	225.	350.	485.	825.	1350.	3750.	5600.	7750.	20500.
1795 3 Leaves	475.	975.	1750.	2950.	6000.	12000.	15000.	26500.	—

— = Insufficient pricing data   * = None Issued   FV = Face Value

Draped Bust half dollar

Date of authorization:	April 2, 1792
Dates of issue:	1796-1797, 1801-1807
Designers:	Obverse: Gilbert Stuart-Robert Scot
	Reverse:
	(1796-1797): Scot-John Eckstein
	(1801-1807): Robert Scot
Engraver:	Robert Scot
Diameter (Millimeters/inches):	32.50mm/1.28 inch
Weight (Grams/ounces):	13.478 grams/0.43333 ounce
Metallic content:	89.25% silver, 10.75% copper
Weight of pure silver:	12.0291 grams/0.38674 ounce
Edge:	Lettered (FIFTY CENTS OR HALF A DOLLAR)
Mint mark:	None

	AG-3	G-4	VG-8	F-12	VF-20	EF-40	EF-45	AU-50	MS-60
SMALL EAGLE									
1796 15 Stars	7750.	9000.	11500.	16500.	20500.	30500.	38500.	56500.	—
1796 16 Stars	8000.	10250.	12750.	18000.	23500.	39000.			
1797 15 Stars	7500.	9500.	12000.	17000.	23000.	34000.	40000.	55000.	115000.
HERALDIC EAGLE									
1801	92.50	190.	300.	550.	775.	3450.	5100.	9000.	—
1802	85.00	180.	250.	450.	750.	3400.	5000.	8800.	22500.
1803 Small 3	72.50	150.	210.	315.	500.	1175.	1700.	3250.	7250.

— = Insufficient pricing data   * = None issued   FV = Face Value

DRAPED BUST HALF DOLLAR (CONTINUED)

	AG-3	G-4	VG-8	F-12	VF-20	EF-40	EF-45	AU-50	MS-60
1803 Large 3	60.00	135.	165.	225.	345.	800.	1200.	2550.	5400.
1805/4	105.	205.	300.	465.	625.	2750.	3750.	7000.	27500.
1805	57.50	135.	160.	235.	345.	825.	1250.	2600.	5650.
1806/5	67.50	135.	160.	205.	340.	700.	1050.	2050.	5050.
1806/Inverted 6	90.00	190.	285.	450.	1000.	1900.	2400.	3850.	8500.
1806 Knobbed 6, No Stem, VF-35 $57,500.									
1806 Knobbed 6, Stems									
	60.00	135.	165.	200.	345.	685.	850.	1650.	4250.
1806 Pointed 6, Stems									
	57.50	125.	155.	190.	340.	675.	775.	1600.	4000.
1806 Pointed 6, No Stem									
	57.50	125.	155.	190.	340.	675.	775.	1600.	4000.
1807	57.50	125.	155.	190.	340.	675.	775.	1600.	4000.

Capped Bust half dollar Trend graph

Capped Bust half dollar

— = Insufficient pricing data   * = None Issued   FV = Face Value

112 —Values of U.S. coins

CAPPED BUST HALF DOLLAR (CONTINUED)

Date of authorization: April 2, 1792
Dates of issue: 1807-1839
Designers: Obverse: John Reich
Reverse:
(1807-1836): John Reich
(1836-1839): Reich-Christian Gobrecht
Engraver: John Reich
Diameter (Millimeters/inches): (1807-1836): 32.50mm/1.28 inches
(1836-1839): 30.61mm/1.21 inches
Weight (Grams/ounces): (1807-1836): 13.478 grams/0.43333 ounce
(1836-1839): 13.365 grams/0.42969 ounce
Metallic content: (1807-1836): 89.25% silver, 10.75% copper
(1836-1839): 90% silver, 10% copper
Weight of pure silver: (1807-1836): 12.0291 grams/0.38674 ounce
(1836-1839): 12.0285 grams/0.38673 ounce
Edge: (1807-1836): Lettered (FIFTY CENTS OR HALF A
DOLLAR)
(1836-1839): Reeded
Mint mark: 1838-1839 only, obverse above date

	G-4	VG-8	F-12	VF-20	EF-40	AU-50	MS-60	MS-63
1807 Small Stars	62.00	95.00	190.	345.	800.	2450.	4400.	10500.
1807 Large Stars	45.00	67.00	180.	290.	825.	2600.	5000.	12500.
1807 50/20C	41.00	85.00	155.	250.	475.	1450.	3700.	8750.
1807 Bearded Goddess	300.	450.	725.	975.	2500.	7250.	—	—
1808/7	37.00	50.00	80.00	150.	415.	750.	2250.	5750.
1808	35.00	42.00	60.00	95.00	230.	450.	1550.	3800.
1809 Plain Edge	34.00	42.00	58.00	95.00	220.	585.	1650.	3750.
1809 XXXX Edge	36.00	44.00	60.00	100.	230.	650.	1800.	—
1809 IIII Edge	38.00	50.00	65.00	105.	245.	675.	2000.	5250.
1810	29.00	38.00	50.00	75.00	165.	410.	1300.	3000.
1811 Small 8	29.00	38.00	55.00	80.00	160.	385.	775.	1850.
1811 Large 8	29.00	38.00	55.00	80.00	170.	485.	1000.	2450.
1811/0	31.00	41.00	77.00	145.	290.	565.	1250.	7000.
1812/1 Small 8	34.00	60.00	80.00	165.	365.	700.	1650.	4850.
1812/1 Large 8	1550.	2500.	3750.	6750.	11000.	—	—	—
1812	29.00	37.00	50.00	65.00	140.	375.	685.	1800.
1813	29.00	37.00	50.00	73.00	160.	390.	925.	2600.
1813 50C/UNI	31.00	41.00	70.00	135.	270.	550.	1900.	6250.
1814	29.00	38.00	50.00	76.00	185.	385.	1150.	3250.
1814 Single Leaf	35.00	55.00	80.00	120.	240.	750.	2000.	—
1814/3	47.00	57.00	85.00	150.	340.	675.	2050.	5300.
1815/2	610.	800.	1275.	1700.	2700.	3750.	9750.	24500.
1817/3	80.00	105.	170.	335.	625.	1700.	4250.	15000.
1817/4	—	—	45000.	80000.	—	—	—	—
1817	27.00	37.00	44.00	63.00	170.	340.	815.	2850.
1817 Single Leaf	35.00	55.00	80.00	120.	240.	750.	2150.	—
1818/7	28.00	38.00	45.00	75.00	180.	550.	950.	4900.
1818	27.00	35.00	38.00	55.00	130.	280.	675.	2400.
1819/8 Small 9	27.00	39.00	50.00	72.00	150.	410.	900.	2050.
1819/8 Large 9	27.00	39.00	50.00	72.00	150.	410.	900.	2500.
1819	26.00	34.00	37.00	52.00	135.	335.	800.	2750.
1820/19 Curl 2	32.00	41.00	65.00	140.	285.	650.	1400.	4000.
1820/19 Square 2	34.00	43.00	70.00	150.	300.	700.	1600.	4350.

— = Insufficient pricing data   *** = None issued**   **FV = Face Value**

CAPPED BUST HALF DOLLAR (CONTINUED)

	G-4	VG-8	F-12	VF-20	EF-40	AU-50	MS-60	MS-63
1820 Large Date	32.00	42.00	60.00	115.	250.	550.	1100.	3250.
1820 Small Date	35.00	45.00	65.00	125.	275.	585.	1250.	4100.
1821	28.00	36.00	45.00	62.00	160.	450.	890.	2350.
1822	27.00	34.00	40.00	60.00	135.	265.	675.	2000.
1822/1	45.00	55.00	70.00	135.	275.	635.	1275.	2750.
1823	27.00	33.00	36.00	58.00	125.	255.	625.	2100.
1823 Broken 3	37.00	52.00	72.00	125.	395.	775.	1650.	3500.
1823 Patched 3	30.00	40.00	60.00	80.00	150.	500.	1400.	3000.
1823 Ugly 3	32.50	45.00	65.00	90.00	165.	575.	1450.	3100.
1824/1	27.00	36.00	44.00	95.00	210.	375.	875.	2500.
1824/2/0	26.00	35.00	38.00	52.50	150.	550.	1600.	4000.
1824/4	28.00	36.00	40.00	52.00	160.	325.	800.	1950.
1824	25.00	31.00	35.00	46.00	105.	235.	575.	1400.
1825	25.00	29.00	34.00	45.00	100.	205.	540.	1375.
1826	25.00	29.00	34.00	44.00	90.00	190.	520.	1275.
1827/6	25.00	29.00	37.00	85.00	185.	375.	850.	2400.
1827 Square 2	25.00	29.00	35.00	48.00	87.00	205.	625.	1750.
1827 Curl 2	27.00	34.00	43.00	70.00	110.	225.	550.	1375.
1828	25.00	29.00	34.00	44.00	75.00	185.	525.	1250.
1828 Small Letters	37.50	50.00	75.00	100.	175.	600.	1300.	2600.
1828 Large 8s	27.00	31.00	35.00	48.00	85.00	250.	550.	1275.
1828 Small 8s	25.00	29.00	34.00	43.00	77.00	235.	545.	1250.
1829/7	26.00	35.00	48.00	60.00	115.	350.	1025.	2750.
1829	25.00	29.00	34.00	43.00	75.00	185.	525.	1275.
1830 Large O	25.00	29.00	34.00	43.00	75.00	185.	515.	1250.
1830 Small O	25.00	29.00	34.00	43.00	75.00	180.	510.	1225.
1830 Large Letters	1350.	1800.	2000.	2500.	3750.	7000.	12000.	—
1831	25.00	29.00	34.00	43.00	75.00	180.	500.	1200.
1832 Normal	25.00	29.00	34.00	43.00	75.00	180.	500.	1200.
1832 Large Letters	27.00	33.00	41.00	85.00	130.	225.	565.	1800.
1833	25.00	29.00	34.00	43.00	75.00	180.	510.	1300.
1834	25.00	29.00	34.00	43.00	75.00	180.	510.	1225.
1835	25.00	29.00	34.00	43.00	75.00	180.	500.	1250.
1836	25.00	29.00	34.00	43.00	75.00	180.	500.	1200.
1836/1336	25.00	29.00	34.00	43.00	75.00	210.	550.	1275.
1836 50/00	32.00	55.00	75.00	165.	285.	685.	1600.	3950.

Seated Liberty half dollar Trend graph

P E R C E N T

160
150
140
130
120
110
100
90

Dec 83 · Jun 84 · Dec 84 · Jun 85 · Dec 85 · Jun 86 · Dec 86 · Jun 87 · Dec 87 · Jun 88 · Dec 88 · Jun 89 · Dec 89 · Jun 90 · Dec 90 · Jun 91 · Dec 91 · Jun 92 · Dec 92 · Jun 93 · Dec 93 · Jun 94 · Dec 94 · Jun 95 · Dec 95 · Jun 96

---- EF.40   —— MS.60 - - SERIES

— = Insufficient pricing data   * = None Issued   FV = Face Value

Seated Liberty half dollar

Date of authorization: April 2, 1792
Dates of issue: 1839-1891
Designers: Obverse: Christian Gobrecht
Reverse: John Reich-Gobrecht
Engraver: Christian Gobrecht
Diameter (Millimeters/inches): 30.61mm/1.21 inches
Weight (Grams/ounces): (1839-1853): 13.365 grams/0.42969 ounce
(1853-1873): 12.441 grams/0.39999 ounce
(1873-1891): 12.500 grams/0.40188 ounce
Metallic content: 90% silver, 10% copper
Weight of pure silver: (1839-1853): 12.0285 grams/0.38673 ounce
(1853-1873): 11.1969 grams/0.35999 ounce
(1873-1891): 11.250 grams/0.3617 ounce
Edge: Reeded
Mint mark: Reverse below eagle

	G-4	VG-8	F-12	VF-20	EF-40	AU-50	MS-60	MS-63
1839	40.00	50.00	115.	235.	650.	1400.	4000.	7850.
DRAPERY AT ELBOW								
1839	21.00	29.50	47.50	85.00	135.	275.	550.	2250.
1840 Small Letters	24.00	35.00	52.50	80.00	110.	250.	575.	1500.
1840 Medium Letters	105.	165.	225.	295.	485.	1100.	2750.	4500.
1840-O	21.00	30.00	50.00	70.00	105.	250.	600.	2250.
1841	30.00	43.00	85.00	150.	250.	425.	1200.	2750.
1841-O	16.50	26.00	48.00	88.00	130.	255.	800.	2400.
1842 Small Date	25.00	39.00	55.00	70.00	175.	425.	875.	2350.
1842 Medium Date	18.00	30.50	49.00	62.00	90.00	185.	475.	1450.
1842-O Medium Date	16.50	27.00	39.00	57.00	120.	300.	700.	4500.
1842-O Small Date	575.	800.	1350.	2000.	3750.	9000.	—	—
1843	16.50	25.00	43.00	53.00	72.00	180.	395.	1150.
1843-O	16.75	28.50	47.00	60.00	90.00	195.	725.	1950.
1844	16.50	25.00	38.00	47.00	70.00	175.	390.	1125.
1844-O	16.50	25.00	35.00	48.00	82.00	225.	735.	2100.
1844-O Doubled Date	300.	650.	1150.	1550.	2550.	5500.	11000.	—
1845	23.00	31.00	55.00	87.50	180.	340.	900.	3750.
1845-O	16.50	25.00	40.00	58.00	125.	245.	775.	2050.
1845-O No Drapery	24.00	35.00	75.00	105.	185.	350.	975.	3500.

— = Insufficient pricing data   *** = None Issued**   **FV = Face Value**

	G-4	VG-8	F-12	VF-20	EF-40	AU-50	MS-60	MS-63
1846 Medium Date	17.00	26.00	38.00	52.00	88.00	200.	400.	1450.
1846 Tall Date	19.00	30.00	43.00	60.00	120.	240.	535.	1700.
1846/Horizontal 6	115.	225.	275.	350.	500.	1300.	3600.	
1846-O Medium Date	18.50	23.50	35.00	53.00	95.00	250.	775.	1800.
1846-O Tall Date	135.	290.	360.	475.	1000.	1900.	3950.	10000.
1847	16.50	22.50	33.00	43.00	80.00	155.	400.	1150.
1847-O	18.00	24.50	37.50	55.00	125.	290.	800.	2100.
1847/6	——	2450.	3500.	4500.	6750.	——	——	24000.
1848	34.00	55.00	75.00	125.	215.	475.	815.	1875.
1848-O	16.50	29.00	36.00	45.00	130.	325.	810.	1850.
1849	28.00	35.00	48.00	68.00	140.	335.	805.	1700.
1849 Doubled Date, bold	1400.	1800.	2750.	3750.	5150.	8500.	——	
1849-O	19.00	28.00	43.00	59.00	115.	245.	650.	1750.
1850	180.	255.	335.	415.	550.	800.	1425.	4650.
1850-O	18.50	27.00	42.00	57.00	115.	235.	550.	1600.
1851	225.	325.	415.	500.	600.	750.	1150.	2350.
1851-O	18.00	30.00	53.00	85.00	185.	385.	675.	1650.
1852	285.	420.	500.	625.	835.	1000.	1250.	2250.
1852-O	45.00	90.00	175.	350.	515.	1150.	3750.	9000.
1853-O (Beware Alterations)								
ARROWS AND RAYS								
1853	15.00	27.00	40.00	80.00	225.	400.	1300.	2900.
1853-O	18.00	29.00	55.00	150.	250.	850.	2750.	5000.
RAYS REMOVED								
1854	15.00	24.50	34.00	42.00	100.	220.	585.	1600.
1854-O	15.00	24.00	33.00	41.00	95.00	210.	500.	1550.
1855/1854	40.00	67.50	100.	150.	375.	750.	1750.	——
1855	16.50	28.00	41.00	60.00	110.	235.	850.	2750.
1855-O	16.00	25.00	35.00	45.00	100.	225.	790.	1700.
1855-S	325.	485.	850.	1250.	2850.	6750.	14500.	——
ARROWS REMOVED								
1856	14.50	22.50	35.00	45.00	71.00	145.	360.	790.
1856-O	14.50	23.50	34.00	40.00	75.00	165.	405.	850.
1856-S	42.50	55.00	100.	215.	425.	1300.	3500.	——
1857	14.50	22.50	33.00	40.00	71.00	145.	365.	875.
1857-O	16.50	26.50	43.00	58.00	125.	275.	800.	2350.
1857-S	60.00	80.00	140.	235.	505.	800.	3350.	6250.
1858	14.50	22.50	32.00	40.00	71.00	145.	360.	825.
1858-O	14.50	24.00	35.00	45.00	72.50	195.	390.	1100.
1858-S	17.00	28.00	55.00	90.00	140.	300.	950.	3250.
1859	23.00	30.50	49.00	67.50	100.	210.	385.	1125.
1859-O	14.50	23.50	38.00	45.00	75.00	190.	375.	800.
1859-S	18.00	28.00	50.00	65.00	165.	290.	925.	3250.
1860	17.00	27.00	45.00	60.00	110.	235.	600.	1400.
1860-O	15.50	27.00	43.00	56.00	72.00	180.	365.	775.
1860-S	17.00	26.00	44.00	58.00	110.	240.	625.	2450.
1861	14.50	22.50	31.00	38.00	71.00	145.	360.	750.
1861-O	15.50	26.00	42.00	55.00	78.00	215.	385.	1200.
1861-O struck by CSA, obverse die crack								
	50.00	75.00	125.	175.	250.	385.	925.	3450.
1861-S	15.25	25.00	38.00	58.00	130.	265.	900.	3550.
1862	26.00	40.00	58.00	90.00	185.	310.	575.	1350.
1862-S	15.00	22.50	37.50	49.00	83.00	250.	475.	2550.
1863	18.00	30.00	47.00	63.00	135.	275.	460.	1225.
1863-S	15.50	28.00	43.00	50.00	82.00	245.	510.	2150.

— = Insufficient pricing data   * = None Issued   FV = Face Value

SEATED LIBERTY HALF DOLLAR (CONTINUED)

	G-4	VG-8	F-12	VF-20	EF-40	AU-50	MS-60	MS-63
1864	21.00	32.00	51.00	75.00	150.	280.	500.	1300.
1864-S	16.50	28.00	42.00	53.00	85.00	255.	650.	2500.
1865	22.00	33.00	48.00	70.00	140.	285.	515.	1600.
1865 Doubled Date	40.00	60.00	90.00	165.	235.	375.	——	——
1865-S	15.50	27.00	42.00	58.00	105.	365.	835.	3050.
1866-S	70.00	115.	215.	425.	825.	1850.	4650.	9250.
1866 Unique Trial Piece								

MOTTO ABOVE EAGLE

	G-4	VG-8	F-12	VF-20	EF-40	AU-50	MS-60	MS-63
1866	16.50	29.00	43.00	65.00	95.00	175.	370.	950.
1866-S	14.50	23.50	40.00	63.00	100.	265.	490.	2450.
1867	24.00	40.00	57.00	95.00	145.	255.	435.	1050.
1867-S	14.50	23.50	37.00	48.00	80.00	170.	500.	2500.
1868	40.00	55.00	80.00	145.	265.	375.	525.	1000.
1868-S	16.00	28.00	40.00	52.00	110.	235.	700.	2750.
1869	22.00	31.00	38.00	51.00	90.00	175.	340.	875.
1869-S	15.00	26.00	42.00	54.00	115.	400.	975.	3050.
1870	21.00	29.00	40.00	57.50	105.	190.	320.	900.
1870-CC	450.	725.	1500.	2650.	4350.	9000.	——	47500.
1870-S	15.50	30.00	43.00	63.00	120.	265.	650.	2900.
1871	17.00	26.00	38.00	57.50	72.50	165.	315.	725.
1871-CC	105.	175.	300.	500.	975.	1900.	5000.	42500.
1871-S	14.00	22.50	35.00	45.00	85.00	235.	575.	2000.
1872	15.50	25.00	37.00	48.00	70.00	180.	310.	635.
1872-CC	50.00	90.00	195.	285.	625.	1450.	3250.	10000.
1872-S	24.00	35.00	60.00	90.00	190.	375.	1275.	3150.
1873 Closed 3	26.00	42.50	66.00	87.50	140.	300.	410.	775.
1873 Open 3	2000.	2650.	4200.	5900.	7750.	11500.	25000.	57500.
1873-CC	130.	190.	290.	575.	1100.	2850.	6000.	19000.

ARROWS AT DATE

	G-4	VG-8	F-12	VF-20	EF-40	AU-50	MS-60	MS-63
1873	16.50	27.00	40.00	73.00	190.	350.	900.	2250.
1873-CC	110.	160.	285.	500.	1350.	2750.	5850.	13000.
1873-S	40.00	65.00	115.	200.	400.	850.	2250.	6250.
1874	16.50	26.50	40.00	70.00	180.	350.	900.	2000.
1874-CC	240.	365.	565.	1000.	1700.	3500.	7000.	19500.
1874-S	32.00	40.00	73.00	145.	290.	650.	1700.	3400.

ARROWS REMOVED

	G-4	VG-8	F-12	VF-20	EF-40	AU-50	MS-60	MS-63
1875	13.50	22.50	32.00	40.00	68.00	160.	310.	540.
1875-CC	19.00	38.00	60.00	80.00	170.	300.	600.	1100.
1875-S	15.00	24.50	47.00	60.00	90.00	165.	320.	635.
1876	13.50	22.50	30.00	38.00	65.00	160.	310.	550.
1876-CC	17.00	30.00	60.00	75.00	135.	285.	650.	1300.
1876-S	13.50	22.50	30.00	38.00	65.00	190.	385.	925.
1877	13.50	22.50	30.00	38.00	65.00	160.	310.	555.
1877-CC	18.00	30.50	52.00	65.00	130.	260.	600.	1175.
1877-S	14.00	22.50	31.00	40.00	65.00	170.	325.	565.
1878	17.00	36.00	50.00	60.00	95.00	235.	435.	825.
1878-CC	265.	385.	550.	1050.	2000.	2950.	5750.	17500.
1878-S	6000.	7750.	10500.	13500.	18500.	23000.	30500.	62500.
1879	210.	225.	260.	290.	380.	465.	535.	825.
1880	195.	215.	250.	285.	360.	460.	550.	850.
1881	195.	215.	245.	280.	355.	455.	555.	875.
1882	215.	245.	285.	330.	405.	490.	565.	900.
1883	200.	220.	250.	310.	395.	475.	565.	925.
1884	255.	265.	290.	330.	425.	515.	570.	950.
1885	245.	255.	280.	325.	420.	505.	750.	1000.
1886	285.	350.	415.	440.	475.	575.	765.	950.

— = Insufficient pricing data   * = None Issued   FV = Face Value

	G-4	VG-8	F-12	VF-20	EF-40	AU-50	MS-60	MS-63
1887	360.	410.	475.	525.	600.	700.	850.	1050.
1888	195.	220.	245.	270.	390.	455.	540.	900.
1889	195.	220.	245.	280.	400.	460.	545.	850.
1890	200.	225.	250.	300.	410.	470.	560.	900.
1891	38.00	52.50	82.50	100.	140.	250.	385.	775.

Barber half dollar Trend graph

----- AU.50 —— MS.60 - - - SERIES

Barber half dollar

Date of authorization:	April 2, 1792
Dates of issue:	1892-1915
Designer/Engraver:	Charles Barber
Diameter (Millimeters/inches):	30.61mm/1.21 inches
Weight (Grams/ounces):	12.500 grams/0.40188 ounce
Metallic content:	90% silver, 10% copper
Weight of pure silver:	11.250 grams/0.3617 ounce
Edge:	Reeded
Mint mark:	Reverse below eagle

— = Insufficient pricing data   * = None Issued   FV = Face Value

BARBER HALF DOLLAR (CONTINUED)

	G-4	VG-8	F-12	VF-20	EF-40	AU-50	AU-55	MS-60	MS-62	MS-63
1892	17.50	24.00	37.00	70.00	145.	255.	290.	440.	530.	775.
1892-O	80.00	130.	195.	260.	385.	435.	535.	775.	1150.	1550.
1892-O Micro O										
	1500.	2000.	2500.	2750.	3500.	4500.	5600.	7500.	11000.	17500.
1892-S	100.	135.	185.	245.	350.	530.	625.	800.	1050.	1700.
1893	12.00	17.50	37.50	67.50	145.	305.	365.	505.	650.	875.
1893-O	16.00	24.50	46.00	120.	250.	340.	410.	565.	750.	1325.
1893-S	60.00	75.00	145.	250.	345.	585.	690.	1025.	1225.	2550.
1894	10.00	27.50	52.50	82.50	165.	335.	375.	465.	600.	835.
1894-O	12.00	18.00	50.00	110.	215.	385.	450.	525.	690.	1000.
1894-S	11.50	16.00	43.00	90.00	200.	325.	400.	535.	850.	1850.
1895	8.00	12.50	42.00	70.00	175.	275.	335.	435.	560.	825.
1895-O	11.00	20.00	43.00	82.50	235.	375.	435.	700.	1200.	2250.
1895-S	16.00	25.00	65.00	125.	265.	385.	410.	535.	725.	1200.
1896	15.00	22.00	47.50	85.00	195.	290.	335.	440.	700.	950.
1896-O	18.50	26.00	70.00	145.	325.	635.	750.	1200.	2000.	3850.
1896-S	60.00	75.00	115.	175.	375.	665.	800.	1075.	1600.	3200.
1897	6.25	8.75	25.50	67.50	125.	260.	300.	415.	545.	635.
1897-O	42.50	60.00	285.	475.	775.	1075.	1200.	1450.	2100.	2950.
1897-S	75.00	120.	250.	385.	600.	900.	1100.	1350.	1850.	3000.
1898	5.50	7.50	25.00	65.00	120.	255.	300.	410.	485.	620.
1898-O	12.50	22.50	85.00	175.	400.	525.	575.	875.	1500.	2950.
1898-S	7.75	14.50	36.00	82.50	160.	335.	375.	665.	1300.	2700.
1899	5.50	7.50	25.50	67.50	120.	255.	295.	400.	510.	575.
1899-O	8.00	12.50	39.00	85.00	170.	290.	365.	475.	790.	1050.
1899-S	7.55	13.25	40.00	80.00	185.	335.	360.	450.	725.	1000.
1900	5.50	7.75	24.00	65.00	115.	235.	275.	400.	485.	550.
1900-O	7.50	12.00	36.00	86.50	235.	375.	425.	700.	1550.	3500.
1900-S	7.50	11.75	35.00	80.00	170.	285.	335.	550.	1250.	2500.
1901	5.50	7.50	24.00	65.00	115.	235.	275.	380.	460.	565.
1901-O	7.60	12.50	42.50	92.50	290.	500.	600.	1300.	2050.	4000.
1901-S	12.00	21.00	85.00	210.	500.	900.	1050.	1550.	2250.	4250.
1902	5.50	7.50	24.00	65.00	115.	235.	275.	380.	460.	550.
1902-O	7.00	10.50	35.00	70.00	165.	345.	380.	675.	1850.	3000.
1902-S	7.00	10.75	38.50	80.00	225.	415.	440.	625.	975.	1900.
1903	6.00	8.50	27.00	67.50	125.	260.	300.	410.	625.	1150.
1903-O	6.50	11.25	36.00	75.00	165.	275.	345.	575.	725.	1325.
1903-S	6.55	12.00	35.00	75.00	200.	330.	415.	600.	750.	1450.
1904	5.50	7.50	26.00	65.00	115.	235.	285.	410.	485.	650.
1904-O	9.00	15.50	46.00	110.	250.	415.	575.	950.	1300.	2600.
1904-S	14.00	23.00	100.	300.	535.	950.	1150.	1750.	2100.	3500.
1905	9.50	12.75	42.50	82.50	195.	310.	385.	550.	650.	1150.
1905-O	9.50	16.00	52.50	120.	240.	390.	525.	700.	1050.	1850.
1905-S	6.00	8.50	32.00	70.00	155.	320.	395.	575.	900.	1800.
1906	5.50	7.50	24.00	65.00	115.	235.	275.	410.	485.	550.
1906-D	5.75	8.00	26.00	67.50	135.	240.	290.	440.	500.	560.
1906-O	6.00	8.15	32.00	70.00	150.	265.	305.	560.	725.	1300.
1906-S	6.00	10.00	42.50	72.50	165.	340.	365.	515.	645.	950.
1907	5.50	7.50	24.00	65.00	115.	235.	275.	415.	485.	550.
1907-D	5.75	8.25	25.00	68.50	145.	255.	300.	445.	550.	775.
1907-O	5.50	8.00	27.00	65.00	150.	270.	310.	465.	625.	850.
1907-S	5.75	10.25	67.50	115.	350.	500.	575.	800.	1350.	2400.
1907-S/S	6.75	13.00	87.50	140.	425.	600.	675.	975.	1450.	2850.
1908	5.50	7.50	29.00	65.00	145.	270.	325.	475.	545.	585.
1908-D	5.50	8.50	28.50	67.50	125.	270.	310.	440.	550.	610.
1908-O	5.50	8.50	27.50	65.00	130.	280.	320.	450.	520.	675.

— = Insufficient pricing data   * = None Issued   FV = Face Value

	G-4	VG-8	F-12	VF-20	EF-40	AU-50	AU-55	MS-60	MS-62	MS-63
1908-S	6.00	13.25	36.50	75.00	170.	325.	360.	600.	1150.	2100.
1909	5.50	7.50	24.50	65.00	115.	235.	275.	400.	470.	550.
1909-O	8.00	13.50	39.00	85.00	230.	450.	525.	650.	950.	1400.
1909-S	5.50	8.00	26.00	75.00	165.	320.	345.	480.	585.	1300.
1910	8.50	18.00	55.00	100.	215.	375.	400.	585.	685.	1150.
1910-S	6.00	8.50	25.50	65.00	155.	360.	385.	525.	925.	1950.
1911	5.50	8.00	24.00	65.00	125.	260.	300.	425.	495.	575.
1911-D	6.00	9.50	33.00	75.00	165.	285.	325.	465.	570.	700.
1911-S	6.00	8.50	31.00	72.50	140.	325.	350.	490.	625.	1125.
1912	5.50	7.50	24.00	65.00	125.	240.	280.	400.	470.	525.
1912-D	5.50	7.75	25.50	70.00	120.	260.	290.	420.	500.	640.
1912-S	5.50	8.50	26.00	72.50	165.	270.	310.	500.	585.	900.
1913	18.00	27.00	77.50	165.	315.	575.	650.	950.	1250.	1500.
1913-D	6.00	8.50	33.50	67.50	155.	255.	295.	465.	520.	650.
1913-S	6.00	11.25	35.00	80.00	180.	335.	365.	625.	775.	1000.
1914	27.50	47.50	155.	275.	495.	750.	800.	1150.	1300.	1950.
1914-S	6.00	8.00	30.00	65.00	150.	295.	335.	575.	675.	1300.
1915	19.00	28.00	75.00	185.	350.	585.	650.	900.	1250.	2100.
1915-D	5.50	7.50	24.00	65.00	115.	225.	260.	390.	460.	560.
1915-S	5.50	7.75	26.00	67.50	130.	235.	275.	480.	535.	675.

Walking Liberty half Trend graph

------ EF.40   —— MS.65   - - SERIES

— = Insufficient pricing data   * = None Issued   FV = Face Value

Walking Liberty half dollar

Date of authorization:	April 2, 1792
Dates of issue:	1916-1947
Designer:	Adolph Weinman
Engraver:	Charles Barber
Diameter (Millimeters/inches):	30.61mm/1.21 inches
Weight (Grams/ounces):	12.500 grams/0.40188 ounce
Metallic content:	90% silver, 10% copper
Weight of pure silver:	11.250 grams/0.3167 ounce
Edge:	Reeded
Mint mark:	(1916): Obverse below IN GOD WE TRUST
	(1917): Obverse below IN GOD WE TRUST or reverse lower left
	(1918-1947): Reverse lower left

	VG-8	F-12	VF-20	EF-40	AU-50	MS-60	MS-62	MS-63	MS-64	MS-65
1916	25.00	47.00	95.00	130.	170.	245.	290.	425.	650.	1650.
1916-D	16.50	31.00	67.50	115.	145.	260.	315.	475.	700.	1950.
1916-S	65.00	120.	250.	425.	575.	750.	1200.	1450.	2150.	4850.
1917	6.00	8.75	17.50	28.00	55.00	90.00	115.	200.	325.	750.
1917-D Obverse Mint Mark
	16.50	32.00	82.50	120.	225.	475.	600.	1025.	1650.	5900.
1917-D Reverse Mint Mark
13.75	23.00	47.50	125.	290.	675.	1100.	2000.	4250.	19500.
1917-S Obverse Mint Mark
	18.00	40.00	240.	500.	975.	1750.	2500.	4350.	7900.	16000.
1917-S Reverse Mint Mark
	7.75	12.50	24.50	40.00	150.	365.	690.	1350.	3950.	9500.
1918	8.50	15.00	40.00	95.00	210.	370.	440.	775.	1225.	2300.
1918-D	9.00	20.00	47.50	125.	285.	675.	1150.	1850.	6250.	20000.
1918-S	7.50	12.00	27.50	50.00	125.	360.	850.	1400.	3150.	16000.
1919	14.00	32.50	125.	315.	575.	1000.	1550.	2250.	3400.	4500.
1919-D	13.00	32.50	145.	430.	1250.	2300.	4200.	7500.	17500.	71500.
1919-S	12.50	27.50	120.	600.	1050.	2150.	2850.	5450.	7500.	12500.
1920	7.50	10.00	23.50	59.00	115.	275.	325.	650.	1600.	6350.
1920-D	8.75	30.00	85.00	305.	675.	1250.	1600.	3000.	5000.	9500.
1920-S	7.50	13.50	42.50	195.	335.	775.	925.	1900.	3400.	9200.
1921	80.00	185.	500.	1350.	1900.	2550.	2900.	3950.	5750.	12500.

— = Insufficient pricing data   * = None issued   FV = Face Value

	VG-8	F-12	VF-20	EF-40	AU-50	MS-60	MS-62	MS-63	MS-64	MS-65
1921-D	125.	240.	725.	1750.	2500.	3000.	3650.	5250.	7000.	16000.
1921-S	21.00	62.50	750.	3750.	6000.	8400.	15000.	22000.	33500.	55000.
1923-S	8.50	16.00	45.00	190.	500.	1100.	1650.	2850.	4400.	13500.
1927-S	5.50	9.75	27.50	75.00	285.	650.	775.	1450.	2400.	6750.
1928-S	6.50	10.00	28.00	95.00	300.	565.	975.	1750.	3000.	6000.
1929-D	6.00	9.25	19.50	60.00	130.	250.	325.	675.	985.	1900.
1929-S	5.75	8.75	16.50	62.50	155.	325.	425.	675.	900.	2500.
1933-S	5.50	7.50	12.50	37.50	165.	400.	600.	850.	1300.	2950.
1934	2.65	2.75	4.00	10.00	22.00	45.00	65.00	80.00	175.	330.
1934-D	4.00	5.50	8.00	23.00	50.00	90.00	130.	200.	465.	775.
1934-S	3.25	3.75	6.00	23.25	60.00	210.	325.	540.	1175.	2800.
1935	2.65	2.75	4.00	7.50	17.50	40.00	45.00	52.00	105.	300.
1935-D	3.50	4.00	8.00	20.00	47.50	105.	150.	200.	300.	975.
1935-S	3.25	4.00	5.75	22.00	57.50	125.	200.	300.	750.	2000.
1936	2.65	2.75	4.00	6.50	17.00	35.00	40.00	46.00	65.00	165.
1936-D	3.00	3.50	5.50	15.50	42.50	65.00	85.00	100.	125.	330.
1936-S	3.00	3.50	5.65	17.50	40.00	80.00	120.	160.	230.	550.
1937	2.65	2.75	4.00	7.00	17.00	34.00	40.00	46.00	75.00	175.
1937-D	5.50	8.00	12.00	27.00	77.50	145.	160.	190.	235.	465.
1937-S	5.00	6.00	8.00	15.00	50.00	85.00	115.	140.	200.	350.
1938	3.00	4.00	6.00	9.75	28.00	45.00	55.00	70.00	130.	295.
1938-D	20.00	25.00	45.00	95.00	225.	360.	390.	430.	575.	825.
1939	2.50	2.75	4.50	7.50	17.50	35.00	42.00	47.00	59.00	145.
1939-D	3.00	3.50	5.00	9.00	22.50	37.50	40.00	47.00	60.00	155.
1939-S	5.50	6.50	8.00	12.50	35.00	80.00	100.	110.	155.	185.
1940	2.50	2.65	4.00	6.00	12.00	26.00	29.00	40.00	55.00	115.
1940-S	2.75	3.00	5.00	10.00	19.00	37.50	40.00	50.00	105.	340.
1941	2.50	2.65	3.75	5.75	8.75	24.50	28.00	39.00	55.00	90.00
1941-D	2.75	3.00	4.00	6.00	14.00	30.00	35.00	45.00	57.50	110.
1941-S	2.75	3.00	4.50	7.00	22.50	75.00	82.50	105.	235.	1100.
1942	2.50	2.65	3.75	5.75	8.75	23.50	26.00	37.00	50.00	90.00
1942-D	2.75	3.00	4.00	6.00	15.00	29.00	36.00	50.00	80.00	150.
1942-D/S	—	—	67.50	80.00	200.	475.	550.	950.	1900.	3500.
1942-S	2.75	3.00	4.50	7.00	17.50	35.00	47.00	55.00	80.00	385.
1943	2.50	2.65	3.75	5.75	8.75	23.50	25.00	37.00	55.00	90.00
1943-D	2.75	3.00	4.00	6.00	18.00	42.50	48.00	55.00	75.00	150.
1943-S	2.75	3.00	4.25	6.00	19.00	30.00	36.00	55.00	95.00	475.
1944	2.50	2.65	3.75	5.75	8.75	22.50	25.00	34.00	47.00	90.00
1944-D	2.75	3.00	4.00	6.00	16.00	24.50	30.00	44.00	60.00	110.
1944-S	2.75	3.00	4.00	6.00	16.00	29.50	34.00	47.00	90.00	500.
1945	2.50	2.65	3.75	5.75	8.75	21.50	25.00	35.00	55.00	90.00
1945-D	2.75	3.00	4.00	6.00	13.50	29.50	31.00	36.00	50.00	100.
1945-S	2.75	3.00	4.00	6.00	12.50	27.50	30.00	38.00	47.00	135.
1946	2.50	2.65	4.00	6.00	11.50	26.50	30.00	36.00	50.00	125.
1946-D	4.25	5.75	9.00	12.50	19.00	29.00	30.00	38.00	47.00	115.
1946-S	2.75	3.00	4.00	6.00	16.00	27.50	30.00	35.00	55.00	110.
1947	3.00	3.25	4.50	8.00	18.00	28.50	30.00	40.00	55.00	145.
1947-D	3.00	3.25	4.50	8.00	18.00	29.00	30.00	40.00	47.00	125.

Franklin half dollar Trend graph

Legend: ----- EF.40 —— MS.65 -- SERIES

Franklin half dollar

Date of authorization:	April 2, 1792
Dates of issue:	1948-1963
Designer:	John Sinnock
Engraver:	Gilroy Roberts
Diameter (Millimeters/inches):	30.61mm/1.21 inches
Weight (Grams/ounces):	12.500 grams/0.40188 ounce
Metallic content:	90% silver, 10% copper
Weight of pure silver:	11.250 grams/0.3617 ounce
Edge:	Reeded
Mint mark:	Reverse above bell beam

NOTE: MS-65F refers to Full Bell Lines

	F-12	VF-20	EF-40	AU-50	MS-60	MS-63	MS-64	MS-65	MS-65F	PF-65
1948	3.50	3.75	4.25	5.50	14.00	18.00	28.00	72.50	110.	*
1948-D	3.50	3.75	4.75	6.75	8.50	14.00	32.50	125.	155.	*
1949	3.50	4.00	5.25	9.50	30.00	45.00	52.50	95.00	115.	*
1949-D	3.25	4.00	8.00	15.00	34.00	40.00	70.00	1500.	1850.	*
1949-S	4.00	5.75	11.50	20.00	42.50	50.00	75.00	150.	205.	*
1950	2.65	3.25	4.00	7.00	21.00	30.00	45.00	135.	160.	285.

— = Insufficient pricing data   * = None issued   FV = Face Value

NOTE: MS-65F refers to Full Bell Lines

	F-12	VF-20	EF-40	AU-50	MS-60	MS-63	MS-64	MS-65	MS65F	PF-65
1950-D	2.60	3.20	3.75	6.50	19.50	25.00	50.00	425.	1700.	*
1951	2.00	2.65	3.25	4.25	10.00	14.50	27.00	75.00	95.00	180.
1951-D	2.85	4.25	4.25	9.25	20.00	25.00	52.50	275.	500.	*
1951-S	3.00	3.25	4.50	9.00	18.50	34.00	40.00	60.00	200.	*
1952	2.00	2.65	3.00	4.75	7.50	17.00	36.00	50.00	80.00	105.
1952-D	2.40	2.75	2.90	4.00	7.00	12.00	30.00	145.	275.	*
1952-S	2.75	3.75	4.75	10.00	17.50	22.50	37.50	90.00	250.	*
1953	3.25	3.50	4.75	9.50	12.00	19.00	35.00	125.	300.	65.00
1953-D	2.00	2.40	2.90	3.75	6.50	11.00	27.50	150.	290.	*
1953-S	3.00	3.25	3.75	7.50	11.50	14.00	30.00	65.00	475.	*
1954	2.00	2.40	2.90	3.50	5.50	11.00	26.00	57.50	105.	50.00
1954-D	2.00	2.40	2.90	3.50	6.25	10.00	25.50	135.	275.	*
1954-S	2.65	3.50	3.75	4.25	6.75	10.50	24.00	52.50	90.00	*
1955	5.50	5.75	6.00	6.50	7.00	9.50	25.75	40.00	70.00	42.50
1956	2.65	3.40	4.50	5.00	6.25	9.75	25.50	37.50	40.00	14.50
1957	2.40	2.90	3.15	3.90	6.50	9.50	26.00	37.50	42.50	12.00
1957-D	2.30	2.65	2.75	3.25	5.25	9.00	26.50	35.00	40.00	*
1958	2.50	3.00	4.00	5.00	4.75	8.75	24.00	35.00	50.00	14.00
1958-D	2.00	2.30	2.50	3.00	3.50	7.00	22.50	35.00	47.50	*
1959	2.00	2.30	2.50	3.00	4.75	8.00	23.50	140.	225.	12.00
1959-D	2.00	2.30	2.50	3.50	5.00	8.25	23.50	150.	375.	*
1960	2.25	2.30	2.50	3.00	4.00	7.50	40.00	190.	325.	11.50
1960-D	2.25	2.30	2.50	3.00	5.00	6.75	23.50	690.	1200.	*
1961	2.00	2.25	2.35	2.50	4.50	7.00	24.00	175.	1000.	10.00
1961-D	2.25	2.30	2.35	2.50	4.50	7.00	35.00	390.	800.	*
1962	2.00	2.25	2.35	2.50	3.25	6.50	23.00	170.	375.	10.00
1962-D	2.25	2.30	2.35	2.50	3.75	6.75	30.00	330.	1300.	*
1963	2.00	2.25	2.35	2.50	3.00	6.00	22.50	90.00	155.	10.00
1963-D	2.00	2.25	2.35	2.50	3.00	6.00	22.50	92.50	130.	*

Kennedy half dollar Trend graph

····· MS.65   —— PF.65   - - SERIES

— = Insufficient pricing data   * = None Issued   FV = Face Value

Kennedy half dollar

Date of authorization:	Dec. 30, 1963; July 23, 1965; Oct. 18, 1973
Dates of issue:	1964-present
Designer:	Obverse: Gilroy Roberts
	Reverse: Frank Gasparro
	Bicentennial Reverse: Seth G. Huntington
Engraver:	Gilroy Roberts
	Bicentennial Obverse: Frank Gasparro
Diameter (Millimeters/inches):	30.61mm/1.21 inches
Weight (Grams/ounces):	(1964): 12.500 grams/0.40188 ounce
	(1965-1970): 11.500 grams/0.36973 ounce
	(1971-present): 11.340 grams/0.36459 ounce
	(1976 Bicentennial Proof and Uncirculated): 11.500 grams/0.36973 ounce
Metallic content:	(1964): 90% silver, 10% copper
	(1965-1970): 80% silver, 20% copper bonded to a core of 21.5% silver, 78.5% copper
	(1971-present): 75% copper, 25% nickel bonded to pure copper core
	(1976 Bicentennial Proof and Uncirculated sets only): 80% silver, 20% copper bonded to a core of 21.5% silver, 78.5% copper

— = Insufficient pricing data   * = None issued   FV = Face Value

Weight of pure silver: (1964): 11.250 grams/0.3617 ounce
(1965-1970): 4.600 grams/0.14789 ounce
(1976 Bicentennial Proof and Uncirculated
sets only): 4.600 grams/0.14789 ounce

Edge: Reeded

Mint mark: (1964): Reverse left near claw and laurel
(1968-present): Obverse below Kennedy
portrait

	MS-60	MS-63	MS-65	PF-63	PF-65
1964	2.50	3.00	11.50	5.00	6.75
1964-D	2.50	3.00	15.00	*	*
40 PERCENT SILVER CLAD					
1965	1.20	1.25	5.00	*	*
1966	1.25	1.40	5.00	*	*
1967	1.25	1.50	8.00	*	*
1968-D	1.25	1.50	5.00	*	*
1968-S	*	*	*	2.00	2.75
1969-D	1.20	1.25	4.50	*	*
1969-S	*	*	*	2.25	2.50
1970-D	9.00	11.50	30.00	*	*
1970-S	*	*	*	5.50	7.50
COPPER-NICKEL CLAD					
1971	0.95	1.50	4.00	*	*
1971-D	0.95	1.25	3.00	*	*
1971-S	*	*	*	1.75	2.00
1972	1.00	1.50	4.00	*	*
1972-D	1.00	1.50	4.00	*	*
1972-S	*	*	*	1.00	1.25
1973	1.00	1.50	4.00	*	*
1973-D	0.95	1.25	3.50	*	*
1973-S	*	*	*	1.00	1.25
1974	0.90	1.00	2.75	*	*
1974-D	0.90	1.00	4.00	*	*
1974-S	*	*	*	0.90	1.10
DUAL DATE, BICENTENNIAL REVERSE					
1776-1976	0.90	1.00	2.85	*	*
1776-1976-D	0.90	1.00	2.75	*	*
1776-1976-S	*	*	*	1.00	1.25
1776-1976-S 40% silver	2.75	3.50	4.50	3.50	4.00
PRESIDENTIAL SEAL/EAGLE REVERSE RESUMED					
1977	1.10	1.40	4.75	*	*
1977-D	1.10	1.40	4.00	*	*
1977-S	*	*	*	1.25	1.50
1978	1.05	1.40	4.50	*	*
1978-D	1.00	1.25	4.50	*	*
1978-S	*	*	*	0.90	1.10
1979	0.95	1.00	3.50	*	*
1979-D	0.95	1.15	4.00	*	*
1979-S Filled S	*	*	*	0.75	1.00
1980-P	0.90	1.00	3.00	*	*
1980-D	0.90	0.95	2.75	*	*
1980-S	*	*	*	1.00	2.00
1981-P	1.00	1.40	3.00	*	*
1981-D	0.95	1.40	2.50	*	*

— = Insufficient pricing data   *** = None Issued**   **FV = Face Value**

KENNEDY HALF DOLLAR (CONTINUED)

	MS-60	MS-63	MS-65	PF-63	PF-65
1981-S Filled S	*	*	*	1.00	1.50
1982-P	1.10	1.65	——	*	*
1982-P No FG					
1982-D	1.10	1.65	——	*	*
1982-S	*	*	*	1.00	1.25
1983-P	1.05	1.35	——	*	*
1983-D	1.05	1.35	——	*	*
1983-S	*	*	*	1.75	2.75
1984-P	1.25	1.45	——	*	*
1984-D	1.25	1.45	——	*	*
1984-S	*	*	*	2.50	4.50
1985-P	1.25	1.50	——	*	*
1985-D	1.25	1.50	——	*	*
1985-S	*	*	*	2.00	2.50
1986-P	1.65	1.90	——	*	*
1986-D	1.45	1.70	——	*	*
1986-S	*	*	*	9.00	13.00
1987-P	2.15	2.65	6.00	*	*
1987-D	2.15	2.65	6.00	*	*
1987-S	*	*	*	1.75	2.50
1988-P	0.90	1.00	——	*	*
1988-D	1.00	1.35	——	*	*
1988-S	*	*	*	3.00	4.50
1989-P	1.00	1.25	——	*	*
1989-D	0.90	1.10	——	*	*
1989-S	*	*	*	2.75	4.00
1990-P	0.90	1.10	——	*	*
1990-D	0.90	1.10	——	*	*
1990-S	*	*	*	5.00	8.50
1991-P	0.90	1.10	——	*	*
1991-D	0.90	1.10	——	*	*
1991-S	*	*	*	7.00	14.00
1992-P	0.90	1.10	——	*	*
1992-D	0.90	1.10	——	*	*
1992-S Clad	*	*	*	6.00	13.50
1992-S silver	*	*	*	5.50	13.00
1993-P	0.90	1.10	——	*	*
1993-D	0.90	1.10	——	*	*
1993-S Clad	*	*	*	5.50	13.00
1993-S silver	*	*	*	7.00	14.50
1994-P	0.90	1.10	——	*	*
1994-D	0.90	1.10	——	*	*
1994-S Clad	*	*	*	4.75	10.00
1994-S silver	*	*	*	6.75	14.50
1995-P	0.90	1.10	——	*	*
1995-D	0.90	1.10	——	*	*
1995-S Clad	*	*	*	4.75	11.00
1995-S silver	*	*	*	5.00	11.50
1996-P	0.90	1.10	——	*	*
1996-D	0.90	1.10	——	*	*
1996-S Clad	*	*	*	4.75	9.00
1996-S silver	*	*	*	5.25	10.50

—— = Insufficient pricing data   * = None Issued   FV = Face Value

Early silver dollars Trend graph

····· VF.20 —— EF.40 - - SERIES

Flowing Hair dollar

Date of authorization:	April 2, 1792
Dates of issue:	1794-1795
Designer/Engraver:	Robert Scot
Diameter (Millimeters/inches):	39.50mm/1.56 inches
Weight (Grams/ounces):	26.956 grams/0.86666 ounce
Metallic content:	90% silver, 10% copper
Weight of pure silver:	24.2604 grams/0.77999 ounce
Edge:	Lettered (HUNDRED CENTS ONE DOLLAR OR UNIT)
Mint mark:	None

	AG-3	G-4	VG-8	F-12	VF-20	EF-40	EF-45	AU-50
1794	3250.	7250.	15000.	22500.	32000.	55000.	75000.	105000.
1795 2 leaf, Type of 1794	450.	675.	975.	1450.	2250.	4250.	5600.	6750.
1795 3 leaf, Type of 1794	425.	650.	900.	1300.	2050.	4000.	5400.	6500.

— = Insufficient pricing data	* = None Issued	FV = Face Value

Draped Bust dollar

Date of authorization:	April 2, 1792
Dates of issue:	1795-1803
Designers:	Obverse: Gilbert Stuart-Robert Scot
	Reverse: (1795-1798): Scot-John Eckstein
	(1798-1803): Robert Scot
Engraver:	Robert Scot
Diameter (Millimeters/inches):	39.50mm/1.56 inches
Weight (Grams/ounces):	26.956 grams/0.86666 ounce
Metallic content:	89.25% silver, 10.75% copper
Weight of pure silver:	24.0582 grams/0.77349 ounce
Edge:	Lettered (HUNDRED CENTS ONE DOLLAR OR UNIT)
Mint mark:	None

	AG-3	G-4	VG-8	F-12	VF-20	EF-40	EF-45	AU-50
SMALL EAGLE								
1795	375.	590.	750.	1000.	1450.	3300.	4600.	6300.
1796 Small Date, Small Letters	425.	675.	825.	1100.	1500.	3350.	4800.	6600.
1796 Large Date, Small Letters	400.	625.	775.	1025.	1475.	3325.	4650.	6350.

— = Insufficient pricing data   * = None issued   FV = Face Value

DRAPED BUST DOLLAR (CONTINUED)

	AG-3	G-4	VG-8	F-12	VF-20	EF-40	EF-45	AU-50
1796 Small Date, Large Letters	375.	590.	750.	975.	1400.	3300.	4600.	6300.
1797 Stars 9x7, Small Letters	700.	1150.	1750.	2650.	3750.	7750.	10000.	17500.
1797 Stars 9x7, Large Letters	275.	485.	665.	950.	1350.	3250.	4400.	6250.
1797 Stars 10x6	275.	485.	665.	950.	1350.	3225.	4300.	6150.
1798 13 Stars, Small Eagle	400.	675.	825.	1200.	1900.	3600.	4650.	9250.
1798 15 Stars, Small Eagle	550.	825.	1150.	1800.	2350.	4500.	6750.	12500.
HERALDIC EAGLE								
1798	125.	340.	425.	500.	725.	1250.	1500.	3250.
1799	125.	340.	425.	500.	725.	1250.	1450.	3200.
1799/8	140.	365.	435.	515.	735.	1400.	1675.	3350.
1799 Stars 8x5	180.	385.	455.	585.	775.	1550.	1800.	3400.
1800	140.	350.	425.	500.	730.	1275.	1475.	3250.
1800 AMERICAI	150.	365.	435.	510.	735.	1300.	1550.	3300.
1800 Dotted Date	150.	365.	435.	510.	750.	1325.	1750.	3350.
1801	200.	390.	465.	560.	750.	1650.	2000.	3550.
1802/1	140.	350.	430.	510.	735.	1550.	2100.	3700.
1801 Proof restrike, die crack links base of digits to first two stars								
1802	170.	365.	440.	510.	730.	1300.	1475.	3250.
1802 Proof restrike with old-style 180, 1820s style 2 in date Prf 65 $175000.								
1803 Large 3	140.	350.	430.	505.	730.	1325.	1550.	3350.
1803 Small 3	150.	360.	435.	510.	735.	1350.	1600.	3400.
1803 Proof restrike with old-style digits Prf 65 $135000.								
1804 Three varieties struck 1834-5, 58 - Class I EF-40 $525000. Prf 64 $650000. Prf 65 $990000.								

Gobrecht dollar

Date of authorization:	April 2, 1792; Jan. 18, 1837
Dates of issue:	1836-1839
Designers:	Obverse: Thomas Sully
	Reverse: Titian Peale
Engraver:	Christian Gobrecht
Diameter (Millimeters/inches):	39.50mm/1.56 inches

— = Insufficient pricing data *** = None Issued** **FV = Face Value**

GOBRECHT DOLLAR (CONTINUED)

Weight (Grams/ounces):	(1836): 26.956 grams/0.86666 ounce
	(1836, 1839, standard of 1837): 26.73 grams/0.8594 ounce
Metallic content:	(1836): 89.25% silver, 10.75% copper
	(1836, 1839, standard of 1837): 90% silver, 10% copper
Weight of pure silver:	(1836): 24.0582 grams/0.77349 ounce
	(1836, 1839, standard of 1837): 24.057 grams/0.77346 ounce
Edge:	(1836, standard of 1836): Plain
	(1836, standard of 1837): Plain
	(1839): Reeded
Mint mark:	None

Note:

The series called the Gobrecht dollar contains patterns, coins struck for circulation and restrikes produced especially for collectors. Only three versions were issued for circulation, as listed above. The pattern and circulation pieces can be distinguished from the restrikes by a simple test. Orient the obverse normally, then rotate the coin as usual. If the eagle is flying level, the coin is a restrike; if the eagle is flying upward (as shown), it is an original pattern or circulation strike.

	VF-20	EF-40	EF-45	AU-50	AU-55	PF-60	PF-62	PF-63	PF-64	PF-65
1836 pattern, Die I (Proofs only)			13500.	15500.	19500.	25000.	47500.	68500.	135000.
1836 circulation, 416 grains, Die I	3500.	4500.	5750.	6250.	6750.	7000.	9750.	11500.	20000.	50000.
1836 circulation, 412.5 grains, Die II	4100.	5400.	6500.	7250.	8000.	8500.	11000.	16000.	30000.	65000.
1836 restrike, Name on Base, Coin turn, Eagle flying level, Die III										
1836 restrike, Name on Base, Medal turn, Eagle flying level, Die IV					6500.	10000.	12500.	18500.	——
1838 pattern, original, Die I	4750.	5750.	7500.	8750.	10000.	13500.	17500.	28500.	67500.	125000.
1838 restrike, Reeded Edge		6500.	6750.	7750.	8500.	10000.	13500.	20000.	60000.	——
1839 circulation, original, Reeded Edge, Die I	4600.	5500.	7000.	8000.	9000.	11000.	15500.	24000.	62500.	97500.
1839 restrike, Medal and Coin turn, Eagle flying level	4250.	6350.	6600.	7500.	8250.	9000.	12000.	19000.	39500.	——

— = Insufficient pricing data   *** = None Issued**   **FV = Face Value**

Seated Liberty dollar Trend graph

Legend: ····· EF.40 —— MS.60 – – SERIES

Seated Liberty dollar

Date of authorization:	Jan 18, 1837
Dates of issue:	1840-1873
Designers:	Obverse: Robert Hughes-Christian Gobrecht-Thomas Sully
	Reverse: John Reich-Christian Gobrecht
Engraver:	Christian Gobrecht
Diameter (Millimeters/inches):	38.10mm/1.5 inches
Weight (Grams/ounces):	26.730 grams/0.85939 ounce
Metallic content:	90% silver, 10% copper
Weight of pure silver:	24.057 grams/0.77345 ounce
Edge:	Reeded
Mint mark:	Reverse below eagle

— = Insufficient pricing data   * = None Issued   FV = Face Value

	G-4	VG-8	F-12	VF-20	EF-40	AU-50	AU-55	MS-60	MS-63
1840	175.	200.	225.	300.	600.	775.	1000.	2400.	7000.
1841	90.00	120.	170.	215.	290.	475.	725.	1650.	5550.
1842	87.50	105.	150.	190.	285.	435.	550.	1025.	2850.
1843	87.50	105.	150.	200.	290.	425.	600.	2000.	5800.
1844	180.	240.	290.	345.	525.	800.	1200.	2750.	8000.
1845	175.	235.	265.	325.	450.	850.	1350.	15000.	40000.
1846	88.00	110.	155.	215.	330.	440.	610.	1350.	4400.
1846-O	150.	195.	245.	290.	475.	1250.	1800.	6500.	31500.
1847	87.50	105.	145.	190.	300.	425.	585.	1300.	3250.
1848	275.	305.	450.	575.	650.	1100.	1550.	4650.	11750.
1849	125.	160.	190.	235.	390.	500.	600.	2050.	5500.
1850	325.	450.	575.	750.	925.	1600.	2150.	5300.	16500.
1850-O	175.	250.	300.	575.	1175.	3400.	5750.	13000.	34500.

1851 Original MS-60 $20000. MS-63 $43000. MS-65 $90000.
  Restrike Prf-62 $22000 Prf-63 $26000 Prf-64 $34000.

1852 AU-55 $13000. MS-60 $18000. MS-63 $32500. MS-65 $70000.
  Restrike Prf-63 $30000.

	G-4	VG-8	F-12	VF-20	EF-40	AU-50	AU-55	MS-60	MS-63
1853	135.	175.	260.	375.	540.	750.	1300.	2450.	4950.
1854	725.	950.	1175.	1700.	3300.	4400.	5450.	6450.	9250.
1855	625.	825.	1025.	1550.	2950.	4100.	5000.	8000.	32500.
1856	250.	325.	400.	700.	1125.	1950.	2500.	3950.	7050.
1857	245.	320.	385.	600.	1050.	1350.	1700.	2550.	5100.
1858 Proofs only	*	*	*	3750.	4500.	5000.	5250.	5500.	8750.
1859	225.	260.	325.	375.	525.	1200.	1750.	3150.	5000.
1859-O	85.00	110.	135.	185.	265.	410.	540.	975.	2450.
1859-S	220.	275.	375.	535.	1075.	3350.	4750.	8000.	47500.
1860	165.	215.	270.	365.	425.	550.	750.	1375.	3400.
1860-O	85.00	110.	135.	185.	265.	405.	530.	925.	2400.
1861	500.	635.	725.	825.	1250.	1950.	2300.	2850.	4900.
1862	475.	625.	675.	775.	1000.	1750.	2250.	3100.	5500.
1863	200.	260.	350.	480.	750.	1350.	1900.	2650.	5150.
1864	190.	235.	325.	470.	625.	1400.	2000.	2900.	5400.
1865	175.	225.	300.	385.	565.	1250.	1850.	2750.	5250.
1866	—	—	—	—	—	—	—	—	—

MOTTO ABOVE EAGLE

	G-4	VG-8	F-12	VF-20	EF-40	AU-50	AU-55	MS-60	MS-63
1866	155.	200.	265.	300.	475.	800.	1150.	1950.	3900.
1867	160.	210.	280.	340.	500.	850.	1350.	2250.	4850.
1868	150.	185.	240.	335.	445.	750.	1175.	2100.	5050.
1869	120.	145.	220.	270.	355.	725.	1100.	1900.	3600.
1870	97.50	135.	160.	205.	325.	470.	615.	1250.	4250.
1870-CC	250.	340.	435.	650.	1350.	2750.	3700.	9000.	28000.
1870-S	—	—	60000.	82500.	125000.	200000.	—	300000.	600000.
1871	93.00	125.	150.	200.	270.	465.	590.	1050.	2500.
1871-CC	1550.	2200.	3300.	4250.	8000.	18500.	27500.	—	—
1872	90.00	120.	150.	200.	275.	465.	610.	1100.	2600.
1872-CC	750.	1200.	2050.	2750.	4850.	9500.	14000.	26500.	62500.
1872-S	225.	290.	400.	575.	1550.	2900.	4200.	8750.	22500.
1873	145.	195.	225.	240.	310.	525.	710.	1150.	2700.
1873-CC	3250.	4650.	6750.	9500.	18500.	37500.	47500.	—	—

1873-S Unknown in any collection

— = Insufficient pricing data   *** = None Issued**   **FV = Face Value**

Trade dollar Trend graph

1873

Date of authorization:	Feb. 12, 1873
Dates of issue:	1873-1878
Designer/Engraver:	William Barber
Diameter (Millimeters/inches):	38.10mm/1.5 inches
Weight (Grams/ounces):	27.216 grams/0.87501 ounce
Metallic content:	90% silver, 10% copper
Weight of pure silver:	24.4944 grams/0.78751 ounce
Edge:	Reeded
Mint mark:	Reverse below eagle

	F-12	VF-20	EF-40	AU-50	MS-60	MS-63	MS-64	MS-65	PF-63	PF-65
1873	100.	135.	175.	220.	660.	1450.	3900.	8000.	2225.	6850.
1873-CC	135.	300.	525.	725.	1450.	7250.	—	16000.	*	*
1873-S	105.	140.	190.	330.	750.	2200.	4000.	11000.	*	*
1874	105.	135.	170.	225.	715.	2000.	3750.	10000.	2200.	6750.
1874-CC	90.00	110.	210.	375.	1150.	5250.	8750.	14500.	*	*

— = Insufficient pricing data   * = None Issued   FV = Face Value

134 —Values of U.S. coins

TRADE DOLLAR (CONTINUED)

	F-12	VF-20	EF-40	AU-50	MS-60	MS-63	MS-64	MS-65	PF-63	PF-65
1874-S	73.50	82.50	130.	220.	445.	2350.	4150.	14000.	*	*
1875	300.	350.	565.	675.	1250.	2650.	4750.	11500.	2175.	6650.
1875-CC	92.50	115.	200.	350.	750.	2100.	5100.	13500.	*	*
1875-S	73.50	80.00	115.	205.	405.	1175.	2850.	7000.	*	*
1875-S/CC	225.	360.	600.	1200.	2000.	6250.	7500.	15000.	*	*
1876	75.00	82.50	130.	215.	410.	1250.	2950.	7250.	2100.	6600.
1876-CC	97.50	155.	250.	500.	2200.	9500.	—	18500.	*	*
1876-S	73.50	80.00	120.	220.	420.	1200.	3000.	9250.	*	*
1877	75.00	82.50	120.	225.	455.	1300.	4150.	13500.	2125.	6500.
1877-S	73.50	80.00	115.	215.	405.	1200.	2900.	8000.	*	*
1877-CC	185.	240.	340.	600.	1250.	5250.	10500.	19500.	*	*
1878	*	*	*	*	*	*	*	*	2200.	6550.
1878-CC	575.	850.	1850.	2850.	6000.	9500.	15000.	55000.	*	*
1878-S	73.50	80.00	115.	220.	440.	1400.	2950.	6900.	*	*
1879	*	800.	*	*	1250.	*	*	*	2100.	6250.
1880	*	750.	975.	1075.	*	*	*	*	2100.	6200.
1881	*	875.	*	1200.	*	*	*	*	2200.	6300.
1882	*	*	*	1250.	*	*	*	*	2175.	6350.
1883	*	*	*	*	*	*	*	*	2250.	6400.
1884	*	*	*	*	45000.	*	*	*	110000.	400000.
1885	*	*	*	*	175000.	*	*	*	325000.	650000.

Morgan dollar Trend graph

····· AU.50 —— MS.65 - - SERIES

— = Insufficient pricing data   * = None Issued   FV = Face Value

Morgan dollar

Date of authorization:	Feb. 28, 1878
Dates of issue:	1878-1921
Designer/Engraver:	George T. Morgan
Diameter (Millimeters/inches):	38.10mm/1.5 inches
Weight (Grams/ounces):	26.730 grams/0.85939 ounce
Metallic content:	90% silver, 10% copper
Weight of pure silver:	24.057 grams/0.77345 ounce
Edge:	Reeded
Mint mark:	Reverse below eagle

Note: MS-65D refers to Deep Mirror Prooflike

	F-12	VF-20	EF-40	AU-50	MS-60	MS-63	MS-64	MS-64D	MS-65	MS-65D
1878 8 Tail Feathers										
	12.50	14.75	19.00	28.00	50.00	72.50	170.	925.	875.	5000.
1878 7 Tail Feathers, Reverse of 1878										
	9.50	11.00	12.00	17.75	25.00	65.00	105.	350.	785.	5500.
1878 7 Tail Feathers, Reverse of 1879										
	11.00	13.00	15.00	21.00	55.00	110.	350.	3400.	1750.	5900.
1878 7/8 Tail Feathers										
	15.00	17.00	22.50	40.00	60.00	105.	255.	1400.	1850.	4900.
1878-CC	27.50	33.00	37.50	47.00	67.50	110.	175.	600.	900.	2500.
1878-S	9.25	10.50	12.50	14.50	19.00	34.00	55.00	290.	325.	1650.
1879	8.25	9.50	10.75	13.00	18.50	37.00	75.00	700.	725.	5750.
1879-CC	45.00	100.	325.	650.	1350.	2550.	5500.	6500.	12500.	28000.
1879-CC Large CC/Small CC										
	42.50	95.00	320.	550.	1275.	2450.	5750.	9000.	14000.	37500.
1879-O	9.00	9.75	12.00	18.00	80.00	135.	425.	2350.	2600.	11500.
1879-S Reverse of 1878										
	14.00	14.50	16.00	35.00	95.00	250.	1100.	6000.	4650.	13500.
1879-S Reverse of 1879										
	9.00	10.75	12.50	14.00	17.00	32.00	60.00	125.	125.	375.
1880	8.25	9.25	12.00	13.00	18.25	35.00	85.00	550.	800.	3050.
1880-CC Reverse of 1878										
	55.00	70.00	97.50	135.	155.	215.	475.	1100.	1500.	14000.
1880-CC	50.00	65.00	92.50	100.	135.	155.	240.	490.	550.	2600.
1880-O	8.50	9.50	12.50	18.00	55.00	310.	1500.	4250.	14000.	45000.

— = Insufficient pricing data   * = None issued   FV = Face Value

	F-12	VF-20	EF-40	AU-50	MS-60	MS-63	MS-64	MS-64D	MS-65	MS-65D
1880-S	8.75	9.75	12.25	14.00	16.00	31.00	45.00	90.00	115.	350.
1881	8.25	9.75	12.00	13.50	20.00	35.00	85.00	875.	725.	8000.
1881-CC	100.	115.	125.	135.	145.	175.	225.	350.	385.	1050.
1881-O	8.50	9.50	12.50	14.25	15.75	36.00	95.00	850.	1350.	5250.
1881-S	8.75	10.00	11.75	13.50	15.00	32.00	45.00	110.	110.	290.
1882	8.75	9.50	11.00	13.75	16.75	35.00	60.00	550.	500.	3300.
1882-CC	30.00	37.50	43.50	47.50	58.00	75.00	105.	150.	245.	600.
1882-O	8.25	9.50	11.00	13.50	16.00	33.00	90.00	400.	650.	4500.
1882-O/S	18.00	20.00	23.00	55.00	135.	950.	3100.	—	—	—
1882-S	8.75	10.00	12.00	13.50	18.00	35.00	54.00	350.	115.	1500.
1883	8.00	9.25	10.75	13.00	17.50	32.50	55.00	275.	125.	650.
1883-CC	31.00	36.00	40.00	43.00	56.00	65.00	90.00	175.	195.	550.
1883-O	8.00	9.00	12.00	13.50	16.00	30.00	45.00	185.	135.	675.
1883-S	11.00	14.00	22.00	97.50	415.	1350.	3200.	27500.	24000.	47500.
1884	8.00	9.00	11.00	12.50	16.75	35.00	50.00	600.	250.	1900.
1884-CC	40.00	42.50	44.00	46.00	55.00	65.00	90.00	200.	200.	450.
1884-O	8.00	8.75	10.75	12.50	14.50	30.00	45.00	100.	115.	500.
1884-S	10.50	16.00	27.00	200.	3750.	25000.	37000.	—	105000.	—
1885	8.00	8.75	10.75	12.50	14.75	30.00	52.50	120.	115.	650.
1885-CC	155.	160.	165.	170.	180.	195.	250.	465.	400.	750.
1885-O	8.00	8.75	10.50	12.25	14.50	30.00	45.00	100.	105.	400.
1885-S	12.50	15.00	19.00	50.00	110.	175.	375.	5500.	1550.	9000.
1886	8.00	9.00	10.50	12.25	14.50	30.00	45.00	120.	120.	500.
1886-O	10.50	13.00	15.50	60.00	325.	2775.	6900.	17000.	23000.	45000.
1886-S	18.50	27.50	40.00	55.00	125.	235.	500.	2750.	1950.	5750.
1887/6	15.00	17.25	23.50	42.50	100.	700.	1400.	5750.	3850.	14500.
1887	8.50	9.50	11.25	12.50	14.75	30.00	45.00	90.00	115.	315.
1887/6-O	14.00	18.00	25.00	47.50	310.	2200.	7900.	18500.	14500.	—
1887-O	8.75	9.75	12.50	20.00	30.00	87.50	305.	1150.	3800.	8500.
1887-S	13.50	15.00	18.00	30.00	67.50	130.	465.	2650.	3100.	6000.
1888	8.25	9.50	11.00	12.50	14.75	32.00	55.00	325.	145.	1400.
1888-O	8.75	10.50	12.50	13.50	17.00	33.00	55.00	450.	400.	1500.
1888-S	19.00	24.00	31.00	55.00	110.	205.	440.	1150.	2750.	6500.
1889	8.75	10.00	11.50	12.50	14.75	34.00	52.50	425.	340.	2750.
1889-CC	255.	400.	1050.	2700.	6500.	14000.	22500.	47500.	75000.	125000.
1889-O	9.25	10.75	14.25	29.00	77.50	225.	550.	1350.	3800.	8750.
1889-S	20.00	23.50	27.00	47.50	95.00	140.	260.	1350.	1100.	6250.
1890	8.75	9.75	12.00	13.00	15.00	40.00	240.	975.	2850.	6500.
1890-CC	26.50	31.00	41.00	82.50	180.	365.	650.	2750.	3850.	7500.
1890-O	9.25	10.25	12.50	16.00	23.50	65.00	195.	860.	1550.	5750.
1890-S	9.25	10.25	13.00	17.00	34.00	65.00	125.	925.	650.	5250.
1891	9.75	11.50	14.00	22.00	40.00	100.	675.	2800.	5500.	9250.
1891-CC	27.50	34.00	45.00	92.50	125.	230.	475.	2150.	1900.	8000.
1891-O	9.75	12.00	14.50	32.50	85.00	225.	650.	4000.	6250.	18000.
1891-S	9.25	10.50	13.50	18.00	38.00	67.50	190.	1250.	950.	4350.
1892	11.50	13.50	17.00	50.00	105.	240.	525.	2250.	2800.	13500.
1892-CC	40.00	55.00	95.00	190.	400.	675.	1150.	4000.	3600.	8500.
1892-O	11.00	12.00	16.50	40.00	97.50	210.	1050.	5500.	5000.	14000.
1892-S	15.00	38.00	155.	1350.	12000.	31000.	55000.	100000.	82500.	135000.
1893	55.00	70.00	95.00	185.	325.	725.	1350.	9500.	4500.	12500.
1893-CC	95.00	165.	450.	750.	1200.	2750.	4750.	17500.	35000.	70000.
1893-O	87.50	110.	165.	470.	1500.	6000.	12000.	32500.	87500.	140000.
1893-S	1050.	1350.	3750.	12500.	22500.	45000.	85000.	—	195000.	—
1894	200.	250.	320.	525.	1025.	2750.	4000.	8500.	10750.	18000.
1894-O	21.00	38.00	47.50	150.	725.	2950.	5250.	12500.	30000.	—
1894-S	24.50	40.00	100.	190.	375.	675.	1200.	4500.	4500.	10000.

— = Insufficient pricing data   * = None Issued   FV = Face Value

	F-12	VF-20	EF-40	AU-50	MS-60	MS-63	MS-64	MS-64D	MS-65	MS-65D
1895 Proof only	——	11500.	14250.	16500.	21250.	24000.		*	28500.	*
1895-O	130.	190.	275.	875.	8500.	22500.	37500.	50000.	110000.	——
1895-S	160.	215.	450.	775.	1650.	3050.	5750.	10750.	15000.	50000.
1896	8.25	9.50	11.00	12.00	15.00	32.00	45.00	135.	140.	625.
1896-O	9.75	14.50	19.50	100.	825.	5250.	17000.	24500.	62500.	——
1896-S	20.00	39.00	175.	345.	750.	1400.	2350.	11500.	8750.	16500.
1897	9.25	10.50	13.00	14.00	15.50	32.00	40.00	300.	225.	2250.
1897-O	9.75	11.50	17.50	90.00	3250.	13000.	19500.	32000.	52500.
1897-S	9.50	10.50	12.50	21.00	35.00	50.00	75.00	350.	425.	1500.
1898	9.00	10.00	11.75	12.50	15.00	35.00	55.00	200.	205.	1300.
1898-O	11.00	12.00	14.00	15.00	16.00	31.00	50.00	185.	120.	450.
1898-S	12.00	16.50	24.00	60.00	135.	215.	475.	1700.	1250.	5750.
1899	26.00	31.00	38.00	50.00	62.50	85.00	160.	325.	475.	2000.
1899-O	8.75	10.00	12.00	13.00	16.00	35.00	60.00	285.	120.	750.
1899-S	13.00	18.00	27.50	52.50	140.	225.	445.	1300.	1275.	5750.
1900	8.25	9.00	10.50	12.00	15.50	35.00	55.00	2500.	140.	6250.
1900-O	8.75	10.25	11.50	13.00	16.50	30.00	50.00	575.	120.	2650.
1900-O/CC	25.00	32.50	45.00	95.00	180.	290.	425.	6250.	1250.	9500.
1900-S	13.00	16.50	28.00	40.00	85.00	165.	315.	3650.	1400.	6000.
1901	18.00	28.00	59.00	275.	1600.	10500.	50000.	55000.	130000.	——
1901-O	8.75	9.50	11.00	12.50	16.00	35.00	54.00	775.	175.	2600.
1901-S	14.50	25.00	45.00	125.	250.	400.	675.	3850.	2900.	7750.
1902	9.50	10.25	12.50	20.00	40.00	52.50	105.	2350.	475.	16000.
1902-O	10.25	11.00	12.00	13.50	14.75	30.00	65.00	575.	145.	3400.
1902-S	30.00	38.50	60.00	85.00	150.	225.	425.	3900.	2250.	5500.
1903	13.50	14.50	15.50	18.00	28.00	37.50	55.00	1850.	175.	7250.
1903-O	105.	110.	115.	125.	140.	155.	185.	765.	425.	2850.
1903-S	26.00	65.00	285.	850.	2450.	4600.	5250.	8750.	6250.	14000.
1904	11.00	13.00	17.00	30.00	67.50	155.	450.	4750.	2150.	7000.
1904-O	9.25	10.25	12.50	13.50	14.75	30.00	55.00	120.	120.	535.
1904-S	17.50	35.00	185.	450.	825.	1700.	3100.	6250.	5000.	11500.
1921	7.50	7.75	8.25	8.50	9.50	17.50	27.00	1600.	115.	6250.
1921-D	7.75	8.00	8.50	9.75	19.00	38.00	45.00	3000.	275.	6000.
1921-S	7.75	8.00	8.50	10.00	20.00	40.00	165.	4750.	1350.	13500.

Peace dollar Trend graph

—— AU.50   —— MS.65   - - SERIES

Peace dollar

Date of authorization:	Feb. 28, 1878				
Dates of issue:	1921-1935				
Designer:	Anthony deFrancisci				
Engraver:	George T. Morgan				
Diameter (Millimeters/inches):	38.10mm/1.5 inches				
Weight (Grams/ounces):	26.730/0.85939 ounce				
Metallic content:	90% silver, 10% copper				
Weight of pure silver:	24.057 grams/0.77345 ounce				
Edge:	Reeded				
Mint mark:	Reverse at lower tip of eagle's wing				

	F-12	VF-20	EF-40	AU-50	MS-60	MS-63	MS-64	MS-65	MS-66
1921	26.00	30.00	40.00	80.00	115.	250.	450.	1750.	4750.
1922	7.25	7.75	8.00	8.50	10.50	21.50	50.00	140.	800.
1922-D	7.75	8.00	8.50	10.00	17.50	32.50	60.00	450.	4000.
1922-S	7.50	7.75	8.25	10.00	18.50	65.00	290.	2150.	5250.
1923	7.25	7.50	8.00	8.50	10.50	21.50	50.00	135.	825.
1923-D	7.75	8.00	8.25	13.50	28.50	82.50	325.	1550.	6750.
1923-S	7.50	8.00	8.50	10.00	19.00	70.00	285.	4000.	9000.
1924	7.25	7.75	8.00	8.50	11.50	25.00	65.00	160.	850.
1924-S	8.75	13.50	17.00	45.00	135.	365.	1000.	5900.	10500.
1925	7.50	7.75	8.00	9.00	11.50	25.00	62.50	170.	850.
1925-S	8.25	9.25	14.50	25.00	40.00	135.	725.	8000.	12500.
1926	8.25	9.25	11.50	17.00	22.00	35.00	65.00	385.	2250.
1926-D	8.75	9.50	13.00	26.00	45.00	125.	205.	650.	3700.
1926-S	7.50	8.00	10.00	16.50	26.00	55.00	185.	900.	3850.
1927	12.00	14.50	21.50	30.00	47.50	100.	275.	2600.	9500.
1927-D	12.00	14.00	23.00	65.00	110.	240.	625.	3700.	11000.
1927-S	11.50	13.50	20.00	52.50	85.00	225.	725.	5300.	12500.
1928	90.00	100.	120.	130.	160.	285.	575.	2350.	6500.
1928-S	11.50	13.00	16.00	35.00	70.00	365.	1175.	13000.	26000.
1934	12.50	14.75	20.00	31.50	60.00	120.	215.	1150.	3500.
1934-D	12.50	14.00	18.50	40.00	75.00	185.	575.	1600.	3100.
1934-S	14.50	45.00	145.	415.	1150.	2650.	3700.	5350.	9400.
1935	9.50	12.00	16.50	22.50	35.00	82.50	165.	650.	2150.
1935-S	9.50	13.50	18.50	60.00	135.	225.	375.	950.	2750.

— = Insufficient pricing data   * = None Issued   FV = Face Value

Eisenhower dollar Trend graph

···· MS.60 —— PF.65 - - SERIES

Eisenhower dollar

— = Insufficient pricing data　　　　* = None issued　　　　FV = Face Value

Date of authorization:	Dec. 31, 1970
Dates of issue:	1971-1978
Designers:	Frank Gasparro
(Bicentennial Reverse):	Dennis R. Williams
Engraver:	Frank Gasparro
Diameter (Millimeters/inches):	38.10mm/1.5 inches
Weight (Grams/ounces):	(1971-1978): 22.680 grams/0.72918 ounce
	(1971-1976 Bicentennial Proof and Uncirculated sets only): 24.592 grams/ 0.79065 ounce
Metallic content:	(1971-1978): 75% copper, 25% nickel bonded to a core of pure copper
	(1971-1976 Bicentennial Proof and Uncirculated sets only): 80% silver, 20% copper bonded to a core of 21.5% silver, 78.5% copper
Weight of pure silver:	(1971-1976 Bicentennial Proof and Uncirculated sets only): 9.8368 grams/ 0.31626 ounce
Edge:	Reeded
Mint mark:	Obverse above date

	MS-60	MS-63	MS-65	PF-63	PF-65
1971	2.75	3.00	13.50	*	*
1971-D	2.25	2.50	8.00	*	*
1971-S 40% silver	3.50	4.00	40.00	3.00	4.25
1972	2.25	2.50	3.25	*	*
1972-D	2.25	2.75	7.00	*	*
1972-S 40% silver	3.50	4.00	19.00	3.25	4.25
1973	3.50	4.00	20.00	*	*
1973-D	3.50	4.00	35.00	*	*
1973-S copper-nickel clad	*	*	*	3.75	4.50
1973-S 40% silver	3.75	4.00	15.00	14.00	17.00
1974	2.00	2.50	8.00	*	*
1974-D	2.00	2.50	7.25	*	*
1974-S copper-nickel clad	*	*	*	3.75	4.25
1974-S 40% silver	3.50	3.75	13.00	4.25	5.50
DUAL DATE, BICENTENNIAL REVERSE					
1776-1976 Bold Reverse Letters	3.00	3.50	6.00	*	*
1776-1976 Thin Reverse Letters	2.25	2.50	8.00	*	*
1776-1976-D Bold Reverse Letters	2.50	2.75	27.50	*	*
1776-1976-D Thin Reverse Letters	2.25	2.50	14.00	*	*
1776-1976-S Bold Reverse Letters, copper-nickel clad	*	*	*	3.50	5.00
1776-1976-S Thin Reverse Letters, copper-nickel clad	*	*	*	3.50	4.75
1776-1976-S 40% silver	7.00	7.50	16.00	6.50	10.00
MOON LANDING REVERSE RESUMED					
1977	2.25	2.50	10.00	*	*
1977-D	2.25	2.50	8.00	*	*
1977-S copper-nickel clad	*	*	*	3.25	4.00
1978	2.25	2.50	5.00	*	*
1978-D	2.25	2.50	5.00	*	*
1978-S copper-nickel clad	*	*	*	3.25	4.00

— = Insufficient pricing data   * = None Issued   FV = Face Value

Anthony dollar Trend graph

Legend: ----- MS.60 ——— PF.65 - - SERIES

Anthony dollar

Date of authorization:	Oct. 10, 1978
Dates of issue:	1979-1981
Designer/Engraver:	Frank Gasparro
Diameter (Millimeters/inches):	26.50mm/1.05 inches
Weight (Grams/ounces):	8.100 grams/0.26042 ounce
Metallic content:	75% copper, 25% nickel bonded to a core of pure copper
Edge:	Reeded
Mint mark:	Obverse left of bust

	MS-60	MS-63	MS-65	PF-63	PF-65
1979-P Near Date	3.50	7.00	30.00	*	*
1979-P	1.15	1.75	2.50	*	*
1979-D	1.15	1.75	2.50	*	*
1979-S Filled S	1.20	1.75	2.65	3.00	3.75
1979-S Clear S	*	*	*	45.00	53.00
1980-P	1.15	1.75	2.50	*	*
1980-D	1.15	1.75	2.50	*	*
1980-S	1.20	1.75	2.75	3.00	3.50
1981	3.00	4.00	9.50	*	*
1981-D	2.50	2.75	8.50	*	*
1981-S Filled S	2.65	3.00	8.75	3.00	4.00
1981-S Clear S	*	*	*	50.00	70.00

— = Insufficient pricing data   * = None Issued   FV = Face Value

Gold dollars Trend graph

Coronet gold dollar

Date of authorization:	Jan. 18, 1837
Dates of issue:	1849-1854
Designer/Engraver:	James B. Longacre
Diameter (Millimeters/inches):	13.00mm/0.51 inch
Weight (Grams/ounces):	1.672 grams/0.05376
Metallic content:	90% gold, 10% copper and silver
Weight of pure gold:	1.5048 grams/0.04838 ounce
Edge:	Reeded
Mint mark:	Reverse below wreath

	F-12	VF-20	EF-40	AU-50	AU-55	MS-60	MS-62	MS-63	MS-64	MS-65
1849 Open Wreath, L, Small Head										
	120.	140.	170.	195.	225.	400.	725.	1800.	3250.	7450.
1849 Open Wreath, No L, Small Head										
	130.	150.	215.	285.	340.	650.	1300.	2450.	3750.	8000.
1849 Open Wreath, Large Head										
	120.	140.	170.	190.	220.	385.	700.	1650.	2750.	6000.
1849 Closed Wreath										
	120.	140.	165.	180.	210.	370.	660.	1650.	3000.	7250.
1849-C Closed Wreath										
	275.	525.	1100.	2500.	3850.	8500.	12000.	22500.	—	—
1849-C Open Wreath										
	135000.	225000.								
1849-D	265.	500.	875.	1350.	2150.	4600.	6500.	9500.	19000.	41500.
1849-O	130.	165.	210.	325.	390.	975.	2100.	3250.	7000.	18000.
1850	125.	155.	170.	180.	220.	390.	675.	1850.	4250.	8250.
1850-C	375.	650.	1250.	1950.	4050.	11000.	14500.	—	—	—
1850-D	345.	615.	1225.	2050.	4250.	11250.	13500.	21000.	—	—
1850-O	245.	290.	400.	800.	1575.	3050.	3500.	6100.	14500.	30000.

	F-12	VF-20	EF-40	AU-50	AU-55	MS-60	MS-62	MS-63	MS-64	MS-65
1851	120.	135.	165.	175.	210.	365.	640.	1625.	2450.	5850.
1851-C	275.	490.	775.	950.	1350.	2300.	3000.	4600.	13000.	32500.
1851-D	280.	505.	900.	1700.	3200.	5500.	7500.	10000.	20000.	43500.
1851-O	130.	165.	225.	275.	325.	725.	1050.	2650.	5850.	16500.
1852	120.	135.	165.	175.	210.	365.	640.	1625.	2450.	5950.
1852-C	270.	500.	975.	1750.	3100.	5000.	7000.	10500.	21000.	43500.
1852-D	340.	575.	1250.	1900.	3500.	8000.	—	—	—	—
1852-O	125.	170.	235.	430.	950.	1600.	2500.	4400.	11500.	29000.
1853	120.	135.	165.	175.	210.	365.	640.	1600.	2400.	5800.
1853-C	245.	535.	1000.	1700.	3000.	6750.	9250.	14500.	28000.	—
1853-D	340.	590.	1300.	2350.	3850.	9000.	20000.	30000.	40000.	70000.
1853-O	130.	160.	190.	285.	415.	590.	1350.	2850.	6750.	14000.
1854	120.	135.	165.	175.	210.	365.	675.	1625.	2400.	7000.
1854-D	550.	825.	1900.	4500.	7500.	16500.	—	—	—	—
1854-S	275.	350.	490.	625.	1100.	2400.	3600.	6750.	14000.	30000.

Indian Head gold dollar

Date of authorization: Jan. 18, 1837
Dates of issue: 1854-1889
Designer/Engraver: James B. Longacre
Diameter (Millimeters/inches): 14.86mm/0.59 inch
Weight (Grams/ounces): 1.672 grams/0.05376 ounce
Metallic content: 90% gold, 10% copper and silver
Weight of pure gold: 1.5048 grams/0.044838 ounce
Edge: Reeded
Mint mark: Reverse below wreath

	F-12	VF-20	EF-40	AU-50	AU-55	MS-60	MS-62	MS-63	MS-64	MS-65
SMALL HEAD										
1854	225.	300.	365.	530.	925.	2500.	6100.	15000.	25000.	40000.
1855	225.	300.	365.	520.	900.	2500.	6250.	15750.	26000.	38500.
1855-C	685.	1300.	2550.	5500.	9750.	17250.	—	—	—	—
1855-D	1400.	2400.	5750.	9250.	15500.	28000.	—	—	—	—
1855-O	275.	385.	600.	1075.	1600.	5400.	7000.	15000.	25000.	—
1856-S	350.	675.	1050.	1800.	2500.	5900.	—	—	—	—
1856 Upright 5, Large Head										
	130.	135.	170.	300.	350.	625.	750.	1175.	1750.	3400.
1856 Slant 5	115.	125.	145.	170.	195.	325.	595.	1075.	1550.	2700.
1856-D	2450.	3750.	5850.	7000.	10000.	34000.	—	—	—	—
1857	115.	125.	145.	170.	195.	320.	595.	1075.	1575.	2650.
1857-C	300.	525.	1325.	3950.	6000.	13250.	—	—	—	—
1857-D	385.	875.	1600.	2600.	4200.	10500.	—	—	—	—
1857-S	300.	400.	575.	1025.	2000.	4750.	8750.	22000.	—	—

— = Insufficient pricing data   * = None issued   FV = Face Value

	F-12	VF-20	EF-40	AU-50	AU-55	MS-60	MS-62	MS-63	MS-64	MS-65
1858	115.	125.	170.	190.	205.	330.	605.	1100.	1650.	3850.
1858-D	475.	650.	1250.	2150.	3000.	9000.	19500.	27500.	47500.	82500.
1858-S	230.	290.	365.	1300.	2000.	5250.	8850.			
1859	125.	140.	170.	195.	210.	330.	595.	1275.	1900.	4000.
1859-C	305.	430.	1700.	3750.	8000.	18500.	25000.	36000.	60000.	125000.
1859-D	600.	675.	1050.	2500.	4100.	11000.	17500.	32500.	——	——
1859-S	200.	250.	425.	1400.	2650.	6500.	9500.	18000.		
1860	135.	145.	175.	200.	235.	475.	635.	1375.	2250.	4250.
1860-D	1650.	2400.	3850.	5800.	9750.	32500.	——			
1860-S	225.	250.	350.	625.	975.	2300.	3350.	6750.	10750.	20000.
1861	115.	125.	150.	180.	200.	315.	595.	1125.	1675.	3500.
1861-D	4250.	5750.	8000.	16500.	22500.	29000.	38500.	65000.	115000.	225000.
1862	115.	125.	150.	175.	195.	315.	590.	1075.	1600.	3300.
1863	325.	425.	900.	1900.	2450.	4000.	5000.	8000.	12000.	19500.
1864	260.	315.	375.	565.	725.	1200.	1700.	2350.	3650.	7600.
1865	300.	390.	475.	625.	775.	1500.	2250.	3150.	4250.	8500.
1866	260.	315.	425.	490.	650.	1050.	1400.	1900.	2750.	5500.
1867	290.	380.	450.	600.	750.	1100.	1375.	1925.	2850.	6000.
1868	220.	250.	290.	465.	660.	1025.	1300.	1825.	2650.	5950.
1869	285.	325.	410.	550.	700.	1075.	1400.	2100.	3000.	6250.
1870	220.	240.	275.	450.	535.	875.	1200.	1650.	2400.	4700.
1870-S	270.	400.	575.	1050.	1500.	2900.	4200.	8500.	14500.	32500.
1871	220.	240.	270.	430.	525.	825.	1175.	1600.	2300.	4250.
1872	225.	250.	295.	450.	550.	1000.	1800.	2500.	3600.	5750.
1873 Closed 3										
	300.	375.	675.	1050.	1250.	1750.	2600.	5000.	8750.	17500.
1873 Open 3	115.	125.	150.	170.	185.	310.	600.	1250.	1750.	3150.
1874	115.	125.	155.	175.	185.	305.	570.	1075.	1500.	2525.
1875	1700.	2200.	3300.	4250.	4750.	5600.	6450.	8250.	13000.	26500.
1876	185.	230.	265.	475.	600.	800.	1200.	1350.	2200.	3700.
1877	140.	180.	240.	435.	575.	775.	1125.	1300.	2100.	3550.
1878	175.	190.	260.	425.	590.	850.	1175.	1325.	2150.	3650.
1879	140.	170.	215.	275.	375.	725.	1150.	1275.	1900.	3000.
1880	130.	140.	160.	175.	185.	280.	565.	1075.	1450.	2450.
1881	130.	140.	160.	175.	185.	280.	565.	1075.	1450.	2475.
1882	140.	145.	165.	190.	205.	355.	565.	1100.	1500.	2500.
1883	130.	140.	160.	175.	185.	280.	565.	1075.	1450.	2450.
1884	130.	140.	160.	175.	185.	300.	565.	1075.	1475.	2500.
1885	130.	140.	160.	175.	185.	295.	565.	1075.	1450.	2475.
1886	130.	140.	160.	185.	200.	330.	565.	1100.	1850.	3150.
1887	130.	140.	160.	175.	185.	280.	555.	1000.	1450.	2450.
1888	130.	140.	160.	175.	185.	280.	555.	1000.	1450.	2425.
1889	130.	140.	160.	175.	185.	280.	555.	1000.	1450.	2400.

Capped Bust $2.50 quarter eagle

Date of authorization: April 2, 1792
Dates of issue: 1796-1807
Designer/Engraver: Robert Scot
Diameter (Millimeters/inches): 20.00mm/0.79 inch
Weight (Grams/ounces): 4.374 grams/0.14063 ounce
Metallic content: 91.67% gold, 8.33% copper and silver
Weight of pure gold: 4.009 grams/0.12889 ounce
Edge: Reeded
Mint mark: None

	F-12	VF-20	EF-40	AU-50	AU-55	MS-60	MS-62	MS-63	MS-64	MS-65
1796 No Stars										
	10500.	19000.	29500.	53500.	75000.	165000.	—	—	—	725000.
1796 Stars	8750.	13500.	23500.	45000.	45000.	115000.	—	—	—	—
1797	8250.	10000.	12000.	23500.	45000.	125000.	—	—	—	—
1798	3400.	5050.	8000.	17000.	33000.	40000.	57500.	90000.	—	250000.
1802/1	2950.	4100.	5150.	7200.	11750.	21500.	47500.	75000.	—	—
1804 13 Stars										
	16500.	27500.	57500.	115000.	165000.		—			
1804 14 Stars										
	3250.	4350.	5200.	7200.	11750.	22500.	—	—	—	—
1805	2950.	4400.	5400.	7200.	11750.	23500.	—	—	—	—
1806/4	3150.	4300.	5100.	7150.	11750.	22500.	—	—	—	—
1806/5	7000.	14000.	—	—	57500.	—	175000.	—	—	—
1807	2750.	4100.	5000.	7100.	11500.	21000.	—	50000.	—	—

— = Insufficient pricing data   * = None Issued   FV = Face Value

Capped Draped Bust
$2.50 quarter eagle

Date of authorization:	April 2, 1792
Dates of issue:	1808
Designer/Engraver:	John Reich
Diameter (Millimeters/inches):	20.00mm/0.79 inch
Weight (Grams/ounces):	4.374 grams/0.14063 ounce
Metallic content:	91.67% gold, 8.33% copper and silver
Weight of pure gold:	4.009 grams/0.12889 ounce
Edge:	Reeded
Mint mark:	None

	F-12	VF-20	EF-40	AU-50	AU-55	MS-60	MS-62	MS-63	MS-64	MS-65
1808	8250.	13500.	18500.	26500.	32500.	45000.	75000.	——	——	——

— = Insufficient pricing data   * = None Issued   FV = Face Value

Capped Head $2.50 quarter eagle

Date of authorization: April 2, 1792
Dates of issue: 1821-1834
Designers: Obverse: John Reich-Robert Scot
Reverse: John Reich
Engravers: Obverse: Robert Scot
Reverse: John Reich
Diameter (Millimeters/inches): (1821-1827): 18.50mm/0.73 inch
(1829-1834): 18.20mm/0.72 inch
Weight (Grams/ounces): 4.374 grams/0.14063 ounce
Metallic content: 91.67% gold, 8.33% copper and silver
Weight of pure gold: 4.009 grams/0.12889 ounce
Edge: Reeded
Mint mark: None

	F-12	VF-20	EF-40	AU-50	AU-55	MS-60	MS-62	MS-63	MS-64	MS-65
1821	3000.	3425.	4250.	6750.	10000.	17000.	24500.	38500.	—	—
1824/1	2950.	3400.	4150.	5500.	9500.	16000.	19500.	28000.	—	—
1825	2900.	3450.	4100.	5400.	7550.	13500.	18000.	27000.	50000.	—
1826	3650.	4500.	5350.	9500.	18500.	37500.	—	—	—	—
1827	3750.	4450.	4900.	8000.	12500.	19000.	26500.	39000.	—	—
REDUCED DIAMETER										
1829	2700.	3250.	4175.	5300.	7175.	10000.	12000.	15000.	31500.	—
1830	2800.	3350.	4200.	5350.	7150.	10000.	11750.	15250.	32000.	69000.
1831	2850.	3375.	4250.	5400.	7200.	10250.	12250.	15500.	32000.	70000.
1832	2800.	3350.	4200.	5375.	7250.	12000.	15000.	22500.	—	—
1833	3050.	3500.	4350.	5600.	7350.	13000.	17000.	27500.	—	—
1834	6750.	10000.	20000.	48000.	—	—	—	—	—	—

Classic Head $2.50 quarter eagle

Date of authorization:	June 28, 1834, Jan. 18, 1837
Dates of issue:	1834-1839
Designers:	Obverse: William Kneass
	Reverse: John Reich-William Kneass
Engraver:	William Kneass
Diameter (Millimeters/inches):	18.20mm/0.72 inch
Weight (Grams/ounces):	4.180 grams/0.13439 ounce
Metallic content:	(1834-1836): 89.92% gold, 10.08% copper and silver
	(1837-1839): 90% gold, 10% copper and silver
Weight of pure gold:	(1834-1836): 3.758 grams/0.12082 ounce
	(1837-1839): 3.762 grams/0.12095 ounce
Edge:	Reeded
Mint mark:	1838-1839 only, obverse above date

	F-12	VF-20	EF-40	EF-45	AU-50	AU-55	MS-60	MS-62	MS-63
1834 No Motto	200.	275.	400.	500.	600.	850.	1650.	3000.	5000.
1835	200.	275.	415.	525.	690.	925.	2050.	3400.	8500.
1836	200.	275.	400.	500.	590.	825.	1800.	3200.	5250.
1837	200.	275.	415.	525.	725.	1100.	2500.	3800.	10000.
1838	200.	275.	400.	515.	700.	1000.	2100.	3550.	8000.
1838-C	575.	1150.	2500.	3400.	7000.	13500.	29000.	40000.	57000.
1839/8	210.	290.	650.	850.	1700.	2150.	4000.	—	13000.
1839-C 9 Over 8	435.	875.	2000.	2600.	3000.	7750.	22500.	37500.	52500.
1839-D 9 Over 8	485.	1075.	2150.	3100.	4750.	9000.	26000.	36500.	50000.
1839-O	350.	450.	875.	1150.	1750.	2600.	5250.	11500.	22000.

— = Insufficient pricing data   *** = None issued**   **FV = Face Value**

Coronet quarter eagle Trend graph

..... AU.50 — MS.60 - - SERIES

Coronet $2.50 quarter eagle

Date of authorization:	Jan. 18, 1837
Dates of issue:	1840-1907
Designers:	Obverse: Christian Gobrecht
	Reverse: Christian Gobrecht-John Reich-William Kneass
Engraver:	Christian Gobrecht
Diameter (Millimeters/inches):	18.20mm/0.72 inch
Weight (Grams/ounces):	4.180 grams/0.13439 ounce
Metallic content:	90% gold, 10% copper
Weight of pure gold:	3.762 grams/0.12095 ounce
Edge:	Reeded
Mint mark:	Reverse below eagle

	F-12	VF-20	EF-40	EF-45	AU-50	AU-55	MS-60	MS-62	MS-63
1840	160.	350.	750.	1500.	3850.	—	8500.	—	—
1840-C	355.	600.	1300.	2500.	4750.	9500.	16500.	36000.	—
1840-D	750.	2050.	7750.	11500.	22500.	—	—	—	—
1840-O	190.	330.	725.	1150.	2200.	3000.	8000.	18000.	—
1841	—	—	65000.	—	125000.	—	—	—	—
1841-C	280.	575.	1250.	1800.	3250.	7000.	21000.	—	—
1841-D	550.	1200.	2750.	4750.	9750.	16000.	25500.	—	50000.
1842	330.	800.	3100.	3800.	—	15000.	—	—	—
1842-C	575.	1175.	2550.	4000.	8000.	—	20000.	—	—
1842-D	650.	1400.	2800.	6750.	14500.	—	—	—	—
1842-O	225.	425.	1500.	1750.	2850.	5750.	16000.	—	—

— = Insufficient pricing data   * = None Issued   FV = Face Value

CORONET $2.50 QUARTER EAGLE (CONTINUED)

	F-12	VF-20	EF-40	EF-45	AU-50	AU-55	MS-60	MS-62	MS-63
1843	145.	160.	230.	265.	400.	825.	1900.	3000.	4100.
1843-C Large Date	500.	600.	975.	1500.	3450.	5000.	7750.	—	—
1843-C Small Date	1075.	1850.	4750.	6000.	10000.	21000.	—	—	—
1843-D	415.	575.	1100.	1350.	2050.	3500.	8500.	—	—
1843-O Large Date	225.	325.	500.	800.	1450.	4100.	8250.	—	28500.
1843-O Small Date	155.	190.	240.	305.	400.	825.	1850.	—	3800.
1844	275.	490.	900.	1175.	2250.	3750.	7500.	—	—
1844-C	390.	775.	1700.	3250.	6500.	14500.	—	—	—
1844-D	365.	600.	1075.	1300.	1900.	3100.	8000.	—	31000.
1845	150.	220.	290.	330.	525.	950.	2150.	2750.	3900.
1845-D	400.	725.	1150.	1750.	2800.	5000.	11750.	—	—
1845-O	550.	1100.	2150.	2900.	5750.	8500.	15000.	—	—
1846	215.	365.	490.	600.	1150.	2100.	6400.	—	—
1846-C	575.	950.	2100.	3800.	8500.	—	20500.	29000.	46500.
1846-D	445.	675.	1100.	1400.	2350.	5500.	11000.	—	—
1846-O	160.	280.	480.	575.	1050.	1950.	5850.	26500.	—
1847	140.	235.	430.	550.	975.	1900.	5500.	6500.	11000.
1847-C	420.	590.	1000.	1400.	1950.	3400.	6500.	11000.	22500.
1847-D	430.	650.	1050.	1500.	2075.	4500.	10750.	18500.	—
1847-O	150.	275.	445.	590.	1050.	1950.	4000.	—	—
1848	300.	525.	1000.	1350.	2200.	2850.	6250.	9000.	—
1848 CAL.	7000.	9000.	16000.	18000.	22500.	31000.	37500.	42500.	57500.
1848-C	400.	625.	1250.	1950.	2650.	5750.	14250.	—	—
1848-D	425.	600.	1100.	1450.	1850.	3350.	8000.	—	—
1849	145.	255.	450.	565.	1000.	1800.	3100.	—	—
1849-C	410.	715.	1700.	2700.	4900.	12000.	21250.	—	—
1849-D	430.	725.	1075.	1700.	2650.	6000.	13750.	—	—
1850	135.	160.	185.	215.	305.	700.	1350.	2100.	3500.
1850-C	325.	775.	1400.	2000.	3250.	6500.	16500.	—	—
1850-D	375.	700.	1150.	1800.	2400.	5600.	14500.	—	—
1850-O	160.	250.	350.	475.	1250.	2150.	5450.	7500.	14000.
1851	135.	145.	170.	180.	215.	265.	350.	875.	1850.
1851-C	350.	700.	1450.	2150.	3950.	7000.	17000.	38000.	—
1851-D	400.	700.	1075.	1650.	2650.	6000.	13500.	—	—
1851-O	145.	165.	325.	425.	975.	2750.	5250.	—	13750.
1852	135.	160.	180.	190.	240.	275.	355.	850.	1700.
1852-C	400.	675.	1300.	1750.	3450.	8750.	—	—	—
1852-D	485.	1050.	2800.	3750.	6500.	8500.	16500.	—	—
1852-O	145.	185.	300.	400.	800.	1550.	5750.	—	—
1853	135.	145.	160.	170.	205.	255.	345.	825.	1650.
1853-D	550.	1300.	2300.	2900.	4350.	7750.	17250.	—	—
1854	135.	145.	160.	170.	205.	255.	360.	1000.	2100.
1854-C	365.	825.	1650.	3100.	4000.	6000.	18000.	35000.	—
1854-D	1900.	2850.	6000.	7500.	13500.	—	—	—	—
1854-O	150.	200.	250.	285.	400.	575.	1800.	2650.	5250.
1854-S	32500.	57500.	—	—	—	—	—	—	—
1855	135.	150.	170.	180.	215.	265.	365.	1050.	2450.
1855-C	620.	1350.	3250.	4250.	6750.	16500.	32500.	—	—
1855-D	1900.	3900.	8000.	9000.	16000.	31000.	—	—	—
1856	125.	150.	170.	180.	205.	250.	335.	950.	2250.
1856-C	490.	900.	2200.	2900.	4900.	9500.	19000.	—	—
1856-D	3950.	5500.	9500.	12500.	18000.	—	37500.	—	—
1856-O	175.	425.	675.	900.	1500.	3600.	7500.	—	—
1856-S	150.	205.	415.	650.	875.	1900.	6350.	7250.	12500.
1857	135.	145.	175.	185.	205.	255.	340.	1000.	2500.
1857-D	500.	1000.	2000.	3000.	3500.	5750.	13250.	—	—

— = Insufficient pricing data   *** = None issued**   **FV = Face Value**

	F-12	VF-20	EF-40	EF-45	AU-50	AU-55	MS-60	MS-62	MS-63
1857-O	155.	180.	375.	600.	1450.	2150.	6250.	9000.	17000.
1857-S	150.	180.	400.	575.	850.	1850.	5500.	—	16000.
1858	135.	155.	220.	260.	350.	625.	1600.	2400.	3550.
1858-C	340.	600.	1200.	1450.	2550.	3950.	9750.	21500.	—
1859 Reverse of 1858	185.	225.	450.	525.	875.	1675.	3750.	6250.	12500.
1859 Reverse of 1859-1907									
	135.	150.	270.	350.	500.	600.	1350.	2300.	3700.
1859-D	550.	1250.	2950.	3400.	4900.	8250.	25500.	—	—
1859-S	225.	525.	875.	1200.	2700.	3900.	9000.	—	16500.
1860 Reverse of 1858	2500.	2750.	3450.	4250.	5750.	7000.	11000.	—	—
1860 Small Letters & Arrowhead, Reverse of 1859-1907									
	135.	155.	255.	345.	475.	550.	1200.	1750.	3300.
1860-C	375.	850.	1750.	2250.	3850.	10000.	26500.	—	60000.
1860-S	195.	300.	700.	900.	1400.	2450.	4400.	7500.	15000.
1861 Reverse of 1858	600.	1000.	1450.	1650.	2250.	3100.	5000.	8000.	13500.
1861 Reverse of 1859-1907									
	135.	145.	175.	185.	205.	240.	325.	650.	1100.
1861-S	210.	425.	1050.	1500.	3750.	5750.	—	—	—
1862	140.	170.	255.	350.	500.	650.	1700.	2400.	3750.
1862/1	600.	1000.	2200.	2650.	3400.	4100.	12000.	—	—
1862-S	485.	950.	2150.	3050.	4350.	8500.	20000.	—	—
1863 Proofs Only Prf 60 $19000 Prf 63 $37500 Prf 64 $50000.									
1863-S	400.	650.	1800.	3300.	5000.	9000.	19000.	—	—
1864	2750.	5500.	14000.	21000.	27500.	—	—	—	—
1865	2200.	4250.	8500.	13500.	23000.	—	—	—	—
1865-S	180.	285.	625.	1250.	1600.	2350.	5750.	—	—
1866	650.	1350.	3500.	4550.	7000.	—	16500.	—	—
1866-S	195.	325.	950.	1350.	2000.	3600.	9750.	—	25500.
1867	200.	385.	575.	825.	1350.	1800.	3600.	4850.	7750.
1867-S	190.	270.	625.	850.	1650.	2250.	—	—	—
1868	160.	205.	345.	425.	615.	925.	2800.	—	9000.
1868-S	160.	190.	500.	675.	1100.	1750.	5500.	7500.	13500.
1869	165.	185.	375.	500.	650.	1400.	3250.	—	9500.
1869-S	175.	235.	450.	575.	800.	1550.	5300.	—	14000.
1870	155.	180.	350.	475.	650.	1000.	3000.	5000.	9250.
1870-S	160.	200.	400.	625.	1175.	1700.	4950.	9250.	—
1871	160.	180.	300.	390.	500.	985.	2400.	3150.	5250.
1871-S	155.	175.	340.	400.	510.	900.	2550.	3250.	5400.
1872	250.	425.	650.	800.	1600.	2600.	6000.	—	—
1872-S	165.	225.	490.	550.	1125.	1650.	5000.	7250.	12000.
1873 Closed 3	140.	155.	185.	225.	260.	350.	625.	1000.	1950.
1873 Open 3	135.	145.	165.	175.	190.	240.	325.	650.	1125.
1873-S	170.	220.	475.	550.	1100.	1350.	2600.	4000.	7750.
1874	180.	230.	365.	405.	710.	1350.	2650.	4200.	8250.
1875	2500.	3500.	4650.	5500.	7250.	10750.	18000.	—	—
1875-S	145.	190.	335.	450.	675.	1000.	3850.	5000.	10750.
1876	170.	320.	535.	675.	950.	1850.	3550.	4250.	10500.
1876-S	145.	215.	525.	650.	1050.	1950.	3900.	5500.	11500.
1877	305.	385.	540.	675.	875.	1275.	2750.	3650.	6750.
1877-S	140.	155.	165.	175.	220.	280.	750.	1850.	3250.
1878	135.	145.	155.	165.	180.	200.	305.	635.	975.
1878-S	135.	145.	160.	170.	200.	230.	385.	1000.	2600.
1879	135.	145.	155.	165.	185.	210.	325.	650.	1300.
1879-S	140.	170.	225.	375.	850.	1200.	2200.	2700.	5800.
1880	155.	225.	290.	350.	475.	575.	1250.	1800.	3800.

— = Insufficient pricing data   * = None Issued   FV = Face Value

CORONET $2.50 QUARTER EAGLE (CONTINUED)

	F-12	VF-20	EF-40	EF-45	AU-50	AU-55	MS-60	MS-62	MS-63
1881	725.	1400.	2450.	2900.	4100.	5700.	10000.	22500.	——
1882	180.	220.	255.	280.	390.	425.	750.	1500.	3150.
1883	180.	245.	475.	550.	800.	1100.	1900.	2450.	5500.
1884	180.	230.	385.	410.	525.	725.	1700.	2000.	3500.
1885	400.	750.	1450.	1650.	2200.	2750.	4300.	5800.	7500.
1886	165.	210.	265.	290.	400.	575.	1250.	1650.	3400.
1887	165.	190.	220.	245.	350.	400.	1050.	1500.	3000.
1888	165.	180.	195.	210.	255.	280.	475.	630.	1150.
1889	165.	180.	195.	205.	220.	250.	435.	625.	1125.
1890	165.	180.	195.	205.	230.	265.	530.	850.	1400.
1891	165.	180.	190.	200.	210.	240.	425.	700.	1300.
1892	165.	205.	275.	300.	475.	550.	925.	1200.	2400.
1893	145.	160.	185.	195.	205.	230.	400.	675.	1075.
1894	155.	180.	270.	295.	375.	425.	635.	1000.	1700.
1895	135.	140.	190.	200.	230.	255.	450.	675.	1100.
1896	135.	140.	155.	165.	175.	190.	315.	615.	950.
1897	135.	145.	160.	170.	185.	200.	290.	600.	950.
1898	135.	140.	155.	165.	175.	190.	280.	610.	975.
1899	135.	140.	155.	170.	190.	205.	300.	625.	1000.
1900	135.	140.	155.	165.	175.	190.	280.	600.	925.
1901	135.	140.	155.	165.	175.	190.	280.	600.	900.
1902	135.	140.	155.	165.	175.	190.	280.	600.	925.
1903	135.	140.	155.	165.	175.	190.	280.	600.	950.
1904	135.	140.	155.	165.	175.	190.	280.	600.	925.
1905	135.	140.	155.	165.	175.	190.	280.	600.	925.
1906	135.	140.	155.	165.	175.	190.	280.	600.	900.
1907	135.	140.	155.	165.	175.	190.	280.	600.	875.

Indian Head quarter eagle Trend graph

····· AU.50 ── MS.65 -- SERIES

Indian Head $2.50 quarter eagle

Date of authorization:	Jan. 18, 1837
Dates of issue:	1908-1929
Designer:	Bela Lyon Pratt
Engraver:	Charles Barber
Diameter (Millimeters/inches):	17.78mm/0.70 inc
Weight (Grams/ounces):	4.180 grams/0.13439 ounce
Metallic content:	90% gold, 10% copper
Weight of pure gold:	3.762 grams/0.12095 ounce
Edge:	Reeded
Mint mark:	Reverse lower left

	F-12	VF-20	EF-40	AU-50	AU-55	MS-60	MS-62	MS-63	MS-64	MS-65
1908	130.	140.	155.	170.	185.	235.	410.	950.	1650.	4650.
1909	130.	140.	155.	170.	185.	265.	410.	975.	1750.	4950.
1910	130.	140.	155.	170.	185.	240.	410.	1000.	2350.	5750.
1911	130.	140.	155.	170.	185.	235.	410.	950.	1950.	6000.
1911-D	340.	500.	975.	1350.	1600.	2550.	3600.	6750.	10000.	45000.
1912	130.	140.	160.	180.	200.	275.	450.	1050.	2300.	6500.
1913	130.	140.	155.	170.	185.	245.	425.	1900.	2300.	5050.
1914	135.	145.	165.	185.	225.	550.	1400.	2500.	6000.	12500.
1914-D	130.	140.	160.	175.	200.	365.	550.	1250.	3850.	24000.
1915	130.	140.	155.	170.	185.	235.	390.	950.	1950.	4950.
1925-D	130.	135.	150.	165.	175.	225.	390.	900.	1450.	4600.
1926	130.	135.	150.	165.	175.	225.	390.	900.	1400.	4600.
1927	130.	135.	150.	165.	175.	225.	390.	900.	1750.	4800.
1928	130.	135.	150.	165.	175.	225.	390.	925.	2000.	4700.
1929	130.	135.	150.	165.	175.	225.	390.	935.	2500.	5200.

— = Insufficient pricing data   ***** = None Issued   **FV** = Face Value

$3 gold Trend graph

Legend: ----- EF.40 ——— MS.65 -- SERIES

Indian Head $3 gold

Date of authorization:	Feb. 21, 1853
Dates of issue:	1854-1889
Designer/Engraver:	James B. Longacre
Diameter (Millimeters/inches):	20.63mm/0.81 inch
Weight (Grams/ounces):	5.015 grams/0.16124 ounce
Metallic content:	(1854-1873): 90% gold, 10% copper and silver
	(1873-1889): 90% gold, 10% copper
Weight of pure gold:	4.5135 grams/0.14511 ounce
Edge:	Reeded
Mint mark:	Reverse below wreath

	F-12	VF-20	EF-40	AU-50	AU-55	MS-60	MS-62	MS-63	MS-64	MS-65
1854	420.	590.	605.	725.	950.	1850.	3100.	5600.	8000.	14500.
1854-D	4750.	6750.	12500.	23500.	40000.	80000.	125000.	—	—	—
1854-O	470.	725.	1025.	2350.	3400.	22500.	—	—	—	—
1855	420.	600.	640.	745.	975.	2100.	3950.	6250.	9500.	18750.
1855-S	650.	975.	1750.	4900.	7750.	21000.	—	—	—	—
1856	420.	590.	650.	800.	1000.	2150.	4050.	6750.	11500.	23500.
1856-S	490.	650.	900.	1700.	2900.	8500.	—	22500.	—	—
1857	420.	595.	650.	950.	1575.	2650.	4500.	9500.	17500.	30500.
1857-S	675.	1075.	1800.	4100.	7500.	17000.	—	—	—	—
1858	625.	800.	1300.	2150.	3400.	6500.	8000.	16500.	—	—
1859	420.	625.	650.	750.	1200.	2250.	4150.	5950.	8500.	19000.

— = Insufficient pricing data   * = None Issued   FV = Face Value

	F-12	VF-20	EF-40	AU-50	AU-55	MS-60	MS-62	MS-63	MS-64	MS-65
1860	420.	630.	665.	1125.	1400.	2300.	4250.	6200.	9750.	19500.
1860-S	550.	750.	1650.	4500.	9250.	—	—	—	—	—
1861	535.	675.	800.	1300.	1550.	2550.	4550.	8600.	13750.	23000.
1862	535.	675.	800.	1325.	1600.	2750.	4500.	8400.	14000.	24750.
1863	550.	690.	800.	1350.	1650.	2775.	4600.	8600.	13000.	19750.
1864	560.	700.	825.	1400.	1700.	2800.	4650.	8900.	14000.	24000.
1865	700.	1175.	2450.	3600.	4750.	10000.	14000.	20000.	27500.	42500.
1866	600.	710.	925.	1275.	1625.	2700.	4550.	8550.	13200.	23750.
1867	580.	705.	975.	1350.	1600.	2600.	4650.	8800.	13250.	23250.
1868	565.	685.	900.	1250.	1550.	2550.	4500.	8350.	13150.	23500.
1869	585.	715.	1000.	1350.	1650.	3900.	5250.	9150.	16500.	27000.
1870	585.	715.	1000.	1375.	1800.	4000.	5400.	10000.	20000.	35000.
1870-S	—	—	900000.	—	—	—	—	—	—	—
1871	600.	725.	1025.	1450.	1700.	3300.	4450.	8650.	14250.	25000.
1872	590.	710.	1000.	1400.	1725.	3400.	4550.	8750.	14750.	26000.
1873 Open 3 Proof Only				10750.	14500.	20500.	26000.	32500.	50000.	90000.
1873 Closed 3 originals										
	1900.	3000.	4000.	6000.	10500.	24000.	—	—	—	—
1874	410.	565.	595.	720.	825.	1750.	2850.	4900.	6750.	12000.
1875 Proof Only	—	—	—	—	30000.	40000.	50000.	67500.	100000.	215000.
1876 Proof Only	—	—	—	11000.	14000.	17500.	20000.	24500.	31000.	67500.
1877	745.	1125.	2650.	5750.	7500.	15500.	—	37500.	—	—
1878	405.	560.	590.	710.	800.	1700.	2800.	4850.	6650.	11750.
1879	460.	625.	825.	1100.	1400.	2350.	3400.	5750.	7250.	15000.
1880	470.	715.	1250.	1800.	2350.	2700.	3450.	6100.	8000.	18000.
1881	600.	1050.	2000.	3650.	4300.	6000.	7800.	11000.	19000.	38500.
1882	500.	690.	1225.	1500.	1800.	2750.	3700.	6150.	8100.	18750.
1883	505.	700.	1200.	1850.	2600.	3300.	3800.	6300.	8600.	21500.
1884	700.	950.	1400.	1900.	2500.	3100.	3750.	6200.	8500.	22000.
1885	650.	875.	1350.	1800.	2450.	3250.	3850.	6250.	8850.	22500.
1886	575.	800.	1325.	1850.	2600.	3350.	3900.	6400.	8700.	23000.
1887	470.	615.	725.	1050.	1200.	2200.	2950.	5250.	6850.	12750.
1888	470.	615.	725.	1050.	1200.	2200.	2950.	5200.	6850.	12850.
1889	470.	615.	725.	1050.	1200.	2200.	2950.	5250.	6850.	12850.

— = Insufficient pricing data   *** = None issued**   **FV = Face Value**

Capped Bust $5 half eagle

Date of authorization: April 2, 1792
Dates of issue: 1795-1807
Designer/Engraver: Robert Scot
Diameter (Millimeters/inches): 25.00mm/0.99 inch
Weight (Grams/ounces): 8.748 grams/0.28125 ounce
Metallic content: 91.67% gold, 8.33% copper and silver
Weight of pure gold: 8.0193 grams/0.25783 ounce
Edge: Reeded
Mint mark: None

	F-12	VF-20	EF-40	AU-50	MS-60	MS-62	MS-63	MS-64	MS-65
SMALL EAGLE									
1795	5500.	7000.	11000.	15000.	30500.	—	—	—	—
1796/5	6000.	8000.	13000.	23000.	57500.	—	—	—	—
1797 15 Stars	8000.	13500.	26000.	40000.	—				
1797 16 Stars	7250.	9000.	22500.	36000.	90000.	115000.	190000.	—	—
1798	—	30000.	58500.						
HERALDIC EAGLE									
1795	6250.	7000.	17000.	34000.	82500.	105000.	—	—	—
1797/5	4500.	7500.	16500.	51000.	—				
1797 16 Stars									
1798 Small 8	1750.	2500.	4750.	15500.	—	—	—	—	—
1798 Large 8, 13 Stars									
	1475.	2100.	2950.	5750.	15500.	21500.	36500.	—	—
1798 Large 8, 14 Stars									
	1850.	2950.	7250.	20000.	—				
1799 Large 9, Small Stars									
	1600.	1850.	3500.	8000.	19500.	24000.	48500.	—	—
1799 Large Stars	1950.	2650.	4850.	11500.	—	27500.	—	—	—
1800	1325.	1700.	2000.	2950.	5650.	8250.	19500.	39000.	—
1802/1	1300.	1675.	1950.	2900.	4950.	7700.	12750.	30000.	100000.
1803/2	1300.	1675.	1950.	2900.	4900.	7650.	12500.	30500.	98000.
1804 Small 8	1400.	1735.	1975.	2950.	5500.	9250.	20500.	37500.	—
1804 Small 8/Large 8	1425.	1750.	2300.	3400.	5950.	9750.	21500.	40000.	—
1805	1350.	1725.	1950.	2900.	5050.	7900.	13000.	31500.	—
1806 Pointed 6, 8X5 Stars									
	1550.	1825.	2125.	3900.	10000.	15000.	30000.	—	—
1806 Round 6, 7X6 Stars									
	1300.	1650.	1925.	2875.	4900.	7650.	12250.	23000.	—
1807 Right	1350.	1675.	2000.	2900.	4950.	7700.	12750.	31500.	—

— = Insufficient pricing data   * = None Issued   FV = Face Value

Capped Draped Bust $5 half eagle

Date of authorization:	April 2, 1792
Dates of issue:	1807-1812
Designer/Engraver:	John Reich
Diameter (Millimeters/inches):	25.00mm/0.99 inch
Weight (Grams/ounces):	8.748 grams/0.28125 ounce
Metallic content:	91.67% gold, 8.33% copper and silver
Weight of pure gold:	8.0193 grams/0.25783 ounce
Edge:	Reeded
Mint mark:	None

	F-12	VF-20	EF-40	AU-50	MS-60	MS-62	MS-63	MS-64	MS-65
1807	1375.	1725.	1950.	2875.	5050.	7750.	11750.	24000.	92500.
1808/7	1550.	1875.	2100.	4850.	10750.	17500.	24000.	39500.	—
1808	1325.	1675.	1925.	2875.	5000.	7700.	12500.	—	—
1809/8	1300.	1650.	1900.	2850.	4900.	7600.	11650.	23750.	—
1810 Small Date, Small 5									
	9500.	14000.	25000.	45000.	—	—	—	—	—
1810 Small Date, Tall 5									
	1800.	2000.	2150.	3350.	6350.	9350.	21000.	35500.	—
1810 Large Date, Small 5									
	4000.	5000.	8000.	16000.	—	—	—	—	—
1810 Large Date, Large 5									
	1375.	1700.	1975.	2875.	4900.	7550.	11500.	23500.	—
1811 Small 5	1325.	1675.	1950.	2850.	4850.	7800.	15000.	31500.	—
1811 Tall 5	1375.	1700.	2000.	3250.	5850.	10000.	30000.	62500.	—
1812	1275.	1625.	1900.	2850.	4900.	7600.	12000.	25000.	90000.

— = Insufficient pricing data   ° = None Issued   FV = Face Value

Capped Head $5 half eagle

Date of authorization:	April 2, 1792	
Dates of issue:	1813-1834	
Designers:	Obverse: John Reich-Robert Scot	
	Reverse: John Reich	
Engraver:	Obverse: Robert Scot	
	Reverse: John Reich	
Diameter (Millimeters/inches):	(1813-1829): 25.00mm/0.99 inch	
	(1829-1834): 22.50mm/0.89 inch	
Weight (Grams/ounces):	8.748 grams/0.28125 ounce	
Metallic content:	91.67% gold, 8.33% copper and silver	
Weight of pure gold:	8.0193 grams/0.25783 ounce	
Edge:	Reeded	
Mint mark:	None	

	F-12	VF-20	EF-40	AU-50	MS-60	MS-62	MS-63	MS-64	MS-65
1813	1500.	1675.	1925.	3100.	5900.	8500.	18500.	30000.	80000.
1814/3	1775.	2100.	2300.	3800.	8750.	17000.	29500.	55000.	
1815	——	——	45000.	75000.	155000.				
1818	1750.	2050.	2350.	3900.	8500.	15250.	26000.	——	
1818 STATESOF	——	——	3750.	5750.	17500.	28500.	55000.	——	
1818 5D/50	——	——	——	11500.	——	——	70000.		
1819 Wide Date	——	——	25000.	55000.	——				
1819 Close Date	——	——	——	50000.	——				
1819 5D/50	——	9250.	17000.	35000.	——				
1820 Curved Base 2, Small Letters									
1775.	2150.	4600.	7000.	——					
1820 Curved Base 2, Large Letters									
1800.	2175.	4650.	7250.	——					
1820 Square Base 2, Large Letters									
1750.	2125.	2800.	5300.	11000.	16500.	26500.	35500.	87500.	
1821	2300.	3700.	7100.	13500.	27500.	35000.	58500.	——	
1822		1250000.							
1823	1825.	2075.	4250.	6900.	15500.	24500.	45500.	——	
1824	3750.	6100.	10500.	18500.	30500.	36500.	51000.	70000.	
1825/1	3500.	4750.	6000.	13250.	28000.	35000.	50500.	100000.	
1825/4	——	——	265000.	——					
1826	2900.	6000.	7050.	14000.	25000.	——			
1827	——	——	——	35000.	48500.	75000.	——		
1828/7	——	——	37500.	100000.	150000.	——			
1828	——	——	32500.	75000.	——				

	F-12	VF-20	EF-40	AU-50	MS-60	MS-62	MS-63	MS-64	MS-65
1829 Large Planchet	——	——	——	——	——	——	——	250000.	——
1829 Small Planchet	——	——	75000.	175000.	——	——	——	——	——
1830 Small 5D	3500.	5550.	6500.	8400.	15500.	25000.	46500.	82500.	——
1830 Large 5D	3800.	5800.	7050.	9250.	17500.	28500.	53500.	——	——
1831 Small 5D	3950.	6000.	7400.	10750.	24500.	——	——	——	——
1831 Large 5D	3600.	5650.	6600.	8400.	16500.	27500.	48500.	85000.	175000.
1832 Curl Base 2, 12 Stars	100000.								
1832 Square Base 2, 13 Stars		5900.	7150.	10500.	17750.	29000.	54500.	——	——
1833	3450.	5550.	6400.	8250.	14500.	23500.	35000.	77500.	——
1834 Plain 4	3500.	5600.	6450.	9750.	17500.	28500.	53500.	82500.	——
1834 Crosslet 4	4250.	6100.	7750.	12500.	30000.	——	——	——	——

Classic Head $5 half eagle

Date of authorization:	April 2, 1792
Dates of issue:	1834-1838
Designer:	Obverse: William Kneass
	Reverse: John Reich-William Kneass
Engraver:	William Kneass
Diameter (Millimeters/inches):	22.50mm/0.89 inch
Weight (Grams/ounces):	8.359 grams/0.26875 ounce
Metallic content:	(1834-1836): 89.92% gold, 10.08% copper and silver
	(1837-1838): 90% gold, 10% copper and silver
Weight of pure gold:	(1834-1836): 7.5164 grams/0.24166 ounce
	(1837-1838): 7.5231 grams/0.24187 ounce
Edge:	Reeded
Mint mark:	1838 only, obverse above date

	F-12	VF-20	EF-40	EF-45	AU-50	AU-55	MS-60	MS-62	MS-63
1834 Plain 4	255.	315.	400.	490.	675.	1300.	2650.	3900.	8250.
1834 Crosslet 4	600.	1350.	2750.	3650.	6000.	8250.	16500.	——	42500.
1835	255.	310.	415.	500.	675.	1300.	2600.	4750.	9250.
1836	255.	310.	400.	490.	675.	1250.	2550.	4000.	8000.
1837	275.	325.	470.	585.	750.	1375.	3500.	——	12000.
1838	265.	320.	435.	525.	735.	1350.	3300.	5250.	13000.
1838-C	950.	1650.	4000.	5750.	14500.	——	37500.	——	——
1838-D	910.	1575.	2750.	3800.	5650.	11250.	30000.	——	——

— = Insufficient pricing data   *** = None issued**   **FV = Face Value**

Coronet half eagle Trend graph

```
----- AU.50   ——— MS.60   - - SERIES
```

Coronet $5 half eagle

Date of authorization:	Jan. 18, 1837
Dates of issue:	1839-1908
Designers:	Obverse: Christian Gobrecht
	Reverse: John Reich-William Kneass-Christian Gobrecht
Engraver:	Christian Gobrecht
Diameter (Millimeters/inches):	(1839-1840): 22.50mm/0.89 inch
	(1840-1908): 21.54mm/0.85 inch
Weight (Grams/ounces):	8.359 grams/0.26875 ounce
Metallic content:	(1839-1849): 90% gold, 10% copper and silver
	(1849-1908): 90% gold, 10% copper
Weight of pure gold:	7.5231 grams/0.24187 ounce
Edge:	Reeded
Mint mark:	Reverse below eagle

	F-12	VF-20	EF-40	EF-45	AU-50	AU-55	MS-60	MS-62	MS-63
NO MOTTO									
1839	210.	250.	425.	750.	1300.	1750.	3150.	8500.	20000.
1839-C	525.	1075.	2650.	3500.	7000.	11000.	23500.	——	87500.
1839-D	465.	950.	2450.	3050.	5700.	8000.	17250.	27000.	——
1840 Broad Mill	215.	245.	850.	1200.	2400.	3500.	8250.	——	25000.
1840 Narrow Mill	190.	210.	375.	585.	1350.	2000.	4100.	5000.	12500.

— = Insufficient pricing data   *** = None Issued**   **FV = Face Value**

	F-12	VF-20	EF-40	EF-45	AU-50	AU-55	MS-60	MS-62	MS-63
1840-C	435.	825.	2750.	3900.	8900.	15500.	27500.	——	——
1840-D	440.	775.	1550.	2600.	4250.	7750.	18500.	28000.	——
1840-O Broad Mill	325.	600.	1300.	1750.	2900.	——	——	——	——
1840-O Narrow Mill	235.	425.	925.	1200.	1700.	3000.	6750.	——	——
1841	245.	415.	975.	1250.	1850.	3250.	6000.	7000.	14500.
1841-C	380.	775.	1375.	2100.	2950.	6250.	22000.	32500.	——
1841-D	385.	725.	1500.	2150.	3250.	6500.	12000.	18500.	33500.
1842 Small Letters	165.	350.	1100.	2300.	4100.	7250.	——	——	——
1842 Large Letters	400.	825.	2500.	3100.	5850.	8750.	——	——	——
1842-C Large Date	390.	775.	1650.	2150.	3500.	5400.	24500.	29000.	40000.
1842-C Small Date	2750.	7500.	27500.	42500.	72500.	90000.	140000.	230000.	——
1842-D Large Date, Large Letters									
	1150.	2150.	5900.	7500.	14500.	25000.	45000.	——	——
1842-D Small Date, Small Letters									
	525.	800.	1150.	2000.	2750.	3800.	17000.	25000.	——
1842-O	375.	800.	3250.	5750.	12750.	——	——	——	42500.
1843	145.	170.	200.	225.	270.	525.	1500.	3850.	9500.
1843-C	400.	760.	1300.	2350.	4650.	7600.	21000.	30000.	40000.
1843-D	390.	660.	950.	1250.	1850.	3000.	6750.	——	26000.
1843-O Small Letters	365.	725.	1950.	2750.	4900.	8750.	19000.	——	——
1843-O Large Letters	180.	260.	1200.	1450.	2650.	4550.	14500.	——	27500.
1844	155.	175.	200.	225.	265.	500.	1350.	3300.	7500.
1844-C	515.	950.	3600.	4400.	8750.	17500.	32000.	——	——
1844-D	500.	685.	1250.	1500.	2400.	4500.	14000.	——	36500.
1844-O	160.	200.	300.	375.	925.	1250.	4450.	7250.	16500.
1845	155.	185.	220.	245.	270.	515.	1550.	5750.	11000.
1845-D	535.	700.	1250.	1450.	1850.	4750.	14250.	17500.	26000.
1845-O	255.	400.	725.	1050.	3000.	5750.	13750.	18000.	26500.
1846 Small Date	160.	180.	230.	325.	800.	1600.	4000.	——	——
1846	145.	170.	215.	265.	350.	525.	1650.	4400.	11250.
1846-C	490.	1100.	2500.	3500.	6750.	12500.	28000.	——	77500.
1846-D	445.	650.	1150.	2000.	3800.	4500.	8000.	——	29000.
1846-O	235.	375.	1000.	1350.	3400.	5750.	10000.	15000.	22500.
1847	145.	170.	195.	240.	325.	450.	1250.	3300.	7000.
1847/7	190.	220.	265.	350.	550.	1100.	2250.	4100.	9000.
1847-C	450.	640.	1350.	1950.	3200.	7250.	18000.	23000.	32500.
1847-D	465.	625.	1300.	1500.	2150.	3750.	7000.	12500.	——
1847-O	600.	2500.	6600.	8750.	16000.	——	——	——	——
1848	155.	185.	205.	255.	425.	775.	1400.	2350.	8500.
1848-C	475.	700.	1000.	1550.	2200.	6400.	19500.	35000.	65000.
1848-D	440.	725.	1325.	1750.	2350.	5750.	14500.	24000.	——
1849	145.	180.	225.	365.	625.	1150.	2900.	5750.	14750.
1849-C	410.	600.	950.	1450.	2050.	4000.	16000.	——	37500.
1849-D	425.	655.	1350.	1850.	2900.	6750.	16500.	23000.	——
1850	210.	275.	675.	775.	1050.	1800.	3750.	——	9250.
1850-C	415.	600.	925.	1550.	2075.	4000.	16000.	25000.	36500.
1850-D	425.	850.	1400.	2100.	4150.	——	24000.	——	——
1851	155.	175.	210.	235.	280.	500.	1700.	3500.	8750.
1851-C	450.	660.	1250.	1800.	3500.	6850.	19000.	30000.	70000.
1851-D	400.	675.	1425.	2050.	3200.	8500.	15000.	——	37000.
1851-O	280.	600.	1450.	2400.	4750.	6750.	13000.	——	——
1852	145.	160.	185.	210.	260.	440.	1200.	3000.	6250.
1852-C	400.	625.	950.	1450.	2200.	3250.	7000.	——	26500.
1852-D	405.	625.	1150.	1650.	2350.	6000.	12000.	——	——
1853	155.	165.	200.	235.	265.	450.	1150.	3050.	6750.
1853-C	400.	600.	900.	1250.	1600.	2850.	8000.	14500.	34000.

—— = Insufficient pricing data   * = None Issued   FV = Face Value

	F-12	VF-20	EF-40	EF-45	AU-50	AU-55	MS-60	MS-62	MS-63
1853-D	405.	610.	985.	1200.	1550.	2400.	5500.	—	29500.
1854	165.	215.	255.	355.	575.	1100.	1400.	3100.	—
1854-C	435.	800.	1150.	1550.	3200.	8500.	20000.	—	—
1854-D	390.	615.	1100.	1450.	2150.	3400.	8000.	16000.	—
1854-O	240.	300.	400.	800.	1400.	1750.	7850.	15500.	—
1854-S AU-55 $210000.									
1855	155.	170.	230.	255.	275.	625.	1400.	4000.	8750.
1855-C	430.	825.	1550.	2450.	3350.	5250.	18000.	—	40000.
1855-D	435.	800.	1300.	1700.	2700.	4500.	17500.	—	36000.
1855-O	380.	900.	2150.	3000.	6500.	8750.	21000.	—	—
1855-S	215.	335.	1250.	1850.	2900.	5100.	—	—	—
1856	150.	165.	190.	220.	265.	575.	1450.	5500.	13650.
1856-C	425.	725.	1600.	2400.	3850.	7500.	21500.	—	—
1856-D	415.	800.	1250.	2250.	3200.	6750.	14000.	21000.	30000.
1856-O	400.	750.	1650.	2350.	5250.	—	19000.	—	—
1856-S	200.	285.	725.	900.	1400.	—	—	—	36500.
1857	155.	170.	190.	220.	305.	445.	1300.	3150.	8250.
1857-C	370.	625.	1400.	1950.	2600.	4500.	13500.	17500.	31000.
1857-D	415.	650.	1200.	2100.	2950.	8000.	16000.	25000.	—
1857-O	355.	825.	1175.	1900.	5250.	7500.	—	—	—
1857-S	205.	290.	700.	850.	1250.	3000.	7250.	—	—
1858	195.	240.	400.	660.	900.	1550.	3750.	6000.	13550.
1858-C	395.	700.	1100.	1650.	2850.	5150.	13000.	38500.	—
1858-D	425.	750.	1100.	1600.	2250.	4500.	13250.	21000.	—
1858-S	475.	875.	3150.	3750.	7000.	—	—	—	—
1859	200.	260.	410.	675.	1075.	1600.	4750.	7750.	—
1859-C	390.	750.	1600.	2150.	3700.	6400.	18500.	—	52500.
1859-D	440.	785.	1300.	1575.	2300.	4900.	13500.	21500.	30000.
1859-S	600.	1650.	5050.	6000.	7600.	9750.	—	—	—
1860	190.	250.	275.	500.	950.	1800.	3750.	7500.	14250.
1860-C	425.	950.	1950.	2250.	3850.	9000.	14250.	—	—
1860-D	430.	925.	1850.	2350.	3250.	5250.	13750.	22500.	43500.
1860-S	550.	1100.	1500.	2750.	7850.	—	—	—	—
1861	145.	155.	175.	205.	275.	435.	1250.	2900.	6000.
1861-C	750.	1900.	4000.	5500.	7600.	14000.	37500.	75000.	115000.
1861-D	2750.	3900.	6500.	8250.	18500.	29000.	42500.	—	—
1861-S	525.	1200.	4100.	5250.	8250.	—	—	—	—
1862	455.	850.	1500.	2300.	4650.	—	—	—	—
1862-S	1300.	3350.	5750.	8000.	19000.	—	—	—	—
1863	450.	1175.	3250.	4000.	8000.	—	—	—	—
1863-S	425.	1350.	4250.	6500.	13500.	—	—	—	—
1864	360.	675.	1400.	1750.	3850.	5750.	15500.	—	—
1864-S	2900.	8000.	21000.	—	45000.	—	—	—	—
1865	500.	1300.	2750.	5250.	9500.	19000.	37500.	—	—
1865-S	525.	1475.	2250.	3600.	7000.	11500.	25000.	—	—
1866-S	775.	1750.	6000.	7250.	14000.	—	—	—	—
MOTTO ON REVERSE									
1866	375.	850.	1500.	2250.	3800.	5250.	—	—	—
1866-S	600.	900.	3250.	5500.	10000.	—	—	—	—
1867	275.	435.	1400.	1850.	3650.	—	—	—	—
1867-S	750.	1400.	2500.	6750.	14250.	—	—	—	—
1868	265.	430.	900.	2150.	3850.	5500.	12000.	—	—
1868-S	280.	440.	1400.	2550.	5400.	8000.	—	—	—
1869	425.	925.	1375.	2200.	3900.	—	—	—	—
1869-S	365.	575.	1900.	3150.	9000.	—	—	—	—
1870	340.	390.	1150.	1800.	3400.	5500.	—	—	—

— = Insufficient pricing data	* = None Issued	FV = Face Value

	F-12	VF-20	EF-40	EF-45	AU-50	AU-55	MS-60	MS-62	MS-63
1870-CC	1850.	4100.	14000.	21500.	31500.	—	—	—	—
1870-S	500.	1050.	2250.	5500.	13000.	—	—	—	—
1871	385.	725.	1400.	2250.	3650.	6000.	13000.	—	—
1871-CC	600.	1200.	3300.	7750.	15000.	36000.	—	—	—
1871-S	270.	385.	1150.	1800.	3650.	—	24000.	—	—
1872	400.	650.	1000.	1950.	3500.	4750.	12250.	16500.	28500.
1872-CC	565.	1150.	5100.	9500.	20000.	—	—	—	—
1872-S	275.	550.	1350.	2050.	4350.	8750.	19500.	—	—
1873 Closed 3	150.	160.	190.	250.	500.	550.	1100.	4500.	9500.
1873 Open 3	145.	155.	185.	230.	365.	435.	875.	1800.	5750.
1873-CC	1250.	2750.	10500.	17500.	29500.	—	—	—	—
1873-S	340.	700.	1300.	1900.	6000.	9500.	20000.	—	—
1874	315.	500.	1100.	1500.	3350.	4500.	—	—	—
1874-CC	410.	775.	2450.	4350.	11000.	14000.	28500.	—	—
1874-S	425.	850.	2850.	4250.	7500.	—	—	—	—
1875 EF-40 $47500 EF-45 $57500 AU-50 $75000 Prf 63 $50000 Prf 64 $100000									
1875-CC	750.	1700.	4150.	5400.	11500.	—	39500.	—	—
1875-S	500.	950.	2150.	4150.	7000.	13500.	27500.	—	—
1876	445.	900.	2250.	2750.	3900.	6000.	12500.	18500.	27500.
1876-CC	550.	1400.	4350.	5200.	11250.	17500.	—	—	—
1876-S	850.	1550.	3750.	5750.	11500.	—	—	—	—
1877	420.	875.	2150.	2650.	3750.	5400.	—	—	—
1877-CC	465.	1200.	3600.	4350.	8500.	—	—	—	—
1877-S	175.	300.	600.	1100.	2250.	5000.	—	—	—
1878	130.	150.	170.	180.	230.	250.	435.	900.	2100.
1878-CC	1400.	3000.	6750.	9250.	19000.	—	—	—	—
1878-S	130.	155.	175.	190.	240.	525.	875.	1450.	5000.
1879	130.	140.	160.	165.	185.	200.	345.	750.	1450.
1879-CC	385.	500.	1550.	1800.	2950.	5250.	—	—	—
1879-S	140.	155.	170.	180.	210.	270.	850.	1850.	4050.
1880	130.	140.	160.	165.	180.	195.	220.	370.	1300.
1880-CC	270.	375.	675.	775.	1400.	4100.	10000.	—	—
1880-S	130.	140.	160.	165.	180.	195.	235.	360.	1300.
1881	130.	140.	160.	165.	180.	195.	215.	355.	975.
1881/0	250.	315.	600.	675.	800.	1000.	1350.	3000.	70C0.
1881-CC	365.	500.	1600.	3600.	6250.	8500.	17000.	—	—
1881-S	130.	140.	160.	165.	180.	195.	230.	415.	1225.
1882	130.	140.	160.	165.	180.	195.	215.	365.	1000.
1882-CC	235.	265.	465.	525.	850.	1800.	6750.	—	—
1882-S	130.	140.	160.	165.	180.	195.	240.	370.	1175.
1883	130.	140.	160.	165.	190.	205.	550.	700.	1350.
1883-CC	290.	400.	900.	1550.	2950.	7250.	16500.	—	—
1883-S	145.	165.	200.	210.	235.	330.	1000.	1650.	3150.
1884	130.	155.	175.	185.	220.	325.	1050.	1700.	3250.
1884-CC	315.	500.	950.	1800.	2850.	4450.	—	—	—
1884-S	150.	170.	180.	190.	220.	240.	325.	800.	2150.
1885	130.	140.	160.	165.	180.	195.	220.	370.	1175.
1885-S	130.	140.	160.	165.	180.	190.	205.	355.	1000.
1886	130.	150.	165.	170.	185.	215.	285.	700.	1300.
1886-S	130.	140.	160.	165.	185.	195.	205.	365.	1025.
1887 Proofs Only									
Prf 58 $13500 Prf 60 $23000 Prf 62 $32500 Prf 63 $47500 Prf 64 $75000 Prf 65 $150000.									
1887-S	130.	140.	160.	165.	185.	195.	205.	370.	1075.
1888	140.	160.	200.	225.	290.	350.	625.	1500.	4250.
1888-S	155.	175.	230.	240.	330.	875.	1550.	2750.	—
1889	150.	250.	330.	415.	525.	650.	1025.	2500.	5000.

— = Insufficient pricing data   *** = None Issued**   **FV = Face Value**

CORONET $5 HALF EAGLE (CONTINUED)

	F-12	VF-20	EF-40	EF-45	AU-50	AU-55	MS-60	MS-62	MS-63
1890	215.	325.	475.	550.	650.	800.	1600.	2800.	——
1890-CC	185.	245.	305.	350.	425.	560.	1075.	2000.	5500.
1891	130.	160.	190.	200.	225.	275.	550.	1050.	1700.
1891-CC	175.	235.	270.	330.	365.	415.	600.	1250.	3350.
1892	130.	140.	160.	165.	170.	185.	205.	370.	1500.
1892-CC	180.	240.	275.	350.	450.	875.	1700.	2900.	7300.
1892-O	360.	460.	750.	800.	1200.	1800.	3000.	5500.	——
1892-S	130.	165.	180.	190.	230.	430.	800.	1400.	3950.
1893	130.	140.	160.	165.	170.	185.	205.	355.	965.
1893-CC	185.	245.	310.	385.	475.	775.	1400.	2850.	7250.
1893-O	140.	185.	215.	240.	275.	475.	1200.	2750.	6100.
1893-S	130.	165.	175.	185.	200.	275.	375.	550.	1375.
1894	130.	140.	160.	165.	170.	180.	205.	355.	1025.
1894-O	140.	175.	260.	280.	340.	750.	1450.	2650.	5500.
1894-S	150.	200.	325.	360.	600.	1000.	2400.	3250.	9750.
1895	130.	140.	160.	165.	170.	180.	190.	355.	975.
1895-S	135.	195.	280.	290.	475.	1100.	2750.	3750.	——
1896	130.	150.	175.	185.	200.	225.	350.	575.	1650.
1896-S	145.	190.	285.	315.	475.	850.	1850.		
1897	130.	140.	160.	165.	170.	180.	190.	355.	1000.
1897-S	135.	165.	240.	260.	290.	400.	1050.	1650.	6900.
1898	130.	140.	160.	165.	170.	185.	210.	365.	1025.
1898-S	135.	145.	165.	175.	210.	235.	300.	380.	1325.
1899	130.	140.	160.	165.	170.	180.	195.	355.	965.
1899-S	130.	145.	165.	170.	180.	195.	240.	370.	1075.
1900	130.	140.	160.	165.	170.	180.	190.	355.	950.
1900-S	135.	155.	190.	200.	235.	255.	475.	575.	1275.
1901	130.	140.	160.	165.	170.	180.	190.	355.	975.
1901-S	130.	140.	160.	165.	170.	180.	190.	355.	950.
1901/0-S	140.	170.	210.	220.	265.	310.	360.	525.	1400.
1902	130.	140.	160.	165.	180.	195.	205.	365.	1025.
1902-S	130.	140.	160.	165.	170.	180.	190.	355.	1000.
1903	130.	140.	160.	165.	180.	195.	215.	365.	1025.
1903-S	130.	140.	160.	165.	170.	180.	190.	355.	1000.
1904	130.	140.	160.	165.	170.	180.	190.	355.	975.
1904-S	135.	155.	185.	195.	250.	475.	1050.	1850.	3500.
1905	130.	140.	160.	165.	180.	195.	210.	365.	1200.
1905-S	135.	150.	170.	180.	225.	325.	600.	1150.	2600.
1906	130.	140.	160.	165.	170.	185.	200.	370.	1250.
1906-D	130.	140.	160.	165.	170.	180.	195.	355.	975.
1906-S	130.	150.	165.	170.	175.	190.	265.	550.	1450.
1907	130.	140.	160.	165.	170.	180.	190.	355.	950.
1907-D	130.	140.	160.	165.	170.	180.	190.	355.	1000.
1908	130.	140.	160.	165.	170.	180.	195.	345.	950.

Indian Head $5 half eagle

Date of authorization:	Jan. 18, 1837
Dates of issue:	1908-1929
Designer:	Bela Lyon Pratt
Engraver:	Charles Barber
Diameter (Millimeters/inches):	21.54mm/0.85 inch
Weight (Grams/ounces):	8.359 grams/0.26875 ounce
Metallic content:	90% gold, 10% copper
Weight of pure gold:	7.5231 grams/0.24187 ounce
Edge:	Reeded
Mint mark:	Reverse lower left

	F-12	VF-20	EF-40	AU-50	AU-55	MS-60	MS-62	MS-63	MS-64	MS-65
1908	180.	195.	210.	220.	255.	340.	675.	2050.	5550.	13000.
1908-D	180.	195.	210.	220.	255.	335.	675.	2075.	6150.	14500.
1908-S	200.	300.	350.	450.	725.	1250.	1775.	3650.	6100.	14250.
1909	180.	195.	210.	220.	255.	360.	690.	2150.	5500.	13500.
1909-D	180.	195.	210.	220.	255.	335.	675.	2100.	5550.	17500.
1909-O	335.	600.	900.	1800.	2900.	7250.	14500.	21500.	75000.	140000.
1909-S	205.	215.	220.	305.	385.	1175.	2750.	5750.	13000.	41500.
1910	180.	195.	210.	220.	255.	345.	675.	2150.	10000.	20000.
1910-D	185.	200.	215.	245.	265.	435.	705.	2250.	9750.	37500.
1910-S	200.	215.	230.	310.	485.	1100.	2900.	7500.	18500.	—
1911	180.	195.	210.	220.	255.	335.	675.	2100.	5600.	14750.

— = Insufficient pricing data   * = None Issued   FV = Face Value

	F-12	VF-20	EF-40	AU-50	AU-55	MS-60	MS-62	MS-63	MS-64	MS-65
1911-D	250.	305.	450.	600.	1025.	2950.	6750.	17000.	45000.	——
1911-S	200.	215.	220.	255.	350.	485.	725.	2850.	16500.	——
1912	180.	195.	210.	225.	255.	335.	675.	2100.	5450.	15000.
1912-S	200.	215.	220.	325.	475.	1350.	4100.	13000.	30000.	60000.
1913	180.	195.	210.	230.	255.	335.	675.	2075.	5500.	14250.
1913-S	205.	230.	240.	385.	600.	1450.	4000.	13500.	35000.	——
1914	185.	200.	210.	230.	255.	360.	675.	2250.	5550.	17000.
1914-D	185.	200.	215.	235.	260.	425.	700.	2200.	6300.	——
1914-S	200.	205.	220.	325.	525.	1600.	3600.	14500.	29000.	——
1915	185.	200.	210.	230.	255.	330.	675.	2075.	5500.	14250.
1915-S	205.	235.	270.	560.	900.	1850.	3950.	14000.	35000.	——
1916-S	200.	210.	220.	250.	350.	675.	1000.	3250.	7750.	20500.
1929	——	——	3500.	4300.	4600.	5450.	6250.	7250.	8750.	31000.

Capped Bust $10 eagle

Date of authorization:	April 2, 1792	
Dates of issue:	1795-1804	
Designer/Engraver:	Robert Scot	
Diameter (Millimeters/inches):	33.00mm/1.30 inches	
Weight (Grams/ounces):	17.496 grams/0.56251 ounce	
Metallic content:	91.67% gold, 8.33% copper and silver	
Weight of pure gold:	16.0386 grams/0.51565 ounce	
Edge:	Reeded	
Mint mark:	None	

	F-12	VF-20	EF-40	EF-45	AU-50	AU-55	MS-60	MS-63	MS-64	MS-65
SMALL EAGLE										
1795 13 Leaves										
	5650.	7250.	11500.	14000.	16750.	25000.	42500.	82500.	175000.	——
1795 9 Leaves										
	16500.	28500.	38500.	47500.	67500.	85000.	165000.	——	——	——
1796	6350.	8500.	14000.	19000.	25000.	38500.	60000.	——	——	——
1797	7500.	12750.	22500.	27500.	37500.	——	——	——	——	——
HERALDIC EAGLE										
1797	2550.	3500.	4800.	6250.	7750.	12000.	23000.	——	——	——
1798/7 9 X 4 Stars										
	6000.	11500.	21500.	25500.	34000.	42500.	65000.	——	——	——
1798/7 7 X 6 Stars										
	21500.	35000.	50000.	60000.	80000.	105000.	180000.	——	——	——
1799	2250.	2750.	4250.	4750.	5100.	6000.	8250.	21000.	34000.	165000.

—— = Insufficient pricing data　　　* = None issued　　　FV = Face Value

CAPPED BUST $10 EAGLE (CONTINUED)

	F-12	VF-20	EF-40	EF-45	AU-50	AU-55	MS-60	MS-63	MS-64	MS-65
1800	2600.	3550.	4600.	5200.	5500.	6500.	13500.	37500.	——	——
1801	2275.	2775.	4275.	4800.	5125.	6100.	8350.	22000.	35000.	——
1803 Small Stars										
	2400.	3050.	4400.	4850.	5350.	6250.	11000.	40000.	65000.	——
1803 Large Stars										
	2450.	3350.	4500.	5000.	5450.	6300.	11500.	45000.	67500.	——
1803 14 Reverse Stars										
	——	——	4700.	5250.	5750.	7000.	16000.	——	——	——
1804	3650.	4200.	6000.	7500.	8500.	12500.	24000.	——	——	——

Coronet eagle Trend graph

----- AU.50 —— MS.60 - - SERIES

Coronet $10 eagle

Date of authorization:	Jan. 18, 1837
Dates of issue:	1838-1907
Designers:	Obverse: Christian Gobrecht
	Reverse: John Reich-William Kneass-Christian Gobrecht
Engraver:	Christian Gobrecht
Diameter (Millimeters/inches):	27.00mm/1.07 inches
Weight (Grams/ounces):	16.718 grams/0.5375 ounce

— = Insufficient pricing data   * = None issued   FV = Face Value

Metallic content: (1838-1873): 90% gold, 10% copper and silver

(1873-1907): 90% gold, 10% copper

Weight of pure gold: 15.0462 grams/0.48375 ounce

Edge: Reeded

Mint mark: Reverse below eagle

	F-12	VF-20	EF-40	EF-45	AU-50	AU-55	MS-60	MS-62	MS-63
1838	600.	1150.	2650.	3750.	5500.	9750.	27500.	60000.	——
1839 Old Portrait	535.	900.	1650.	1950.	3600.	7000.	22500.	——	47500.
1839 New Portrait	850.	1750.	3200.	4500.	6250.	9500.	——	——	——
1840	305.	350.	550.	950.	1900.	3500.	12000.	——	——
1841	300.	325.	525.	725.	1650.	2450.	8500.	20000.	——
1841-O	1250.	2000.	4500.	5250.	14000.	20000.	——	——	——
1842 Small Date	270.	330.	450.	750.	2050.	3250.	6500.	——	——
1842 Large Date	280.	340.	500.	750.	1250.	2500.	7500.	——	27500.
1842-O	285.	345.	625.	1100.	2650.	5750.	19500.	——	——
1843 Doubled Date	295.	425.	575.	750.	3050.	——	——	——	——
1843	280.	330.	450.	650.	1900.	5850.	——	——	——
1843-O	275.	320.	400.	550.	1200.	3000.	18500.	——	——
1844	575.	1500.	2650.	3400.	6500.	——	23000.	——	——
1844-O	265.	330.	465.	650.	1700.	3250.	20000.	——	——
1845	400.	525.	775.	1375.	2100.	3500.	12500.	21500.	——
1845-O	280.	360.	725.	1100.	1800.	7000.	20000.	31500.	——
1846	475.	625.	1100.	2850.	4750.	8250.	——	——	——
1846-O	290.	450.	700.	2400.	5250.	——	——	——	——
1846/5-O	320.	625.	1050.	1400.	3000.	7500.	——	——	——
1847	245.	260.	350.	390.	500.	800.	3600.	7500.	19000.
1847-O	250.	280.	365.	425.	625.	1150.	4500.	9000.	18500.
1848	270.	320.	425.	550.	775.	1175.	5100.	——	18000.
1848-O	320.	500.	1100.	1900.	3750.	9000.	15500.	21000.	——
1849	255.	275.	360.	425.	550.	900.	3650.	5650.	15000.
1849/1848	500.	850.	1400.	1800.	2850.	3500.	——	——	——
1849-O	385.	750.	2250.	3250.	5750.	8250.	——	——	——
1850 Large Date	255.	275.	395.	440.	625.	950.	4050.	6050.	15500.
1850 Small Date	320.	425.	875.	1250.	1950.	——	10250.	——	——
1850-O	295.	425.	1050.	1700.	3400.	6850.	——	——	——
1851	255.	270.	375.	425.	925.	1500.	4650.	——	——
1851-O	250.	265.	375.	450.	1300.	2850.	7000.	——	——
1852	255.	270.	360.	415.	555.	925.	4150.	7000.	15750.
1852-O	370.	700.	1200.	2100.	3550.	10500.	——	——	——
1853	255.	280.	335.	390.	565.	850.	3850.	6000.	15250.
1853/2	420.	600.	800.	950.	1650.	3500.	——	——	——
1853-O	290.	320.	450.	550.	1250.	1900.	——	——	——
1854	295.	315.	435.	490.	775.	1600.	5850.	——	——
1854-O Small Date	270.	355.	825.	1000.	1600.	——	——	——	——
1854-O Large Date	365.	500.	975.	1350.	1850.	3700.	8500.	——	——
1854-S	275.	305.	450.	525.	1150.	2000.	10750.	——	——
1855	260.	280.	370.	405.	575.	1150.	4800.	9000.	22500.
1855-O	315.	525.	1300.	2650.	5400.	8600.	——	——	——
1855-S	750.	1150.	2750.	3900.	5500.	6750.	——	——	——
1856	270.	285.	360.	405.	575.	1150.	4750.	5900.	16500.
1856-O	415.	625.	1250.	2550.	3850.	——	——	——	——
1856-S	250.	290.	650.	775.	1000.	2600.	8750.	——	——
1857	290.	525.	950.	1150.	2000.	3500.	——	——	——
1857 overdate	600.	1400.	2850.	3750.	7500.	——	——	——	——

— = Insufficient pricing data   *** = None issued**   **FV = Face Value**

	F-12	VF-20	EF-40	EF-45	AU-50	AU-55	MS-60	MS-62	MS-63
1857-O	600.	1150.	1950.	2750.	3900.	6250.	22500.	—	—
1857-S	315.	400.	1250.	1550.	2400.	4750.	—	—	—
1858	—	4750.	8000.	9750.	12500.	25000.	—	—	—
1858-O	270.	330.	650.	775.	1200.	2850.	9500.	19000.	—
1858-S	900.	2000.	3750.	5400.	7900.	—	—	—	—
1859	285.	365.	750.	900.	1250.	2150.	—	10000.	—
1859-O	1650.	4250.	8500.	11250.	15000.	—	—	—	—
1859-S	1250.	2250.	4900.	8500.	14750.	—	—	—	—
1860	260.	415.	725.	1100.	1700.	3000.	5900.	—	—
1860-O	375.	550.	1200.	1450.	2250.	5750.	18500.	—	42500.
1860-S	1750.	3500.	5600.	8000.	15500.	—	—	—	—
1861	250.	300.	355.	405.	525.	875.	4000.	7000.	18500.
1861-S	625.	1750.	2450.	3750.	8750.	14000.	—	—	—
1862	255.	600.	1000.	1350.	1900.	2750.	—	—	—
1862-S	650.	1850.	3250.	3900.	7500.	—	—	—	—
1863	—	3650.	9000.	12000.	17000.	23500.	52500.	—	130000.
1863-S	675.	1825.	3700.	5750.	11750.	—	31500.	—	—
1864	725.	1700.	3000.	4650.	9000.	—	18000.	—	—
1864-S	2750.	4500.	12000.	15000.	27500.	—	—	—	—
1865	700.	2000.	3500.	4850.	8750.	11250.	—	—	—
1865-S	2250.	6750.	14500.	—	—	—	—	—	—
1865-S Inverted 865/186									
	1200.	2350.	6350.	9750.	17750.	—	—	—	—
1866-S	1350.	2300.	3700.	5000.	16500.	23500.	—	—	—
MOTTO ON REVERSE									
1866	515.	900.	1800.	2900.	4750.	9500.	—	—	—
1866-S	575.	1600.	3650.	4500.	8500.	—	—	—	—
1867	600.	1475.	2550.	3250.	4900.	6500.	—	—	—
1867-S	1100.	2350.	4950.	6750.	10000.	15500.	—	—	—
1868	440.	500.	850.	1350.	2750.	3750.	17500.	—	—
1868-S	600.	1250.	2450.	3450.	5800.	—	—	—	—
1869	750.	1100.	2700.	3800.	6250.	11500.	24500.	42500.	65000.
1869-S	825.	2000.	3150.	4150.	6500.	14000.	27500.	—	—
1870	435.	550.	1100.	1600.	2400.	5750.	—	—	—
1870-CC	4500.	10250.	27500.	—	—	—	—	—	—
1870-S	675.	1150.	3250.	4000.	6250.	8750.	—	—	—
1871	—	1050.	1850.	2350.	3500.	6000.	16500.	—	—
1871-CC	1350.	2100.	5250.	8000.	17500.	37000.	55000.	—	—
1871-S	625.	1100.	1900.	2400.	6400.	—	—	—	—
1872	1250.	1900.	3500.	5750.	12500.	—	27000.	35000.	47500.
1872-CC	1600.	3450.	10000.	16000.	25000.	53500.	—	—	—
1872-S	400.	575.	850.	1500.	2250.	5500.	—	—	—
1873	—	4500.	9000.	14000.	26000.	—	42500.	—	—
1873-CC	2000.	4950.	11000.	17500.	—	—	—	—	—
1873-S	585.	975.	1800.	3250.	4500.	5500.	—	—	—
1874	240.	265.	280.	290.	320.	375.	1850.	—	9000.
1874-CC	550.	800.	3000.	3750.	7750.	—	—	—	—
1874-S	600.	1100.	4000.	4500.	7500.	9250.	—	—	—
1875 VF-30 $37500. EF-45 $60000. AU-50 $95000. Prf 60 $47500. Prf 63 $87500. Prf 65 $325000.									
1875-CC	1900.	3300.	8750.	16250.	25000.	—	—	—	—
1876	—	2850.	7000.	10000.	14000.	18500.	—	—	—
1876-CC	1650.	2850.	8000.	13500.	20000.	27500.	—	—	—
1876-S	625.	1000.	1950.	2750.	6350.	—	—	—	—
1877	—	2350.	4000.	5500.	9250.	—	—	—	—
1877-CC	1550.	2500.	6500.	8500.	16000.	33000.	—	—	—

— = Insufficient pricing data   * = None issued   FV = Face Value

	F-12	VF-20	EF-40	EF-45	AU-50	AU-55	MS-60	MS-62	MS-63
1877-S	325.	475.	775.	1250.	2400.	3200.	—	—	—
1878	230.	250.	290.	300.	325.	500.	1300.	2850.	4750.
1878-CC	2700.	4500.	8500.	12500.	20500.	30000.	—	—	—
1878-S	300.	400.	750.	1150.	1850.	2600.	—	—	—
1879	225.	250.	265.	275.	320.	385.	800.	1350.	3700.
1879/8	325.	375.	450.	600.	950.	1050.	1200.	1500.	—
1879-CC	2950.	6250.	15500.	20500.	30000.	—	—	—	—
1879-O	2050.	2500.	3650.	5700.	8000.	12500.	—	—	—
1879-S	225.	245.	255.	265.	280.	675.	1500.	3500.	—
1880	220.	235.	240.	250.	260.	285.	375.	750.	3750.
1880-CC	340.	450.	875.	1050.	1550.	4500.	12500.	—	—
1880-O	265.	440.	675.	750.	1000.	2100.	8950.	—	—
1880-S	225.	265.	285.	300.	325.	350.	500.	1050.	3500.
1881	215.	225.	245.	255.	265.	275.	300.	590.	1250.
1881-CC	315.	360.	475.	700.	950.	1300.	7100.	12000.	—
1881-O	250.	350.	625.	775.	1175.	1950.	7750.	—	—
1881-S	215.	225.	245.	255.	280.	300.	385.	1000.	—
1882	215.	225.	245.	255.	270.	280.	305.	585.	1175.
1882-CC	475.	650.	1100.	1850.	3250.	5100.	—	—	—
1882-O	280.	385.	525.	750.	975.	1600.	9200.	—	—
1882-S	225.	245.	270.	280.	305.	325.	400.	1400.	5000.
1883	225.	240.	255.	265.	285.	295.	340.	650.	4150.
1883-CC	340.	415.	725.	875.	2150.	4250.	11500.	—	—
1883-O	1350.	3650.	7500.	—	11000.	18500.	—	—	—
1883-S	235.	270.	350.	365.	425.	650.	1250.	2500.	—
1884	225.	245.	255.	265.	275.	375.	900.	1300.	3850.
1884-CC	395.	600.	1100.	1500.	2750.	4600.	10000.	—	—
1884-S	225.	240.	270.	280.	330.	375.	550.	1650.	—
1885	220.	235.	265.	275.	285.	320.	400.	1250.	3950.
1885-S	220.	235.	255.	265.	270.	300.	350.	1500.	4200.
1886	230.	240.	265.	275.	290.	350.	465.	1200.	2450.
1886-S	215.	230.	245.	255.	265.	275.	320.	575.	1225.
1887	220.	240.	250.	260.	330.	525.	825.	—	4250.
1887-S	225.	235.	245.	255.	265.	275.	335.	625.	2750.
1888	230.	245.	265.	275.	325.	515.	800.	4900.	—
1888-O	215.	230.	260.	270.	320.	450.	600.	—	7500.
1888-S	215.	230.	250.	260.	275.	290.	340.	650.	3850.
1889	275.	355.	500.	580.	900.	1750.	3750.	—	—
1889-S	215.	220.	250.	260.	270.	280.	305.	580.	1850.
1890	235.	250.	270.	280.	330.	500.	1100.	2400.	4400.
1890-CC	310.	350.	475.	510.	725.	900.	1900.	5500.	15000.
1891	220.	250.	260.	270.	280.	290.	310.	575.	2350.
1891-CC	275.	335.	400.	415.	450.	535.	800.	1400.	4550.
1892	225.	235.	245.	255.	265.	275.	300.	500.	1525.
1892-CC	295.	325.	400.	435.	590.	1000.	3500.	7000.	—
1892-O	230.	255.	270.	280.	290.	325.	400.	2350.	—
1892-S	235.	260.	265.	275.	285.	310.	365.	875.	1900.
1893	215.	230.	245.	255.	265.	275.	295.	495.	1025.
1893-CC	325.	400.	675.	1000.	1500.	2750.	—	—	—
1893-O	225.	250.	290.	300.	325.	435.	625.	2050.	4650.
1893-S	235.	260.	265.	285.	295.	400.	575.	1400.	3950.
1894	215.	230.	240.	250.	260.	270.	290.	485.	1025.
1894-O	215.	230.	285.	310.	375.	565.	925.	1900.	4400.
1894-S	225.	265.	385.	525.	950.	—	3750.	—	—
1895	215.	230.	235.	240.	250.	260.	290.	495.	1150.

— = Insufficient pricing data   * = None issued   FV = Face Value

CORONET $10 EAGLE (CONTINUED)

	F-12	VF-20	EF-40	EF-45	AU-50	AU-55	MS-60	MS-62	MS-63
1895-O	220.	250.	275.	290.	320.	350.	500.	1250.	3850.
1895-S	255.	305.	365.	400.	825.	1300.	3450.	——	——
1896	220.	240.	250.	260.	270.	275.	290.	700.	1525.
1896-S	235.	255.	325.	350.	550.	975.	3700.	——	9500.
1897	215.	230.	240.	245.	255.	265.	285.	490.	1075.
1897-O	220.	240.	295.	305.	355.	375.	715.	1300.	2250.
1897-S	235.	265.	300.	315.	370.	425.	825.	1700.	3400.
1898	215.	230.	235.	240.	250.	260.	285.	535.	1175.
1898-S	225.	235.	265.	275.	295.	305.	425.	775.	1475.
1899	215.	230.	235.	240.	250.	260.	275.	485.	1025.
1899-O	235.	265.	285.	295.	320.	400.	600.	1200.	2350.
1899-S	235.	245.	255.	270.	280.	290.	345.	625.	1500.
1900	220.	235.	245.	245.	255.	260.	285.	485.	1025.
1900-S	230.	270.	295.	325.	450.	550.	1025.	1875.	3500.
1901	215.	230.	240.	250.	260.	265.	280.	485.	1000.
1901-O	220.	245.	265.	275.	305.	325.	450.	650.	1800.
1901-S	215.	230.	235.	240.	250.	260.	280.	480.	975.
1902	220.	235.	250.	260.	285.	310.	365.	675.	1275.
1902-S	215.	230.	240.	245.	255.	265.	285.	485.	1025.
1903	220.	240.	255.	265.	280.	290.	320.	525.	1175.
1903-O	215.	230.	265.	275.	320.	335.	380.	700.	2150.
1903-S	230.	245.	260.	270.	285.	300.	335.	550.	1025.
1904	220.	235.	240.	245.	255.	265.	295.	490.	1125.
1904-O	230.	250.	260.	270.	280.	290.	350.	690.	1850.
1905	220.	240.	245.	250.	260.	265.	285.	485.	1175.
1905-S	230.	250.	270.	280.	340.	500.	1575.	3900.	5000.
1906	220.	240.	245.	250.	260.	270.	300.	490.	1275.
1906-D	215.	230.	235.	240.	250.	260.	290.	500.	1325.
1906-O	235.	265.	280.	290.	350.	390.	600.	950.	2300.
1906-S	230.	260.	270.	280.	300.	340.	500.	1100.	3900.
1907	215.	230.	235.	240.	250.	260.	285.	480.	1000.
1907-D	230.	245.	255.	265.	280.	295.	335.	525.	1150.
1907-S	235.	250.	265.	275.	320.	350.	800.	1450.	3050.

Indian Head eagle Trend graph

------ AU.50   —— MS.65 - - SERIES

—— = Insufficient pricing data   * = None issued   FV = Face Value

Indian Head $10 eagle

Date of authorization:	Jan. 18, 1837
Dates of issue:	1907-1933
Designer:	Augustus Saint-Gaudens
Engraver:	Charles Barber
Diameter (Millimeters/inches):	27.00mm/1.07 inches
Weight (Grams/ounces):	16.718 grams/0.5375 ounce
Metallic content:	90% gold, 10% copper
Weight of pure gold:	15.0462 grams/0.48375 ounce
Edge:	Starred
Mint mark:	Reverse left of TEN DOLLARS

	F-12	VF-20	EF-40	AU-50	AU-55	MS-60	MS-62	MS-63	MS-64	MS-65
1907 Wire Rim, Periods			4500.	5850.	6150.	7500.	9000.	14000.	20000.	42500.
1907 Rolled Rim, Periods			12500.	19250.	22500.	27500.	32500.	41500.	50000.	85000.
1907 No Periods	410.	430.	445.	465.	490.	515.	700.	1850.	2800.	8000.
1908	420.	450.	475.	575.	625.	750.	1150.	2400.	6750.	14000.
1908-D	420.	450.	460.	500.	525.	775.	1250.	7500.	16000.	40000.
MOTTO ON REVERSE										
1908	415.	430.	440.	450.	465.	495.	650.	1500.	2650.	5500.
1908-D	430.	450.	465.	475.	535.	675.	1050.	3750.	8000.	23000.
1908-S	445.	460.	500.	550.	700.	2050.	3200.	5100.	10000.	24000.
1909	410.	435.	445.	450.	470.	510.	770.	1725.	3250.	7100.
1909-D	420.	440.	450.	460.	565.	875.	1650.	3600.	16500.	45000.
1909-S	430.	445.	455.	465.	550.	750.	1450.	2100.	4750.	17500.
1910	415.	430.	440.	445.	460.	490.	615.	1400.	2250.	6250.
1910-D	415.	430.	435.	440.	455.	485.	610.	1425.	2025.	6050.
1910-S	415.	445.	455.	465.	575.	850.	1250.	4500.	25000.	79000.
1911	400.	415.	430.	435.	450.	480.	605.	1400.	1975.	6000.
1911-D	460.	510.	650.	900.	1750.	4050.	8750.	35000.	72500.	110000.
1911-S	420.	450.	495.	550.	600.	825.	1650.	2450.	6000.	13000.
1912	405.	420.	435.	445.	455.	500.	615.	1475.	2300.	5900.
1912-S	410.	425.	450.	475.	550.	1100.	1450.	2250.	6800.	60000.
1913	395.	410.	430.	435.	450.	480.	605.	1400.	2000.	6350.
1913-S	430.	475.	575.	950.	1800.	4150.	9350.	35000.	70000.	——
1914	400.	415.	435.	440.	465.	505.	680.	1550.	2550.	7200.
1914-D	400.	415.	430.	435.	455.	505.	700.	1600.	3000.	9250.
1914-S	410.	430.	445.	485.	550.	775.	1750.	5750.	19500.	51000.
1915	400.	420.	435.	445.	460.	490.	600.	1550.	2500.	7000.
1915-S	430.	450.	515.	800.	1250.	2400.	5900.	11500.	31500.	62500.
1916-S	425.	445.	475.	490.	515.	610.	1650.	2750.	6900.	22500.

— = Insufficient pricing data   ***** = None issued   **FV** = Face Value

INDIAN HEAD $10 EAGLE (CONTINUED)

		F-12	VF-20	EF-40	AU-50	MS-60	MS-63	MS-64	MS-65
1920-S	4750.	5750.	6900.	8000.	9500.	13000.	18500.	35000.	65000.	170000.
1926	400.	415.	430.	435.	445.	475.	595.	1225.	2025.	4900.
1930-S	——	——	——	5500.	6250.	6900.	8250.	10000.	13500.	29000.
1932	400.	415.	430.	435.	445.	475.	550.	1200.	1900.	4750.
1933	——	——	——	——	——	60000.	75000.	95000.	150000.	350000.

Coronet double eagle Trend graph

····· AU.50   —— MS.60   - - SERIES

Coronet $20 double eagle

Date of authorization:	March 3, 1849
Dates of issue:	1850-1907
Designer/Engraver:	James B. Longacre
Diameter (Millimeters/inches):	34.29mm/1.35 inches
Weight (Grams/ounces):	33.436 grams/1.07499 ounce
Metallic content:	(1850-1873): 90% gold, 10% copper and silver
	(1873-1907): 90% gold, 10% copper
Weight of pure gold:	30.0924 grams/0.96749 ounce
Edge:	Reeded
Mint mark:	Reverse below eagle

— = Insufficient pricing data   * = None issued   FV = Face Value

	F-12	VF-20	EF-40	EF-45	AU-50	AU-55	MS-60	MS-62	MS-63
NO MOTTO ON REVERSE									
1849 One Specimen U.S. Mint collection									
1850	515.	565.	700.	865.	1200.	1600.	3150.	11500.	43000.
1850-O	590.	660.	1050.	1850.	4100.	—	—	—	—
1851	500.	520.	570.	620.	840.	1100.	2450.	6850.	17500.
1851-O	550.	590.	665.	800.	1350.	4150.	14750.	—	45500.
1852	515.	535.	570.	625.	900.	1150.	2500.	6400.	14000.
1852-O	530.	580.	690.	950.	1400.	3750.	15000.	20000.	34000.
1853	500.	515.	570.	665.	925.	1600.	5500.	9000.	19000.
1853/2	555.	620.	975.	1850.	3250.	5500.	35000.	—	—
1853-O	615.	650.	925.	1300.	2300.	4400.	18000.	—	—
1854	520.	530.	590.	630.	890.	1500.	5250.	8750.	—
1854-O	—	15000.	35000.	43500.	62500.	—	—	—	—
1854-S	525.	550.	650.	700.	910.	1175.	2600.	4250.	7500.
1855	520.	540.	640.	690.	925.	1450.	3500.	—	40000.
1855-O	1900.	2750.	5000.	7250.	16500.	31000.	—	—	—
1855-S	505.	525.	665.	725.	940.	1700.	6750.	9750.	—
1856	505.	515.	550.	630.	865.	1400.	3100.	8750.	38500.
1856-O	—	15000.	31500.	38500.	65000.	—	—	—	290000.
1856-S	505.	520.	545.	625.	650.	1225.	3500.	8250.	19000.
1857	515.	525.	535.	620.	640.	1200.	2700.	5250.	26500.
1857-O	685.	800.	1500.	2150.	3850.	5750.	—	—	—
1857-S	505.	525.	585.	630.	680.	1250.	2800.	5350.	15000.
1858	520.	565.	665.	790.	1200.	1900.	5200.	9250.	28000.
1858-O	825.	1050.	2050.	2400.	4100.	7750.	—	—	—
1858-S	505.	525.	605.	665.	885.	1375.	7000.	14000.	28000.
1859	685.	950.	1750.	2600.	3900.	5750.	25000.	—	—
1859-O	1800.	2850.	6000.	8750.	15500.	20500.	—	—	—
1859-S	500.	530.	620.	675.	875.	1650.	2850.	8000.	—
1860	520.	535.	565.	625.	675.	1400.	2875.	—	14000.
1860-O	2150.	2750.	5900.	7750.	14500.	19500.	—	—	—
1860-S	535.	555.	620.	740.	975.	1800.	5750.	8500.	24500.
1861	505.	515.	540.	615.	650.	950.	1700.	4000.	6850.
1861-O	750.	1450.	3250.	4100.	6000.	—	—	—	—
1861-S	530.	565.	625.	675.	1025.	1700.	5250.	—	29000.
1861 Paquet Reverse MS-67 $660,000									
1861-S Paquet Reverse		5250.	11500.	14500.	23500.	37500.	—	—	—
1862	585.	700.	1300.	1900.	2600.	4500.	10000.	16000.	35000.
1862-S	535.	600.	700.	985.	1500.	3250.	11000.	—	—
1863	520.	585.	750.	825.	1325.	2800.	10500.	16500.	35500.
1863-S	515.	575.	660.	750.	1250.	1900.	6000.	9750.	20000.
1864	505.	580.	725.	785.	1250.	2750.	8250.	—	—
1864-S	565.	615.	850.	1350.	1850.	2600.	7600.	—	—
1865	515.	555.	640.	690.	950.	1250.	5250.	10000.	21500.
1865-S	505.	590.	700.	740.	1150.	2500.	6350.	8500.	22750.
1866-S	615.	1550.	3050.	4250.	8750.	—	—	—	—
MOTTO ON REVERSE									
1866	500.	555.	635.	725.	1075.	1425.	6100.	—	37000.
1866-S	515.	590.	685.	800.	1550.	3400.	13750.	—	—
1867	465.	485.	625.	650.	725.	825.	1500.	4900.	20000.
1867-S	485.	560.	800.	950.	1275.	2800.	13000.	—	—
1868	560.	575.	875.	1050.	1600.	2050.	6850.	—	29000.
1868-S	500.	535.	665.	850.	1150.	2250.	12000.	—	—
1869	500.	530.	655.	715.	900.	1375.	4750.	6500.	17500.
1869-S	475.	540.	585.	625.	725.	1325.	4150.	—	24500.
1870	505.	535.	740.	850.	1125.	1650.	4500.	—	—

— = Insufficient pricing data   * = None issued   FV = Face Value

	F-12	VF-20	EF-40	EF-45	AU-50	AU-55	MS-60	MS-62	MS-63
1870-CC	19500.	40000.	80000.	110000.	—	—	—		
1870-S	470.	535.	600.	675.	825.	1400.	4250.	—	23500.
1871	515.	590.	750.	865.	1350.	1600.	3100.	6000.	14000.
1871-CC	1200.	2450.	4400.	5750.	8750.	15000.			
1871-S	490.	515.	550.	580.	725.	1200.	3350.	8500.	17500.
1872	465.	485.	530.	560.	700.	850.	2200.	8000.	16500.
1872-CC	750.	1050.	1400.	2050.	3900.	8500.	24500.	—	
1872-S	480.	495.	535.	565.	640.	775.	2200.	—	24000.
1873 Closed 3	535.	625.	700.	775.	825.	1200.	2550.	4500.	—
1873 Open 3	470.	475.	485.	510.	555.	575.	650.	1900.	5750.
1873-CC	640.	925.	1375.	1750.	3400.	8000.	22500.	42500.	—
1873-S Closed 3	485.	520.	550.	580.	600.	725.	1500.	4700.	17000.
1873-S Open 3	525.	560.	590.	630.	715.	1875.	4900.		
1874	485.	490.	510.	535.	595.	695.	1100.	6250.	17000.
1874-CC	535.	575.	735.	850.	1050.	1750.	6750.		
1874-S	485.	500.	515.	545.	600.	695.	1250.	6750.	16250.
1875	480.	490.	520.	550.	575.	620.	850.	2250.	5750.
1875-CC	540.	575.	650.	725.	875.	1200.	2450.	6000.	21000.
1875-S	475.	495.	515.	545.	585.	625.	865.	3750.	16000.
1876	475.	495.	505.	530.	560.	600.	715.	2500.	6500.
1876-CC	530.	605.	675.	725.	875.	1500.	3900.	6400.	39000.
1876-S	475.	500.	525.	555.	575.	630.	725.	2100.	9500.
TWENTY DOLLARS REVERSE									
1877	475.	495.	515.	535.	565.	585.	625.	1950.	3750.
1877-CC	575.	640.	850.	1000.	1450.	2400.	14000.	—	46500.
1877-S	465.	485.	500.	525.	580.	600.	635.	1000.	7150.
1878	480.	500.	510.	525.	565.	590.	675.	1650.	5000.
1878-CC	675.	800.	1250.	1850.	3500.	6250.	18000.	—	
1878-S	475.	500.	520.	550.	580.	620.	710.	3000.	12500.
1879	485.	505.	525.	545.	575.	635.	825.	3250.	7250.
1879-CC	725.	1050.	1350.	1600.	3700.	8250.	20500.	—	—
1879-O	1850.	2900.	4300.	6000.	9500.	14500.	25000.	—	
1879-S	480.	500.	520.	550.	580.	640.	1250.	6250.	14500.
1880	490.	535.	580.	600.	715.	1000.	2900.	5000.	13500.
1880-S	485.	505.	530.	555.	590.	635.	1050.	2750.	7500.
1881	2250.	3600.	6750.	8500.	11500.	16000.	37500.	—	
1881-S	485.	500.	520.	535.	550.	575.	775.	1850.	7000.
1882	—	8250.	15250.	23500.	30000.	42500.	—		
1882-CC	545.	590.	650.	700.	1100.	2500.	6150.	11500.	20500.
1882-S	480.	495.	520.	545.	565.	675.	1550.	17500.	
1883 Proofs Only - Prf 60 $30000 Prf 63 $44000 Prf 64 $75000 Prf 65 $165000.									
1883-CC	570.	605.	665.	690.	900.	1900.	4350.	7250.	19500.
1883-S	480.	490.	500.	515.	545.	560.	615.	1100.	3500.
1884 Proofs Only - Prf 60 $35000 Prf 63 $48500 Prf 64 $85000.									
1884-CC	540.	580.	625.	650.	875.	1375.	2200.	5900.	16500.
1884-S	470.	485.	490.	505.	545.	560.	610.	1075.	2550.
1885	—	—	6250.	7250.	9000.	13500.	36000.	—	—
1885-CC	750.	900.	1400.	1650.	3100.	4350.	9500.	23500.	40000.
1885-S	475.	490.	500.	515.	545.	560.	610.	1075.	3250.
1886	—	5750.	11000.	14000.	18500.	24500.	40000.	47500.	67500.
1887 Proofs Only - Prf 60 $16500 Prf 63 $28500 Prf 64 $55000.									
1887-S	475.	505.	515.	530.	565.	580.	620.	1000.	7000.
1888	480.	500.	525.	540.	560.	630.	750.	1300.	4900.
1888-S	475.	490.	505.	510.	515.	545.	610.	725.	1950.
1889	480.	495.	520.	535.	585.	640.	750.	1550.	6000.
1889-CC	590.	655.	750.	800.	1000.	1300.	3400.	7500.	15500.

— = Insufficient pricing data	* = None issued	FV = Face Value

	F-12	VF-20	EF-40	EF-45	AU-50	AU-55	MS-60	MS-62	MS-63
1889-S	475.	495.	515.	525.	540.	555.	600.	1025.	2400.
1890	485.	495.	520.	535.	560.	590.	675.	1000.	4000.
1890-CC	540.	590.	650.	690.	775.	1150.	2250.	7750.	15750.
1890-S	485.	495.	520.	530.	545.	560.	615.	775.	5500.
1891	—	2950.	4000.	5000.	7750.	11750.	—	—	—
1891-CC	1150.	1650.	2500.	3000.	4750.	6000.	12500.	—	—
1891-S	455.	475.	490.	495.	510.	530.	570.	700.	1800.
1892	725.	900.	1400.	1600.	2100.	2850.	5350.	9500.	19000.
1892-CC	625.	685.	750.	925.	1200.	1675.	2550.	8000.	17000.
1892-S	475.	485.	500.	515.	530.	545.	615.	675.	1750.
1893	465.	475.	490.	510.	540.	555.	650.	725.	1900.
1893-CC	615.	685.	775.	950.	1250.	1500.	2000.	3750.	10000.
1893-S	475.	485.	495.	500.	520.	535.	575.	690.	1750.
1894	455.	470.	490.	495.	515.	530.	565.	675.	1025.
1894-S	465.	480.	500.	505.	535.	550.	580.	685.	1150.
1895	445.	465.	490.	495.	505.	520.	545.	650.	900.
1895-S	455.	475.	500.	505.	520.	535.	570.	675.	1100.
1896	455.	475.	490.	495.	515.	525.	545.	665.	950.
1896-S	465.	480.	500.	505.	520.	545.	625.	1125.	1800.
1897	455.	475.	490.	495.	510.	525.	545.	650.	900.
1897-S	455.	475.	490.	495.	520.	535.	560.	660.	1050.
1898	475.	485.	505.	510.	535.	565.	650.	1800.	5500.
1898-S	445.	465.	475.	480.	495.	510.	535.	650.	905.
1899	445.	465.	475.	480.	495.	510.	535.	640.	860.
1899-S	455.	470.	485.	490.	515.	530.	575.	675.	1200.
1900	445.	465.	475.	480.	495.	510.	535.	640.	860.
1900-S	445.	465.	475.	480.	515.	545.	595.	675.	1250.
1901	445.	465.	475.	480.	500.	530.	565.	650.	885.
1901-S	475.	495.	500.	505.	525.	540.	570.	750.	1300.
1902	475.	495.	520.	550.	690.	740.	1150.	1400.	3250.
1902-S	470.	490.	505.	510.	520.	535.	550.	655.	1300.
1903	445.	465.	475.	480.	495.	510.	535.	640.	860.
1903-S	465.	485.	500.	505.	520.	535.	560.	650.	950.
1904	445.	460.	470.	475.	490.	505.	530.	625.	840.
1904-S	445.	465.	475.	480.	495.	510.	540.	640.	860.
1905	480.	500.	560.	580.	635.	715.	1200.	4500.	18000.
1905-S	475.	495.	515.	520.	535.	550.	590.	725.	1250.
1906	475.	495.	535.	545.	640.	680.	750.	1100.	2000.
1906-D	465.	480.	490.	495.	515.	555.	640.	690.	1500.
1906-S	455.	475.	485.	490.	505.	520.	545.	635.	1650.
1907	445.	465.	475.	480.	495.	510.	535.	625.	850.
1907-D	455.	475.	485.	490.	510.	525.	545.	675.	925.
1907-S	450.	470.	475.	480.	500.	520.	550.	690.	1100.

Saint-Gaudens Trend graph

Saint-Gaudens $20 double eagle

Date of authorization:	March 3, 1849
Dates of issue:	1907-1933
Designer:	Augustus Saint-Gaudens
Engraver:	Charles Barber
Diameter (Millimeters/inches):	34.29mm/1.35 inches
Weight (Grams/ounces):	33.436 grams/1.07499 ounces
Metallic content:	90% gold, 10% copper
Weight of pure gold:	30.0924 grams/0.96749 ounce
Edge:	Lettered (E PLURIBUS UNUM, with stars dividing words)
Mint mark:	Obverse above date

	F-12	VF-20	EF-40	AU-50	AU-55	MS-60	MS-62	MS-63	MS-64	MS-65
1907 Extremely High Relief Proofs Only										
	*		*		*			*		* 375000.
1907 High Relief, Roman Numerals, Wire Rim										
	2400.	2850.	3400.	4750.	5700.	7000.	9000.	12250.	15500.	23000.

— = Insufficient pricing data	*** = None issued**	**FV = Face Value**

	F-12	VF-20	EF-40	AU-50	AU-55	MS-60	MS-62	MS-63	MS-64	MS-65
1907 High Relief, Roman Numerals, Flat Rim										
	2450.	2900.	3450.	4800.	5750.	7100.	9150.	12500.	16000.	22000.
1907	465.	475.	490.	525.	555.	605.	650.	1200.	1850.	3100.
1908	465.	475.	490.	510.	545.	595.	600.	725.	1000.	1525.
1908-D	490.	495.	515.	550.	575.	610.	625.	750.	1600.	14000.
MOTTO ON REVERSE										
1908	475.	485.	505.	540.	565.	625.	660.	950.	3950.	9750.
1908-D	490.	505.	525.	550.	570.	610.	625.	750.	1250.	3350.
1908-S	520.	615.	800.	1350.	2250.	3950.	7900.	12000.	22500.	50000.
1909/8	495.	510.	560.	675.	925.	1250.	1950.	5500.	12500.	31500.
1909	490.	490.	520.	565.	600.	715.	1350.	3250.	14500.	75000.
1909-D	500.	515.	580.	700.	750.	1375.	1700.	2600.	6350.	30000.
1909-S	465.	475.	490.	515.	540.	600.	650.	875.	1200.	5000.
1910	465.	475.	490.	515.	540.	585.	635.	850.	1500.	6250.
1910-D	465.	475.	490.	515.	540.	575.	590.	690.	1175.	2450.
1910-S	465.	475.	490.	515.	540.	605.	650.	925.	2200.	10000.
1911	465.	475.	500.	560.	575.	600.	725.	975.	3400.	10500.
1911-D	465.	475.	495.	515.	540.	565.	585.		1050.	1800.
1911-S	465.	475.	500.	535.	560.	585.	610.	900.	1350.	3500.
1912	465.	480.	505.	565.	580.	600.	615.	1350.	2750.	12500.
1913	465.	475.	495.	525.	550.	775.	975.	1775.	4950.	22500.
1913-D	465.	475.	490.	510.	535.	590.	650.	925.	1600.	4250.
1913-S	485.	495.	550.	600.	650.	890.	1750.	3150.	6700.	45000.
1914	465.	475.	520.	555.	585.	615.	665.	1100.	2650.	12000.
1914-D	465.	475.	495.	520.	545.	575.	590.	685.	1100.	2300.
1914-S	465.	475.	490.	510.	540.	580.	600.	700.	1050.	2150.
1915	475.	485.	500.	560.	600.	655.	800.	1450.	3000.	11750.
1915-S	465.	475.	500.	520.	545.	600.	615.	725.	1000.	2000.
1916-S	465.	475.	495.	520.	550.	585.	600.	750.	1025.	1850.
1920	465.	475.	500.	525.	560.	645.	675.	1400.	4500.	30000.
1920-S	—	—	8000.	12500.	16500.	26000.	32500.	52500.	90000.	—
1921	—	—	9750.	14000.	17500.	35000.	42500.	65000.	110000.	225000.
1922	465.	475.	490.	510.	535.	565.	590.	695.	900.	3750.
1922-S	495.	515.	565.	625.	675.	775.	1100.	2100.	5000.	32500.
1923	465.	475.	490.	505.	525.	555.	585.	700.	1100.	6500.
1923-D	465.	475.	490.	505.	525.	565.	610.	725.	1100.	1500.
1924	465.	475.	490.	505.	525.	565.	585.	690.	825.	1500.
1924-D	—	—	850.	1200.	1600.	2250.	3250.	5500.	15500.	50000.
1924-S	—	—	—	1050.	1500.	2200.	2900.	5250.	14500.	53500.
1925	465.	475.	490.	505.	525.	555.	585.	700.	800.	1475.
1925-D	—	—	—	1275.	1700.	2500.	3500.	6500.	21500.	52500.
1925-S	750.	850.	1050.	1650.	2000.	6750.	12500.	19500.	32500.	60000.
1926	465.	475.	490.	505.	530.	565.	585.	700.	900.	1550.
1926-D	—	—	—	2500.	3250.	5000.	11000.	25000.	41500.	125000.
1926-S	—	—	825.	1150.	1450.	1850.	2150.	2850.	5250.	32500.
1927	465.	475.	490.	505.	525.	545.	580.	675.	800.	1475.
1927-D	—	—	—	—	—	—	—	225000.	300000.	650000.
1927-S	—	—	3750.	6850.	7750.	15500.	20000.	26500.	80000.	105000.
1928	465.	475.	490.	505.	525.	545.	580.	675.	800.	1475.
1929	—	—	—	7000.	7750.	9750.	11500.	14500.	23500.	52500.
1930-S	—	—	—	14000.	15500.	19500.	25000.	35000.	46500.	85000.
1931	—	—	—	12750.	14000.	16000.	20000.	24000.	37500.	60000.
1931-D	—	—	—	10500.	11500.	12500.	16000.	18500.	24500.	55000.
1932	—	—	—	—	10000.	11000.	14000.	16500.	23000.	42500.
1933 Not officially issued										

— = Insufficient pricing data   * = None issued   FV = Face Value

Commemorative silver index chart

——— AU.50 ——— MS.65 - - - SERIES

Commemorative gold index chart

——— AU.50 ——— MS.65 - - - SERIES

Commemorative coins 1892-1954

	EF-40	AU-50	MS-60	MS-63	MS-64	MS-65	MS-66
WORLD'S COLUMBIAN EXPOSITION							
1892 silver half dollar	10.50	15.00	37.50	75.00	110.	600.	1700.
1893 silver half dollar	8.00	13.50	37.50	85.00	160.	650.	1750.
1893 silver quarter dollar	180.	235.	275.	600.	1025.	1950.	3000.
LAFAYETTE MONUMENT							
1900 silver dollar	260.	325.	550.	1500.	2350.	6750.	13000.
LOUISIANA PURCHASE EXPOSITION							
1903 Jefferson gold dollar	280.	350.	415.	775.	1650.	2450.	3350.
1903 McKinley gold dollar	275.	325.	400.	825.	1675.	2500.	3450.
LEWIS & CLARK EXPOSITION							
1904 gold dollar	410.	500.	800.	1950.	3000.	5100.	8250.
1905 gold dollar	425.	525.	1000.	3000.	5800.	12500.	27500.
PANAMA-PACIFIC EXPOSITION							
1915-S silver half dollar	155.	200.	340.	700.	1125.	1975.	2900.
1915-S gold dollar	160.	350.	435.	875.	1200.	2500.	3250.
1915-S gold $2.50	825.	1100.	1650.	2750.	3750.	5300.	6500.
1915-S gold $50 Round	16000.	22000.	28000.	40000.	70000.	120000.	175000.
1915-S gold $50 Octagonal	14000.	19500.	26000.	36000.	55000.	105000.	140000.

— = Insufficient pricing data	* = None issued	FV = Face Value

Values of U.S. coins — 181

	EF-40	AU-50	MS-60	MS-63	MS-64	MS-65	MS-66
MCKINLEY MEMORIAL							
1916 gold dollar	265.	295.	385.	675.	875.	1900.	3850.
1917 gold dollar	305.	375.	480.	1050.	1500.	3200.	4850.
ILLINOIS CENTENNIAL							
1918 silver half dollar	60.00	70.00	82.50	110.	195.	500.	840.
MAINE CENTENNIAL							
1920 silver half dollar	60.00	75.00	90.00	155.	260.	540.	1400.
PILGRIM TERCENTENARY							
1920 silver half dollar	50.00	62.50	70.00	87.50	145.	500.	1450.
1921 silver half dollar	60.00	85.00	100.	175.	300.	750.	1700.
MISSOURI CENTENNIAL							
1921 silver half dollar, No 2*4	165.	250.	390.	660.	1400.	6300.	10500.
1921 silver half dollar, 2*4	190.	300.	425.	775.	1650.	6100.	12500.
ALABAMA CENTENNIAL							
1921 silver half dollar, 2x2	105.	145.	290.	525.	1350.	2950.	5650.
1921 silver half dollar, No 2x2	55.00	87.50	240.	490.	1150.	3100.	7250.
GRANT MEMORIAL							
1922 silver half dollar, No Star	52.00	62.50	95.00	145.	290.	825.	1750.
1922 silver half dollar, Star	325.	485.	1050.	1950.	3000.	6500.	15500.
1922 gold dollar, Star	825.	1075.	1450.	1900.	2300.	2750.	3300.
1922 gold dollar, No Star	775.	900.	1275.	1750.	1950.	2600.	4000.
MONROE DOCTRINE CENTENNIAL							
1923-S silver half dollar	33.50	37.50	42.50	140.	450.	2400.	3900.
HUGUENOT-WALLOON TERCENTENARY							
1924 silver half dollar	60.00	70.00	75.00	95.00	145.	600.	1600.
LEXINGTON-CONCORD SESQUICENTENNIAL							
1925 silver half dollar	57.50	67.50	75.00	90.00	185.	550.	1600.
STONE MOUNTAIN MEMORIAL							
1925 silver half dollar	30.00	35.00	45.00	55.00	75.00	200.	600.
CALIFORNIA DIAMOND JUBILEE							
1925-S silver half dollar	80.00	90.00	105.	200.	290.	700.	1000.
FORT VANCOUVER CENTENNIAL							
1925 silver half dollar	180.	230.	250.	300.	390.	1050.	2150.
AMERICAN INDEPENDENCE SESQUICENTENNIAL							
1926 silver half dollar	60.00	65.00	75.00	125.	600.	4000.	17500.
1926 gold $2.50	215.	250.	325.	725.	1300.	3800.	15000.
OREGON TRAIL MEMORIAL							
1926 silver half dollar	70.00	85.00	92.50	120.	150.	220.	440.
1926-S silver half dollar	77.50	95.00	105.	130.	155.	225.	420.
1928 silver half dollar	90.00	110.	150.	200.	235.	275.	425.
1933-D silver half dollar	140.	175.	200.	265.	350.	485.	550.
1934-D silver half dollar	87.50	110.	130.	185.	215.	290.	525.
1936 silver half dollar	77.50	90.00	100.	160.	175.	230.	330.
1936-S silver half dollar	90.00	110.	135.	185.	235.	300.	385.
1937-D silver half dollar	82.50	95.00	110.	140.	160.	220.	285.
1938 silver half dollar PDS set	—	—	450.	550.	700.	775.	1250.
1939 silver half dollar PDS set	—	—	1100.	1450.	1700.	2100.	2500.
VERMONT-BENNINGTON SESQUICENTENNIAL							
1927 silver half dollar	95.00	130.	160.	200.	300.	800.	1200.
HAWAII DISCOVERY SESQUICENTENNIAL							
1928 silver half dollar	650.	825.	1050.	1750.	2600.	4800.	7250.
MARYLAND TERCENTENARY							
1934 silver half dollar	95.00	105.	115.	140.	160.	325.	975.
TEXAS INDEPENDENCE CENTENNIAL							
1934 silver half dollar	77.50	85.00	90.00	95.00	100.	175.	265.

--- = Insufficient pricing data   * = None issued   FV = Face Value

	EF-40	AU-50	MS-60	MS-63	MS-64	MS-65	MS-66
1935 silver half dollar PDS set	——	——	265.	300.	400.	485.	700.
1936 silver half dollar PDS set	——	——	275.	310.	380.	460.	760.
1937 silver half dollar PDS set	——	——	290.	335.	450.	550.	835.
1938 silver half dollar PDS set	——	——	690.	740.	775.	900.	1350.
DANIEL BOONE BICENTENNIAL							
1934 silver half dollar	65.00	70.00	75.00	85.00	95.00	115.	290.
1935 silver half dollar, Small 4	——	——	550.	750.	1100.	1600.	2500.
1935 silver half dollar PDS set	——	——	260.	300.	330.	415.	850.
1936 silver half dollar PDS set	——	——	260.	300.	335.	435.	1100.
1937 silver half dollar PDS set	——	——	450.	600.	775.	1125.	1900.
1938 silver half dollar PDS set	——	——	700.	900.	1000.	1200.	2350.
CONNECTICUT TERCENTENNARY							
1935 silver half dollar	145.	155.	175.	235.	275.	575.	1050.
ARKANSAS CENTENNIAL							
1935 silver half dollar PDS set	——	——	200.	265.	400.	740.	3750.
1936 silver half dollar PDS set	——	——	200.	270.	410.	750.	3200.
1936 silver half dollar single	52.50	60.00	70.00	80.00	87.50	200.	675.
1937 silver half dollar PDS set	——	——	225.	290.	425.	775.	4250.
1938 silver half dollar PDS set	——	——	265.	375.	675.	2050.	5500.
1939 silver half dollar PDS set	——	——	675.	850.	1125.	2550.	8250.
ARKANSAS-ROBINSON							
1936 silver half dollar	50.00	57.50	67.50	80.00	105.	365.	1000.
HUDSON, NY, SESQUICENTENNIAL							
1935 silver half dollar	290.	425.	450.	530.	725.	1250.	2000.
CALIFORNIA-PACIFIC EXPOSITION (San Diego)							
1935-S silver half dollar	50.00	60.00	62.50	70.00	75.00	110.	225.
1936-D silver half dollar	52.50	62.50	65.00	80.00	87.50	130.	275.
OLD SPANISH TRAIL							
1935 silver half dollar	475.	575.	675.	740.	800.	1025.	1500.
PROVIDENCE, RI, TERCENTENNARY							
1936 silver half dollar single	67.50	70.00	75.00	95.00	110.	290.	900.
1936 silver half dollar PDS set	——	——	235.	300.	350.	750.	3000.
CLEVELAND CENTENNIAL & GREAT LAKES EXPOSITION							
1936 silver half dollar	42.50	50.00	60.00	70.00	85.00	240.	775.
WISCONSIN TERRITORIAL CENTENNIAL							
1936 silver half dollar	130.	140.	150.	175.	195.	245.	275.
CINCINNATI MUSIC CENTER							
1936 silver half dollar PDS set	——	——	650.	800.	1000.	2100.	8500.
1936 silver half dollar single	165.	185.	210.	240.	325.	500.	1100.
LONG ISLAND TERCENTENARY							
1936 silver half dollar	50.00	55.00	60.00	72.50	100.	500.	1750.
YORK COUNTY, MAINE, TERCENTENARY							
1936 silver half dollar	120.	125.	135.	155.	170.	185.	200.
BRIDGEPORT, CT, CENTENNIAL							
1936 silver half dollar	75.00	80.00	87.50	115.	135.	240.	600.
LYNCHBURG, VA, SESQUICENTENNIAL							
1936 silver half dollar	130.	140.	150.	170.	195.	275.	875.
ALBANY, NY, CHARTER 250TH ANNIVERSARY							
1936 silver half dollar	160.	170.	185.	215.	250.	390.	675.
ELGIN, IL, PIONEER MEMORIAL							
1936 silver half dollar	135.	145.	155.	170.	180.	225.	660.
SAN FRANCISCO-OAKLAND BAY BRIDGE							
1936-S silver half dollar	75.00	90.00	100.	125.	155.	350.	540.
COLUMBIA, SC, SESQUICENTENNIAL							
1936 silver half dollar 150th PDS set	——	——	540.	600.	625.	700.	1100.
1936 silver half dollar 150th single	135.	150.	160.	175.	200.	220.	275.

—— = Insufficient pricing data   * = None issued   FV = Face Value

	EF-40	AU-50	MS-60	MS-63	MS-64	MS-65	MS-66
DELAWARE TERCENTENARY							
1936 silver half dollar	155.	170.	185.	210.	285.	350.	1250.
BATTLE OF GETTYSBURG 75TH ANNIVERSARY							
1936 silver half dollar	150.	165.	190.	275.	325.	500.	1250.
NORFOLK, VA, BICENTENNIAL & TERCENTENARY							
1936 silver half dollar	315.	330.	345.	365.	375.	390.	475.
ROANOKE COLONIZATION 350TH ANNIVERSARY							
1937 silver half dollar	145.	155.	160.	175.	215.	250.	285.
BATTLE OF ANTIETAM 75TH ANNIVERSARY							
1937 silver half dollar	205.	265.	310.	375.	490.	600.	800.
NEW ROCHELLE, NY, 250TH ANNIVERSARY							
1938 silver half dollar	200.	210.	220.	255.	280.	365.	625.
IOWA STATEHOOD CENTENNIAL							
1946 silver half dollar	52.50	60.00	70.00	77.50	90.00	135.	175.
BOOKER T WASHINGTON MEMORIAL							
1946 silver half dollar PDS set	——	——	42.50	55.00	75.00	165.	415.
1946 silver half dollar single	10.00	11.25	13.00	18.50	23.50	50.00	135.
1947 silver half dollar PDS set	——	——	75.00	105.	140.	305.	1150.
1948 silver half dollar PDS set	——	——	77.50	115.	135.	175.	700.
1949 silver half dollar PDS set	——	——	180.	225.	255.	290.	625.
1950 silver half dollar PDS set	——	——	70.00	105.	125.	165.	1200.
1951 silver half dollar PDS set	——	——	67.50	125.	160.	200.	500.
BOOKER T WASHINGTON - GEORGE WASHINGTON CARVER							
1951 silver half dollar PDS set	——	——	65.00	105.	145.	300.	1050.
1951 silver half dollar single	10.50	12.00	13.50	20.00	27.50	55.00	300.
1952 silver half dollar PDS set	——	——	61.00	125.	185.	400.	850.
1953 silver half dollar PDS set	——	——	62.50	120.	160.	510.	1000.
1954 silver half dollar PDS set	——	——	60.00	100.	140.	375.	950.

Commemorative coins 1982-1996

	MS-60	MS-63	MS-64	MS-65	PF-65
WASHINGTON'S BIRTH 250TH ANNIVERSARY					
1982-D silver half dollar	3.25	3.75	4.25	4.50	*
1982-S silver half dollar	*	*	*	*	4.50
GAMES OF XXIII OLYMPIAD, LOS ANGELES					
1983-P silver dollar	8.00	8.50	8.75	9.00	*
1983-D silver dollar	9.00	10.00	11.00	12.00	*
1983-S silver dollar	9.00	9.25	9.50	10.00	9.00
1984-P silver dollar	13.00	13.50	14.00	14.50	*
1984-D silver dollar	23.00	23.50	24.00	25.00	*
1984-S silver dollar	23.50	24.00	24.50	25.50	11.00
1984-P gold $10 eagle	*	*	*	*	260.
1984-D gold $10 eagle	*	*	*	*	250.
1984-S gold $10 eagle	*	*	*	*	230.
1984-W gold $10 eagle	210.	215.	220.	230.	210.

—— = Insufficient pricing data   * = None issued   FV = Face Value

	MS-60	MS-63	MS-64	MS-65	PF-65
STATUE OF LIBERTY - ELLIS ISLAND CENTENNIAL					
1986-D clad half dollar	4.00	4.25	4.50	5.25	*
1986-S clad half dollar	*	*	*	*	6.50
1986-P silver dollar	8.25	8.50	9.00	9.50	*
1986-S silver dollar	*	*	*	*	9.50
1986-W gold half eagle	120.	125.	130.	135.	115.
CONSTITUTION BICENTENNIAL					
1987-P silver dollar	8.00	8.15	8.25	8.50	*
1987-S silver dollar	*	*	*	*	8.50
1987-W gold half eagle	110.	112.	115.	118.	120.
GAMES OF XXIV OLYMPIAD, CALGARY, SEOUL					
1988-D silver dollar	11.75	12.00	12.25	12.50	*
1988-S silver dollar	*	*	*	*	9.00
1988-W gold half eagle	115.	120.	125.	130.	115.
BICENTENNIAL OF CONGRESS					
1989-D clad half dollar	9.00	9.50	9.75	10.00	*
1989-S clad half dollar	*	*	*	*	6.00
1989-D silver dollar	17.75	18.00	18.25	18.50	*
1989-S silver dollar	*	*	*	*	15.00
1989-W gold half eagle	120.	125.	130.	140.	120.
EISENHOWER BIRTH CENTENNIAL					
1990-W silver dollar	11.00	12.00	13.00	14.00	*
1990-P silver dollar	*	*	*	*	12.50
MOUNT RUSHMORE 50TH ANNIVERSARY					
1991-D clad half dollar	13.00	13.50	14.00	15.00	*
1991-S clad half dollar	*	*	*	*	12.00
1991-P silver dollar	25.75	26.00	26.25	26.50	*
1991-S silver dollar	*	*	*	*	27.50
1991-W gold half eagle	130.	135.	140.	145.	120.
KOREAN WAR 38TH ANNIVERSARY					
1991-D silver dollar	15.00	15.50	15.75	16.00	*
1991-P silver dollar	*	*	*	*	15.00
UNITED SERVICE ORGANIZATIONS 50TH ANNIVERSARY					
1991-D silver dollar	19.25	19.50	19.75	20.00	*
1991-S silver dollar	*	*	*	*	16.50
GAMES OF XXV OLYMPIAD, ALBERTVILLE, BARCELONA					
1992-P clad half dollar	6.00	6.25	6.50	7.00	*
1992-S clad half dollar	*	*	*	*	8.00
1992-D silver dollar	25.00	25.50	25.75	26.00	*
1992-S silver dollar	*	*	*	*	30.00
1992-W gold half eagle	130.	135.	140.	145.	140.
WHITE HOUSE BICENTENNIAL					
1992-D silver dollar	34.50	35.00	35.50	36.00	*
1992-W silver dollar	*	*	*	*	33.00
COLUMBUS DISCOVERY QUINCENTENNIAL					
1992-D clad half dollar	12.00	13.00	14.00	15.00	*
1992-S clad half dollar	*	*	*	*	13.50
1992-P silver dollar	*	*	*	*	26.00
1992-D silver dollar	22.50	23.00	23.50	24.00	*
1992-W gold half eagle	130.	135.	140.	145.	195.
BILL OF RIGHTS - JAMES MADISON					
1993-W silver half dollar	11.00	12.50	13.00	13.50	*
1993-S silver half dollar	*	*	*	*	10.50
1993-D silver dollar	16.50	16.75	17.00	17.50	*
1993-S silver dollar	*	*	*	*	18.00
1993-W gold half eagle	165.	175.	180.	200.	145.

— = Insufficient pricing data * = None issued FV = Face Value

	MS-60	MS-63	MS-64	MS-65	PF-65
WORLD WAR II 50TH ANNIVERSARY, DUAL DATES 1991-1995					
(1993)-P WWII clad half dollar	9.00	9.50	10.00	10.50	*
(1993)-S clad half dollar	*	*	*	*	11.50
(1993)-D silver dollar	23.50	24.00	24.50	25.00	*
(1993)-W silver dollar	*	*	*	*	26.75
(1993)-W WWII gold half eagle	175.	200.	210.	225.	165.
SOCCER WORLD CUP					
1994-D clad half dollar	6.50	7.00	7.50	8.50	*
1994-P clad half dollar	*	*	*	*	9.50
1994-D silver dollar	21.50	22.00	22.50	23.00	*
1994-S silver dollar	*	*	*	*	28.50
1994-W gold half eagle	150.	155.	160.	165.	165.
THOMAS JEFFERSON 250TH ANNIVERSARY OF BIRTH, dual date 1743-1993					
(1994)-P silver dollar	29.50	30.50	31.50	32.50	*
(1994)-S silver dollar	*	*	*	*	30.00
WOMEN IN MILITARY SERVICE MEMORIAL					
1994-W silver dollar	27.50	28.00	28.50	29.00	*
1994-P silver dollar	*	*	*	*	29.00
VIETNAM VETERANS' MEMORIAL					
1994-W silver dollar	27.50	28.00	28.50	29.00	*
1994-P silver dollar	*	*	*	*	29.00
PRISONER OF WAR MUSEUM					
1994-W silver dollar	27.50	28.00	28.50	29.00	*
1994-P silver dollar	*	*	*	*	29.00
UNITED STATES CAPITOL BICENTENNIAL					
1994-D silver dollar	27.50	28.00	28.25	28.50	*
1994-S silver dollar	*	*	*	*	32.50
CIVIL WAR BATTLEFIELDS					
1995-D clad half dollar	10.50	10.75	11.00	11.50	*
1995-S clad half dollar	*	*	*	*	12.00
1995-P silver dollar	29.50	31.00	32.50	33.00	*
1995-S silver dollar	*	*	*	*	32.50
1995-W gold half eagle	——	——	180.	200.	210.
SPECIAL OLYMPICS WORLD GAMES					
1995-W silver dollar	30.00	31.00	33.00	35.00	*
1995-P silver dollar	*	*	*	*	25.00
GAMES OF THE XXVI OLYMPIAD, ATLANTA					
1995-S Basketball clad half dollar	12.00	12.50	13.00	13.50	13.00
1995-S Baseball clad half dollar	12.00	12.50	13.00	13.50	13.00
1995-D Gymnastics silver dollar	31.50	32.50	34.00	35.00	*
1995-P Gymnastics silver dollar	*	*	*	*	37.00
1995-D Cycling silver dollar	31.50	32.50	34.00	35.00	*
1995-P Cycling silver dollar	*	*	*	*	37.00
1995-D Track & Field silver dollar	31.50	32.50	34.00	35.00	*
1995-P Track & Field silver dollar	*	*	*	*	37.00
1995-D Paralympic, blind runner silver dollar	31.50	32.50	34.00	35.00	*
1995-P Paralympic, blind runner silver dollar	*	*	*	*	37.00
1995-W Torch Runner gold half eagle	——	——	225.	240.	250.
1995-W Atlanta Stadium gold half eagle	——	——	225.	240.	250.
1996-S Swimming clad half dollar	12.00	12.50	13.00	13.50	13.00
1996-S Soccer clad half dollar	12.00	12.50	13.00	13.50	13.00
1996-D Tennis silver dollar	31.50	32.50	34.00	35.00	*
1996-P Tennis silver dollar	*	*	*	*	37.00
1996-D Rowing silver dollar	32.50	33.00	34.00	35.00	*
1996-P Rowing silver dollar	*	*	*	*	37.00

—— = Insufficient pricing data　　　* = None issued　　　FV = Face Value

	MS-60	MS-63	MS-64	MS-65	PF-65
GAMES OF THE XXVI OLYMPIAD, ATLANTA (CONTINUED)					
1996-D High Jump silver dollar	32.50	33.00	34.00	35.00	*
1996-P High Jump silver dollar	*	*	*	*	37.00
1996-D Paralympic, wheelchair athlete silver dollar	32.50	33.00	34.00	35.00	*
1996-P Paralympic, wheelchair athlete silver dollar	*	*	*	*	37.00
1996-W Olympic Flame brazier gold half eagle	229.	235.	240.	249.	259.
1996-W Flagbearer gold half eagle	229.	235.	240.	249.	259.

Proof sets

Year	Price range		Year	Price range	
1936	3100.	5000.	1981-S Filled S	4.50	5.50
1937	2200.	2900.	1981-S Clear S	150.	200.
1938	850.	1300.	1982-S	3.00	4.00
1939	850.	1150.	1983-S	3.95	5.50
1940	660.	825.	1983-S Prestige	67.00	80.00
1941	560.	700.	1984-S	6.50	7.85
1942 5-piece	550.	675.	1984-S Prestige	18.00	25.00
1942 6-piece	600.	875.	1985-S	4.00	5.40
1950	290.	385.	1986-S	16.00	18.50
1951	215.	275.	1986-S Prestige	22.50	30.00
1952	105.	185.	1987-S	3.25	5.00
1953	85.00	135.	1987-S Prestige	15.00	19.00
1954	47.50	70.00	1988-S	6.00	7.00
1955 Flat	40.00	55.00	1988-S Prestige	16.50	22.50
1956	22.00	27.00	1989-S	4.75	5.75
1957	9.00	13.50	1989-S Prestige	19.00	26.00
1958	14.00	17.00	1990-S	8.75	10.25
1959	10.60	13.75	1990-S No S Lincoln cent	1300.	1400.
1960	8.50	11.50	1990-S Prestige	18.00	24.00
1960 Small Date cent	16.50	20.00	1991-S	16.00	20.00
1961	5.50	7.00	1991-S Prestige	40.00	53.50
1962	5.50	7.00	1992-S	16.50	20.00
1963	5.50	7.00	1992-S Prestige	40.00	52.00
1964	5.50	7.00	1992-S Silver	16.00	20.00
1968-S	3.30	4.40	1992-S Silver Premier	16.50	20.50
1969-S	3.25	4.25	1993-S	16.00	20.00
1970-S	7.00	9.00	1993-S Prestige	36.00	44.00
1970-S Level 7 (Small Date)	50.00	60.00	1993-S Silver	22.00	30.00
1971-S	2.50	3.40	1993-S Silver Premier	23.00	31.00
1972-S	2.60	3.50	1994-S	13.00	19.00
1973-S	4.20	5.25	1994-S Prestige	38.00	50.00
1974-S	4.30	5.25	1994-S Silver	19.00	30.00
1975-S	5.00	6.25	1994-S Silver Premier	—	—
1976-S	5.50	6.50	1995-S	14.00	20.00
1976-S Bicentennial 3-piece	7.50	12.50	1995-S Prestige	55.00	63.50
1977-S	3.50	4.50	1995-S Silver	15.75	20.00
1978-S	3.75	5.00	1995-S Silver Premier	—	—
1979-S Filled S	4.50	5.40	1996-S	10.50	12.00
1979-S Clear S	48.00	60.00	1996-S Prestige	—	—
1980-S	3.50	4.50			

— = Insufficient pricing data   * = None issued   FV = Face Value

Uncirculated Mint sets

	Phila.	Denver	San Fr.	Price	Range
1947 Double set	240.	240.	70.00	500.	550.
1948 Double set	150.	145.	45.00	250.	345.
1949 Double set	150.	160.	190.	400.	500.
1950 No Sets Issued					
1951 Double set	45.00	175.	130.	265.	350.
1952 Double set	22.50	57.50	170.	200.	250.
1953 Double set	90.00	35.00	75.00	160.	200.
1954 Double set	30.00	25.00	35.00	70.00	90.00
1955 Double set	37.00	17.00	5.00	50.00	59.00
1956 Double set	27.50	22.50	*	42.50	50.00
1957 Double set	42.50	42.50	*	75.00	85.00
1958 Double set	43.00	39.00	*	72.50	82.00
1959 Single set	6.00	6.50	*	10.50	12.50
1960	5.65	5.85	*	10.00	11.50
1961	5.65	5.60	*	9.75	11.25
1962	4.00	4.00	*	7.00	8.00
1963	3.75	4.00	*	6.00	7.75
1964	3.75	3.75	*	5.75	7.50

Year	Price range		Year	Price range	
1965 Special Mint Sets	2.50	4.00	1980	4.50	6.75
1966 Special Mint Sets	2.75	4.00	1981	10.00	12.50
1967 Special Mint Sets	4.00	6.00	1984	3.00	5.00
1968 (PD&S)	2.25	3.75	1985	3.00	5.00
1969 (PD&S)	2.50	4.50	1986	9.00	11.00
1970 (PD&S)	8.00	11.00	1987	4.25	6.50
1971 (PD&S)	2.20	3.50	1988	2.50	4.50
1972 (PD&S)	2.00	3.50	1989	2.20	4.25
1973 (PD&S)	6.25	8.50	1990	3.80	5.75
1974 (PD&S)	4.00	6.50	1991	8.00	11.50
1975	4.25	6.75	1992	6.50	13.50
1976-S 3-piece 40% silver	7.00	12.00	1993	6.75	8.50
1976	4.80	7.00	1994	7.50	10.00
1977	4.00	6.00	1995	8.00	9.75
1978	4.00	6.00	1996	8.25	9.50
1979	3.70	5.75			

Year sets

	Phila.	Denver	San Fr.	Price	Range
1940	180.	85.00	175.	320.	440.
1941	105.	155.	215.	370.	475.
1942	85.00	150.	165.	310.	400.
1943	95.00	170.	160.	320.	425.
1944	70.00	110.	95.00	225.	275.
1945	87.50	105.	100.	210.	295.
1946	60.00	55.00	80.00	160.	195.

— = Insufficient pricing data   * = None issued   FV = Face Value

Brilliant Uncirculated rolls

	1¢	5¢	10¢	25¢	50¢
1934	225.	1600.	1200.	1100.	1900.
1934-D	800.	4250.	2750.	5750.	——
1935	75.00	950.	825.	875.	1250.
1935-D	150.	2250.	2900.	6000.	3950.
1935-S	460.	1650.	1350.	3250.	6250.
1936	59.00	725.	600.	775.	1200.
1936-D	120.	1175.	1700.	——	2300.
1936-S	90.00	1550.	1175.	3650.	3250.
1937	36.00	515.	600.	675.	1250.
1937-D	50.00	775.	1350.	1475.	4000.
1937-S	72.50	900.	1325.	5000.	3300.
1938	70.00	65.00	1000.	2050.	1850.
1938-D	75.00	110.	1050.		——
1938-D Bison	*	425.	*	*	*
1938-S	50.00	115.	1300.	2250.	*
1939	35.00	54.00	675.	650.	1200.
1939-D	78.00	1500.	575.	1050.	1250.
1939-S	62.50	600.	1400.	2500.	2500.
1940	35.00	29.00	325.	475.	950.
1940-D	32.50	65.00	600.	2450.	*
1940-S	30.00	90.00	525.	525.	1100.
1941	45.00	30.00	310.	205.	850.
1941-D	100.	95.00	600.	700.	1100.
1941-S	87.50	105.	400.	800.	3250.
1942	19.00	155.	235.	145.	875.
1942-P	*	225.	*	*	*
1942-D	14.00		550.	325.	1500.
1942-S	140.	147.	625.	1800.	1650.
1943	45.00	95.00	225.	125.	700.
1943-D	52.50	90.00	475.	525.	1850.
1943-S	67.50	105.	600.	875.	1400.
1944	8.00	115.	260.	120.	850.
1944-D	25.00	215.	425.	245.	1050.
1944-S	17.00	92.50	385.	240.	1600.
1945	23.00	115.	265.	87.00	700.
1945-D	13.00	95.00	290.	170.	875.
1945-S	12.50	68.00	310.	140.	850.
1946	11.00	12.00	32.50	115.	800.
1946-D	12.00	17.00	36.00	105.	725.
1946-S	13.50	12.00	45.00	92.50	900.
1947	36.00	24.00	53.00	155.	850.
1947-D	14.00	28.00	92.00	120.	725.
1947-S	16.00	17.00	75.00	100.	*
1948	13.00	12.00	145.	90.00	260.
1948-D	15.00	31.00	105.	115.	190.
1948-S	15.00	17.00	87.00	115.	*
1949	20.00	16.00	500.	525.	575.
1949-D	21.00	21.00	165.	250.	675.
1949-S	38.00	33.00	800.	*	1000.
1950	22.50	30.00	88.00	80.00	390.
1950-D	24.00	200.	110.	85.00	425.
1950-S	24.00	*	410.	170.	*
1951	26.00	35.00	49.00	100.	235.
1951-D	9.00	24.00	48.00	78.00	350.
1951-S	24.00	47.00	260.	425.	390.
1952	16.00	20.00	58.00	97.50	145.
1952-D	8.50	40.00	45.00	60.00	130.
1952-S	57.50	18.00	192.	300.	730.
1953	5.50	7.00	44.00	75.00	230.
1953-D	5.00	6.00	30.00	55.00	115.
1953-S	12.00	12.00	28.00	72.50	190.
1954	11.00	6.00	28.00	55.00	100.
1954-D	5.00	6.50	28.00	55.00	95.00
1954-S	4.75	6.00	28.00	60.00	100.
1955	5.00	9.50	35.00	55.00	135.
1955-D	4.00	5.50	28.00	62.50	*
1955-S	11.00	*	28.00	*	*
1956	3.50	4.00	27.50	57.50	89.00
1956-D	2.75	3.75	28.00	59.00	*
1957	2.80	4.75	26.50	57.50	88.00
1957-D	2.75	3.75	28.00	56.00	77.50
1958	2.60	3.75	26.50	58.00	80.00
1958-D	2.50	3.75	28.00	57.50	59.00
1959	1.20	3.50	26.00	54.00	64.00
1959-D	1.20	3.50	26.00	54.00	77.50
1960	1.10	3.75	25.50	54.00	57.50
1960-D	1.10	3.55	25.50	53.00	72.50
1960 Small Date	57.50	*	*	*	*
1960-D Small Date	1.90	*	*	*	*
1961	1.30	3.80	25.50	53.00	60.00
1961-D	1.25	3.70	25.00	53.00	67.50
1962	1.50	3.50	25.00	53.50	57.50
1962-D	1.25	3.95	25.00	53.00	57.50
1963	1.30	3.45	25.00	52.00	57.50
1963-D	1.25	3.45	25.00	52.00	57.50
1964	1.10	4.00	24.50	52.00	45.00
1964-D	1.50	4.25	24.50	52.00	45.00
1965	1.90	3.25	7.75	21.00	19.00
1966	3.90	3.75	10.00	22.50	19.00
1967	3.00	4.25	9.50	27.50	18.50
1968	1.90	*	8.00	24.00	*
1968-D	1.50	4.50	8.00	23.50	18.00
1968-S	1.20	3.75	*	*	*
1969	5.75	*	28.00	25.50	*
1969-D	1.15	4.00	10.00	24.00	18.50
1969-S	1.35	3.65	*	*	*
1970	2.00	*	8.75	17.50	*
1970-D	1.45	3.75	8.25	15.00	190.
1970-S	1.15	4.25	*	*	*
1971	6.50	14.00	13.50	25.00	14.50
1971-D	5.00	4.00	9.50	23.50	14.00
1971-S	4.75	*	*	*	*
1972	2.50	4.25	10.00	13.75	16.00
1972-D	2.50	4.00	9.00	14.00	15.50

—— = Insufficient pricing data   * = None issued   FV = Face Value

BRILLIANT UNCIRCULATED ROLLS (CONTINUED)

	1¢	5¢	10¢	25¢	50¢		1¢	5¢	10¢	25¢	50¢
1972-S	1.75	*	*	*	*	1983	1.60	40.00	31.00	190.	23.00
1973	1.50	6.00	10.50	16.00	16.00	1983-D	1.65	32.50	28.50	150.	22.00
1973-D	1.25	5.00	8.25	17.50	15.75	1984	4.50	10.00	11.50	27.50	18.50
1973-S	1.25	*	*	*	*	1984-D	11.00	5.00	12.50	75.00	17.00
1974	1.10	4.25	8.50	19.00	15.00	1985	2.75	5.00	15.00	65.00	15.75
1974-D	1.10	6.25	8.25	18.00	15.25	1985-D	2.25	5.75	10.50	125.	16.50
1974-S	3.30	*	*	*	*	1986	8.00	5.50	13.75	120.	36.00
1975	1.50	5.50	12.50	*	*	1986-D	3.20	6.00	13.75	130.	40.00
1975-D	1.75	4.85	9.75	*	*	1987	3.75	3.75	7.25	15.50	45.00
1976	1.50	9.75	12.00	17.50	14.50	1987-D	2.10	4.00	7.25	15.50	43.00
1976-D	3.25	12.00	12.00	18.00	14.50	1988	2.00	3.75	9.50	19.00	16.25
1976-S 40% silver BU		*	52.50	55.00		1988-D	1.30	4.00	8.00	17.50	16.00
1976-S 40% silver Proof		*	65.00	70.00		1989	1.25	3.75	7.25	23.00	14.00
1977	1.35	5.00	7.75	14.50	20.00	1989-D	1.25	3.75	7.00	13.00	14.00
1977-D	1.20	10.50	9.00	16.00	21.50	1990	1.50	3.75	7.00	15.50	15.25
1978	1.80	3.75	8.50	13.50	21.00	1990-D	1.50	3.75	7.00	13.00	15.50
1978-D	1.10	4.25	9.00	13.00	22.00	1991	1.45	3.75	7.00	13.00	14.50
1979	1.45	3.75	7.75	18.00	14.50	1991-D	1.45	3.75	7.00	13.00	15.50
1979-D	1.05	4.50	7.50	14.50	19.00	1992	1.50	3.75	6.75	19.00	14.50
1980	1.60	4.25	7.75	16.00	14.00	1992-D	1.35	3.75	7.00	16.00	14.00
1980-D	1.50	4.00	7.75	15.00	13.50	1993	1.60	3.50	7.00	13.50	13.50
1981	1.50	3.25	7.25	14.50	19.00	1993-D	1.40	3.50	7.00	13.50	13.50
1981-D	1.50	3.75	7.25	13.50	16.50	1994	1.40	3.50	7.45	13.75	14.25
1982	3.50	19.00	52.50	125.	20.00	1994-D	1.40	3.50	7.95	13.70	14.20
1982 Small Date Zinc 15.00		*	*	*	*	1995	1.40	3.50	7.45	13.75	14.25
1982-D	2.75	42.50	12.50	25.00	27.00	1995-D	1.40	3.50	7.95	13.70	14.20
1982-D Large Date Zinc 5.25		*	*	*	*	1996	1.40	3.50	7.45	13.75	14.25
						1996-D	1.40	3.50	7.95	13.70	14.20

Proof 65 coins

	1¢	5¢	10¢	25¢	50¢	$1.00
1859 Copper-nickel 1¢	6000.	*	4350.	3200.	5100.	11000.
1860	3000.	*	1400.	3300.	5200.	11500.
1861	4500.	*	1525.	3550.	5500.	11500.
1862	2250.	*	2000.	3050.	4800.	12000.
1863	2350.	*	1425.	3100.	5000.	11000.
1864 Copper-nickel 1¢	2700.	*	*	*	*	*
1864 Bronze 1¢	10000.	*	1475.	3000.	4700.	9750.
1865	7500.	*	1450.	3300.	4600.	10000.
1866 Motto	3200.	3600.	1450.	2300.	3600.	11000.
1867 Rays 5¢	*	16000.	*	*	*	*
1867 No Rays 5¢	3300.	2500.	1475.	2050.	3600.	8950.
1868	3150.	1000.	1425.	2550.	3450.	9050.
1869	1950.	975.	1475.	2350.	2875.	9250.
1870	1925.	1050.	1400.	2400.	3450.	9050.
1871	1850.	1000.	1550.	2100.	3350.	10500.
1872	2100.	1075.	1600.	2050.	3400.	9000.
1873 No Arrows	2050.	900.	1400.	2200.	3075.	8500.
1873 With Arrows	*	*	5500.	6500.	8750.	*
1874	1850.	925.	4000.	5000.	8000.	*
1875	2300.	1000.	1400.	1975.	3225.	*
1876	2250.	850.	1575.	1950.	3200.	*
1877	6750.	2600.	1575.	1975.	3275.	*

— = Insufficient pricing data   * = None issued   FV = Face Value

PROOF 65 COINS (CONTINUED)

	1¢	5¢	10¢	25¢	50¢	$1.00
1878	750.	800.	1475.	1875.	3800.	*
1878 8 Tail Feathers	*	*	*	*	*	5500.
1878 7 Tail Feathers 2nd Reverse	*	*	*	*	*	16000.
1879	810.	750.	1400.	1850.	2950.	5050.
1880	700.	650.	1350.	1800.	3000.	4700.
1881	700.	655.	1325.	1850.	3250.	4850.
1882	725.	645.	1375.	1850.	3000.	4700.
1883 Shield 5¢	700.	645.	1400.	1850.	2950.	4650.
1883 With CENTS Liberty 5¢	*	575.	*	*	*	*
1883 No CENTS Liberty 5¢	*	750.	*	*	*	*
1884	725.	600.	1325.	1850.	3200.	4800.
1885	700.	950.	1325.	1850.	3100.	4850.
1886	1750.	850.	1350.	1800.	3100.	4750.
1887	1600.	545.	1375.	1850.	3000.	4650.
1888	4000.	545.	1350.	1900.	3050.	4900.
1889	725.	575.	1350.	1875.	3100.	4850.
1890	1750.	575.	1350.	1900.	2900.	4650.
1891	1850.	575.	1350.	1850.	2900.	4650.
1892	625.	575.	1275.	1525.	2750.	4650.
1893	750.	575.	1275.	1550.	2750.	5800.
1894	1050.	575.	1250.	1575.	2750.	4800.
1895	600.	585.	1450.	1525.	2725.	28500.
1896	1250.	585.	1225.	1600.	2850.	4600.
1897	620.	575.	1200.	1550.	2750.	4800.
1898	610.	575.	1225.	1550.	2750.	4700.
1899	600.	575.	1225.	1675.	4200.	4750.
1900	600.	575.	1225.	1575.	2700.	4600.
1901	600.	535.	1275.	1575.	2700.	6000.
1902	620.	575.	1275.	1625.	2750.	4650.
1903	600.	535.	1275.	1550.	2750.	5050.
1904	800.	595.	1300.	1575.	2750.	5250.
1905	600.	550.	1250.	1550.	2725.	*
1906	600.	535.	1275.	1575.	2725.	*
1907	900.	565.	1275.	1575.	2725.	*
1908	600.	525.	1325.	1600.	2750.	*
1909 Indian 1¢	600.	525.	1325.	1575.	2750.	*
1909 Lincoln VDB 1¢	5250.	*	*	*	*	*
1909 Lincoln 1¢	685.	*	*	*	*	*
1910	700.	525.	1325.	1600.	2800.	*
1911	1000.	535.	1350.	1550.	2725.	*
1912	1650.	535.	1350.	1550.	3000.	*
1913 Bison on Mound 5¢	775.	2250.	1375.	1600.	3250.	*
1913 Bison on Plain 5¢	*	1350.	*	*	*	*
1914	750.	1300.	1375.	1650.	3050.	*
1915	1175.	1250.	1425.	1900.	3050.	*
1916	1750.	2250.	—	*	*	*
1921 Morgan Zerbe Proof	*	*	*	*	*	8000.
1936	850.	900.	775.	1050.	2400.	*
1937	120.	800.	350.	390.	715.	*
1938	105.	60.00	270.	240.	500.	*
1939	95.00	50.00	240.	175.	475.	*
1940	90.00	47.50	200.	165.	420.	*
1941	90.00	42.50	175.	165.	390.	*
1942	87.50	45.00	150.	160.	390.	*
1942 Wartime Alloy 5¢	*	115.	*	*	*	*

— = Insufficient pricing data   *** = None issued**   **FV = Face Value**

American Eagle gold bullion

Date of authorization:	Dec. 17, 1985
Dates of issue:	1986-present
Designers:	Obverse: Augustus Saint-Gaudens
	Reverse: Miley Busiek
Engravers:	Obverse: Matthew Peloso
	Reverse: Sheri Winter
Diameter (Millimeters/inches):	$50: 32.70mm/1.29 inches
	$25: 27.00mm/1.07 inches
	$10: 22.00mm/0.87 inch
	$5: 16.50mm/0.65 inch
Weight (Grams/ounces):	$50: 33.931 grams/1.09091 ounces
	$25: 16.966 grams/0.54547 ounce
	$10: 8.483 grams/0.27273 ounce
	$5: 3.393 grams/0.10909 ounce
Metallic content:	91.67% gold, 5.33% copper, 3% silver
Weight of pure gold:	$50: 1 ounce
	$25: half ounce
	$10: quarter ounce
	$5: tenth ounce
Edge:	Reeded
Mint mark:	Proofs only, obverse below date

Values for all American Eagles appear on next page with
silver bullion specifications.
Gold spot at time of writing— about $388
Silver spot at time of writing — about $5.17

— = Insufficient pricing data   * = None issued   FV = Face Value

American Eagle silver bullion

Date of authorization: Dec. 17, 1985
Dates of issue: 1986-present
Designers: Obverse: Adolph A. Weinman
Reverse: John Mercanti
Engravers: Obverse: Edgar Steever
Reverse: Mercanti
Diameter (Millimeters/inches): 40.10mm/1.58 inches
Weight (Grams/ounces): 31.103 grams/1 ounce
Metallic content: 100% silver (.999 fine)
Weight of pure silver: 31.103 grams/1 ounce
Edge: Reeded
Mint mark: Proofs only, reverse left of eagle's tail

	$5 gold	$10 gold	$25 gold	$50 gold	gold set	$1 silver
1986 Unc.	55.00	123.	225.	420.	830.	9.50
1986 Proof ($1 silver - S, $50 gold - W)			*	465.	*	17.50
1987 Unc.	57.00	128.	235.	425.	850.	7.40
1987 Proof ($1 silver - S, gold $25 - P, $50 - W)		*	*	225.	455.	650.	17.50
1988 Unc.	79.00	128.	240.	425.	870.	7.65
1988 Proof ($1 silver - S; gold $5, $10, $25 - P, $50 - W)		70.00	128.	245.	455.	835.	46.50
1989 Unc.	69.00	133.	245.	425.	875.	7.70
1989 Proof ($1 silver - S; gold $5, $10, $25 - P, $50 - W)		67.50	138.	270.	450.	835.	17.50
1990 Unc.	58.00	148.	565.	425.	1075.	7.60
1990 Proof ($1 silver - S; gold $5, $10, $25 - P, $50 - W)		70.00	148.	270.	475.	835.	18.75
1991 Unc.	57.00	143.	365.	440.	955.	7.50
1991 Proof ($1 silver - S; gold $5, $10, $25 - P, $50 - W)		70.00	148.	275.	485.	835.	18.50
1992 Unc.	56.00	128.	255.	435.	875.	7.30

— = Insufficient pricing data   * = None issued   FV = Face Value

	$5 gold	$10 gold	$25 gold	$50 gold	gold set	$1 silver
1992 Proof ($1 silver - S; gold $5, $10, $25 - P, $50 - W)						
	80.00	158.	255.	500.	835.	19.50
1993 Unc.	55.00	123.	230.	435.	870.	7.50
1993 Proof ($1 silver - P; gold $5, $10, $25 - P, $50 - W)						
	82.50	168.	265.	525.	835.	51.00
1994 Unc.	54.00	120.	225.	430.	825.	7.60
1994 Proof ($1 silver - P; gold $5, $10, $25 - P, $50 - W)						
	82.50	168.	280.	550.	850.	47.00
1995 Unc.	50.00	116.	223.	430.	825.	7.60
1995 Proof ($1 silver, gold $5, $25, $50 - W, 10th Anniversary set)						
	85.00	168.	280.	550.	1375.	625.
1995 Proof ($1 silver - P; gold $5, $10, $25, $50 - W)						
	*	*	*	*	875.	40.00
1996 Unc.	45.00	108.	208.	403.	775.	6.75
1996 Proof ($1 silver - P; gold $5, $10, $25, $50 - W)						
	77.50	150.	250.	575.	1000.	22.50

U.S. Type Coin Trend Values

	AG-3	G-4	VG-8	F-12	VF-20	EF-40	AU-50	MS-60	MS-63	MS-64	MS-65	PF-60	PF-63	PF-65
HALF CENTS														
Flowing Hair T. 3	800.	1425.	2100.	3550.	4750.	10500.	15500.	25500.	55000.	115000.	—	—	—	—
Liberty Cap 1794-1797	85.00	200.	375.	600.	1000.	2900.	5500.	7250.	16500.	37500.	82500.	—	—	—
Draped Bust 1800-1808	14.50	26.00	35.00	50.00	80.00	225.	385.	1000.	2000.	3750.	30000.	—	—	—
Classic Head 1809-1836	14.00	20.00	28.00	35.00	45.00	70.00	145.	245.	385.	625.	5500.	2500.	4750.	25000.
Coronet 1840-1857	15.00	29.00	32.50	40.00	50.00	70.00	115.	215.	360.	525.	3450.	2000.	3850.	8500.
CENTS - (Large)														
Flowing Hair, Chain 1793	1100.	2450.	3850.	5850.	12000.	19000.	39000.	50000.	110000.	160000.	185000.	—	—	—
Flowing Hair, Wreath 1793	475.	900.	1250.	2400.	3400.	7500.	13000.	19000.	42500.	77500.	185000.	—	—	—
Liberty Cap 1793-1796	70.00	125.	245.	425.	725.	1650.	3500.	4750.	5750.	14500.	46000.	—	—	—
Draped Bust 1796-1807	11.50	26.50	57.50	115.	255.	365.	450.	2100.	5250.	13000.	47500.	—	—	—
Classic Head 1808-1814	15.00	29.00	67.50	190.	425.	825.	2200.	3250.	7250.	15000.	43500.	—	—	—
Coronet 1816-1839	4.50	9.50	11.00	15.00	40.00	80.00	185.	325.	575.	700.	7900.	3500.	12000.	19500.
Coronet 1840-1857	4.25	9.00	10.50	12.50	18.00	40.00	105.	195.	305.	425.	1800.	2150.	5800.	19500.
CENTS - (Small)														
Flying Eagle 1856-1858	6.50	12.75	15.00	20.00	29.00	77.50	135.	205.	440.	785.	2350.	1400.	2750.	21000.
Indian copper-nickel 1859	3.50	6.50	8.50	11.00	26.50	70.00	110.	180.	435.	950.	2450.	375.	1300.	6000.
Indian copper-nickel, Shield 1860-64	1.75	3.00	4.00	6.00	9.00	20.00	40.00	77.50	145.	270.	565.	260.	585.	2250.
Indian Bronze 1864-1909	0.65	1.15	1.30	1.75	2.25	6.00	13.50	20.00	37.00	46.00	250.	90.00	115.	600.
TWO CENTS														
1864-1873	3.75	6.25	11.00	16.00	19.00	27.50	50.00	95.00	130.	240.	975.	275.	470.	1725.
THREE CENT NICKEL														
1865-1889	4.00	6.00	6.75	7.25	8.50	14.00	35.00	80.00	125.	195.	650.	150.	275.	500.
THREE CENT SILVER														
1851-1853 One Outline of Star	6.50	12.50	14.50	19.00	23.50	48.00	95.00	130.	225.	335.	1100.	—	—	—
1854-1858 Three Outlines of Star	8.00	15.00	18.00	23.00	38.00	75.00	160.	295.	640.	2050.	4400.	1650.	2500.	8200.
1859-1873 Two Outlines of Star	6.75	12.75	16.00	21.00	32.50	60.00	97.50	135.	265.	340.	1000.	325.	425.	1300.
NICKEL FIVE CENT														
Shield, With Rays 1866-1867	7.00	15.00	17.00	21.00	37.50	92.50	140.	205.	440.	675.	2500.	875.	1850.	3600.
Shield, No Rays 1867-1883	4.50	8.00	9.00	11.25	14.00	27.00	50.00	85.00	135.	245.	675.	155.	225.	645.
Liberty Head, No CENTS 1883	1.50	2.00	2.75	3.25	4.50	6.25	10.75	23.00	32.50	65.00	300.		200.	575.
Liberty Head, With CENTS 1883-1912	0.55	1.05	1.25	4.00	6.00	16.50	37.50	52.50	72.50	135.	450.	110.	130.	525.
Indian Head, Bison on Mound 1913	2.25	4.25	5.00	6.00	7.35	10.25	17.00	31.00	42.50	60.00	90.00	700.	900.	2250.
Indian Head, Bison on Plain 1913-38	0.40	0.56	0.60	0.65	1.00	2.10	6.00	11.00	16.50	20.00	30.00	390.	475.	800.

	AG-3	G-4	VG-8	F-12	VF-20	EF-40	AU-50	MS-60	MS-63	MS-64	MS-65	PF-60	PF-63	PF-65
HALF DIMES														
Flowing Hair 1794-1795	315.	515.	675.	900.	1350	2000	2800	4500	7250	12000	28000	—	—	—
Draped Bust, Small Eagle 1796-1797	350.	525.	790.	1150.	1800	2900	5400	7250	12000	32500	75000	—	—	—
Draped Bust, Heraldic Eagle 1800-05	200.	425.	575.	780.	1200	2000	3100	4400	6750	14500	22500	—	—	—
Capped Bust 1829-1837	8.50	14.50	21.00	28.00	55.00	115	175	280	485	725	2750	3500	7250	24000
Seated Liberty, No Stars 1837-1838	13.00	22.50	28.00	42.50	77.50	150	255	525	700	1350	2550	4350	11500	36500
Seated Liberty, Stars 1838-1859	3.00	6.45	7.00	9.00	17.00	40.00	77.50	130	210	485	1075	500	1050	3600
Seated Liberty, Arrows 1853-1855	2.90	6.35	6.95	8.75	15.00	42.00	80.00	165	360	575	2250	2650	6000	16000
Seated Liberty, Legend 1860-1873	2.75	6.20	7.00	8.50	13.50	28.00	60.00	110	190	345	1000	240	425	1300
DIMES														
Draped Bust, Small Eagle 1796-1797	425.	825.	1150.	1600	2750	4250.	5350.	8250	15000	21500	52500	—	—	—
Draped Bust, Heraldic Eagle 1798-1807	195.	410.	450.	575.	750.	1400	2150	3750	6400	13500	29000	—	—	—
Capped Bust, Large Planchet 1809-28	6.00	13.75	19.50	32.50	80.00	275	490	800	1675	2850	5350	4000	9000	37500
Capped Bust, Small Planchet 1828-37	5.25	14.00	16.00	21.00	52.50	175	275	575	1000	2250	5200	2900	8750	23500
Seated Liberty, No Stars 1837-1838	12.25	24.00	35.00	70.00	250	485	575	1050	1650	4000	6250	4000	12750	30000
Seated Liberty, Stars 1838-1860	2.25	6.40	7.00	8.50	13.00	37.50	90.00	225	600	775	2450	550	1100	4350
Seated Liberty, Arrows 1853-1855	2.00	6.65	8.00	9.00	14.00	37.50	110	275	750	1100	2450	4250	3500	40500
Seated Liberty, Legend 1860-1891	1.95	6.50	7.00	8.00	11.25	19.50	55.00	125	185	375	1125	290	310	1325
Seated Liberty, Arrows 1873-1874	3.15	7.75	11.00	21.75	42.50	160	265	425	800	1700	4400	675	1025	4000
Barber 1892-1916	0.90	1.50	1.90	3.50	6.50	21.00	44.50	85.00	180	220	640	290	325	1200
Winged Liberty Head 1916-1945	0.45	0.50	0.55	0.85	1.00	1.25	2.00	5.00	9.00	12.50	17.00	100	115	150
TWENTY CENT PIECE														
Seated Liberty 1875-1878	29.00	37.00	47.50	67.50	87.50	155	275	435	950	1700	4750	975	1650	6500
QUARTERS														
Draped Bust, Small Eagle 1796	2350	3750.	5750	7500	11500	13750	16000	23500	29000	60000	95000	—	—	—
Draped Bust, Heraldic Eagle 1804-07	85.00	175.	240.	360.	700.	1475	1900	3750	6500	18000	50000	14500	30000	52500
Capped Bust, Large Planche 1815-28	27.50	40.00	55.00	80.00	240	1475	900	2150	4300	7500	12500	3500	12500	47500
Capped Bust, Small Planchet 1831-38	19.00	28.00	35.00	47.50	80.00	190	425	850	1550	3750	11000	2500	10500	47500
Seated Liberty, No Motto 1838-65	3.00	9.75	10.50	19.50	24.00	47.00	120	280	560	950	2950	440	800	3000
Seated Liberty, Arrows & Rays 1853	3.25	10.25	12.50	22.50	38.00	145	335	775	2200	3900	15750	26500	62500	—
Seated Liberty, Arrows 1854-55	3.00	9.75	10.50	19.50	25.00	70.00	225	500	1250	1800	7000	6250	8500	25000
Seated Liberty, Motto 1866-91	3.10	10.00	11.00	19.25	23.00	47.00	100	225	400	700	1400	380	525	1800
Seated Liberty, Arrows 1873-74	5.50	11.50	15.50	29.00	55.00	185	325	650	1400	1950	3250	675	1050	5000
Barber 1892-1916	2.00	3.00	3.85	17.00	27.00	62.50	110	145	265	445	1175	375	550	1575
Standing Liberty, Bared Breast 1916-17	3.00	10.00	13.00	16.00	52.50	52.50	95.00	150	240	325	725	—	—	—
Standing Liberty, Mailed Breast 1917-30	1.75	2.50	3.00	4.75	13.00	24.00	52.50	95.00	150	190	430	—	—	—

U.S. Type Coin Trend Values (continued)

	AG-3	G-4	VG-8	F-12	VF-20	EF-40	AU-50	MS-60	MS-63	MS-64	MS-65	PF-60	PF-63	PF-65
HALF DOLLARS														
Flowing Hair 1794-1795	225	350	485	825	1350	3750	7750	20500	45000	95000	250000	—	—	—
Draped Bust, Small Eagle 1796-1797	225	350	485	825	1350	3750	7750	20500	45000	95000	250000	—	—	—
Draped Bust, Heraldic Eagle 1801-07	57.50	125	155	190	340	675	1600	4000	10500	23000	45000	135000	—	—
Capped Bust, Lettered Edge 1807-36	16.75	25.00	29.00	34.00	43.00	75.00	180	500	1200	1975	5250	4000	16000	85000
Capped Bust, Reeded Edge 1836-39	18.00	32.00	36.00	45.00	75.00	120	290	600	1600	4000	12500	1500	35000	5000
Seated Liberty, No Motto 1839-66	6.65	14.50	22.50	31.00	38.00	70.00	145	360	750	1650	4300	525	700	5000
Seated Liberty, Arrows & Rays 1853	7.25	15.00	27.00	40.00	80.00	225	400	1300	2900	5000	19000	2500	60000	—
Seated Liberty, Arrows 1854-55	6.75	15.00	24.00	33.00	41.00	95.00	210	500	1550	2500	7600	12000	19000	28500
Seated Liberty, Motto 1866-91	6.50	13.50	22.50	30.00	38.00	65.00	160	310	540	1250	3050	400	825	2875
Seated Liberty, Arrows 1873-74	8.50	16.50	26.50	40.00	70.00	180	350	900	2000	4000	12500	825	1550	8000
Barber 1892-1915	4.35	5.50	7.50	24.00	65.00	115	225	380	525	1025	2300	500	665	2700
Walking Liberty 1916-1947	2.00	2.25	2.50	2.65	3.75	5.75	8.75	21.50	34.00	47.00	90.00	210	280	390
DOLLARS														
Flowing Hair 1794-1795	425	650	900	1300	2050	4000	6500	16000	51000	85000	225000	—	—	—
Draped Bust, Small Eagle 1795-1798	275	485	665	990	1350	3225	6150	18000	50000	77500	135000	—	—	—
Draped Bust, Heraldic Eagle 1798-1803	125	340	425	500	725	1250	3200	8000	25000	37500	75000	37500	72500	200000
Gobrecht 1836-1839	1150	2100	2500	2850	3500	4500	6250	—	—	—	—	6500	11500	50000
Seated Liberty, No Motto 1840-66	32.50	85.00	105	135	185	265	405	925	2400	6000	20000	1275	3000	9750
Seated Liberty, Motto 1866-73	30.00	90.00	120	150	200	270	465	1050	2500	4250	24500	1150	2250	8500
Morgan 1878-1921	6.00	7.00	7.25	7.50	7.75	8.25	8.50	9.50	17.50	27.00	105	800	1400	4600
Peace 1921-1935	5.75	6.75	7.00	7.25	7.50	8.00	8.50	10.50	21.50	50.00	135	—	—	—
Trade 1873-1885	27.50	40.00	53.00	73.50	80.00	115	205	405	1175	2850	6900	1100	2100	6200

U.S. Gold Type Coin Trend Values

	F-12	VF-20	EF-40	AU-50	MS-60	MS-63	MS-64	MS-65	PF-60	PF-63	PF-64	PF-65
GOLD DOLLARS												
Coronet 1849-1854	120	135	165	175	365	1600	2400	5800	—	6000	9000	17000
Indian Head Small Head 1854-1856	225	300	365	520	2500	15000	25000	38500	—	—	85000	175000
Indian Head Large Head 1856-1889	115	125	145	170	280	1000	1450	2400	2350	3750	4700	8000

U.S. Type Coin Trend Values (continued)

	F-12	VF-20	EF-40	AU-50	MS-60	MS-63	MS-64	MS-65	PF-60	PF-63	PF-64	PF-65
QUARTER EAGLES												
Capped Bust, No Stars 1796	10500.	19000.	29500.	53500.	165000.							
Capped Bust 1796-1807	2750.	4100.	5000.	7100.	21000.	50000.						
Capped Draped Bust 1808	8250.	13500.	18500.	26500.	45000.							
Capped Head 1821-1834	2700.	3250.	4100.	5300.	10000.	15000.	31500.	69000.				
Classic Head 1834-1839	200.	275.	400.	590.	1650.	5000.	14250.	28000.	35000.	75000.	150000.	425000.
Coronet 1840-1907	125.	140.	155.	175.	280.	875.	1275.	2450.	2250.	4800.	6450.	12500.
Indian Head 1908-1929	130.	135.	150.	165.	225.	900.	1400.	4600.	3000.	5250.	9000.	12500.
THREE DOLLARS												
Indian Head 1854-1889	405.	560.	590.	710.	1700.	4850.	6650.	11750.	6500.	9000.	12000.	26500.
FOUR DOLLAR (Stella)												
Flowing Hair - 1879-1880	16000.	18000.	20000.	22000.	60000.				32500.	45000.	57000.	70000.
Coiled Hair - 1879-1880			45000.	60000.					75000.	110000.	145000.	270000.
HALF EAGLES												
Capped Bust, Small Eagle 1795-1798	5500.	7000.	11000.	15000.	30500.	190000.						
Capped Bust, Heraldic Eagle 1795-1807	1300.	1650.	1925.	2875.	4900.	12250.	23000.	99000.				
Capped Draped Bust 1807-1812	1275.	1625.	1900.	2850.	4850.	11500.	23500.	90000.				
Capped Head 1813-1834	1500.	1675.	1925.	3100.	5900.	18500.	30000.	80000.		130000.		
Classic Head 1834-1838	255.	310.	400.	675.	2550.	8000.	24000.	60000.	3600.	85000.		
Coronet, No Motto 1839-1866	145.	155.	175.	260.	1150.	6000.	17500.	49000.	8000.	18500.	30000.	72500.
Coronet, Motto 1866-1908	130.	140.	160.	170.	190.	950.	1950.	4850.	3050.	9500.	14000.	23000.
Indian Head 1908-1929	180.	195.	210.	220.	330.	2050.	5450.	13000.	3800.	7500.	12000.	23500.
EAGLES												
Capped Bust, Small Eagle 1795-1797	5650.	7250.	11500.	16750.	42500.	82500.	175000.					
Capped Bust, Heraldic Eagle 1797-1804	2250.	2750.	4250.	5100.	8250.	21000.	34000.	165000.				
Coronet, No Motto 1838-1866	245.	260.	335.	500.	3600.	15000.	29000.	75000.	14500.	28000.	37500.	67500.
Coronet, Motto 1866-1907	215.	220.	235.	250.	275.	975.	1950.	4950.	3650.	9000.	14500.	30000.
Indian Head, No Motto 1907-1908	410.	430.	445.	465.	515.	1850.	2800.	8000.				
Indian Head, Motto 1908-1933	395.	410.	430.	435.	475.	1200.	1900.	4750.	4000.	11000.	15000.	25000.
DOUBLE EAGLES												
Coronet, No Motto 1849-1866	500.	515.	535.	640.	1700.	6850.	11500.	45000.	22500.	37500.	70000.	160000.
Coronet, TWENTY D. 1866-1876	465.	475.	485.	555.	650.	5750.	17000.	65000.	17500.	30000.	52500.	145000.
Coronet, TWENTY DOLLARS 1877-1907	445.	460.	470.	490.	530.	840.	1300.	2800.	7000.	13250.	22500.	50000.
Saint-Gaudens, Roman Numerals, High Relief 1907	2400.	2850.	3400.	4750.	7000.	12250.	15500.	22000.	9000.	17000.	29000.	57500.
Saint-Gaudens, Arabic Numerals, No Motto 1907-08	465.	475.	490.	510.	595.	725.	1000.	1525.				
Saint-Gaudens, Motto 1908-1933	465.	475.	490.	505.	545.	675.	800.	1475.	6750.	15500.	23000.	30000.

*T*HE mintage figures that follow are based on years of study by various numismatists, including *Coin World* staff members. The figures were compiled from official Mint Reports, data from the National Archives, conversations with other experts and in some cases, an educated guess. In many instances the figures given are based on the best information available to researchers today. Prior to 1950 the generally accepted source of mintage figures was the *U.S. Mint Report.* Since the Mint Report for many years was simply a bookkeeper's record of how many coins were issued in a given year, the figures given often had no relation to the actual number of coins struck with each date. Particularly for many 18th century and early 19th century coins, mintage figures here reflect the number of coins struck during the year, no matter the date on the coin.

Mintage figures should not be mistaken for survival figures. For example, 12,000 1895 Morgan dollars were recorded as having been struck, but none are known today; it is likely that all were melted before any entered circulation. Similarly, some coins' survival rates may suggest higher mintages than are recorded.

The mintage figures in this book differ from those in other works, particularly for coins struck since 1965. A coinage shortage in the mid-1960s led Mint officials to suspend the use of Mint marks from 1965-67. Three facilities — the Philadelphia and Denver Mints and the San Francisco Assay Office — struck coins but their separate products are indistinguishable from each other. For that reason, price guides traditionally have combined mintages despite the confusion this may cause future numismatists. For example, many collectors refer to the 40 percent silver Kennedy half dollars without Mint marks struck between 1965 and 1970 as "Philadelphia" strikes. However, not a single 40 percent silver half dollar was ever struck at the Philadelphia Mint during that period.

This book also clarifies mintage figures of more recent years, particularly for coins struck at the former San Francisco Assay Office and West Point Bullion Depository (both received Mint status in 1988). Like most Philadelphia coins struck until 1979-80, none have Mint marks. For various reasons, in most price guides and other numismatic works, mintages for coins struck at the West Point and San Francisco facilities have been added to the Philadelphia mintages, since no Mint marks were used on any of the coins.

This book differs. Separate mintage figures are given for all coins by striking facility; we have not combined mintage figures just because the coins have no Mint marks. To indicate those coins which do not have Mint marks, the Mint mark letter is enclosed in parentheses [a coin indicated by a P has a P Mint mark; one indicated by (P) does not have a Mint mark but was struck at the Philadelphia Mint].

Since the Mint has altered its bookkeeping practices several times in recent years, some mintage figures for circulation coins include the pieces struck for assay purposes and those business strikes struck for Uncirculated Mint sets, while other figures may not include those pieces.

In years prior to 1860, when Proof mintages were small and were not recorded, a delta (Δ) marks those issues that are known or are thought to exist. In many instances from 1860 to 1922 the figures shown are approximate, the result of incomplete records, restrikes and the melting of unsold Proofs. Where a delta is followed by an R in parentheses [Δ(R)], the original Proof mintage is unknown, but original specimens are believed to exist, and restrikes are known.

Since 1950, Proof coins have been available from the Mint in sets only (designated by ‹§› in the Notes column. Therefore, Proof mintages since 1950 listed here represent the official tally of Proof sets sold, distributed across the coins included in the set. Proof coins sold as part of a special set, such as a Prestige Proof set, are also included.

Where [——] appears under a mintage column, no coins of that date/Mint were issued.

LIBERTY CAP, LEFT HALF CENT

DATE	NOTE	BUSINESS	PROOF
1793		35,334	—

LIBERTY CAP, RIGHT HALF CENT

DATE	NOTE	BUSINESS	PROOF
1794		81,600	—
1795		139,690	—
1796		1,390	—
1797		127,840	—

DRAPED BUST HALF CENT

DATE	NOTE	BUSINESS	PROOF
1800		202,908	—
1802		20,266	—
1803		92,000	—
1804		1,055,312	—
1805		814,464	—
1806		356,000	—
1807		476,000	—
1808		400,000	—

CLASSIC HEAD HALF CENT

DATE	NOTE	BUSINESS	PROOF
1809		1,154,572	—
1810		215,000	—
1811	‹1›	63,140	—
1825		63,000	Δ
1826		234,000	Δ
1828		606,000	Δ
1829		487,000	Δ
1831		2,200	Δ (R)
1832	‹2›	154,000	Δ
1833	‹2›	120,000	Δ
1834	‹2›	141,000	Δ
1835	‹2›	398,000	Δ
1836		—	Δ (R)

CORONET HALF CENT

DATE	NOTE	BUSINESS	PROOF
1840 (P)		—	Δ (R)
1841 (P)		—	Δ (R)
1842 (P)		—	Δ (R)
1843 (P)		—	Δ (R)
1844 (P)		—	Δ (R)
1845 (P)		—	Δ (R)
1846 (P)		—	Δ (R)
1847 (P)		—	Δ (R)
1848 (P)		—	Δ (R)
1849 (P)		43,364	Δ (R)
1850 (P)		39,812	Δ
1851 (P)		147,672	Δ
1852 (P)		—	Δ (R)
1853 (P)		129,694	—
1854 (P)		55,358	Δ
1855 (P)		56,500	Δ
1856 (P)		40,430	Δ (R)
1857 (P)		35,180	Δ (R)

FLOWING HAIR, CHAIN CENT

DATE	NOTE	BUSINESS	PROOF
1793		36,103	—

FLOWING HAIR, WREATH CENT

DATE	NOTE	BUSINESS	PROOF
1793		63,353	—

LIBERTY CAP CENT

DATE	NOTE	BUSINESS	PROOF
1793		11,056	—
1794		918,521	—
1795		538,500	—
1796		109,825	—

DRAPED BUST CENT

DATE	NOTE	BUSINESS	PROOF
1796		363,375	—
1797		897,510	—
1798		1,841,745	—
1799		42,540	—
1800		2,822,175	—
1801		1,362,837	—
1802		3,435,100	—
1803		3,131,691	—

DRAPED BUST CENT (CONT.)

DATE	NOTE	BUSINESS	PROOF
1804	‹1›	96,500	—
1805		941,116	—
1806		348,000	—
1807		829,221	—

CLASSIC HEAD CENT

DATE	NOTE	BUSINESS	PROOF
1808		1,007,000	—
1809		222,867	—
1810		1,458,500	—
1811		218,025	—
1812		1,075,500	—
1813		418,000	—
1814		357,830	—

CORONET CENT

DATE	NOTE	BUSINESS	PROOF
1816		2,820,982	/
1817		3,948,400	Δ
1818		3,167,000	Δ
1819		2,671,000	Δ
1820		4,407,550	Δ
1821		389,000	Δ
1822		2,072,339	Δ
1823	‹1, 3›	68,061	Δ
1824		1,193,939	—
1825		1,461,100	Δ
1826		1,517,425	Δ
1827		2,357,732	Δ
1828		2,260,624	Δ
1829		1,414,500	Δ
1830		1,711,500	Δ
1831		3,539,260	Δ
1832		2,362,000	Δ
1833		2,739,000	Δ
1834		1,855,100	Δ
1835		3,878,400	Δ
1836		2,111,000	Δ
1837		5,558,300	Δ
1838 (P)		6,370,200	Δ
1839 (P)		3,128,661	Δ
1840 (P)		2,462,700	Δ
1841 (P)		1,597,367	Δ
1842 (P)		2,383,390	Δ
1843 (P)		2,425,342	Δ
1844 (P)		2,398,752	Δ
1845 (P)		3,894,804	Δ
1846 (P)		4,120,800	Δ
1847 (P)		6,183,669	Δ
1848 (P)		6,415,799	Δ
1849 (P)		4,178,500	Δ
1850 (P)		4,426,844	Δ
1851 (P)		9,889,707	—
1852 (P)		5,063,094	Δ
1853 (P)		6,641,131	—
1854 (P)		4,236,156	Δ
1855 (P)		1,574,829	Δ
1856 (P)	‹4›	2,690,463	Δ
1857 (P)		333,456	Δ

FLYING EAGLE CENT

DATE	NOTE	BUSINESS	PROOF
1857 (P)		17,450,000	Δ
1858 (P)		24,600,000	Δ

INDIAN HEAD CENT

DATE	NOTE	BUSINESS	PROOF
1859 (P)		36,400,000	Δ
1860 (P)		20,566,000	1,000
1861 (P)		10,100,000	1,000
1862 (P)		28,075,000	550
1863 (P)		49,840,000	460
1864 (P) ¬			
C-N	‹5›	13,740,000	300
bronze	‹5›	39,233,714	170

INDIAN HEAD CENT (CONT.)

DATE	NOTE	BUSINESS	PROOF
1865 (P)		35,429,286	500
1866 (P)		9,826,500	725
1867 (P)		9,821,000	625
1868 (P)		10,266,500	600
1869 (P)		6,420,000	600
1870 (P)		5,275,000	1,000
1871 (P)		3,929,500	960
1872 (P)		4,042,000	950
1873 (P)	‹6›	11,676,500	1,100
1874 (P)		14,187,500	700
1875 (P)		13,528,000	700
1876 (P)		7,944,000	1,150
1877 (P)	‹7›	852,500	510
1878 (P)		5,797,500	2,350
1879 (P)		16,228,000	3,200
1880 (P)		38,961,000	3,955
1881 (P)		39,208,000	3,575
1882 (P)		38,578,000	3,100
1883 (P)		45,591,500	6,609
1884 (P)		23,257,800	3,942
1885 (P)		11,761,594	3,790
1886 (P)		17,650,000	4,290
1887 (P)		45,223,523	2,960
1888 (P)		37,489,832	4,582
1889 (P)		48,866,025	3,336
1890 (P)		—	2,740
1891 (P)			2,350
1892 (P)		37,647,087	2,745
1893 (P)		46,640,000	2,195
1894 (P)		16,749,500	2,632
1895 (P)		38,341,574	2,062
1896 (P)		39,055,431	1,862
1897 (P)		50,464,392	1,938
1898 (P)		49,821,284	1,795
1899 (P)		53,598,000	2,031
1900 (P)		66,821,284	2,262
1901 (P)		79,609,158	1,985
1902 (P)		87,374,704	2,018
1903 (P)		85,092,703	1,790
1904 (P)		61,326,198	1,817
1905 (P)		80,717,011	2,152
1906 (P)		96,020,530	1,725
1907 (P)		108,137,143	1,475
1908 (P)		32,326,367	1,620
1908-S		1,115,000	—
1909 (P)		14,368,470	2,175
1909-S		309,000	—

LINCOLN CENT

DATE	NOTE	BUSINESS	PROOF
1909 (P) ¬			
VDB		27,994,580	420
No VDB		72,700,420	2,198
1909-S ¬			
VDB		484,000	—
No VDB		1,825,000	—
1910 (P)		146,798,813	2,405
1910-S		6,045,000	—
1911 (P)		101,176,054	1,733
1911-D		12,672,000	—
1911-S		4,026,000	—
1912 (P)		68,150,915	2,145
1912-D		10,411,000	—
1912-S		4,431,000	—
1913 (P)		76,529,504	2,848
1913-D		15,804,000	—
1913-S		6,101,000	—
1914 (P)		75,237,067	1,365
1914-D		1,193,000	—
1914-S		4,137,000	—

LINCOLN CENT (CONT.)

DATE	NOTE	BUSINESS	PROOF
1915 (P)		29,090,970	1,150
1915-D		22,050,000	—
1915-S		4,833,000	—
1916 (P)		131,832,627	1,050
1916-D		35,956,000	—
1916-S		22,510,000	—
1917 (P)		196,429,785	Δ
1917-D		55,120,000	—
1917-S		32,520,000	—
1918 (P)		288,104,634	—
1918-D		47,830,000	—
1918-S		34,680,000	—
1919 (P)		392,021,000	—
1919-D		57,154,000	—
1919-S		139,760,000	—
1920 (P)		310,165,000	—
1920-D		49,280,000	—
1920-S		46,220,000	—
1921 (P)		39,157,000	—
1921-S		15,274,000	—
1922-D	‹8›	7,160,000	—
1923 (P)		74,723,000	—
1923-S		8,700,000	—
1924 (P)		75,178,000	—
1924-D		2,520,000	—
1924-S		11,696,000	—
1925 (P)		139,949,000	—
1925-D		22,580,000	—
1925-S		26,380,000	—
1926 (P)		157,088,000	—
1926-D		28,020,000	—
1926-S		4,550,000	—
1927 (P)		144,440,000	—
1927-D		27,170,000	—
1927-S		14,276,000	—
1928 (P)		134,116,000	—
1928-D		31,170,000	—
1928-S		17,266,000	—
1929 (P)		185,262,000	—
1929-D		41,730,000	—
1929-S		50,148,000	—
1930 (P)		157,415,000	—
1930-D		40,100,000	—
1930-S		24,286,000	—
1931 (P)		19,396,000	—
1931-D		4,480,000	—
1931-S		866,000	—
1932 (P)		9,062,000	—
1932-D		10,500,000	—
1933 (P)		14,360,000	—
1933-D		6,200,000	—
1934 (P)		219,080,000	—
1934-D		28,446,000	—
1935 (P)		245,388,000	—
1935-D		47,000,000	—
1935-S		38,702,000	—
1936 (P)		309,632,000	5,569
1936-D		40,620,000	—
1936-S		29,130,000	—
1937 (P)		309,170,000	9,320
1937-D		50,430,000	—
1937-S		34,500,000	—
1938 (P)		156,682,000	14,734
1938-D		20,010,000	—
1938-S		15,180,000	—
1939 (P)		316,466,000	13,520
1939-D		15,160,000	—
1939-S		52,070,000	—

LINCOLN CENT (CONT.)

DATE	NOTE	BUSINESS	PROOF
1940 (P)		586,810,000	15,872
1940-D		81,390,000	—
1940-S		112,940,000	—
1941 (P)		887,018,000	21,100
1941-D		128,700,000	—
1941-S		92,360,000	—
1942 (P)		657,796,000	32,600
1942-D		206,698,000	—
1942-S		85,590,000	—
1943 (P)	‹9›	684,628,670	—
1943-D	‹9›	217,660,000	—
1943-S	‹9›	191,550,000	—
1944 (P)		1,435,400,000	—
1944-D		430,578,000	—
1944-S		282,760,000	—
1945 (P)		1,040,515,000	—
1945-D		226,268,000	—
1945-S		181,770,000	—
1946 (P)		991,655,000	—
1946-D		315,690,000	—
1946-S		198,100,000	—
1947 (P)		190,555,000	—
1947-D		194,750,000	—
1947-S		99,000,000	—
1948 (P)		317,570,000	—
1948-D		172,637,500	—
1948-S		81,735,000	—
1949 (P)		217,775,000	—
1949-D		153,132,500	—
1949-S		64,290,000	—
1950 (P)	‹§›	272,635,000	51,386
1950-D		334,950,000	—
1950-S		118,505,000	—
1951 (P)	‹§›	294,576,000	57,500
1951-D		625,355,000	—
1951-S		136,010,000	—
1952 (P)	‹§›	186,765,000	81,980
1952-D		746,130,000	—
1952-S		137,800,004	—
1953 (P)	‹§›	256,755,000	128,800
1953-D		700,515,000	—
1953-S		181,835,000	—
1954 (P)	‹§›	71,640,050	233,300
1954-D		251,552,500	—
1954-S		96,190,000	—
1955 (P)	‹§›	330,580,000	378,200
1955-D		563,257,500	—
1955-S		44,610,000	—
1956 (P)	‹§›	420,745,000	669,384
1956-D		1,098,210,100	—
1957 (P)	‹§›	282,540,000	1,247,952
1957-D		1,051,342,000	—
1958 (P)	‹§›	252,525,000	875,652
1958-D		800,953,300	—
1959 (P)	‹§›	609,715,000	1,149,291
1959-D		1,279,760,000	—
1960 (P)	‹§, 10›	586,405,000	1,691,602
1960-D		1,580,884,000	—
1961 (P)	‹§›	753,345,000	3,028,244
1961-D		1,753,266,700	—
1962 (P)	‹§›	606,045,000	3,218,019
1962-D		1,793,148,400	—
1963 (P)	‹§›	754,110,000	3,075,645
1963-D		1,774,020,400	—
1964 (P)	‹§, 11›	2,648,575,000	3,950,762
1964-D	‹11›	3,799,071,500	—
1965 (P)	‹11›	301,470,000	—
1965 (D)	‹11›	973,364,900	—

LINCOLN CENT (CONT.)

DATE	NOTE	BUSINESS	PROOF
1965 (S)	‹11›	220,030,000	—
1966 (P)	‹11›	811,100,000	—
1966 (D)	‹11›	991,431,200	—
1966 (S)	‹11›	383,355,000	—
1967 (P)	‹11›	907,575,000	—
1967 (D)	‹11›	1,327,377,100	—
1967 (S)	‹11›	813,715,000	—
1968 (P)		1,707,880,970	—
1968-D		2,886,269,600	—
1968-S	‹§›	258,270,001	3,041,506
1969 (P)		1,136,910,000	—
1969-D		4,002,832,200	—
1969-S	‹§›	544,375,000	2,934,631
1970 (P)		1,898,315,000	—
1970-D		2,891,438,900	—
1970-S	‹§›	690,560,004	2,632,810
1971 (P)		1,919,490,000	—
1971-D		2,911,045,600	—
1971-S	‹§›	525,130,054	3,220,733
1972 (P)		2,933,255,000	—
1972-D		2,655,071,400	—
1972-S	‹§›	380,200,104	3,260,996
1973 (P)		3,728,245,000	—
1973-D		3,549,576,588	—
1973-S	‹§›	319,937,634	2,760,339
1974 (P)		4,232,140,523	—
1974-D		4,235,098,000	—
1974-S	‹§›	409,421,878	2,612,568
1975 (P)		3,874,182,000	—
1975-D		4,505,275,300	—
1975-S	‹§›	—	2,845,450
1975 (W)		1,577,294,142	—
1976 (P)		3,133,580,000	—
1976-D		4,221,592,455	—
1976-S			—
1976 (W)		1,540,695,000	—
1977 (P)		3,074,575,000	—
1977-D		4,194,062,300	—
1977-S	‹§›	—	3,236,798
1977 (W)		1,395,355,000	—
1978 (P)		3,735,655,000	—
1978-D		4,280,233,400	—
1978 (S)		291,700,000	—
1978-S	‹§›	—	3,120,285
1978 (W)		1,531,250,000	—
1979 (P)		3,560,940,000	—
1979-D		4,139,357,254	—
1979 (S)		751,725,000	—
1979-S	‹§›	—	3,677,175
1979 (W)		1,705,850,000	—
1980 (P)		6,230,115,000	—
1980-D		5,140,098,660	—
1980 (S)		1,184,590,000	—
1980-S	‹§›	—	3,554,806
1980 (W)		1,576,200,000	—
1981 (P)		6,611,305,000	—
1981-D		5,373,235,677	—
1981 (S)		880,440,000	—
1981-S	‹§›	—	4,063,083
1981 (W)		1,882,400,000	—
1982 (P)	‹12›	7,135,275,000	—
1982-D	‹12›	6,012,979,368	—
1982 (S)	‹12›	1,587,245,000	—
1982-S	‹§›	—	3,857,479
1982 (W)	‹12›	1,990,005,000	—
1983 (P)		5,567,190,000	—
1983-D		6,467,199,428	—
1983 (S)		180,765,000	—

DATE	NOTE	BUSINESS	PROOF
LINCOLN CENT (CONT.)			
1983-S	‹§›	——	3,279,126
1983 (W)		2,004,400,000	——
1984 (P)		6,114,864,000	——
1984-D		5,569,238,906	——
1984-S	‹§›		3,065,110
1984 (W)		2,036,215,000	——
1985 (P)		4,951,904,887	——
1985-D		5,287,399,926	——
1985-S	‹§›		3,362,821
1985 (W)		696,585,000	——
1986 (P)		4,490,995,493	——
1986-D		4,442,866,698	——
1986-S	‹§›		3,010,497
1986 (W)		400,000	——
1987 (P)		4,682,466,931	——
1987-D		4,879,389,514	——
1987-S	‹§›		3,792,233
1988 (P)		6,092,810,000	——
1988-D		5,253,740,443	——
1988-S	‹§›		3,262,948
1989 (P)		7,261,535,000	——
1989-D		5,345,467,711	——
1989-S	‹§›		3,220,914
1990 (P)		6,851,765,000	——
1990-D		4,922,894,553	——
1990-S	‹§›		3,299,559
1991 (P)		5,165,940,000	——
1991-D		4,158,442,076	——
1991-S	‹§›		2,867,787
1992 (P)		4,648,905,000	——
1992-D		4,448,673,300	——
1992-S	‹§›		4,176,544
1993 (P)		5,684,705,000	——
1993-D		6,426,650,571	——
1993-S	‹§›		3,360,876
1994 (P)		6,500,850,000	——
1994-D		7,131,765,000	——
1994-S	‹§›		3,222,140
1995 (P)		6,411,440,000	——
1995-D		7,128,560,000	——
1995-S	‹§›		2,791,067
1996 (P)		U	——
1996-D		U	——
1996-S	‹§›		U
TWO CENTS			
1864 (P)	‹13›	19,847,500	100
1865 (P)		13,640,000	500
1866 (P)		3,177,000	725
1867 (P)		2,938,750	625
1868 (P)		2,803,750	600
1869 (P)		1,546,500	600
1870 (P)		861,250	1,000
1871 (P)		721,250	960
1872 (P)		65,000	950
1873 (P)	‹6, 14›	——	1,100
COPPER-NICKEL 3 CENTS			
1865 (P)		11,382,000	400
1866 (P)		4,801,000	725
1867 (P)		3,915,000	625
1868 (P)		3,252,000	600
1869 (P)		1,604,000	600
1870 (P)		1,335,000	1,000
1871 (P)		604,000	960
1872 (P)		862,000	950
1873 (P)	‹6›	1,173,000	1,100
1874 (P)		790,000	700
1875 (P)		228,000	700
1876 (P)		162,000	1,150

DATE	NOTE	BUSINESS	PROOF
COPPER-NICKEL 3 CENTS (CONT.)			
1877 (P)	‹7›	——	510
1878 (P)		——	2,350
1879 (P)		38,000	3,200
1880 (P)		21,000	3,955
1881 (P)		1,077,000	3,575
1882 (P)		22,200	3,100
1883 (P)		4,000	6,609
1884 (P)		1,700	3,942
1885 (P)		1,000	3,790
1886 (P)		——	4,290
1887 (P)	‹15›	5,001	2,960
1888 (P)		36,501	4,582
1889 (P)		18,125	3,336
SILVER 3 CENTS			
1851 (P)		5,447,400	Δ
1851-O		720,000	Δ
1852 (P)		18,663,500	——
1853 (P)	‹16›	11,400,000	——
1854 (P)		671,000	Δ
1855 (P)		139,000	Δ
1856 (P)		1,458,000	Δ
1857 (P)		1,042,000	Δ
1858 (P)		1,604,000	Δ
1859 (P)		365,000	Δ
1860 (P)		286,000	1,000
1861 (P)		497,000	1,000
1862 (P)		343,000	550
1863 (P)	‹17›	21,000	460
1864 (P)	‹18›	12,000	470
1865 (P)		8,000	500
1866 (P)		22,000	725
1867 (P)		4,000	625
1868 (P)		3,500	600
1869 (P)		4,500	600
1870 (P)		3,000	1,000
1871 (P)		3,400	960
1872 (P)		1,000	950
1873 (P)	‹6›	——	600
SHIELD 5 CENTS			
1866 (P)		14,742,500	125
1867 (P)	‹19›	30,909,500	625
1868 (P)		28,817,000	600
1869 (P)		16,395,000	600
1870 (P)		4,806,000	1,000
1871 (P)		561,000	960
1872 (P)		6,036,000	950
1873 (P)	‹6›	4,550,000	1,100
1874 (P)		3,538,000	700
1875 (P)		2,097,000	700
1876 (P)		2,530,000	1,150
1877 (P)	‹7›	——	510
1878 (P)		——	2,350
1879 (P)		25,900	3,200
1880 (P)		16,000	3,955
1881 (P)		68,800	3,575
1882 (P)		11,473,500	3,100
1883 (P)		1,451,500	5,419
LIBERTY HEAD 5 CENTS			
1883 (P) ¬			
No CENTS		5,474,300	5,219
CENTS		16,026,200	6,783
1884 (P)		11,270,000	3,942
1885 (P)		1,472,700	3,790
1886 (P)		3,326,000	4,290
1887 (P)		15,260,692	2,960
1888 (P)		10,715,901	4,582
1889 (P)		15,878,025	3,336
1890 (P)		16,256,532	2,740

LIBERTY HEAD 5 CENTS (CONT.)

DATE	NOTE	BUSINESS	PROOF
1891 (P)		16,832,000	2,350
1892 (P)		11,696,897	2,745
1893 (P)		13,368,000	2,195
1894 (P)		5,410,500	2,632
1895 (P)		9,977,822	2,062
1896 (P)		8,841,058	1,862
1897 (P)		20,426,797	1,938
1898 (P)		12,530,292	1,795
1899 (P)		26,027,000	2,031
1900 (P)		27,253,733	2,262
1901 (P)		26,478,228	1,985
1902 (P)		31,487,561	2,018
1903 (P)		28,004,935	1,790
1904 (P)		21,401,350	1,817
1905 (P)		29,825,124	2,152
1906 (P)		38,612,000	1,725
1907 (P)		39,213,325	1,475
1908 (P)		22,684,557	1,620
1909 (P)		11,585,763	4,763
1910 (P)		30,166,948	2,405
1911 (P)		39,557,639	1,733
1912 (P)		26,234,569	2,145
1912-D		8,474,000	—
1912-S		238,000	=
1913 (P)	[20]	—	=

INDIAN HEAD 5 CENTS

DATE	NOTE	BUSINESS	PROOF
1913 (P) ¬			
Mound		30,992,000	1,520
Plain		29,857,186	1,514
1913-D ¬			
Mound		5,337,000	—
Plain		4,156,000	—
1913-S ¬			
Mound		2,105,000	—
Plain		1,209,000	—
1914 (P)		20,664,463	1,275
1914-D		3,912,000	=
1914-S		3,470,000	=
1915 (P)		20,986,220	1,050
1915-D		7,569,500	=
1915-S		1,505,000	=
1916 (P)		63,497,466	600
1916-D		13,333,000	=
1916-S		11,860,000	=
1917 (P)		51,424,029	Δ
1917-D		9,910,800	=
1917-S		4,193,000	=
1918 (P)		32,086,314	=
1918-D		8,362,000	=
1918-S		4,882,000	=
1919 (P)		60,868,000	=
1919-D		8,006,000	=
1919-S		7,521,000	=
1920 (P)		63,093,000	=
1920-D		9,418,000	=
1920-S		9,689,000	=
1921 (P)		10,663,000	=
1921-S		1,557,000	=
1923 (P)		35,715,000	=
1923-S		6,142,000	=
1924 (P)		21,620,000	=
1924-D		5,258,000	=
1924-S		1,437,000	=
1925 (P)		35,565,100	=
1925-D		4,450,000	=
1925-S		6,256,000	=
1926 (P)		44,693,000	=
1926-D		5,638,000	=

INDIAN HEAD 5 CENTS (CONT.)

DATE	NOTE	BUSINESS	PROOF
1926-S		970,000	—
1927 (P)		37,981,000	—
1927-D		5,730,000	—
1927-S		3,430,000	—
1928 (P)		23,411,000	—
1928-D		6,436,000	—
1928-S		6,936,000	—
1929 (P)		36,446,000	—
1929-D		8,370,000	—
1929-S		7,754,000	—
1930 (P)		22,849,000	—
1930-S		5,435,000	—
1931-S		1,200,000	—
1934 (P)		20,213,003	—
1934-D		7,480,000	—
1935 (P)		58,264,000	—
1935-D		12,092,000	—
1935-S		10,300,000	—
1936 (P)		118,997,000	4,420
1936-D		24,814,000	—
1936-S		14,930,000	—
1937 (P)		79,480,000	5,769
1937-D		17,826,000	—
1937-S		5,635,000	—
1938-D		7,020,000	—

JEFFERSON 5 CENTS

DATE	NOTE	BUSINESS	PROOF
1938 (P)		19,496,000	19,365
1938-D		5,376,000	—
1938-S		4,105,000	—
1939 (P)		120,615,000	12,535
1939-D		3,514,000	—
1939-S		6,630,000	—
1940 (P)		176,485,000	14,158
1940-D		43,540,000	—
1940-S		39,690,000	—
1941 (P)		203,265,000	18,720
1941-D		53,432,000	—
1941-S		43,445,000	—
1942 (P)	[21]	49,789,000	29,600
1942-P	[21]	57,873,000	27,600
1942-D	[21]	13,938,000	=
1942-S	[21]	32,900,000	=
1943-P	[21]	271,165,000	=
1943-D	[21]	15,294,000	=
1943-S	[21]	104,060,000	=
1944-P	[21, 22]	119,150,000	=
1944-D	[21]	32,309,000	=
1944-S	[21]	21,640,000	=
1945-P	[21]	119,408,100	=
1945-D	[21]	37,158,000	=
1945-S	[21]	58,939,000	=
1946 (P)		161,116,000	=
1946-D		45,292,200	=
1946-S		13,560,000	=
1947 (P)		95,000,000	=
1947-D		37,822,000	=
1947-S		24,720,000	=
1948 (P)		89,348,000	=
1948-D		44,734,000	=
1948-S		11,300,000	=
1949 (P)		60,652,000	=
1949-D		36,498,000	=
1949-S		9,716,000	=
1950 (P)	[§]	9,796,000	51,386
1950-D		2,630,030	—
1951 (P)	[§]	28,552,000	57,500
1951-D		20,460,000	—
1951-S		7,776,000	—

JEFFERSON 5 CENTS (CONT.)

DATE	NOTE	BUSINESS	PROOF
1952 (P)	‹§›	63,988,000	81,980
1952-D		30,638,000	—
1952-S		20,572,000	—
1953 (P)	‹§›	46,644,000	128,800
1953-D		59,878,600	—
1953-S		19,210,900	—
1954 (P)	‹§›	47,684,050	233,300
1954-D		117,136,560	—
1954-S		29,384,000	—
1955 (P)	‹§›	7,888,000	378,200
1955-D		74,464,100	—
1956 (P)	‹§›	35,216,000	669,384
1956-D		67,222,640	—
1957 (P)	‹§›	38,408,000	1,247,952
1957-D		136,828,900	—
1958 (P)	‹§›	17,088,000	875,652
1958-D		168,249,120	—
1959 (P)	‹§›	27,248,000	1,149,291
1959-D		160,738,240	—
1960 (P)	‹§›	55,416,000	1,691,602
1960-D		192,582,180	—
1961 (P)	‹§›	73,640,000	3,028,244
1961-D		229,342,760	—
1962 (P)	‹§›	97,384,000	3,218,019
1962-D		280,195,720	—
1963 (P)	‹§›	175,776,000	3,075,645
1963-D		276,829,460	—
1964 (P)	‹§, 8, 11›	1,024,672,000	3,950,762
1964-D	‹11›	1,787,297,160	—
1965 (P)	‹11›	12,440,000	—
1965 (D)	‹11›	82,291,380	—
1965 (S)	‹11›	39,040,000	—
1966 (P)	‹11, 23›	—	Δ
1966 (D)	‹11›	103,546,700	—
1966 (S)	‹11›	50,400,000	—
1967 (P)	‹11›	—	—
1967 (D)	‹11›	75,993,800	—
1967 (S)	‹11›	31,332,100	—
1968 (P)		—	—
1968-D		91,227,880	—
1968-S	‹§›	100,396,004	3,041,506
1969 (P)		—	—
1969-D		202,807,500	—
1969-S	‹§›	120,165,000	2,934,631
1970 (P)		—	—
1970-D		515,485,380	—
1970-S	‹§›	238,832,004	2,632,810
1971-P		106,884,000	—
1971-D		316,144,800	—
1971-S	‹24›	—	3,220,733
1972 (P)		202,036,000	—
1972-D		351,694,600	—
1972-S	‹§›	—	3,260,996
1973 (P)		384,396,000	—
1973-D		261,405,400	—
1973-S	‹§›	—	2,760,339
1974 (P)		601,752,000	—
1974-D		277,373,000	—
1974-S	‹§›	—	2,612,568
1975 (P)		181,772,000	—
1975-D		401,875,300	—
1975-S	‹§›	—	2,845,450
1976 (P)		367,124,000	—
1976-D		563,964,147	—
1976-S		—	—
1977 (P)		585,376,000	—
1977-D		297,313,422	—
1977-S	‹§›	—	3,236,798
1978 (P)		391,308,000	—
1978-D		313,092,780	—

JEFFERSON 5 CENTS (CONT.)

DATE	NOTE	BUSINESS	PROOF
1978-S	‹§›	—	3,120,285
1979 (P)		463,188,000	—
1979-D		325,867,672	—
1979-S	‹§›	—	3,677,175
1980-P	‹25›	593,004,000	—
1980-D		502,323,448	—
1980-S	‹§›	—	3,554,806
1981-P		657,504,000	—
1981-D		364,801,843	—
1981-S	‹§›	—	4,063,083
1982-P		292,355,000	—
1982-D		373,726,544	—
1982-S	‹§›	—	3,857,479
1983-P		561,615,000	—
1983-D		536,726,276	—
1983-S	‹§›	—	3,279,126
1984-P		746,769,000	—
1984-D		517,675,146	—
1984-S	‹§›	—	3,065,110
1985-P		647,114,962	—
1985-D		459,747,446	—
1985-S	‹§›	—	3,362,821
1986-P		536,883,493	—
1986-D		361,819,144	—
1986-S	‹§›	—	3,010,497
1987-P		371,499,481	—
1987-D		410,590,604	—
1987-S	‹§›	—	3,792,233
1988-P		771,360,000	—
1988-D		663,771,652	—
1988-S	‹§›	—	3,262,948
1989-P		898,812,000	—
1989-D		570,842,474	—
1989-S	‹§›	—	3,220,914
1990-P		661,636,000	—
1990-D		663,938,503	—
1990-S	‹§›	—	3,299,559
1991-P		614,104,000	—
1991-D		436,496,678	—
1991-S	‹§›	—	2,857,787
1992-P		399,552,000	—
1992-D		450,565,113	—
1992-S	‹§›	—	4,176,544
1993-P		412,076,000	—
1993-D		406,084,135	—
1993-S	‹§›	—	3,360,876
1994-P	‹116›	722,160,000	—
1994-D		715,762,110	—
1994-S	‹§›	—	3,222,140
1995-P		774,156,000	—
1995-D		888,112,000	—
1995-S	‹§›	—	2,791,067
1996-P		U	—
1996-D		U	—
1996-S	‹§›	U	U

FLOWING HAIR HALF DIME

DATE	NOTE	BUSINESS	PROOF
1794		7,756	—
1795		78,660	—

DRAPED BUST HALF DIME

DATE	NOTE	BUSINESS	PROOF
1796		10,230	—
1797		44,527	—
1800		40,000	—
1801		33,910	—
1802		13,010	—
1803		37,850	—
1805		15,600	—

CAPPED BUST HALF DIME

DATE	NOTE	BUSINESS	PROOF
1829		1,230,000	Δ

DATE	NOTE	BUSINESS	PROOF
CAPPED BUST HALF DIME (CONT.)			
1830		1,240,000	Δ
1831		1,242,700	Δ
1832		965,000	Δ
1833		1,370,000	Δ
1834		1,480,000	Δ
1835		2,760,000	Δ
1836		1,900,000	Δ
1837		871,000	Δ
SEATED LIBERTY HALF DIME			
1837		1,405,000	—
1838 (P)		2,255,000	Δ
1838-O	‹26›	115,000	
1839 (P)		1,069,150	Δ
1839-O		981,550	
1840 (P)		1,344,085	Δ
1840-O		935,000	
1841 (P)		1,150,000	Δ
1841-O		815,000	
1842 (P)		815,000	Δ
1842-O		350,000	
1843 (P)		1,165,000	Δ
1844 (P)		430,000	Δ
1844-O		220,000	
1845 (P)		1,564,000	Δ
1846 (P)		27,000	Δ
1847 (P)		1,274,000	Δ
1848 (P)		668,000	Δ
1848-O		600,000	
1849 (P)		1,309,000	Δ
1849-O		140,000	
1850 (P)		955,000	Δ
1850-O		690,000	
1851 (P)		781,000	Δ
1851-O		860,000	
1852 (P)		1,000,500	Δ
1852-O		260,000	
1853 (P) ¬			
No Arrows ‹16›		135,000	—
Arrows ‹16›		13,210,020	Δ
1853-O ¬			
No Arrows ‹16›		160,000	—
Arrows ‹16›		2,200,000	—
1854 (P)		5,740,000	Δ
1854-O		1,560,000	
1855 (P)		1,750,000	Δ
1855-O		600,000	
1856 (P)		4,880,000	Δ
1856-O		1,100,000	
1857 (P)		7,280,000	Δ
1857-O		1,380,000	
1858 (P)		3,500,000	Δ
1858-O		1,660,000	
1859 (P)		340,000	Δ
1859-O		560,000	
1860 (P)	‹28›	798,000	1,000
1860-O	‹28, 29›	1,060,000	
1861 (P)		3,360,000	1,000
1862 (P)		1,492,000	550
1863 (P)		18,000	460
1863-S		100,000	
1864 (P)	‹18›	48,000	470
1864-S		90,000	
1865 (P)		13,000	500
1865-S		120,000	
1866 (P)		10,000	725
1866-S		120,000	
1867 (P)		8,000	625
1867-S		120,000	
1868 (P)		88,600	600
SEATED LIBERTY HALF DIME (CONT.)			
1868-S		280,000	—
1869 (P)		208,000	600
1869-S		230,000	—
1870 (P)		535,600	1,000
1871 (P)		1,873,000	960
1871-S		161,000	—
1872 (P)		2,947,000	950
1872-S		837,000	—
1873 (P)	‹6›	712,000	600
1873-S	‹6›	324,000	—
DRAPED BUST DIME			
1796		22,135	—
1797		25,261	—
1798		27,550	—
1800		21,760	—
1801		34,640	—
1802		10,975	—
1803		33,040	—
1804		8,265	—
1805		120,780	—
1807		165,000	—
CAPPED BUST DIME			
1809		51,065	—
1811		65,180	—
1814		421,500	—
1820		942,587	Δ
1821		1,186,512	Δ
1822		100,000	Δ
1823	‹3›	440,000	Δ
1824		100,000	Δ
1825		410,000	Δ
1827		1,215,000	Δ
1828		125,000	Δ
1829		770,000	Δ
1830		510,000	Δ
1831		771,350	Δ
1832		522,500	Δ
1833		485,000	Δ
1834		635,000	Δ
1835		1,410,000	Δ
1836		1,190,000	Δ
1837		359,500	Δ
SEATED LIBERTY DIME			
1837		682,500	—
1838 (P)		1,992,500	Δ
1838-O	‹26›	406,034	—
1839 (P)		1,053,115	Δ
1839-O		1,323,000	Δ
1840 (P)		1,358,580	Δ
1840-O		1,175,000	—
1841 (P)		1,622,500	Δ
1841-O		2,007,500	—
1842 (P)		1,887,500	Δ
1842-O		2,020,000	—
1843 (P)		1,370,000	Δ
1843-O		50,000	—
1844 (P)		72,500	Δ
1845 (P)		1,755,000	Δ
1845-O		230,000	—
1846 (P)		31,300	Δ
1847 (P)		245,000	—
1848 (P)		451,500	Δ
1849 (P)		839,000	Δ
1849-O		300,000	—
1850 (P)		1,931,500	Δ
1850-O		510,000	—
1851 (P)		1,026,500	Δ

SEATED LIBERTY DIME (CONT.) / SEATED LIBERTY DIME (CONT.)

DATE	NOTE	BUSINESS	PROOF	DATE	NOTE	BUSINESS	PROOF
1851-O		400,000	—	1877-S		2,340,000	—
1852 (P)		1,535,500	Δ	1878 (P)		1,678,000	800
1852-O		430,000	—	1878-CC		200,000	—
1853 (P) ¬				1879 (P)		14,000	1,100
No Arrows	‹16›	95,000	—	1880 (P)		36,000	1,355
With Arrows	‹16›	12,078,010	Δ	1881 (P)		24,000	975
1853-O		1,100,000	—	1882 (P)		3,910,000	1,100
1854 (P)		4,470,000	Δ	1883 (P)		7,674,673	1,039
1854-O		1,770,000	—	1884 (P)		3,365,505	875
1855 (P)		2,075,000	Δ	1884-S		564,969	—
1856 (P)		5,780,000	Δ	1885 (P)		2,532,497	930
1856-O		1,180,000	—	1885-S		43,690	—
1856-S		70,000	—	1886 (P)		6,376,684	886
1857 (P)		5,580,000	Δ	1886-S		206,524	—
1857-O		1,540,000	—	1887 (P)		11,283,229	710
1858 (P)		1,540,000	—	1887-S		4,454,450	—
1858-O		290,000	Δ	1888 (P)		5,495,655	832
1858-S		60,000	—	1888-S		1,720,000	—
1859 (P)		430,000	Δ	1889 (P)		7,380,000	711
1859-O		480,000	—	1889-S		972,678	—
1859-S		60,000	—	1890 (P)		9,910,951	590
1860 (P)	‹28›	606,000	1,000	1890-S		1,423,076	—
1860-O	‹28›	40,000	—	1891 (P)		15,310,000	600
1860-S	‹28›	140,000	—	1891-O		4,540,000	—
1861 (P)		1,883,000	1,000	1891-S		3,196,116	—
1861-S		172,500	—	**BARBER DIME**			
1862 (P)		847,000	550	1892 (P)		12,120,000	1,245
1862-S		180,750	—	1892-O		3,841,700	—
1863 (P)		14,000	460	1892-S		990,710	—
1863-S		157,500	—	1893 (P)		3,340,000	792
1864 (P)	‹18›	11,000	470	1893-O		1,760,000	—
1864-S		230,000	—	1893-S		2,491,401	—
1865 (P)		10,000	500	1894 (P)		1,330,000	972
1865-S		175,000	—	1894-O		720,000	—
1866 (P)		8,000	725	1894-S	‹31›	—	—
1866-S		135,000	—	1895 (P)		690,000	880
1867 (P)		6,000	625	1895-O		440,000	—
1867-S		140,000	—	1895-S		1,120,000	—
1868 (P)		464,000	600	1896 (P)		2,000,000	762
1868-S		260,000	—	1896-O		610,000	—
1869 (P)		256,000	600	1896-S		575,056	—
1869-S		450,000	—	1897 (P)		10,868,533	731
1870 (P)		470,500	1,000	1897-O		666,000	—
1870-S		50,000	—	1897-S		1,342,844	—
1871 (P)		906,750	960	1898 (P)		16,320,000	735
1871-CC		20,100	—	1898-O		2,130,000	—
1871-S		320,000	—	1898-S		1,702,507	—
1872 (P)		2,395,500	950	1899 (P)		19,580,000	846
1872-CC		35,480	—	1899-O		2,650,000	—
1872-S		190,000	—	1899-S		1,867,493	—
1873 (P) ¬				1900 (P)		17,600,000	912
No Arrows	‹6›	1,568,000	600	1900-O		2,010,000	—
With Arrows	‹6›	2,377,700	800	1900-S		5,168,270	—
1873-CC ¬				1901 (P)		18,859,665	813
No Arrows	‹6, 30›	12,400	—	1901-O		5,620,000	—
With Arrows	‹6›	18,791	—	1901-S		593,022	—
1873-S ¬				1902 (P)		21,380,000	777
With Arrows	‹6›	455,000	—	1902-O		4,500,000	—
1874 (P)		2,940,000	700	1902-S		2,070,000	—
1874-CC		10,817	—	1903 (P)		19,500,000	755
1874-S		240,000	—	1903-O		8,180,000	—
1875 (P)		10,350,000	700	1903-S		613,300	—
1875-CC		4,645,000	—	1904 (P)		14,600,357	670
1875-S		9,070,000	—	1904-S		800,000	—
1876 (P)		11,460,000	1,150	1905 (P)		14,551,623	727
1876-CC		8,270,000	—	1905-O		3,400,000	—
1876-S		10,420,000	—	1905-S		6,855,199	—
1877 (P)		7,310,000	510	1906 (P)		19,957,731	675
1877-CC		7,700,000	—	1906-D	‹32›	4,060,000	Δ

BARBER DIME (CONT.)

DATE	NOTE	BUSINESS	PROOF
1906-O		2,610,000	—
1906-S		3,136,640	—
1907 (P)		22,220,000	575
1907-D		4,080,000	—
1907-O		5,058,000	—
1907-S		3,178,470	—
1908 (P)		10,600,000	545
1908-D		7,490,000	—
1908-O		1,789,000	—
1908-S		3,220,000	—
1909 (P)		10,240,000	650
1909-D		954,000	—
1909-O		2,287,000	—
1909-S		1,000,000	—
1910 (P)		11,520,000	551
1910-D		3,490,000	—
1910-S		1,240,000	—
1911 (P)		18,870,000	543
1911-D		11,209,000	—
1911-S		3,520,000	—
1912 (P)		19,350,000	700
1912-D		11,760,000	—
1912-S		3,420,000	—
1913 (P)		19,760,000	622
1913-S		510,000	—
1914 (P)		17,360,230	—
1914-D		11,908,000	425
1914-S		2,100,000	—
1915 (P)		5,620,000	450
1915-S		960,000	—
1916 (P)		18,490,000	Δ
1916-S		5,820,000	—

WINGED LIBERTY HEAD DIME

DATE	NOTE	BUSINESS	PROOF
1916 (P)		22,180,080	—
1916-D		264,000	—
1916-S		10,450,000	—
1917 (P)		55,230,000	—
1917-D		9,402,000	—
1917-S		27,330,000	—
1918 (P)		26,680,000	—
1918-D		22,674,800	—
1918-S		19,300,000	—
1919 (P)		35,740,000	—
1919-D		9,939,000	—
1919-S		8,850,000	—
1920 (P)		59,030,000	—
1920-D		19,171,000	—
1920-S		13,820,000	—
1921 (P)		1,230,000	—
1921-D		1,080,000	—
1923 (P)	‹22›	50,130,000	—
1923-S		6,440,000	—
1924 (P)		24,010,000	—
1924-D		6,810,000	—
1924-S		7,120,000	—
1925 (P)		25,610,000	—
1925-D		5,117,000	—
1925-S		5,850,000	—
1926 (P)		32,160,000	—
1926-D		6,828,000	—
1926-S		1,520,000	—
1927 (P)		28,080,000	—
1927-D		4,812,000	—
1927-S		4,770,000	—
1928 (P)		19,480,000	—
1928-D		4,161,000	—
1928-S		7,400,000	—
1929 (P)		25,970,000	—
1929-D		5,034,000	—

WINGED LIBERTY DIME (CONT.)

DATE	NOTE	BUSINESS	PROOF
1929-S		4,730,000	—
1930 (P)	‹22›	6,770,000	—
1930-S		1,843,000	—
1931 (P)		3,150,000	—
1931-D		1,260,000	—
1931-S		1,800,000	—
1934 (P)		24,080,000	—
1934-D		6,772,000	—
1935 (P)		58,830,000	—
1935-D		10,477,000	—
1935-S		15,840,000	—
1936 (P)		87,500,000	4,130
1936-D		16,132,000	—
1936-S		9,210,000	—
1937 (P)		56,860,000	5,756
1937-D		14,146,000	—
1937-S		9,740,000	—
1938 (P)		22,190,000	8,728
1938-D		5,537,000	—
1938-S		8,090,000	—
1939 (P)		67,740,000	9,321
1939-D		24,394,000	—
1939-S		10,540,000	—
1940 (P)		65,350,000	11,827
1940-D		21,198,000	—
1940-S		21,560,000	—
1941 (P)		175,090,000	16,557
1941-D		45,634,000	—
1941-S		43,090,000	—
1942 (P)		205,410,000	22,329
1942-D		60,740,000	—
1942-S		49,300,000	—
1943 (P)		191,710,000	—
1943-D		71,949,000	—
1943-S		60,400,000	—
1944 (P)		231,410,000	—
1944-D		62,224,000	—
1944-S		49,490,000	—
1945 (P)		159,130,000	—
1945-D		40,245,000	—
1945-S		41,920,000	—

ROOSEVELT DIME

DATE	NOTE	BUSINESS	PROOF
1946 (P)		255,250,000	—
1946-D		61,043,500	—
1946-S		27,900,000	—
1947 (P)		121,520,000	—
1947-D		46,835,000	—
1947-S		34,840,000	—
1948 (P)		74,950,000	—
1948-D		52,841,000	—
1948-S		35,520,000	—
1949 (P)		30,940,000	—
1949-D		26,034,000	—
1949-S		13,510,000	—
1950 (P)	‹§›	50,130,114	51,386
1950-D		46,803,000	—
1950-S		20,440,000	—
1951 (P)	‹§›	102,880,102	57,500
1951-D		56,529,000	—
1951-S		31,630,000	—
1952 (P)	‹§›	99,040,093	81,980
1952-D		122,100,000	—
1952-S		44,419,500	—
1953 (P)	‹§›	53,490,120	128,800
1953-D		136,433,000	—
1953-S		39,180,000	—
1954 (P)	‹§›	114,010,203	233,300
1954-D		106,397,000	—

ROOSEVELT DIME (CONT.)

DATE	NOTE	BUSINESS	PROOF
1954-S		22,860,000	—
1955 (P)	‹§›	12,450,181	378,200
1955-D		13,959,000	—
1955-S		18,510,000	—
1956 (P)	‹§›	108,640,000	669,384
1956-D		108,015,100	—
1957 (P)	‹§›	160,160,000	1,247,952
1957-D		113,354,330	—
1958 (P)	‹§›	31,910,000	875,652
1958-D		136,564,600	—
1959 (P)	‹§›	85,780,000	1,149,291
1959-D		164,919,790	—
1960 (P)	‹§›	70,390,000	1,691,602
1960-D		200,160,400	—
1961 (P)	‹§›	93,730,000	3,028,244
1961-D		209,146,550	—
1962 (P)	‹§›	72,450,000	3,218,019
1962-D		334,948,380	—
1963 (P)	‹§›	123,650,000	3,075,645
1963-D		421,476,530	—
1964 (P)	‹§, 11›	929,360,000	3,950,762
1964-D	‹11›	1,357,517,180	—
1965 (P)	‹11›	845,130,000	—
1965 (D)	‹11›	757,472,820	—
1965 (S)	‹11›	47,177,750	—
1966 (P)	‹11›	622,550,000	—
1966 (D)	‹11›	683,771,010	—
1966 (S)	‹11›	74,151,947	—
1967 (P)	‹11›	1,030,110,000	—
1967 (D)	‹11›	1,156,277,320	—
1967 (S)	‹11›	57,620,000	—
1968 (P)		424,470,400	—
1968-D		480,748,280	—
1968-S	‹§, 33›	—	3,041,506
1969 (P)		145,790,000	—
1969-D		563,323,870	—
1969-S	‹§›	—	2,934,631
1970 (P)		345,570,000	—
1970-D		754,942,100	—
1970-S	‹§, 34›	—	2,632,810
1971 (P)		162,690,000	—
1971-D		377,914,240	—
1971-S	‹§›	—	3,220,733
1972 (P)		431,540,000	—
1972-D		330,290,000	—
1972-S	‹§›	—	3,260,996
1973 (P)		315,670,000	—
1973-D		455,032,426	—
1973-S	‹§›	—	2,760,339
1974 (P)		470,248,000	—
1974-D		571,083,000	—
1974-S	‹§›	—	2,612,568
1975 (P)		513,682,000	—
1975-D		313,705,300	—
1975 (S)		71,991,900	—
1976 (P)		568,760,000	—
1976-D		695,222,774	—
1976-S			
1977		796,930,000	—
1977-D		376,607,228	—
1977-S	‹§›	—	3,236,798
1978		663,980,000	—
1978-D		282,847,540	—
1978-S	‹§›	—	3,120,285
1979 (P)		315,440,000	—
1979-D		390,921,184	—
1979-S	‹§›	—	3,677,175
1980-P	‹25›	735,170,000	—
1980-D		719,354,321	—

ROOSEVELT DIME (CONT.)

DATE	NOTE	BUSINESS	PROOF
1980-S	‹§›	—	3,554,806
1981-P		676,650,000	—
1981-D		712,284,143	—
1981-S	‹§›	—	4,063,083
1982-P	‹35›	519,475,000	—
1982-D		542,713,584	—
1982-S	‹§›	—	3,857,479
1983-P		647,025,000	—
1983-D		730,129,224	—
1983-S	‹§›	—	3,279,126
1984-P		856,669,000	—
1984-D		704,803,976	—
1984-S	‹§›	—	3,065,110
1985-P		705,200,962	—
1985-D		587,979,970	—
1985-S	‹§›	—	3,362,821
1986-P		682,649,693	—
1986-D		473,326,974	—
1986-S	‹§›	—	3,010,497
1987-P		762,709,481	—
1987-D		653,203,402	—
1987-S	‹§›	—	3,792,233
1988-P		1,030,550,000	—
1988-D		962,385,488	—
1988-S	‹§›	—	3,262,948
1989-P		1,298,400,000	—
1989-D		896,535,597	—
1989-S	‹§›	—	3,220,914
1990-P		1,034,340,000	—
1990-D		839,995,824	—
1990-S	‹§›	—	3,299,559
1991-P		927,220,000	—
1991-D		601,241,114	—
1991-S	‹§›	—	2,867,787
1992-P		593,500,000	—
1992-D		616,273,932	—
1992-S	‹§, ¬›		
Clad		—	2,858,903
90% silver		—	1,317,641
1993-P		766,180,000	—
1993-D		750,110,166	—
1993-S	‹§, ¬›		
Clad		—	2,569,882
90% silver		—	790,994
1994-P		1,189,000,000	—
1994-D		1,303,268,110	—
1994-S	‹§, ¬›		
Clad		—	2,443,590
90% silver		—	778,550
1995-P		1,125,500,000	—
1995-D		1,274,890,000	—
1995-S	‹§, ¬›		
Clad		—	2,124,790
90% silver		—	666,277
1996-P		U	—
1996-D		U	—
1996-S	‹§, ¬›		
Clad		—	U
90% silver		—	U
1996-W	‹118›	U	—

TWENTY CENTS

DATE	NOTE	BUSINESS	PROOF
1875 (P)		38,500	1,200
1875-CC		133,290	—
1875-S	‹36›	1,155,000	Δ
1876 (P)		14,750	1,150
1876-CC	‹37›	10,000	—
1877 (P)		—	510
1878 (P)		—	600

DRAPED BUST QUARTER DOLLAR

DATE	NOTE	BUSINESS	PROOF
1796		6,146	—
1804		6,738	—
1805		121,394	—
1806		286,424	—
1807		140,343	—

CAPPED BUST QUARTER DOLLAR

DATE	NOTE	BUSINESS	PROOF
1815		89,235	—
1818		361,174	Δ
1819		144,000	—
1820		127,444	Δ
1821		216,851	Δ
1822		64,080	Δ
1823	‹3›	17,800	Δ
1824		24,000	Δ
1825		148,000	Δ
1827	‹38›	—	Δ (R)
1828		102,000	Δ
1831		398,000	Δ
1832		320,000	Δ
1833		156,000	Δ
1834		286,000	Δ
1835		1,952,000	Δ
1836		472,000	Δ
1837		252,400	Δ
1838 (P)		366,000	Δ

SEATED LIBERTY QUARTER DOLLAR

DATE	NOTE	BUSINESS	PROOF
1838 (P)		466,000	—
1839 (P)		491,146	Δ
1840 (P)		188,127	Δ
1840-O		425,200	—
1841 (P)		120,000	Δ
1841-O		452,000	—
1842 (P)		88,000	Δ
1842-O		769,000	—
1843 (P)		645,600	Δ
1843-O		968,000	—
1844 (P)		421,200	Δ
1844-O		740,000	—
1845 (P)		922,000	Δ
1846 (P)		510,000	Δ
1847 (P)		734,000	Δ
1847-O		368,000	—
1848 (P)		146,000	Δ
1849 (P)		340,000	Δ
1849-O		16,000	—
1850 (P)		190,800	Δ
1850-O		396,000	—
1851 (P)		160,000	Δ
1851-O		88,000	—
1852 (P)		177,060	Δ
1852-O		96,000	—
1853 (P) ¬			
No Arr. & Rays ‹16›		44,200	—
Arrows & Rays ‹16›		15,210,020	Δ
1853-O		1,332,000	—
1854 (P)		12,380,000	Δ
1854-O		1,484,000	—
1855 (P)		2,857,000	Δ
1855-O		176,000	—
1855-S	‹39›	396,400	Δ
1856 (P)		7,264,000	Δ
1856-O		968,000	—
1856-S		286,000	—
1857 (P)		9,644,000	Δ
1857-O		1,180,000	—
1857-S		82,000	—
1858 (P)		7,368,000	Δ
1858-O		520,000	—
1858-S		121,000	—

SEATED LIBERTY QUARTER (CONT.)

DATE	NOTE	BUSINESS	PROOF
1859 (P)		1,344,000	Δ
1859-O		260,000	—
1859-S		80,000	—
1860 (P)		804,400	1,000
1860-O		388,000	—
1860-S		56,000	—
1861 (P)		4,853,600	1,000
1861-S		96,000	—
1862 (P)		932,000	550
1862-S		67,000	—
1863 (P)		191,600	460
1864 (P)		93,600	470
1864-S		20,000	—
1865 (P)		58,800	500
1865-S		41,000	—
1866 (P)	‹40›	16,800	725
1866-S	‹40›	28,000	—
1867 (P)		20,000	625
1867-S		48,000	—
1868 (P)		29,400	600
1868-S		96,000	—
1869 (P)		16,000	600
1869-S		76,000	—
1870 (P)		86,400	1,000
1870-CC		8,340	—
1871 (P)		118,200	960
1871-CC		10,890	—
1871-S		30,900	—
1872 (P)		182,000	950
1872-CC		22,850	—
1872-S		83,000	—
1873 (P) ¬			
No Arrows ‹6›		212,000	600
With Arrows ‹6›		1,271,160	540
1873-CC ¬			
No Arrows ‹6›		4,000	—
With Arrows ‹6›		12,462	—
1873-S ¬			
With Arrows ‹6›		156,000	—
1874 (P)		471,200	700
1874-S		392,000	—
1875 (P)		4,292,800	700
1875-CC		140,000	—
1875-S		680,000	—
1876 (P)		17,816,000	1,150
1876-CC		4,944,000	—
1876-S		8,596,000	—
1877 (P)		10,911,200	510
1877-CC		4,192,000	—
1877-S		8,996,000	—
1878 (P)		2,260,000	800
1878-CC		996,000	—
1878-S		140,000	—
1879 (P)	‹41›	14,450	250
1880 (P)		13,600	1,355
1881 (P)		12,000	975
1882 (P)		15,200	1,100
1883 (P)		14,400	1,039
1884 (P)		8,000	875
1885 (P)		13,600	930
1886 (P)		5,000	886
1887 (P)		10,000	710
1888 (P)		10,001	832
1888-S		1,216,000	—
1889 (P)		12,000	711
1890 (P)		80,000	590
1891 (P)		3,920,000	600
1891-O	‹42›	68,000	Δ
1891-S		2,216,000	—

DATE	NOTE	BUSINESS	PROOF	DATE	NOTE	BUSINESS	PROOF
BARBER QUARTER DOLLAR				**BARBER QUARTER (CONT.)**			
1892 (P)		8,236,000	1,245	1915 (P)		3,480,000	450
1892-O		2,640,000		1915-D		3,694,000	
1892-S		964,079		1915-S		704,000	
1893 (P)		5,444,023	792	1916 (P)		1,788,000	
1893-O		3,396,000		1916-D		6,540,800	
1893-S		1,454,535		**STANDING LIBERTY QUARTER DOLLAR**			
1894 (P)		3,432,000	972	1916 (P)		52,000	
1894-O		2,852,000		1917 (P) ¬			
1894-S		2,648,821		Bare Breast		8,740,000	Δ
1895 (P)		4,440,000	880	Mailed Breast		13,880,000	
1895-O		2,816,000		1917-D ¬			
1895-S		1,764,681		Bare Breast		1,509,200	
1896 (P)		3,874,000	762	Mailed Breast		6,224,400	
1896-O		1,484,000		1917-S ¬			
1896-S		188,039		Bare Breast		1,952,000	
1897 (P)		8,140,000	731	Mailed Breast		5,552,000	
1897-O		1,414,800		1918 (P)		14,240,000	
1897-S		542,229		1918-D		7,380,000	
1898 (P)		11,100,000	735	1918-S		11,072,000	
1898-O		1,868,000		1919 (P)		11,324,000	
1898-S		1,020,592		1919-D		1,944,000	
1899 (P)		12,624,000	846	1919-S		1,836,000	
1899-O		2,644,000		1920 (P)		27,860,000	
1899-S		708,000		1920-D		3,586,400	
1900 (P)		10,016,000	912	1920-S		6,380,000	
1900-O		3,416,000		1921 (P)		1,916,000	
1900-S		1,858,585		1923 (P)		9,716,000	
1901 (P)		8,892,000	813	1923-S		1,360,000	
1901-O		1,612,000		1924 (P)		10,920,000	
1901-S		72,664		1924-D		3,112,000	
1902 (P)		12,196,967	777	1924-S		2,860,000	
1902-O		4,748,000		1925 (P)		12,280,000	
1902-S		1,524,612		1926 (P)		11,316,000	
1903 (P)		9,669,309	755	1926-D		1,716,000	
1903-O		3,500,000		1926-S		2,700,000	
1903-S		1,036,000		1927 (P)		11,912,000	
1904 (P)		9,588,143	670	1927-D		976,400	
1904-O		2,456,000		1927-S		396,000	
1905 (P)		4,967,523	727	1928 (P)		6,336,000	
1905-O		1,230,000		1928-D		1,627,600	
1905-S		1,884,000		1928-S		2,644,000	
1906 (P)		3,655,760	675	1929 (P)		11,140,000	
1906-D		3,280,000		1929-D		1,358,000	
1906-O		2,056,000		1929-S		1,764,000	
1907 (P)		7,192,000	575	1930 (P)		5,632,000	
1907-D		2,484,000		1930-S		1,556,000	
1907-O		4,560,000		**WASHINGTON QUARTER DOLLAR**			
1907-S		1,360,000		1932 (P)		5,404,000	
1908 (P)		4,232,000	545	1932-D		436,800	
1908-D		5,788,000		1932-S		408,000	
1908-O		6,244,000		1934 (P)		31,912,052	
1908-S		784,000		1934-D		3,527,200	
1909 (P)		9,268,000	650	1935 (P)		32,484,000	
1909-D		5,114,000		1935-D		5,780,000	
1909-O		712,000		1935-S		5,660,000	
1909-S		1,348,000		1936 (P)		41,300,000	3,837
1910 (P)		2,244,000	551	1936-D		5,374,000	
1910-D		1,500,000		1936-S		3,828,000	
1911 (P)		3,720,000	543	1937 (P)		19,696,000	5,542
1911-D		933,600		1937-D		7,189,600	
1911-S		988,000		1937-S		1,652,000	
1912 (P)		4,400,000	700	1938 (P)		9,472,000	8,045
1912-S		708,000		1938-S		2,832,000	
1913 (P)		484,000	613	1939 (P)		33,540,000	8,795
1913-D		1,450,800		1939-D		7,092,000	
1913-S		40,000		1939-S		2,628,000	
1914 (P)		6,244,230	380	1940 (P)		35,704,000	11,246
1914-D		3,046,000		1940-D		2,797,600	
1914-S		264,000					

WASHINGTON QUARTER DOLLAR (CONT.)

DATE	NOTE	BUSINESS	PROOF
1940-S		8,244,000	—
1941 (P)		79,032,000	15,287
1941-D		16,714,800	—
1941-S		16,080,000	—
1942 (P)		102,096,000	21,123
1942-D		17,487,200	—
1942-S		19,384,000	—
1943 (P)		99,700,000	—
1943-D		16,095,600	—
1943-S		21,700,000	—
1944 (P)		104,956,000	—
1944-D		14,600,800	—
1944-S		12,560,000	—
1945 (P)		74,372,000	—
1945-D		12,341,600	—
1945-S		17,004,001	—
1946 (P)		53,436,000	—
1946-D		9,072,800	—
1946-S		4,204,000	—
1947 (P)		22,556,000	—
1947-D		15,338,400	—
1947-S		5,532,000	—
1948 (P)		35,196,000	—
1948-D		16,766,800	—
1948-S		15,960,000	—
1949 (P)		9,312,000	—
1949-D		10,068,400	—
1950 (P)	‹§›	24,920,126	51,386
1950-D		21,075,600	—
1950-S		10,284,004	—
1951 (P)	‹§›	43,448,102	57,500
1951-D		35,354,800	—
1951-S		9,048,000	—
1952 (P)	‹§›	38,780,093	81,980
1952-D		49,795,200	—
1952-S		13,707,800	—
1953 (P)	‹§›	18,536,120	128,800
1953-D		56,112,400	—
1953-S		14,016,000	—
1954 (P)	‹§›	54,412,203	233,300
1954-D		42,305,500	—
1954-S		11,834,722	—
1955 (P)	‹§›	18,180,181	378,200
1955-D		3,182,400	—
1956 (P)	‹§›	44,144,000	669,384
1956-D		32,334,500	—
1957 (P)	‹§›	46,532,000	1,247,952
1957-D		77,924,160	—
1958 (P)	‹§›	6,360,000	875,652
1958-D		78,124,900	—
1959 (P)	‹§›	24,384,000	1,149,291
1959-D		62,054,232	—
1960 (P)	‹§›	29,164,000	1,691,602
1960-D		63,000,324	—
1961 (P)	‹§›	37,036,000	3,028,244
1961-D		83,656,928	—
1962 (P)	‹§›	36,156,000	3,218,019
1962-D		127,554,756	—
1963 (P)	‹§›	74,316,000	3,075,645
1963-D		135,288,184	—
1964 (P)	‹§, 11›	560,390,585	3,950,762
1964-D	‹11›	704,135,528	—
1965 (P)	‹11›	1,082,216,000	—
1965 (D)	‹11›	673,305,540	—
1965 (S)	‹11›	61,836,000	—
1966 (P)	‹11›	404,416,000	—
1966 (D)	‹11›	367,490,400	—
1966 (S)	‹11›	46,933,517	—
1967 (P)	‹11›	873,524,000	—
1967 (D)	‹11›	632,767,848	—
1967 (S)	‹11›	17,740,000	—
1968 (P)		220,731,500	—
1968-D		101,534,000	—
1968-S	‹§›		3,041,506
1969 (P)		176,212,000	—
1969-D		114,372,000	—
1969-S	‹§›		2,934,631
1970 (P)		136,420,000	—
1970-D		417,341,364	—
1970-S	‹§›		2,632,810
1971 (P)		109,284,000	—
1971-D		258,634,428	—
1971-S	‹§›		3,220,733
1972 (P)		215,048,000	—
1972-D		311,067,732	—
1972-S	‹§›		3,260,996
1973 (P)		346,924,000	—
1973-D		232,977,400	—
1973-S	‹§›		2,760,339
1974 (P)	‹43›	801,456,000	—
1974-D	‹43›	353,160,300	—
1974-S	‹§, 43›		2,612,568
1976 (P)	‹43›	809,408,016	—
1976-D	‹43›	860,118,839	—
1976-S	‹43›		—
1976 (W)	‹43›	376,000	—
1977 (P)		461,204,000	—
1977-D		256,524,978	—
1977-S	‹§›		3,236,798
1977 (W)		7,352,000	—
1978 (P)		500,652,000	—
1978-D		287,373,152	—
1978-S	‹§›		3,120,285
1978 (W)		20,800,000	—
1979 (P)		493,036,000	—
1979-D		489,789,780	—
1979-S	‹§›		3,677,175
1979 (W)		22,672,000	—
1980-P	‹25›	635,832,000	—
1980-D		518,327,487	—
1980-S	‹§›		3,554,806
1981-P		601,716,000	—
1981-D		575,722,833	—
1981-S	‹§›		4,063,083
1982-P		500,931,000	—
1982-D		480,042,788	—
1982-S	‹§›		3,857,479
1983-P		673,535,000	—
1983-D		617,806,446	—
1983-S	‹§›		3,279,126
1984-P		676,545,000	—
1984-D		546,483,064	—
1984-S	‹§›		3,065,110
1985-P		775,818,962	—
1985-D		519,962,888	—
1985-S	‹§›		3,362,821
1986-P		551,199,333	—
1986-D		504,298,660	—
1986-S	‹§›		3,010,497
1987-P		582,499,481	—
1987-D		655,595,696	—
1987-S	‹§›		3,792,233
1988-P		562,052,000	—
1988-D		596,810,688	—
1988-S	‹§›		3,262,948
1989-P		512,868,000	—
1989-D		896,733,858	—

WASHINGTON QUARTER DOLLAR (CONT.)

DATE	NOTE	BUSINESS	PROOF
1989-S	<§>	—	3,220,914
1990-P		613,792,000	—
1990-D		927,638,181	—
1990-S	<§>	—	3,299,559
1991-P		570,960,000	—
1991-D		630,966,693	—
1991-S	<§>	—	2,867,787
1992-P		384,764,000	—
1992-D		389,777,107	—
1992-S	<§> ¬		
Clad		—	2,858,903
90% silver		—	1,317,641
1993-P		639,276,000	—
1993-D		645,476,128	—
1993-S	<§> ¬		
Clad		—	2,569,882
90% silver		—	790,994
1994-P		825,600,000	—
1994-D		880,034,110	—
1994-S	<§> ¬		
Clad		—	2,443,590
90% silver		—	778,550
1995-P		1,004,336,000	—
1995-D		1,103,216,000	—
1995-S	<§> ¬		
Clad		—	2,124,790
90% silver		—	666,277
1996-P		U	—
1996-D		U	—
1996-S	<§> ¬		
Clad		—	U
90% silver		—	U

FLOWING HAIR HALF DOLLAR

DATE	NOTE	BUSINESS	PROOF
1794		23,464	—
1795		299,680	—

DRAPED BUST, SMALL EAGLE HALF DOLLAR

DATE	NOTE	BUSINESS	PROOF
1796		934	—
1797		2,984	—

DRAPED BUST, HERALDIC EAGLE HALF DOLLAR

DATE	NOTE	BUSINESS	PROOF
1801		30,289	—
1802		29,890	—
1803		188,234	—
1805		211,722	—
1806		839,576	—
1807		301,076	—

CAPPED BUST HALF DOLLAR

DATE	NOTE	BUSINESS	PROOF
1807		750,500	—
1808		1,368,600	—
1809		1,405,810	—
1810		1,276,276	—
1811		1,203,644	—
1812		1,628,059	—
1813		1,241,903	—
1814		1,039,075	—
1815		47,150	—
1817	<44>	1,215,567	Δ
1818		1,960,322	Δ
1819		2,208,000	Δ
1820		751,122	Δ
1821		1,305,797	Δ
1822		1,559,573	Δ
1823		1,694,200	Δ
1824		3,504,954	Δ
1825		2,943,166	Δ
1826		4,004,180	Δ
1827		5,493,400	Δ

CAPPED BUST HALF DOLLAR (CONT.)

DATE	NOTE	BUSINESS	PROOF
1828		3,075,200	Δ
1829		3,712,156	Δ
1830		4,764,800	Δ
1831		5,873,660	Δ
1832		4,797,000	Δ
1833		5,206,000	Δ (R)
1834		6,412,004	Δ (R)
1835		5,352,006	Δ (R)
1836 ¬			
Lettered Edge		6,545,000	Δ
Reeded Edge	<45>	1,200	Δ
1837		3,629,820	Δ
1838 (P)		3,546,000	Δ
1838-O	<46>	—	Δ
1839 (P)		1,362,160	Δ
1839-O	<47>	178,976	Δ

SEATED LIBERTY HALF DOLLAR

DATE	NOTE	BUSINESS	PROOF
1839 (P)	<48>	1,972,400	Δ
1840 (P)		1,435,008	Δ
1840-O		855,100	—
1841 (P)		310,000	Δ
1841-O		401,000	—
1842 (P)		2,012,764	Δ
1842-O		957,000	—
1843 (P)		3,844,000	Δ
1843-O		2,268,000	—
1844 (P)		1,766,000	Δ
1844-O		2,005,000	—
1845 (P)		589,000	Δ
1845-O		2,094,000	—
1846 (P)		2,210,000	Δ
1846-O		2,304,000	—
1847 (P)		1,156,000	Δ
1847-O		2,584,000	—
1848 (P)		580,000	Δ
1848-O		3,180,000	—
1849 (P)		1,252,000	Δ
1849-O		2,310,000	—
1850 (P)		227,000	Δ
1850-O		2,456,000	—
1851 (P)		200,750	—
1851-O		402,000	—
1852 (P)		77,130	Δ
1852-O		144,000	—
1853 (P)	<16, 49>	3,532,708	Δ
1853-O	<49>	1,328,000	—
1854 (P)		2,982,000	Δ
1854-O		5,240,000	—
1855 (P)		759,500	Δ
1855-O		3,688,000	—
1855-S	<50>	129,950	Δ
1856 (P)		938,000	Δ
1856-O		2,658,000	—
1856-S		211,000	—
1857 (P)		1,988,000	Δ
1857-O		818,000	—
1857-S		158,000	—
1858 (P)		4,226,000	Δ
1858-O		7,294,000	—
1858-S		476,000	—
1859 (P)		748,000	Δ
1859-O		2,834,000	—
1859-S		566,000	—
1860 (P)		302,700	1,000
1860-O		1,290,000	—
1860-S		472,000	—
1861 (P)		2,887,400	1,000
1861-O	<51>	2,532,633	Δ
1861-S		939,500	—

SEATED LIBERTY HALF DOLLAR (CONT.)

DATE	NOTE	BUSINESS	PROOF
1862 (P)		253,000	550
1862-S		1,352,000	—
1863 (P)		503,200	460
1863-S		916,000	—
1864 (P)		379,100	470
1864-S		658,000	—
1865 (P)		511,400	500
1865-S		675,000	—
1866 (P)	‹40›	744,900	725
1866-S ¬			
No Motto	‹40›	60,000	—
Motto	‹40›	994,000	—
1867 (P)		449,300	625
1867-S		1,196,000	—
1868 (P)		417,600	600
1868-S		1,160,000	—
1869 (P)		795,300	600
1869-S		656,000	—
1870 (P)		633,900	1,000
1870-CC		54,617	—
1870-S		1,004,000	—
1871 (P)		1,203,600	960
1871-CC		153,950	—
1871-S		2,178,000	—
1872 (P)		880,600	950
1872-CC		257,000	—
1872-S		580,000	—
1873 (P) ¬			
No Arrows	‹6›	801,200	600
With Arrows	‹6›	1,815,150	550
1873-CC ¬			
No Arrows	‹6, 52›	122,500	—
With Arrows	‹6›	214,560	—
1873-S ¬			
No Arrows	‹6›	5,000	—
With Arrows	‹6›	228,000	—
1874 (P)		2,359,600	700
1874-CC		59,000	—
1874-S		394,000	—
1875 (P)		6,026,800	700
1875-CC		1,008,000	—
1875-S		3,200,000	—
1876 (P)		8,418,000	1,150
1876-CC		1,956,000	—
1876-S		4,528,000	—
1877 (P)		8,304,000	510
1877-CC		1,420,000	—
1877-S		5,356,000	—
1878 (P)		1,377,600	800
1878-CC		62,000	—
1878-S		12,000	—
1879 (P)		4,800	1,100
1880 (P)		8,400	1,355
1881 (P)		10,000	975
1882 (P)		4,400	1,100
1883 (P)		8,000	1,039
1884 (P)		4,400	875
1885 (P)		5,200	930
1886 (P)		5,000	886
1887 (P)		5,000	710
1888 (P)		12,001	832
1889 (P)		12,000	711
1890 (P)		12,000	590
1891 (P)		200,000	600

BARBER HALF DOLLAR

DATE	NOTE	BUSINESS	PROOF
1892 (P)		934,245	1,245
1892-O		390,000	—
1892-S		1,029,028	—
1893 (P)		1,826,000	792

BARBER HALF DOLLAR (CONT.)

DATE	NOTE	BUSINESS	PROOF
1893-O		1,389,000	—
1893-S		740,000	—
1894 (P)		1,148,000	972
1894-O		2,138,000	—
1894-S		4,048,690	—
1895 (P)		1,834,338	880
1895-O	‹53›	1,766,000	Δ
1895-S		1,108,086	—
1896 (P)		950,000	762
1896-O		924,000	—
1896-S		1,140,948	—
1897 (P)		2,480,000	731
1897-O		632,000	—
1897-S		933,900	—
1898 (P)		2,956,000	735
1898-O		874,000	—
1898-S		2,358,550	—
1899 (P)		5,538,000	846
1899-O		1,724,000	—
1899-S		1,686,411	—
1900 (P)		4,762,000	912
1900-O		2,744,000	—
1900-S		2,560,322	—
1901 (P)		4,268,000	813
1901-O		1,124,000	—
1901-S		847,044	—
1902 (P)		4,922,000	777
1902-O		2,526,000	—
1902-S		1,460,670	—
1903 (P)		2,278,000	755
1903-O		2,100,000	—
1903-S		1,920,772	—
1904 (P)		2,992,000	670
1904-O		1,117,600	—
1904-S		553,038	—
1905 (P)		662,000	727
1905-O		505,000	—
1905-S		2,494,000	—
1906 (P)		2,638,000	675
1906-D		4,028,000	—
1906-O		2,446,000	—
1906-S		1,740,154	—
1907 (P)		2,598,000	575
1907-D		3,856,000	—
1907-O		3,946,600	—
1907-S		1,250,000	—
1908 (P)		1,354,000	545
1908-D		3,280,000	—
1908-O		5,360,000	—
1908-S		1,644,828	—
1909 (P)		2,368,000	650
1909-O		925,400	—
1909-S		1,764,000	—
1910 (P)		418,000	551
1910-S		1,948,000	—
1911 (P)		1,406,000	543
1911-D		695,080	—
1911-S		1,272,000	—
1912 (P)		1,550,000	700
1912-D		2,300,800	—
1912-S		1,370,000	—
1913 (P)		188,000	627
1913-D		534,000	—
1913-S		604,000	—
1914 (P)		124,230	380
1914-S		992,000	—
1915 (P)		138,000	450
1915-D		1,170,400	—
1915-S		1,604,000	—

DATE	NOTE	BUSINESS	PROOF
WALKING LIBERTY HALF DOLLAR			
1916 (P)		608,000	Δ
1916-D		1,014,400	—
1916-S		508,000	—
1917 (P)		12,292,000	—
1917-D ¬			
Obv. Mint Mark		765,400	—
Rev. Mint Mark		1,940,000	—
1917-S ¬			
Obv. Mint Mark		952,000	—
Rev. Mint Mark		5,554,000	—
1918 (P)		6,634,000	—
1918-D		3,853,040	—
1918-S		10,282,000	—
1919 (P)		962,000	—
1919-D		1,165,000	—
1919-S		1,552,000	—
1920 (P)		6,372,000	—
1920-D		1,551,000	—
1920-S		4,624,000	—
1921 (P)		246,000	—
1921-D		208,000	—
1921-S		548,000	—
1923-S		2,178,000	—
1927-S		2,392,000	—
1928-S		1,940,000	—
1929-D		1,001,200	—
1929-S		1,902,000	—
1933-S		1,786,000	—
1934 (P)		6,964,000	—
1934-D		2,361,400	—
1934-S		3,652,000	—
1935 (P)		9,162,000	—
1935-D		3,003,800	—
1935-S		3,854,000	—
1936 (P)		12,614,000	3,901
1936-D		4,252,400	—
1936-S		3,884,000	—
1937 (P)		9,522,000	5,728
1937-D		1,676,000	—
1937-S		2,090,000	—
1938 (P)		4,110,000	8,152
1938-D		491,600	—
1939 (P)		6,812,000	8,808
1939-D		4,267,800	—
1939-S		2,552,000	—
1940 (P)		9,156,000	11,279
1940-S		4,550,000	—
1941 (P)		24,192,000	15,412
1941-D		11,248,400	—
1941-S		8,098,000	—
1942 (P)		47,818,000	21,120
1942-D		10,973,800	—
1942-S		12,708,000	—
1943 (P)		53,190,000	—
1943-D		11,346,000	—
1943-S		13,450,000	—
1944 (P)		28,206,000	—
1944-D		9,769,000	—
1944-S		8,904,000	—
1945 (P)		31,502,000	—
1945-D		9,996,800	—
1945-S		10,156,000	—
1946 (P)		12,118,000	—
1946-D		2,151,000	—
1946-S		3,724,000	—
1947 (P)		4,094,000	—
1947-D		3,900,600	—
FRANKLIN HALF DOLLAR			
1948 (P)		3,006,814	—

DATE	NOTE	BUSINESS	PROOF
FRANKLIN HALF DOLLAR (CONT.)			
1948-D		4,028,600	—
1949 (P)		5,614,000	—
1949-D		4,120,600	—
1949-S		3,744,000	—
1950 (P)	‹§›	7,742,123	51,386
1950-D		8,031,600	—
1951 (P)	‹§›	16,802,102	57,500
1951-D		9,475,200	—
1951-S		13,696,000	—
1952 (P)	‹§›	21,192,093	81,980
1952-D		25,395,600	—
1952-S		5,526,000	—
1953 (P)	‹§›	2,668,120	128,800
1953-D		20,900,400	—
1953-S		4,148,000	—
1954 (P)	‹§›	13,188,203	233,300
1954-D		25,445,580	—
1954-S		4,993,400	—
1955 (P)	‹§›	2,498,181	378,200
1956 (P)	‹§›	4,032,000	669,384
1957 (P)	‹§›	5,114,000	1,247,952
1957-D		19,966,850	—
1958 (P)	‹§›	4,042,000	875,652
1958-D		23,962,412	—
1959 (P)	‹§›	6,200,000	1,149,291
1959-D		13,053,750	—
1960 (P)	‹§›	6,024,000	1,691,602
1960-D		18,215,812	—
1961 (P)	‹§›	8,290,000	3,028,244
1961-D		20,276,442	—
1962 (P)	‹§›	9,714,000	3,218,019
1962-D		35,473,281	—
1963 (P)	‹§›	22,164,000	3,075,645
1963-D		67,069,292	—
KENNEDY HALF DOLLAR			
1964 (P)	‹§, 11›	273,304,004	3,950,762
1964-D	‹11›	156,205,446	—
1965 (P)	‹11›		—
1965 (D)	‹11›	63,049,366	—
1965 (S)	‹11, 54›	470,000	—
1966 (P)	‹11›		—
1966 (D)	‹11›	106,439,312	—
1966 (S)	‹11, 54›	284,037	—
1967 (P)	‹11›		—
1967 (D)	‹11›	293,183,634	—
1967 (S)	‹11, 54›		—
1968-D		246,951,930	—
1968-S	‹§›		3,041,506
1969-D		129,881,800	—
1969-S	‹§›		2,934,631
1970-D	‹55›	2,150,000	—
1970-S	‹§›		2,632,810
1971 (P)		155,164,000	—
1971-D		302,097,424	—
1971-S	‹§›		3,220,733
1972 (P)		153,180,000	—
1972-D		141,890,000	—
1972-S	‹§›		3,260,996
1973 (P)		64,964,000	—
1973-D		83,171,400	—
1973-S	‹§›		2,760,339
1974 (P)	‹43›	201,596,000	—
1974-D	‹43›	79,066,300	—
1974-S	‹§, 43›		2,612,568
1976 (P)	‹43›	234,308,000	—
1976-D	‹43›	287,565,248	—
1976-S	‹43›		—
1977 (P)		43,598,000	—
1977-D		31,449,106	—

KENNEDY HALF DOLLAR (CONT.)

DATE	NOTE	BUSINESS	PROOF
1977-S	‹§›	—	3,236,798
1978 (P)		14,350,000	—
1978-D		13,765,799	—
1978-S	‹§›	—	3,120,285
1979 (P)		68,312,000	—
1979-D		15,815,422	—
1979-S	‹§›	—	3,677,175
1980-P	‹25›	44,134,000	—
1980-D		33,456,449	—
1980-S	‹§›	—	3,554,806
1981-P		29,544,000	—
1981-D		27,839,533	—
1981-S	‹§›	—	4,063,083
1982-P		10,819,000	—
1982-D		13,140,102	—
1982-S	‹§›	—	3,857,479
1983-P		34,139,000	—
1983-D		32,472,244	—
1983-S	‹§›	—	3,279,126
1984-P		26,029,000	—
1984-D		26,262,158	—
1984-S	‹§›	—	3,065,110
1985-P		18,706,962	—
1985-D		19,814,034	—
1985-S	‹§›	—	3,362,821
1986-P		13,107,633	—
1986-D		15,366,145	—
1986-S	‹§›	—	3,010,497
1987-P	‹55›	—	—
1987-D	‹55›	—	—
1987-S	‹§›	—	3,792,233
1988-P		13,626,000	—
1988-D		12,000,096	—
1988-S	‹§›	—	3,262,948
1989-P		24,542,000	—
1989-D		23,000,216	—
1989-S	‹§›	—	3,220,914
1990-P		22,278,000	—
1990-D		20,096,242	—
1990-S	‹§›	—	3,299,559
1991-P		14,874,000	—
1991-D		15,054,678	—
1991-S	‹§›	—	2,867,787
1992-P		17,628,000	—
1992-D		17,000,106	—
1992-S	‹§› ¬		
Clad		—	2,858,903
90% Silver		—	1,317,641
1993-P		15,510,000	—
1993-D		15,000,006	—
1993-S	‹§› ¬		
Clad		—	2,569,882
90% Silver		—	790,994
1994-P		23,718,000	—
1994-D		23,828,110	—
1994-S	‹§› ¬		
Clad		—	2,443,590
90% Silver		—	778,550
1995-P		26,496,000	—
1995-D		26,288,000	—
1995-S	‹§› ¬		
Clad		—	2,124,790
90% Silver		—	666,277
1996-P		U	—
1996-D		U	—
1996-S	‹§› ¬		
Clad		—	U
90% Silver		—	U

FLOWING HAIR SILVER DOLLAR

DATE	NOTE	BUSINESS	PROOF
1794		1,758	—
1795		160,295	—

DRAPED BUST SILVER DOLLAR

DATE	NOTE	BUSINESS	PROOF
1795		42,738	—
1796		72,920	—
1797		7,776	—
1798	‹56›	327,536	—
1799		423,515	—
1800		220,920	—
1801	‹57›	54,454	—
1802	‹57›	41,650	—
1803	‹57›	85,634	—
1804	‹58›	—	—
1805	‹59›	—	—

GOBRECHT SILVER DOLLAR

DATE	NOTE	BUSINESS	PROOF
1836	‹60›	1,600	Δ
1838	‹60›	—	Δ
1839 (P)	‹60›	300	Δ

SEATED LIBERTY SILVER DOLLAR

DATE	NOTE	BUSINESS	PROOF
1840 (P)		61,005	Δ (R)
1841 (P)		173,000	Δ (R)
1842 (P)		184,618	Δ (R)
1843 (P)		165,100	Δ (R)
1844 (P)		20,000	Δ (R)
1845 (P)		24,500	Δ (R)
1846 (P)		110,600	Δ (R)
1846-O		59,000	— (R)
1847 (P)		140,750	Δ (R)
1848 (P)		15,000	Δ (R)
1849 (P)		62,600	Δ (R)
1850 (P)		7,500	Δ (R)
1850-O		40,000	— (R)
1851 (P)		1,300	Δ (R)
1852 (P)		1,100	Δ (R)
1853 (P)	‹16, 61›	46,110	— (R)
1854 (P)		33,140	Δ
1855 (P)		26,000	Δ
1856 (P)		63,500	Δ
1857 (P)		94,000	Δ
1858 (P)	‹62›	—	Δ
1859 (P)		256,500	Δ
1859-O		360,000	—
1859-S		20,000	—
1860 (P)		217,600	1,330
1860-O		515,000	—
1861 (P)		77,500	1,000
1862 (P)		11,540	550
1863 (P)		27,200	460
1864 (P)		30,700	470
1865 (P)		46,500	500
1866 (P)	‹40›	48,900	725
1867 (P)		46,900	625
1868 (P)		162,100	600
1869 (P)		423,700	600
1870 (P)		415,000	1,000
1870-CC	‹63›	12,462	Δ
1870-S	‹64›	—	—
1871 (P)		1,073,800	960
1871-CC		1,376	—
1872 (P)		1,105,500	950
1872-CC		3,150	—
1872-S		9,000	—
1873 (P)	‹6›	293,000	600
1873-CC	‹6›	2,300	—
1873-S	‹6, 65›	700	—

MORGAN SILVER DOLLAR

DATE	NOTE	BUSINESS	PROOF
1878 (P)	‹66›	10,508,550	1,000
1878-CC		2,212,000	—

MORGAN SILVER DOLLAR (CONT.)

DATE	NOTE	BUSINESS	PROOF
1878-S		9,774,000	——
1879 (P)		14,806,000	1,100
1879-CC		756,000	——
1879-O	‹67›	2,887,000	Δ
1879-S		9,110,000	——
1880 (P)		12,600,000	1,355
1880-CC		591,000	——
1880-S		8,900,000	——
1881 (P)		9,163,000	975
1881-CC		296,000	——
1881-O		5,708,000	——
1881-S		12,760,000	——
1882 (P)		11,100,000	1,100
1882-CC	‹68›	1,133,000	Δ
1882-O		6,090,000	——
1882-S		9,250,000	——
1883 (P)		12,290,000	1,039
1883-CC	‹69›	1,204,000	Δ
1883-O	‹70›	8,725,000	Δ
1883-S		6,250,000	——
1884 (P)		14,070,000	875
1884-CC	‹71›	1,136,000	Δ
1884-O		9,730,000	——
1884-S		3,200,000	——
1885 (P)		17,786,837	930
1885-CC		228,000	——
1885-O		9,185,000	——
1885-S		1,497,000	——
1886 (P)		19,963,000	886
1886-O		10,710,000	——
1886-S		750,000	——
1887 (P)		20,290,000	710
1887-O		11,550,000	——
1887-S		1,771,000	——
1888 (P)		19,183,000	832
1888-O		12,150,000	——
1888-S		657,000	——
1889 (P)		21,726,000	811
1889-CC		350,000	——
1889-O		11,875,000	——
1889-S		700,000	——
1890 (P)		16,802,000	590
1890-CC		2,309,041	——
1890-O		10,701,000	——
1890-S		8,230,373	——
1891 (P)		8,693,556	650
1891-CC		1,618,000	——
1891-O		7,954,529	——
1891-S		5,296,000	——
1892 (P)		1,036,000	1,245
1892-CC		1,352,000	——
1892-O		2,744,000	——
1892-S		1,200,000	——
1893 (P)		389,000	792
1893-CC	‹72›	677,000	Δ
1893-O		300,000	——
1893-S		100,000	——
1894 (P)		110,000	972
1894-O		1,723,000	——
1894-S		1,260,000	——
1895 (P)	‹73›	12,000	880
1895-O		450,000	——
1895-S		400,000	——
1896 (P)		9,976,000	762
1896-O		4,900,000	——
1896-S		5,000,000	——
1897 (P)		2,822,000	731
1897-O		4,004,000	——

MORGAN SILVER DOLLAR (CONT.)

DATE	NOTE	BUSINESS	PROOF
1897-S		5,825,000	——
1898 (P)		5,884,000	735
1898-O		4,440,000	——
1898-S		4,102,000	——
1899 (P)		330,000	846
1899-O		12,290,000	——
1899-S		2,562,000	——
1900 (P)		8,830,000	912
1900-O		12,590,000	——
1900-S		3,540,000	——
1901 (P)		6,962,000	813
1901-O		13,320,000	——
1901-S		2,284,000	——
1902 (P)		7,994,000	777
1902-O		8,636,000	——
1902-S		1,530,000	——
1903 (P)		4,652,000	755
1903-O		4,450,000	——
1903-S		1,241,000	——
1904 (P)		2,788,000	650
1904-O		3,720,000	——
1904-S		2,304,000	——
1921 (P)		44,690,000	Δ
1921-D		20,345,000	——
1921-S		21,695,000	——

PEACE SILVER DOLLAR

DATE	NOTE	BUSINESS	PROOF
1921 (P)	‹74›	1,006,473	——
1922 (P)		51,737,000	Δ
1922-D		15,063,000	——
1922-S		17,475,000	——
1923 (P)		30,800,000	——
1923-D		6,811,000	——
1923-S		19,020,000	——
1924 (P)		11,811,000	——
1924-S		1,728,000	——
1925 (P)		10,198,000	——
1925-S		1,610,000	——
1926 (P)		1,939,000	——
1926-D		2,348,700	——
1926-S		6,980,000	——
1927 (P)		848,000	——
1927-D		1,268,900	——
1927-S		866,000	——
1928 (P)		360,649	——
1928-S		1,632,000	——
1934 (P)		954,057	——
1934-D		1,569,500	——
1934-S		1,011,000	——
1935 (P)		1,576,000	——
1935-S		1,964,000	——

TRADE DOLLAR

DATE	NOTE	BUSINESS	PROOF
1873 (P)	‹6, 75›	396,635	865
1873-CC	‹6›	124,500	——
1873-S	‹6›	703,000	——
1874 (P)		987,100	700
1874-CC		1,373,200	——
1874-S		2,549,000	——
1875 (P)		218,200	700
1875-CC		1,573,700	——
1875-S		4,487,000	——
1876 (P)		455,000	1,150
1876-CC		509,000	——
1876-S		5,227,000	——
1877 (P)		3,039,200	510
1877-CC		534,000	——
1877-S		9,519,000	——
1878 (P)		——	900
1878-CC		97,000	——

|---|---|---|---|

TRADE DOLLAR (CONT.)

DATE	NOTE	BUSINESS	PROOF
1878-S		4,162,000	—
1879 (P)		—	1,541
1880 (P)		—	1,987
1881 (P)		—	960
1882 (P)		—	1,097
1883 (P)		—	979
1884 (P)	‹76›	—	10
1885 (P)	‹76›	—	5

EISENHOWER DOLLAR

DATE	NOTE	BUSINESS	PROOF
1971 (P)		47,799,000	—
1971-D		68,587,424	—
1971-S ¬			
40% silver	‹§, 77›	6,868,530	4,265,234
1972 (P)		75,890,000	—
1972-D		92,548,511	—
1972-S ¬			
40% silver	‹77›	2,193,056	1,811,631
1973 (P)	‹78›	2,000,056	—
1973-D	‹78›	2,000,000	—
1973-S ¬			
copper-nickel	‹§›	—	2,760,339
40% silver	‹77›	1,883,140	1,013,646
1974 (P)	‹43›	27,366,000	—
1974-D	‹43›	45,517,000	—
1974-S ¬			
copper-nickel	‹§, 43›	—	2,612,568
40% silver	‹43, 77›	1,900,156	1,306,579
1976 (P)	‹43›	117,337,000	—
1976-D	‹43›	103,228,274	—
1976-S	‹43, 77›	—	—
1977 (P)		12,596,000	—
1977-D		32,983,006	—
1977-S	‹§›	—	3,236,798
1978 (P)		25,702,000	—
1978-D		33,012,890	—
1978-S	‹§›	—	3,120,285

ANTHONY DOLLAR

DATE	NOTE	BUSINESS	PROOF
1979-P	‹25›	360,222,000	—
1979-D		288,015,744	—
1979-S	‹§›	109,576,000	3,677,175
1980-P		27,610,000	—
1980-D		41,628,708	—
1980-S	‹§›	20,422,000	3,554,806
1981-P	‹79›	3,000,000	—
1981-D	‹79›	3,250,000	—
1981-S	‹§, 79›	3,492,000	4,063,083

CORONET GOLD DOLLAR

DATE	NOTE	BUSINESS	PROOF
1849 (P)		688,567	Δ
1849-C		11,634	—
1849-D		21,588	—
1849-O		215,000	—
1850 (P)		481,953	—
1850-C		6,966	—
1850-D		8,382	—
1850-O		14,000	—
1851 (P)		3,317,671	—
1851-C		41,267	—
1851-D		9,882	—
1851-O		290,000	—
1852 (P)		2,045,351	—
1852-C		9,434	—
1852-D		6,360	—
1852-O		140,000	—
1853 (P)		4,076,051	—
1853-C		11,515	—
1853-D		6,583	—
1853-O		290,000	—
1854 (P)		736,709	Δ

CORONET GOLD DOLLAR (CONT.)

DATE	NOTE	BUSINESS	PROOF
1854-D		2,935	—
1854-S		14,632	—

INDIAN HEAD GOLD DOLLAR

DATE	NOTE	BUSINESS	PROOF
1854 (P)		902,736	Δ
1855 (P)		758,269	Δ
1855-C		9,803	—
1855-D		1,811	—
1855-O		55,000	—
1856 (P) ¬			
Large Head		1,762,936	Δ
1856-D ¬			
Large Head		1,460	
1856-S ¬			
Small Head		24,600	—
1857 (P)		774,789	Δ
1857-C		13,280	—
1857-D		3,533	—
1857-S		10,000	—
1858 (P)		117,995	Δ
1858-D		3,477	—
1858-S		10,000	—
1859 (P)		168,244	Δ
1859-C		5,235	—
1859-D		4,952	—
1859-S		15,000	—
1860 (P)		36,514	154
1860-D		1,566	—
1860-S		13,000	—
1861 (P)		527,150	349
1861-D	‹80›	—	—
1862 (P)		1,361,365	35
1863 (P)		6,200	50
1864 (P)		5,900	50
1865 (P)		3,700	25
1866 (P)		7,100	30
1867 (P)		5,200	50
1868 (P)		10,500	25
1869 (P)		5,900	25
1870 (P)		6,300	35
1870-S	‹81›	3,000	—
1871 (P)		3,900	30
1872 (P)		3,500	30
1873 (P)	‹6›	125,100	25
1874 (P)		198,800	20
1875 (P)		400	20
1876 (P)		3,200	45
1877 (P)		3,900	20
1878 (P)		3,000	20
1879 (P)		3,000	30
1880 (P)		1,600	36
1881 (P)		7,620	87
1882 (P)		5,000	125
1883 (P)		10,800	207
1884 (P)		5,230	1,006
1885 (P)		11,156	1,105
1886 (P)		5,000	1,016
1887 (P)		7,500	1,043
1888 (P)		15,501	1,079
1889 (P)		28,950	1,779

CAPPED BUST $2.50 QUARTER EAGLE

DATE	NOTE	BUSINESS	PROOF
1796		1,395	—
1797		427	—
1798		1,094	—
1802		3,035	—
1804		3,327	—
1805		1,781	—
1806		1,616	—
1807		6,812	—

DATE	NOTE	BUSINESS	PROOF
CAPPED DRAPED BUST QUARTER EAGLE			
1808		2,710	—
CAPPED HEAD $2.50 QUARTER EAGLE			
1821		6,448	Δ
1824		2,600	Δ
1825		4,434	Δ
1826		760	Δ
1827		2,800	Δ
1829		3,403	Δ
1830		4,540	Δ
1831		4,520	Δ
1832		4,400	Δ
1833		4,160	Δ
1834	‹82›	4,000	Δ
CLASSIC HEAD $2.50 QUARTER EAGLE			
1834		113,370	Δ
1835		131,402	Δ
1836		547,986	Δ
1837		45,080	Δ
1838 (P)		47,030	
1838-C		7,908	
1839 (P)		27,021	
1839-C		18,173	
1839-D		13,674	
1839-O		17,781	
CORONET $2.50 QUARTER EAGLE			
1840		18,859	Δ
1840-C		12,838	
1840-D		3,532	
1840-O		33,580	
1841 (P)	‹83›	—	Δ
1841-C		10,297	
1841-D		4,164	
1842 (P)		2,823	Δ
1842-C		6,737	
1842-D		4,643	
1842-O		19,800	
1843 (P)		100,546	Δ
1843-C		26,096	
1843-D		36,209	
1843-O		368,002	
1844 (P)		6,784	Δ
1844-C		11,622	
1844-D		17,332	
1845 (P)		91,051	Δ
1845-D		19,460	
1845-O		4,000	
1846 (P)		21,598	Δ
1846-C		4,808	
1846-D		19,303	
1846-O		62,000	
1847 (P)		29,814	Δ
1847-C		23,226	
1847-D		15,784	
1847-O		124,000	
1848 (P)		7,497	Δ
CAL.	‹84›	1,389	
1848-C		16,788	
1848-D		13,771	
1849 (P)		23,294	Δ
1849-C		10,220	
1849-D		10,945	
1850 (P)		252,923	
1850-C		9,148	
1850-D		12,148	
1850-O		84,000	
1851 (P)		1,372,748	
1851-C		14,923	
1851-D		11,264	
CORONET QUARTER EAGLE (CONT.)			
1851-O		148,000	
1852 (P)		1,159,681	
1852-C		9,772	
1852-D		4,078	
1852-O		140,000	
1853 (P)		1,404,668	
1853-D		3,178	
1854 (P)		596,258	Δ
1854-C		7,295	
1854-D		1,760	
1854-O		153,000	
1854-S		246	
1855 (P)		235,480	Δ
1855-C		3,677	
1855-D		1,123	
1856 (P)		384,240	Δ
1856-C		7,913	
1856-D		874	
1856-O		21,100	
1856-S		71,120	
1857 (P)		214,130	Δ
1857-D		2,364	
1857-O		34,000	
1857-S		69,200	
1858 (P)		47,377	Δ
1858-C		9,056	
1859 (P)		39,444	Δ
1859-D		2,244	
1859-S		15,200	
1860 (P)		22,563	112
1860-C		7,469	
1860-S		35,600	
1861 (P)		1,272,428	90
1861-S		24,000	
1862 (P)		98,508	35
1862-S		8,000	
1863 (P)		—	30
1863-S		10,800	
1864 (P)		2,824	50
1865 (P)		1,520	25
1865-S		23,376	
1866 (P)		3,080	30
1866-S		38,960	
1867 (P)		3,200	50
1867-S		28,000	
1868 (P)		3,600	25
1868-S		34,000	
1869 (P)		4,320	25
1869-S		29,500	
1870 (P)		4,520	35
1870-S		16,000	
1871 (P)		5,320	30
1871-S		22,000	
1872 (P)		3,000	30
1872-S		18,000	
1873 (P)	‹6›	178,000	25
1873-S	‹6›	27,000	
1874 (P)		3,920	20
1875 (P)		400	20
1875-S		11,600	
1876 (P)		4,176	45
1876-S		5,000	
1877 (P)		1,632	20
1877-S		35,400	
1878 (P)		286,240	20
1878-S		178,000	
1879 (P)		88,960	30
1879-S		43,500	
1880 (P)		2,960	36

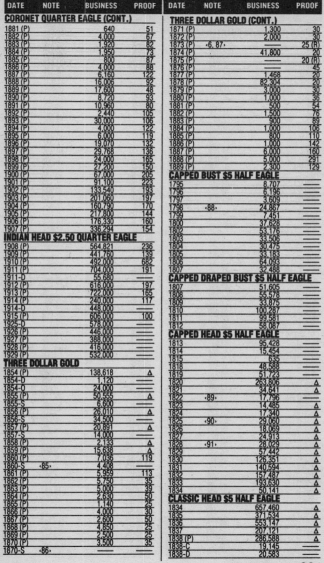

CORONET QUARTER EAGLE (CONT.)

DATE	NOTE	BUSINESS	PROOF
1881 (P)		640	51
1882 (P)		4,000	67
1883 (P)		1,920	82
1884 (P)		1,950	73
1885 (P)		800	87
1886 (P)		4,000	88
1887 (P)		6,160	122
1888 (P)		16,006	92
1889 (P)		17,600	48
1890 (P)		8,720	93
1891 (P)		10,960	80
1892 (P)		2,440	105
1893 (P)		30,000	106
1894 (P)		4,000	122
1895 (P)		6,000	119
1896 (P)		19,070	132
1897 (P)		29,768	136
1898 (P)		24,000	165
1899 (P)		27,200	150
1900 (P)		67,000	205
1901 (P)		91,100	223
1902 (P)		133,540	193
1903 (P)		201,060	197
1904 (P)		160,790	170
1905 (P)		217,800	144
1906 (P)		176,330	160
1907 (P)		336,294	154

INDIAN HEAD $2.50 QUARTER EAGLE

DATE	NOTE	BUSINESS	PROOF
1908 (P)		564,821	236
1909 (P)		441,760	139
1910 (P)		492,000	682
1911 (P)		704,000	191
1911-D		55,680	—
1912 (P)		616,000	197
1913 (P)		722,000	165
1914 (P)		240,000	117
1914-D		448,000	—
1915 (P)		606,000	100
1925-D		578,000	—
1926 (P)		446,000	—
1927 (P)		388,000	—
1928 (P)		416,000	—
1929 (P)		532,000	—

THREE DOLLAR GOLD

DATE	NOTE	BUSINESS	PROOF
1854 (P)		138,618	Δ
1854-D		1,120	—
1854-O		24,000	—
1855 (P)		50,555	Δ
1855-S		6,600	—
1856 (P)		26,010	Δ
1856-S		34,500	—
1857 (P)		20,891	Δ
1857-S		14,000	—
1858 (P)		2,133	Δ
1859 (P)		15,638	Δ
1860 (P)		7,036	119
1860-S	‹85›	4,408	—
1861 (P)		5,959	113
1862 (P)		5,750	35
1863 (P)		5,000	39
1864 (P)		2,630	50
1865 (P)		1,140	25
1866 (P)		4,000	30
1867 (P)		2,600	50
1868 (P)		4,850	25
1869 (P)		2,500	25
1870 (P)		3,500	35
1870-S	‹86›	—	—

THREE DOLLAR GOLD (CONT.)

DATE	NOTE	BUSINESS	PROOF
1871 (P)		1,300	30
1872 (P)		2,000	30
1873 (P)	‹6, 87›	—	25 (R)
1874 (P)		41,800	20
1875 (P)		—	20 (R)
1876 (P)		—	45
1877 (P)		1,468	20
1878 (P)		82,304	20
1879 (P)		3,000	30
1880 (P)		1,000	36
1881 (P)		500	54
1882 (P)		1,500	76
1883 (P)		900	89
1884 (P)		1,000	106
1885 (P)		800	110
1886 (P)		1,000	142
1887 (P)		6,000	160
1888 (P)		5,000	291
1889 (P)		2,300	129

CAPPED BUST $5 HALF EAGLE

DATE	NOTE	BUSINESS	PROOF
1795		8,707	—
1796		6,196	—
1797		3,609	—
1798	‹88›	24,867	—
1799		7,451	—
1800		37,628	—
1802		53,176	—
1803		33,506	—
1804		30,475	—
1805		33,183	—
1806		64,093	—
1807		32,488	—

CAPPED DRAPED BUST $5 HALF EAGLE

DATE	NOTE	BUSINESS	PROOF
1807		51,605	—
1808		55,578	—
1809		33,875	—
1810		100,287	—
1811		99,581	—
1812		58,087	—

CAPPED HEAD $5 HALF EAGLE

DATE	NOTE	BUSINESS	PROOF
1813		95,428	—
1814		15,454	—
1815		635	—
1818		48,588	—
1819		51,723	—
1820		263,806	Δ
1821		34,641	Δ
1822	‹89›	17,796	—
1823		14,485	Δ
1824		17,340	Δ
1825	‹90›	29,060	Δ
1826		18,069	Δ
1827		24,913	Δ
1828	‹91›	28,029	Δ
1829		57,442	Δ
1830		126,351	Δ
1831		140,594	Δ
1832		157,487	Δ
1833		193,630	Δ
1834		50,141	Δ

CLASSIC HEAD $5 HALF EAGLE

DATE	NOTE	BUSINESS	PROOF
1834		657,460	Δ
1835		371,534	Δ
1836		553,147	Δ
1837		207,121	Δ
1838 (P)		286,588	Δ
1838-C		19,145	—
1838-D		20,583	—

CORONET $5 HALF EAGLE

DATE	NOTE	BUSINESS	PROOF
1839 (P)		118,143	Δ
1839-C		17,235	=
1839-D		18,939	=
1840 (P)		137,382	Δ
1840-C		19,028	=
1840-D		22,896	=
1840-O		38,700	=
1841 (P)		15,833	Δ
1841-C		21,511	=
1841-D		30,495	=
1841-O		50	=
1842 (P)		27,578	Δ
1842-C		27,480	=
1842-D		59,608	=
1842-O		16,400	=
1843 (P)		611,205	Δ
1843-C		44,353	=
1843-D		98,452	=
1843-O		101,075	=
1844 (P)		340,330	Δ
1844-C		23,631	=
1844-D		88,982	=
1844-O	‹92›	364,600	Δ
1845 (P)		417,099	Δ
1845-D		90,629	=
1845-O		41,000	=
1846 (P)		395,942	Δ
1846-C		12,995	=
1846-D		80,294	=
1846-O		58,000	=
1847 (P)		915,981	Δ
1847-C		84,151	=
1847-D		64,405	=
1847-O		12,000	=
1848 (P)		260,775	Δ
1848-C		64,472	=
1848-D		47,465	=
1849 (P)		133,070	=
1849-C		64,823	=
1849-D		39,036	=
1850 (P)		64,491	=
1850-C		63,591	=
1850-D		43,984	=
1851 (P)		377,505	=
1851-C		49,176	=
1851-D		62,710	=
1851-O		41,000	=
1852 (P)		573,901	=
1852-C		72,574	=
1852-D		91,584	=
1853 (P)		305,770	=
1853-C		65,571	=
1853-D		89,678	=
1854 (P)		160,675	=
1854-C		39,283	=
1854-D		56,413	=
1854-O		46,000	=
1854-S		268	=
1855 (P)		117,098	Δ
1855-C		39,788	=
1855-D		22,432	=
1855-O		11,100	=
1855-S		61,000	=
1856 (P)		197,990	Δ
1856-C		28,457	=
1856-D		19,786	=
1856-O		10,000	=
1856-S		105,100	=
1857 (P)		98,188	Δ

CORONET $5 HALF EAGLE (CONT.)

DATE	NOTE	BUSINESS	PROOF
1857-C		31,360	=
1857-D		17,046	=
1857-O		13,000	=
1857-S		87,000	=
1858 (P)		15,136	Δ
1858-C		38,856	=
1858-D		15,362	=
1858-S		18,600	=
1859 (P)		16,814	Δ
1859-C		31,847	=
1859-D		10,366	=
1859-S		13,220	=
1860 (P)		19,763	62
1860-C		14,813	=
1860-D		14,635	=
1860-S		21,200	=
1861 (P)		688,084	66
1861-C	‹93›	6,879	=
1861-D		1,597	=
1861-S		18,000	=
1862 (P)		4,430	35
1862-S		9,500	=
1863 (P)		2,442	30
1863-S		17,000	=
1864 (P)		4,220	50
1864-S		3,888	=
1865 (P)		1,270	25
1865-S		27,612	=
1866 (P)	‹40›	6,700	30
1866-S ¬			
No Motto	‹40›	9,000	=
Motto	‹40›	34,920	=
1867 (P)		6,870	50
1867-S		29,000	=
1868 (P)		5,700	25
1868-S		52,000	=
1869 (P)		1,760	25
1869-S		31,000	=
1870 (P)		4,000	35
1870-CC		7,675	=
1870-S		17,000	=
1871 (P)		3,200	30
1871-CC		20,770	=
1871-S		25,000	=
1872 (P)		1,660	30
1872-CC		16,980	=
1872-S		36,400	=
1873 (P)	‹6›	112,480	25
1873-CC	‹6›	7,416	=
1873-S	‹6›	31,000	=
1874 (P)		3,488	20
1874-CC		21,198	=
1874-S		16,000	=
1875 (P)		200	20
1875-CC		11,828	=
1875-S		9,000	=
1876 (P)		1,432	45
1876-CC		6,887	=
1876-S		4,000	=
1877 (P)		1,132	20
1877-CC		8,680	=
1877-S		26,700	=
1878 (P)		131,720	20
1878-CC		9,054	=
1878-S		144,700	=
1879 (P)		301,920	30
1879-CC		17,281	=
1879-S		426,200	=
1880 (P)		3,166,400	36

DATE	NOTE	BUSINESS	PROOF
CORONET $5 HALF EAGLE (CONT.)			
1880-CC		51,017	
1880-S		1,348,900	
1881 (P)		5,708,760	42
1881-CC		13,886	
1881-S		969,000	
1882 (P)		2,514,520	48
1882-CC		82,817	
1882-S		969,000	
1883 (P)		233,400	61
1883-CC		12,958	
1883-S		83,200	
1884 (P)		191,030	48
1884-CC		16,402	
1884-S		177,000	
1885 (P)		601,440	66
1885-S		1,211,500	
1886 (P)		388,360	72
1886-S		3,268,000	
1887 (P)		—	87
1887-S		1,912,000	
1888 (P)		18,202	94
1888-S		293,900	
1889 (P)		7,520	45
1890 (P)		4,240	88
1890-CC		53,800	
1891 (P)		61,360	53
1891-CC		208,000	
1892 (P)		753,480	92
1892-CC		82,968	
1892-O		10,000	
1892-S		298,400	
1893 (P)		1,528,120	77
1893-CC		60,000	
1893-O		110,000	
1893-S		224,000	
1894 (P)		957,880	75
1894-O		16,600	
1894-S		55,900	
1895 (P)		1,345,855	81
1895-S		112,000	
1896 (P)		58,960	103
1896-S		155,400	
1897 (P)		867,800	83
1897-S		354,000	
1898 (P)		633,420	75
1898-S		1,397,400	
1899 (P)		1,710,630	99
1899-S	‹94›	1,545,000	Δ
1900 (P)		1,405,500	230
1900-S		329,000	
1901 (P)		615,900	140
1901-S		3,648,000	
1902 (P)		172,400	162
1902-S		939,000	
1903 (P)		226,870	154
1903-S		1,855,000	
1904 (P)		392,000	136
1904-S		97,000	
1905 (P)		302,200	108
1905-S		880,700	
1906 (P)		348,735	85
1906-D	‹95›	320,000	
1906-S		598,000	
1907 (P)		626,100	92
1907-D	‹95›	888,000	
1908 (P)		421,874	
INDIAN HEAD $5 HALF EAGLE			
1908 (P)		577,845	167
1908-D		148,000	
INDIAN HEAD $5 HALF EAGLE (CONT.)			
1908-S		82,000	
1909 (P)		627,060	78
1909-D		3,423,560	
1909-O		34,200	
1909-S		297,200	
1910 (P)		604,000	250
1910-D		193,600	
1910-S		770,200	
1911 (P)		915,000	139
1911-D		72,500	
1911-S		1,416,000	
1912 (P)		790,000	144
1912-S		392,000	
1913 (P)		916,000	99
1913-S		408,000	
1914 (P)		247,000	125
1914-D		247,000	
1914-S		263,000	
1915 (P)		588,000	75
1915-S		164,000	
1916-S		240,000	
1929 (P)		662,000	
CAPPED BUST $10 EAGLE			
1795		5,583	
1796		4,146	
1797	‹96›	14,555	
1798		1,742	
1799		37,449	
1800		5,999	
1801		44,344	
1803		15,017	
1804		3,757	
CORONET $10 EAGLE			
1838 (P)		7,200	Δ
1839 (P)	‹97›	38,248	Δ
1840 (P)		47,338	Δ
1841 (P)		63,131	Δ
1841-O		2,500	
1842 (P)		81,507	Δ
1842-O		27,400	
1843 (P)		75,462	Δ
1843-O		175,162	
1844 (P)		6,361	Δ
1844-O	‹98›	118,700	Δ
1845 (P)		26,153	Δ
1845-O		47,500	
1846 (P)		20,095	Δ
1846-O		81,780	
1847 (P)		862,258	Δ
1847-O		571,500	
1848 (P)		145,484	Δ
1848-O		35,850	
1849 (P)		653,618	
1849-O		23,900	
1850 (P)		291,451	
1850-O		57,500	
1851 (P)		176,328	
1851-O		263,000	
1852 (P)		263,106	
1852-O	‹99›	18,000	Δ
1853 (P)		201,253	
1853-O	‹100›	51,000	Δ
1854 (P)		54,250	
1854-O		52,500	
1854-S		123,826	
1855 (P)		121,701	Δ
1855-O		18,000	
1855-S		9,000	

CORONET $10 EAGLE (CONT.)

DATE	NOTE	BUSINESS	PROOF
1856 (P)		60,490	Δ
1856-O		14,500	—
1856-S		68,000	—
1857 (P)		16,606	Δ
1857-O		5,500	—
1857-S		26,000	—
1858 (P)		2,521	Δ
1858-O		20,000	—
1858-S		11,800	—
1859 (P)		16,093	Δ
1859-O		2,300	—
1859-S		7,000	—
1860 (P)		15,055	50
1860-O		11,100	—
1860-S		5,000	—
1861 (P)		113,164	69
1861-S		15,500	—
1862 (P)		10,960	35
1862-S		12,500	—
1863 (P)		1,218	30
1863-S		10,000	—
1864 (P)		3,530	50
1864-S		2,500	—
1865 (P)		3,980	25
1865-S		16,700	—
1866-S ¬			
No Motto	‹40›	8,500	—
Motto	‹40›	11,500	—
1867 (P)		3,090	50
1867-S		9,000	—
1868 (P)		10,630	25
1868-S		13,500	—
1869 (P)		1,830	25
1869-S		6,430	—
1870 (P)		3,990	35
1870-CC		5,908	—
1870-S		8,000	—
1871 (P)		1,790	30
1871-CC		8,085	—
1871-S		16,500	—
1872 (P)		1,620	30
1872-CC		4,600	—
1872-S		17,300	—
1873 (P)	‹6›	800	25
1873-CC	‹6›	4,543	—
1873-S	‹6›	12,000	—
1874 (P)		53,140	20
1874-CC		16,767	—
1874-S		10,000	—
1875 (P)		100	20
1875-CC		7,715	—
1876 (P)		687	45
1876-CC		4,696	—
1876-S		5,000	—
1877 (P)		797	20
1877-CC		3,332	—
1877-S		17,000	—
1878 (P)		73,780	20
1878-CC		3,244	—
1878-S		26,100	—
1879 (P)		384,740	30
1879-CC		1,762	—
1879-O		1,500	—
1879-S		224,000	—
1880 (P)		1,644,840	36
1880-CC		11,190	—
1880-O		9,200	—
1880-S		506,250	—

CORONET $10 EAGLE (CONT.)

DATE	NOTE	BUSINESS	PROOF
1881 (P)		3,877,220	42
1881-CC		24,015	—
1881-O		8,350	—
1881-S		970,000	—
1882 (P)		2,324,440	44
1882-CC		6,764	—
1882-O		10,820	—
1882-S		132,000	—
1883 (P)		208,700	49
1883-CC		12,000	—
1883-O		800	—
1883-S		38,000	—
1884 (P)		76,890	45
1884-CC		9,925	—
1884-S		124,250	—
1885 (P)		253,462	67
1885-S		228,000	—
1886 (P)		236,100	60
1886-S		826,000	—
1887 (P)		53,600	80
1887-S		817,000	—
1888 (P)		132,924	72
1888-O		21,335	—
1888-S		648,700	—
1889 (P)		4,440	45
1889-S		425,400	—
1890 (P)		57,980	63
1890-CC		17,500	—
1891 (P)		91,820	48
1891-CC		103,732	—
1892 (P)		797,480	72
1892-CC		40,000	—
1892-O		28,688	—
1892-S		115,500	—
1893 (P)		1,840,840	55
1893-CC		14,000	—
1893-O		17,000	—
1893-S		141,350	—
1894 (P)		2,470,735	43
1894-O		107,500	—
1894-S		25,000	—
1895 (P)		567,770	56
1895-O		98,000	—
1895-S		49,000	—
1896 (P)		76,270	78
1896-S		123,750	—
1897 (P)		1,000,090	69
1897-O		42,500	—
1897-S		234,750	—
1898 (P)		812,130	67
1898-S		473,600	—
1899 (P)		1,262,219	86
1899-O		37,047	—
1899-S		841,000	—
1900 (P)		293,840	120
1900-S		81,000	—
1901 (P)		1,718,740	85
1901-O		72,041	—
1901-S		2,812,750	—
1902 (P)		82,400	113
1902-S		469,500	—
1903 (P)		125,830	96
1903-O		112,771	—
1903-S		538,000	—
1904 (P)		161,930	108
1904-O		108,950	—
1905 (P)		200,992	86
1905-S		369,250	—
1906 (P)		165,420	77

CORONET $10 EAGLE (CONT.)

DATE	NOTE	BUSINESS	PROOF
1906-D	‹101›	981,000	Δ
1906-O		86,895	—
1906-S		457,000	—
1907 (P)		1,203,899	74
1907-D		1,030,000	—
1907-S		210,500	—

INDIAN HEAD $10 EAGLE

DATE	NOTE	BUSINESS	PROOF
1907 (P)	‹102›	239,406	—
1908 (P) ¬			
Without Motto		33,500	—
With Motto		341,370	116
1908-D ¬			
Without Motto		210,000	—
With Motto		836,500	—
1908-S ¬			
With Motto		59,850	—
1909 (P)		184,789	74
1909-D		121,540	—
1909-S		292,350	—
1910 (P)		318,500	204
1910-D		2,356,640	—
1910-S		811,000	—
1911 (P)		505,500	95
1911-D		30,100	—
1911-S		51,000	—
1912 (P)		405,000	83
1912-S		300,000	—
1913 (P)		442,000	71
1913-S		66,000	—
1914 (P)		151,000	50
1914-D		343,500	—
1914-S		208,000	—
1915 (P)		351,000	75
1915-S		59,000	—
1916-S		138,500	—
1920-S		126,500	—
1926 (P)		1,014,000	—
1930-S		96,000	—
1932 (P)		4,463,000	—
1933 (P)	‹103›	312,500	—

CORONET $20 DOUBLE EAGLE

DATE	NOTE	BUSINESS	PROOF
1849 (P)	‹104›	—	Δ
1850 (P)	‹105›	1,170,261	Δ
1850-O		141,000	—
1851 (P)		2,087,155	—
1851-O		315,000	—
1852 (P)		2,053,026	—
1852-O		190,000	—
1853 (P)		1,261,326	—
1853-O		71,000	—
1854 (P)		757,899	—
1854-O		3,250	—
1854-S	‹106›	141,468	Δ
1855 (P)		364,666	—
1855-O		8,000	—
1855-S		879,675	—
1856 (P)		329,878	Δ
1856-O		2,250	—
1856-S		1,189,780	—
1857 (P)		439,375	—
1857-O		30,000	—
1857-S		970,500	—
1858 (P)		211,714	Δ
1858-O		35,250	—
1858-S		846,710	—
1859 (P)		43,597	Δ
1859-O		9,100	—
1859-S		636,445	—
1860 (P)		577,611	59

CORONET $20 DOUBLE EAGLE (CONT.)

DATE	NOTE	BUSINESS	PROOF
1860-O		6,600	—
1860-S		544,950	—
1861 (P)	‹107›	2,976,387	66
1861-O	‹108›	17,741	—
1861-S	‹109›	768,000	—
1862 (P)		92,098	35
1862-S		854,173	—
1863 (P)		142,760	30
1863-S		966,570	—
1864 (P)		204,235	50
1864-S		793,660	—
1865 (P)		351,175	25
1865-S		1,042,500	—
1866 (P)	‹40, 110›	698,745	30
1866-S ¬			
No Motto	‹40, 110›	120,000	—
With Motto	‹40, 110›	722,250	—
1867 (P)		251,015	50
1867-S		920,750	—
1868 (P)		98,575	25
1868-S		837,500	—
1869 (P)		175,130	25
1869-S		686,750	—
1870 (P)		155,150	35
1870-CC		3,789	—
1870-S		982,000	—
1871 (P)		80,120	30
1871-CC		17,387	—
1871-S		928,000	—
1872 (P)		251,850	30
1872-CC		26,900	—
1872-S		780,000	—
1873 (P)	‹6›	1,709,800	25
1873-CC	‹6›	22,410	—
1873-S	‹6›	1,040,600	—
1874 (P)		366,780	20
1874-CC		115,000	—
1874-S		1,214,000	—
1875 (P)		295,720	20
1875-CC		111,151	—
1875-S		1,230,000	—
1876 (P)		583,860	45
1876-CC		138,441	—
1876-S		1,597,000	—
1877 (P)	‹111›	397,650	20
1877-CC		42,565	—
1877-S		1,735,000	—
1878 (P)		543,625	20
1878-CC		13,180	—
1878-S		1,739,000	—
1879 (P)		207,600	30
1879-CC		10,708	—
1879-O		2,325	—
1879-S		1,223,800	—
1880 (P)		51,420	36
1880-S		836,000	—
1881 (P)		2,220	61
1881-S		727,000	—
1882 (P)		590	59
1882-CC		39,140	—
1882-S		1,125,000	—
1883 (P)		—	92
1883-CC		59,962	—
1883-S		1,189,000	—
1884 (P)		—	71
1884-CC		81,139	—
1884-S		916,000	—
1885 (P)		751	77
1885-CC		9,450	—

DATE	NOTE	BUSINESS	PROOF
CORONET $20 DOUBLE EAGLE (CONT.)			
1885-S		683,500	—
1886 (P)		1,000	106
1887 (P)			121
1887-S		283,000	—
1888 (P)		226,164	102
1888-S		859,600	—
1889 (P)		44,070	41
1889-CC		30,945	—
1889-S		774,700	—
1890 (P)		75,940	55
1890-CC		91,209	—
1890-S		802,750	—
1891 (P)		1,390	52
1891-CC		5,000	—
1891-S		1,288,125	—
1892 (P)		4,430	93
1892-CC		27,265	—
1892-S		930,150	—
1893 (P)		344,280	59
1893-CC		18,402	—
1893-S		996,175	—
1894 (P)		1,368,940	50
1894-S		1,048,550	—
1895 (P)		1,114,605	51
1895-S		1,143,500	—
1896 (P)		792,535	128
1896-S		1,403,925	—
1897 (P)		1,383,175	86
1897-S		1,470,250	—
1898 (P)		170,395	75
1898-S		2,575,175	—
1899 (P)		1,669,300	84
1899-S		2,010,300	—
1900 (P)		1,874,460	124
1900-S		2,459,500	—
1901 (P)		111,430	96
1901-S		1,596,000	—
1902 (P)		31,140	114
1902-S		1,753,625	—
1903 (P)		287,270	158
1903-S		954,000	—
1904 (P)		6,256,699	98
1904-S		5,134,175	—
1905 (P)		58,919	90
1905-S		1,813,000	—
1906 (P)		69,596	94
1906-D	‹112›	620,250	Δ
1906-S		2,065,750	—
1907 (P)		1,451,786	78
1907-D	‹113›	842,250	Δ
1907-S		2,165,800	—
SAINT-GAUDENS $20 DOUBLE EAGLE			
1907 (P) ¬			
Roman Numerals ‹114›		11,250	—
Arabic Numerals		361,667	—
1908 (P) ¬			
No Motto		4,271,551	—
With Motto		156,258	101
1908-D ¬			
No Motto		663,750	—
With Motto		349,500	—
1908-S ¬			
With Motto		22,000	—
1909 (P)		161,215	67
1909-D	52,500		—
1909-S		2,774,925	—
1910 (P)		482,000	167
1910-D		429,000	—

DATE	NOTE	BUSINESS	PROOF
SAINT-GAUDENS $20 (CONT.)			
1910-S		2,128,250	—
1911 (P)		197,250	100
1911-D		846,500	—
1911-S		775,750	—
1912 (P)		149,750	74
1913 (P)		168,780	58
1913-D		393,500	—
1913-S		34,000	—
1914 (P)		95,250	70
1914-D		453,000	—
1914-S		1,498,000	—
1915 (P)		152,000	50
1916-S		796,000	—
1920 (P)		228,250	—
1920-S		558,000	—
1921 (P)		528,500	—
1922 (P)		1,375,500	—
1922-S		2,658,000	—
1923 (P)		566,000	—
1923-D		1,702,250	—
1924 (P)		4,323,500	—
1924-D		3,049,500	—
1924-S		2,927,500	—
1925 (P)		2,831,750	—
1925-D		2,938,500	—
1925-S		3,776,500	—
1926 (P)		816,750	—
1926-D		481,000	—
1926-S		2,041,500	—
1927 (P)		2,946,750	—
1927-D		180,000	—
1927-S		3,107,000	—
1928 (P)		8,816,000	—
1929 (P)		1,779,750	—
1930-S		74,000	—
1931 (P)		2,938,250	—
1931-D		106,500	—
1932 (P)		1,101,750	—
1933 (P)	‹115›	445,000	—
AMERICAN EAGLE 1-OZ SILVER $1			
1986 (S)		5,393,005	—
1986-S			1,446,778
1987 (S)		11,442,335	—
1987-S			904,732
1988 (S)		5,004,646	—
1988-S			557,370
1989 (S or W)		5,203,327	—
1989-S			617,694
1990 (S or W)		5,840,110	—
1990-S			695,510
1991 (S or W)		7,191,066	—
1991-S			511,924
1992 (S or W)		5,540,068	—
1992-S			498,543
1993 (S or W)		6,763,762	—
1993-P			405,913
1994 (S or W)		4,227,319	—
1994-P			372,168
1995 (S or W)		4,672,051	—
1995-P			438,511
1995-W	‹119›		30,125
1996 (S or W)		U	—
1996-P			U
AMERICAN EAGLE 1/10-OZ GOLD $5			
1986 (W)	‹117›	912,609	—
1987 (W)	‹117›	580,266	—
1988 (W)	‹117›	159,500	—

DATE	NOTE	BUSINESS	PROOF
AMERICAN EAGLE 1/10-OZ GOLD (CONT.)			
1988-P		——	143,881
1989 (W)	<117>	264,790	——
1989-P	<117>	——	84,647
1990 (W)	<117>	210,210	——
1990-P	<117>	——	99,349
1991 (W)	<117>	165,200	——
1991-P	<117>	——	70,334
1992 (W)		209,300	——
1992-P		——	64,874
1993 (W)		210,709	——
1993-P		——	58,649
1994 (W)		206,380	——
1994-P		——	62,849
1995 (W)		223,025	——
1995-W		——	62,673
1996 (W)		U	——
1996-W		——	U
AMERICAN EAGLE 1/4-OZ GOLD $10			
1986 (W)	<117>	726,031	——
1987 (W)	<117>	269,255	——
1988 (W)	<117>	49,000	——
1988-P	<117>	——	98,028
1989 (W)	<117>	81,789	——
1989-P	<117>	——	54,170
1990 (W)	<117>	41,000	——
1990-P	<117>	——	62,674
1991 (W)	<117>	36,100	——
1991-P	<117>	——	50,839
1992 (W)		59,546	——
1992-P		——	46,269
1993 (W)		71,864	——
1993-P		——	46,464
1994 (W)		72,650	——
1994-P		——	48,172
1995 (W)		83,752	——
1995-W		——	47,484
1996 (W)		U	——
1996-W		——	U
AMERICAN EAGLE 1/2-OZ GOLD $25			
1986 (W)	<117>	599,566	——
1987 (W)	<117>	131,255	——
1987-P	<117>	——	143,398

DATE	NOTE	BUSINESS	PROOF
AMERICAN EAGLE 1/2-OZ GOLD (CONT.)			
1988 (W)	<117>	45,000	——
1988-P	<117>	——	76,528
1989 (W)	<117>	44,829	——
1989-P	<117>	——	44,798
1990 (W)	<117>	31,000	——
1990-P	<117>	——	51,636
1991 (W)	<117>	24,100	——
1991-P	<117>	——	53,125
1992 (W)		54,404	——
1992-P		——	40,976
1993 (W)		73,324	——
1993-P		——	43,319
1994 (W)		62,400	——
1994-P		——	44,584
1995 (W)		53,474	——
1995-W		——	45,442
1996 (W)		U	——
1996-W		——	U
AMERICAN EAGLE 1-OZ GOLD $50			
1986 (W)	<117>	1,362,650	——
1986-W	<117>	——	446,290
1987 (W)	<117>	1,045,500	——
1987-W	<117>	——	147,498
1988 (W)	<117>	465,500	——
1988-W	<117>	——	87,133
1989 (W)	<117>	415,790	——
1989-W	<117>	——	54,570
1990 (W)	<117>	373,210	——
1990-W	<117>	——	62,401
1991 (W)	<117>	243,100	——
1991-W	<117>	——	50,411
1992 (W)		275,000	——
1992-W		——	44,826
1993 (W)		480,192	——
1993-W		——	34,389
1994 (W)		221,633	——
1994-W		——	46,674
1995 (W)		200,636	——
1995-W		——	46,484
1996 (W)		U	——
1996-W		——	U

MINTAGE NOTES

Many different Proof issues before 1880 were restruck in Proof one or more times. In some instances, as with the 1873 $3 gold piece, there are more coins of this date known than were "officially" struck.

KEY

(R): Known to have been restruck at least once.

(§): Proofs originally sold in sets only.

——: None issued.

Δ: Specimens known or believed to exist; no official mintage reported.

U: Final, official mintages unreported by the U.S. Mint.

NOTES

1. 1804, 1823 cent, and 1811 half cent: Counterfeits, called restrikes, exist which were made outside the Mint, using old, genuine but mismatched Mint dies.

2. 1832-35 half cent: The figures shown are listed in the Mint Report for 1833-36 instead, but are assumed to be misplaced.

3. 1823 cent, dime, quarter dollar: Proofs exist with overdate, 1823/2.

4. 1856 cent: More than 1,000 1856 Flying Eagle cents were struck in Proof and Uncirculated, in this and later years. As they were

patterns they are not included in the Mint Report or this figure.

5. **1864 cent:** Proof breakdown by varieties thought to be about 300 to 350 copper-nickel and about 100 to 150 bronze coins without the designer's initial L. Perhaps 20 or fewer Proofs with initial L were struck. Business strike bronze coins with designer's initial L are also rarer.

6. **1873 coinage:** Early in the year a relatively closed style of 3 was used in the date on all denominations. In response to complaints that the 3 looked like an 8, a new, more open 3 was introduced. Most types were struck with both styles, except for those which were created or discontinued by the Coinage Act of Feb. 12, 1873. This law created the Trade dollar and eliminated the standard silver dollar, the silver 5-cent piece, the 3-cent piece and the 2-cent piece. The weight of the dime, quarter dollar and half dollar were slightly increased, and the heavier coins were marked by arrows for the remainder of 1873 and all of 1874. All Proofs are of the relatively Closed 3 variety.

7. **1877 minor coinages:** Proof estimates for this year vary considerably, usually upwards. For lack of any records, the number shown is that of the silver Proofs of this year, conforming with the method used in the preceding years. These figures may be considerably low.

8. **1922 "Plain" cent:** No cents were struck in Philadelphia in 1922. Some 1922-D cents are found with the Mint mark missing due to obstructed dies. Beware of altered coins.

9. **1943-(P), D, S cent:** All 1943 cents were made of zinc-plated steel. A few 1943 bronze and 1944 steel cents were made by accident. Many fakes of these have been produced. Test any suspected off-metal 1943 or 1944 cent with a magnet to see if it has been plated, and check the date for alterations. Cents struck on steel planchets produced in 1942 weigh 41.5 grains, while those struck on planchets produced later in 1943 weigh 42.5 grains.

10. **1960 cent:** Includes Large Date and Small Date varieties. The Small Date is the scarcer for both Proof and business strikes.

11. **1964-67 coinage:** All coins dated 1965-67 were made without Mint marks. Many coins dated 1964-66 were struck in later years.

12. **1982 cent:** The composition of the cent changed from 95 percent copper, 5 percent zinc to 97.5 percent zinc, 2.5 percent copper (composed of a planchet of 99.2 percent zinc, 0.8 percent copper, plated with pure copper). Some 1982 cents were struck in late 1981.

13. **1864 2 cents:** Struck with Large and Small Motto IN GOD WE TRUST. The Small Motto in Proof is rare.

14. **1873 2 cents:** Originally struck in Proof only early in 1873 with a Closed 3. An estimated 500 restrikes in Proof with an Open 3.

15. **1887 copper-nickel 3 cents:** Many Proofs struck from an overdated die, 1887/6.

16. **1853 silver coinage:** In early 1853 the weight of all fractional silver coins was reduced by about 7 percent, to prevent hoarding and melting. To distinguish between the old and new weights, arrows were placed on either side of the date on the half dime through half dollar, and rays were put around the eagle on the quarter and half dollar. The rays were removed after 1853, and the arrows after 1855. Much of the old silver was withdrawn from circulation and melted. The exception to all this was the silver 3-cent piece, which was decreased in weight but increased in fineness, making it intrinsically worth more than before and proportionate with the other fractional silver coins. No coins of the new weight were struck until 1854, at which time an olive branch and a cluster of arrows was added to the reverse.

17. **1863 silver 3 cents:** It is possible that all of these non-Proofs were dated 1862. Proof coins dated 1863/2 were struck in 1864. Obviously these were hard times at the Mint.

18. **1864-(P) silver 3 cents, half dime, and dime:** These figures, like many others in the years 1861-1871, are highly controversial due to extraordinary bookkeeping methods used in the Mint in this era.

19. **1867 copper-nickel 5 cents:** Struck with rays on reverse (type of 1866) and without rays (type of 1868-83). Approximately 25 Proofs struck With Rays on reverse (type of

1866), and 600 Without Rays (type of 1868-83).

20. 1913 Liberty Head copper-nickel 5 cents: Five unauthorized pieces were struck by person or persons unknown, using Mint machinery and dies. All five accounted for by some sources, although numismatic researcher Walter Breen states that one piece is missing. Beware of forgeries.

21. 1942-1945-(P), P, D, S 5 cents: To conserve nickel during the war, the composition of the 5-cent piece was changed to a 56 percent copper, 35 percent silver, and 9 percent manganese alloy. Coins of this alloy were marked with a large Mint mark over the dome of Monticello, including those from Philadelphia. They consist of some 1942-P, all 1942-S, and all 1943-45 coins. The 1942 Philadelphia coins were made either way. Many wartime alloy 5-cent coins have been melted for their silver content.

22. 1944 copper-nickel 5 cents, 1923-D and 1930-D nickels: Coins without a Mint mark are counterfeits made for circulation. Not all counterfeits are of rare dates, meant to sell at high prices. Some were meant to circulate.

23. 1966 5-cent piece: Two Proof Jefferson 5-cent pieces were struck to mark the addition of designer Felix Schlag's initials, F.S., to the obverse design. At least one coin was presented to Schlag; the other may have been retained by the Mint.

24. 1971 5 cents: Some Proof sets contain 5-cent coins which were struck from a Proof die without a Mint mark. This was an engraver's oversight and is not a filled die. Official estimate of 1,655 sets released.

25. P Mint mark: The P Mint mark, placed on the 1979 Anthony dollar, was added to all 1980 denominations from the Philadelphia Mint except for the cent.

26. 1838-O half dime and dime: Both are of Seated Liberty, Without Stars design (type of 1837). 1838 Philadelphia coins have stars, as do all others through 1859.

27. 1856-O half dime: One Proof known, reason for issue unknown.

28. 1860-(P), O, S half dime and dime: Beginning in 1860 (with the exception of the 1860-S dime), the half dime and dime were redesigned by eliminating the stars, moving the legend UNITED STATES OF AMERICA to the obverse, and using a larger, more elaborate wreath on the reverse. A number of fabrications with the obverse of 1859 and the reverse of 1860 (thereby omitting the legend UNITED STATES OF AMERICA), were struck by order of the Director of the Mint. These consist of half dimes dated 1859 or 1860, and dimes dated 1859. Although they are considered by some to be patterns, that designation is doubtful as the intentions of the Director were highly questionable.

29. 1860-O half dime: Three Proofs known, reason for issue unknown.

30. 1873-CC dime: One known, all others presumably were melted.

31. 1894-S dime: Twenty-four Proof or specimen strikings were made for private distribution by the Superintendent of the San Francisco Mint. Twelve can be traced today, including two circulated pieces.

32. 1906-D dime: Proofs struck in honor of the opening of the Denver Mint.

33. 1968 dime: Some Proof sets contain dimes which were struck from a Proof die without a Mint mark. This was an engraver's oversight and is not a filled die. It has been unofficially estimated that only 20 specimens from this die are known. Beware of sets opened and reclosed with "processed" P-Mint coins inserted. Check the edge of the case for signs of tampering.

34. 1970 dime: Some Proof sets contain dimes which were struck from a Proof die without a Mint mark. This was an engraver's oversight and is not a filled die. Official estimate is that 2,200 sets were released with this error.

35. 1982 No-P dimes: Some 1982 dimes were released without a Mint mark, although dimes have been Mint marked since 1980. Distribution of the coins, many found in the Sandusky, Ohio, area, indicates they were from the Philadelphia Mint.

36. 1875-S 20 cents: Six to seven Proofs known, probably struck to celebrate the first (or last) year of this denomination at this Mint.

37. 1876-CC 20 cents: Virtually all remelted at the Mint. A few escaped, possibly as souvenirs given to visitors. Fewer than 20 are known today.

38. 1827 quarter dollar: Although the Mint Report lists a mintage of 4,000 pieces for this year, it is likely that all of these coins were dated 1825 except for a few Proofs. Later this date was unofficially (but intentionally) restruck at the Mint using an obverse die dated 1827 and a reverse die which had been used in 1819, and which had a Square Base 2 in quarter dollar, rather than the Curled Base 2 of the original 1827.

39. 1855-S quarter dollar: One Proof known, presumably struck to celebrate the beginning of silver coinage at the San Francisco Mint.

40. 1866 coinage: It was decided to add the motto IN GOD WE TRUST to the reverse of all double eagles, eagles, half eagles, silver dollars, half dollars and quarter dollars beginning in 1866. Early in the year, before the new reverse dies had arrived, the San Francisco Mint produced $20, $10, $5, and half dollar coins without the motto. These are regular issue coins and are not patterns or errors. They are not to be confused with a peculiar set of Philadelphia Mint silver coins without motto, consisting of two dollars, one half dollar and one quarter dollar, which was clandestinely struck inside (but not by) the Mint for sale to a collector. A three-piece set containing the unique quarter dollar and half dollar and one of the two known silver dollars was stolen from the Willis H. DuPont collection in 1967 and never recovered. Beware of regular coins with motto or Mint mark removed.

41. 1879 quarter dollar: The Proof figure is official, but may be wrong. The true number might be near or equal to 1,100.

42. 1891-O quarter dollar: Two Proofs known, probably struck to celebrate the resumption of fractional silver coinage at this Mint.

43. 1974-1976 quarter dollars, half dollars and dollars: The circulating commemorative coinage dated 1776-1976 in celebration of the nation's Bicentennial wreaked havoc on mintage bookkeeping. In anticipation of the program, 1974-dated coins of these denominations were struck in calendar years 1974 and 1975. No 1975-dated quarter dollars, half dollars or dollars were struck; 1975 Proof and Mint sets contain Bicentennial dates. 1776-1976-dated dollars, half dollars and quarter dollars were struck in calendar years 1975 and 1976. The 1976-S mintages for these denominations includes copper-nickel clad Proofs sold in 1975 and 1976 in six-piece Proof sets, and 40 percent silver clad Proofs and Uncirculateds, of which 15 million pieces of each denomination were struck.

44. 1817 half dollar: Only one Proof known, with overdate 1817/3.

45. 1836 Reeded Edge half dollar: Actually a pattern of the design adopted the following year, but much of the mintage was placed into circulation.

46. 1838-O half dollar: It is thought that 20 Proof specimens were struck as souvenirs in honor of the opening of the New Orleans Mint. No regular issue coins of this date and Mint were struck, and it is possible that these were struck in 1839.

47. 1839-O half dollar: Three or four Proofs known.

48. 1839-(P) half dollar: Although Christian Gobrecht's half dollar design was slightly modified during 1839 by the addition of a small drapery fold beneath the elbow, the design was never as fully modified as the other Seated Liberty denominations were in 1840. In subsequent years individual dies would occasionally be over-polished, thus removing this small drapery fold. Coins struck from these inferior dies are sometimes referred to as having a "No-Drapery design," when in fact no design change was intended or made.

49. 1853-(P), O half dollar: All 1853-(P) and virtually all 1853-O half dollar are of the new weight. Two or three 1853-O are known without the arrows and rays. Beware of alterations from 1858-O.

50. 1855-S half dollar: Three Proofs known, presumably struck to celebrate the beginning of silver coinage at the San Francisco Mint.

51. 1861-O half dollar: Mintage includes 330,000 struck by the USA; 1,240,000 by the State of Louisiana; and 962,633 by the Confederate States of America. It is impossible to tell them apart. One obverse die is identifiable as having been used with the

CSA reverse to strike four pattern coins, but there is no way of telling when that die was used with a regular reverse die or who issued the coins struck from it. Three to six Proofs known, probably struck under the authority of either the state of Louisiana or the CSA .

52. 1873-S half dollar: The 1873-S Seated Liberty, Without Arrows half dollar is unknown in any condition in any collection. Presumably they were all melted with the 1873-S silver dollars. Beware of any regular 1873-S with the arrows removed. The difference in weight between the two issues is insignificant, and useless in checking a suspected altered coin.

53. 1895-O half dollar: Proofs issued to mark reopening of New Orleans Mint.

54. Proof set sales suspended 1965-67.

55. 1970-D and 1987 half dollar: Struck only for inclusion in Mint sets. Not a regular issue coin. 1987 coins were struck for Uncirculated sets, Proof sets and Souvenir Mint sets only, forcing a change in the Mint's accounting procedures. Previously, business strikes intended for Uncirculated Mint sets and Souvenir sets had been reported with coins intended for circulation. However, upon seeing "circulation" mintages where none should be, the Mint began separating the mintages of coins intended for sale to collectors from those intended for commerce.

56. 1798 silver dollar: Mintage includes both reverse designs.

57. 1801, 1802, and 1803 silver dollar: All three dates were restruck in Proof in 1858 with a plain edge, using obverse dies made in 1834-5 and the reverse die from the Class I 1804 dollar, which was also made in 1834. Due to the scandal caused by the private issue of 1804 dollars in 1858, these coins were not offered for sale to collectors until 1875, by which time their edges had been lettered.

58. 1804 silver dollar: Although the Mint Report lists 19,570 dollars for this year it is assumed that they were all dated 1803. The 1804 dollars were first struck in 1834-35 for inclusion in diplomatic presentation sets. A few pieces, possibly flawed Proofs or production overruns, reached collectors via

trades with the Mint or in circulation and the coin was popularized as a rarity. In 1858 the son of a Mint employee used the obverse die prepared in 1834 and a newly prepared reverse die plus a plain collar to secretly strike 1804 dollars, a few of which were sold to collectors. While the Mint had intended to do exactly the same thing with dollars dated 1801-04, Mint officials were forced to cancel the project due to the public scandal over the privately-issued 1804s. The privately struck coins were recalled, and all but one (which went to the Mint Cabinet collection) were allegedly melted. Instead, they and the plain edged 1801-03s were put in storage and offered for sale in 1875, by which time their edges had been mechanically lettered.

59. 1805 silver dollar: The 321 dollars listed in the Mint Report for 1805 were older dollars which were found in deposits of Spanish-American silver and which were re-issued through the Treasury. On the basis of this misinformation a few coins have been altered to this date in the past.

60. 1836, 1838, and 1839 silver dollar: Gobrecht dollars, some patterns and some intended for circulation, were struck in these years. Also, some varieties were restruck in later years, making mintage figures questionable. Varieties exist with or without stars and/or the designer's name, some of them exceedingly scarce. The 1,600 mintage figure for 1836 represents 1,000 struck for circulation on the 1836 standard of 416 grains, and 600 pieces struck in 1837 (dated 1836) on the new standard of 412.5 grains.

61. 1853 silver dollar: All Proofs are restrikes, made 1864-5.

62. 1858 silver dollar: It is estimated that 80 Proofs were struck, some of them possibly at a later date.

63. 1870-CC silver dollar: Proofs mintage unknown, possibly struck to mark first Carson City dollar coinage.

64. 1870-S silver dollar: Not listed in the Mint Report, but a few pieces may have been struck as souvenirs of the opening of the new Mint.

65. 1873-S silver dollar: Presumably all or most were melted at the Mint after production of standard silver dollars was suspended.

66. 1878-(P) silver dollar: Three slightly different designs were used for both the obverse and reverse of this date, including some dies with the second designs impressed over the first. All 1878-CC and 1878-S are from the second designs. Most 1879-1904 dollars are of the third design, except for some second design reverses on 1879-S and 1880-CC coins. New, slightly different master hubs were prepared for 1921. Proof mintage includes 700 of the 8 Tail Feathers variety and 300 of the 7 Tail Feathers, flat eagle breast variety. Beware of any early strike, prooflike surface Morgan dollar being sold as a Proof.

67. 1879-O silver dollar: Two Proofs now known of 12 struck to celebrate the re-opening of the New Orleans Mint.

68. 1882-CC silver dollar: Proof mintage unknown, reason for issue unknown.

69. 1883-CC silver dollar: Proof mintage unknown, reason for issue unknown.

70. 1883-O silver dollar: One Proof now known of 12 struck for presentation to various local dignitaries. Occasion uncertain.

71. 1884-CC silver dollar: One Proof reported, reason for issue unknown.

72. 1893-CC silver dollar: 12 Proofs struck for presentation to Mint officials to mark the closing of the Carson City Mint.

73. 1895 silver dollar: Apparently virtually all business strike coins were never issued and were probably melted in the great silver melt of 1918. One circulated business strike coin has reportedly been authenticated. Beware of altered dates and removed Mint marks.

74. 1921-(P) Peace silver dollar: The 1921 Peace dollars, (and a very few Proof 1922s), are of a higher relief than the 1922-35s.

75. 1873 Trade silver dollar: All Proofs are of the Open 3 variety.

76. 1884-85 Trade dollar: Struck in Proof in the Mint for private distribution by person or persons unknown. Not listed in the Mint Report.

77. S-Mint clad dollars: Struck only for sale to collectors. In 1971-72 struck in 40 percent clad silver in Proof and Uncirculated for individual sale. Beginning in 1973 a copper-nickel clad dollar was added to the Proof sets.

78. 1973-(P), D copper-nickel dollar: Struck only for inclusion in Mint sets. Not a regular issue coin. 1,769,258 Mint sets were sold. 439,899 excess dollars melted, presumably of near-equal distribution. 21,641 coins were kept for possible replacement of defective sets and may have been melted.

79. Anthony dollars: Anthony dollars were sold in three-coin sets only in 1981. None were released into circulation.

80. 1861-D gold dollar: A small number were struck by the CSA.

81. 1870-S gold dollar: 2,000 coins were struck without a Mint mark. It is unknown if they were melted and recoined or released as is and included in the Mint Report figure of 3,000 coins.

82. 1834 $2.50: Most or all were melted. It may be that all survivors are Proofs and circulated Proofs.

83. 1841-(P) $2.50: Struck in Proof only, possibly at a later date. Unlisted in Mint Report. Nine known, several of them circulated or otherwise impaired.

84. 1848-(P) $2.50: Approximately 1,389 coins were counterstamped CAL. above the eagle to show that they were made from California gold. This was done while the coins were resting on an inverted obverse die on a worktable. This virtually eliminated distortion of the obverse, which will probably show on a genuine coin with a fake counterstamp.

85. 1860-S $3: Out of 7,000 coins struck, 2,592 pieces were not released because of short weight. They were melted in 1869 for use in other denominations. 45. 1860-S $3: Out of 7,000 coins struck, 2,592 pieces were not released because of short weight. They were melted in 1869 for use in other denominations.

86. 1870-S $3: Not included in the Mint Report, supposedly one piece was struck for inclusion in the cornerstone of the new San Francisco Mint. One piece is known in a private collection, and the present whereabouts of the cornerstone piece is unknown. It is possible there is only one piece.

87. 1873 $3: All original Proofs are of the more Open 3 variety. There were two restrikes with the Closed 3 and one with the Open 3.

88. 1798 $5: Mint Report of 24,867 coins includes Small Eagle reverse coins dated 1798, as well as Heraldic Eagle coins dated 1795, 1797 and 1798. This mixture of mulings is the result of an emergency coinage late in 1798 after the Mint had been closed for a while due to yellow fever. Quantities struck of each are unknown and can only be a guess.

89. 1822 $5: Although the Mint Report says 17,796 coins were struck, only three pieces are known and it is likely that most of this mintage was from dies dated 1821.

90. 1825 $5: Struck from the regular overdated dies. 1825/4, one known, and 1825/1, two known.

91. 1828 $5: Includes at least one overdate, 1828/7.

92. 1844-O half eagle: One Proof known, reason for issue unknown.

93. 1861-C $5: Mintage includes 5,992 pieces coined by USA and 887 by CSA. It is impossible to prove the issuer.

94. 1899-S half eagle: One or two Proofs known, reason for issue unknown.

95. 1906-D and 1907-D $5: These were, of course, struck at the Denver Mint. This is the only design which was struck at both Dahlonega and Denver.

96. 1797 $10: Mintage includes both reverse types.

97. 1839 $10: Includes first design head (type of 1838) and modified head (type of 1840-1907). Proofs are of the type of 1838, with large letters and different hair style.

98. 1844-O eagle: One Proof known, reason for issue unknown.

99. 1852-O eagle: Three Proofs known, reason for issue unknown.

100. 1853-O eagle: Proof mintage unknown, reason for issue unknown.

101. 1906-D eagle: Proofs struck in honor of the opening of the Denver Mint.

102. 1907 $10: An unknown number of Indian Head patterns were also struck in Proof.

103. 1933 $10: Very few of these were issued, perhaps several dozens known. Beware of counterfeits.

104. 1849 $20: One specimen in gold survives of a small number of trial strikes produced in December 1849. The dies were rejected,

allegedly because of improper high relief, but in actuality to discredit Longacre in an attempt to force his removal. The attempt failed and Longacre eventually produced a second set of dies, but they were not completed until the following month and so they were dated 1850. The one known Proof gold specimen is in the National Numismatic Collection at the Smithsonian Institution and all others were melted.

105. 1850 $20: One Proof was once owned by the engraver, James B. Longacre. Whereabouts presently unknown.

106. 1854-S double eagle: One Proof known, in the Smithsonian Institution. Struck in honor of the opening of the San Francisco Mint.

107. 1861-(P) $20: A few trial pieces are known with a reverse as engraved by Paquet, with taller, thinner letters and a narrow rim. The design was judged unacceptable because the narrow reverse rim would not stack easily.

108. 1861-O $20: Mintage includes 5,000 coins struck by the USA; 9,750 by the State of Louisiana; and 2,991 by the Confederate States of America. It is impossible to prove the issuer of any given coin.

109. 1861-S $20: Mintage includes 19,250 pieces struck with the Paquet reverse and released into circulation. Most of these were recalled and melted during the next few years, but specie hoarding during the Civil War probably preserved a number of them until later years when the problem was forgotten.

110. 1866-(P), S $20: When the reverse of the double eagle was altered to include the motto there were also a few minor changes made in the scrollwork, the most prominent being the change in the shield from flat-sided to curved. Check any alleged 1866-S No Motto $20 for this feature.

111. 1877 $20: In this year the master hubs were redesigned slightly, raising the head and changing TWENTY D. to TWENTY DOLLARS.

112. 1906-D double eagle: Two Proofs now known of 12 struck in honor of the opening of the Denver Mint.

113. 1907-D double eagle: One Proof known, possibly struck as a specimen of the last year of this design.

114. 1907 $20: An unknown number of Saint-Gaudens type coins of pattern or near-pattern status were also struck in extremely high relief Proof.

115. 1933 $20: This issue was officially never released, so the coins are considered illegal to own. A few are reported to exist, including one in the National Numismatic Collection at the Smithsonian Institution. Most late-date gold never filtered down through the banks and so it was returned to the Mint for melting.

116. 1994-P 5¢: The Mint double-struck 167,703 "Uncirculated" pieces from specially prepared, sandblast dies, essentially creating a Matte Proof, for inclusion in a special packaging set with the 1993 Jefferson commemorative silver dollar.

117. American Eagle gold bullion: Roman numerals used in date.

118. 1996-W Roosevelt dime: Produced with a West Point Mint mark for inclusion in 1996 Uncirculated Mint sets on the occasion of the 50th anniversary of the Roosevelt dime.

119. 1995-W American Eagle silver bullion dollar: Produced for sale only in special "10th Anniversary" sets.

*T*HE United States Mint has had a longstanding relationship with American coin collectors. Although the primary business of the Mint is to produce sufficient coinage for use in commerce, it has produced special collectors' products for much of its existence. The Mint's most popular collectors' products, no doubt, are Proof coins and sets and Uncirculated Mint sets.

Proof coins are produced using special minting and processing techniques, resulting in coins with special finishes. They have been sold separately in the past, and since 1950, have been offered only in sets although Proof versions of recent commemorative coins and the American Eagle bullion coins are offered.

Uncirculated Mint sets contain coins produced under more or less standard conditions, and which are packaged as a set and sold for a nominal fee over the coins' face value. The sets provide collectors with Uncirculated examples of each coin struck for circulation that year, and in some cases, examples of coins struck for the Uncirculated Mint sets only.

The first Uncirculated Mint sets, dated 1947, were offered in 1948. After the 1947 sets sold out, 1948-dated sets were offered to the public. Sets were again offered in 1949, but none were offered in 1950 due to a Treasury decision to conserve apppropriations and manpower during the Korean War, and because Uncirculated coins were available from banks. From 1951 through 1964, sets were offered every year. The numbers of coins offered fluctuated from year to year, depending upon what denominations were being struck for circulation.

Before 1959, the sets were individually packaged in cardboard folders; each set containing two

U.S. Mint Uncirculated Mint set

specimens of each coin struck that year. Beginning in 1959, sets were packaged in polyethylene packets, and contained just one example of each coin struck that year.

No Uncirculated Mint sets or Proof sets were offered from 1965-67 because of a major coin shortage sweeping the country. However, Mint officials did offer Special Mint sets, featuring coins not the quality of Proofs but better than those found in the pre-1964 Uncirculated Mint sets.

Production and sales of Uncirculated Mint sets resumed in 1968. From 1973-78, Philadelphia and Denver Mint specimens of the Eisenhower dollar were contained in the set. In 1979, the Eisenhower dollar was replaced by the Anthony dollar, and a San Francisco Assay Office specimen added. No Uncirculated Mint sets were offered in 1982-83, with Mint officials blaming budgetary cutbacks. Congress passed a law in 1983, however, requiring annual sales of both Uncirculated Mint sets and Proof sets.

As noted earlier, some Uncirculated Mint sets contain coins not struck for circulation. This generally increases the value of the sets because collectors saving an example of each coin struck each year will be unable to find the needed coins in circulation. In 1970, no half dollars were struck for circulation; thus, the 1970-D Kennedy half dollar could only be found in the set. In 1973, no Eisenhower dollars were struck for circulation, but were included in the set. The only way to obtain the three 1981 Anthony dollars was to buy the Uncirculated Mint set of that year, and in 1987, no Kennedy half dollars were struck for circulation but were included in the set.

A Deluxe Uncirculated Mint set was first offered in 1995 with the same coins in special packaging. The 1996 Uncirculated sets include a 1996-W Roosevelt dime — available nowhere else — added at no charge to commemorate the 50th anniversary of the coin's introduction.

Proof coins and sets

While coins in Uncirculated Mint sets are no different from those struck for circulation, Proof coins are a special breed. A Proof coin is struck on specially prepared planchets, using special minting techniques, generally on a specialized coining press.

The term "Proof" means different things to many collectors, dealers and other hobbyists. Some believe Proof is the top level of preservation, or grade — it is not. Others believe Proof coins are particularly shiny coins destined for collectors rather than circulation — they are only partly correct.

"Proof" in numismatics refers to a special manufacturing process designed to result in coins of the highest quality produced especially for collectors. "Proof" is not a grade, as many beginning collectors think, although there is a growing movement by some dealers and other hobbyists to assign Proof coins a numerical grade such as Proof 63 or Proof 65.

Proof coins result from the same basic processes used in producing the dies and planchets used in producing business strikes for circulation. Business strikes refer to the everyday coin, struck for use in circulation. However, Mint employees use special techniques in preparing the surfaces of the dies and planchets intended for Proof coins. Special presses and striking techniques are also used in the production of Proof coins.

The Proof coins sold by the United States Mint today are Frosted Proofs. The flat fields are mirror-like, reflective and shiny. The frosting refers to the white, textured, non-reflective finish found on the raised devices, lettering and other points in relief. Both the frosted and mirror finishes are the results of the special techniques used in preparing the dies.

All dies are produced at the Philadelphia Mint although the surfaces of Proof dies used at the San Francisco Mint are prepared in

San Francisco. Remember, a die features a mirror-image, incused version of the finished coin's design. Points that are raised on the coin are incused on the die. Points incused on the coin are in relief on the die.

To prepare a Frosted Proof die, the die is first sandblasted with an aluminum oxide and glass bead compound. This imparts a rough, textured finish to the entire die. After the sandblasting is completed, cellophane tape is placed over the entire surface. The person preparing the die then removes the cellophane tape from around the incused areas in the die; in effect, the fields are uncovered and the incused areas are protected by the cellophane.

The uncovered surfaces are then polished to a high sheen while the textured finish on the incused areas is left intact. Once the polishing is completed, the die receives a light plating of chrome, two- to three-thousandths of an inch thick. The chrome is then buffed. The finished die now has mirror-like fields and textured relief, and will impart the same finishes to the coins it strikes.

The planchets used to strike the Proof coins also receive special treatment. The planchets are run through a burnishing process, by tumbling the planchets in a media of carbon steel balls, water and an alkaline soap. The process cleans and polishes the planchets. The burnished planchets are rinsed in clear water and towel-dried by hand, then go through another cleaning and hand-drying process. Compressed air is used to blow lint and dust from the planchets.

Proof coins are struck on special hand-fed presses which operate at slower speeds than the high-speed presses used for striking business-strike coinage. The Proof coining presses tend to impress the design from the dies onto the planchet; the production of a business strike is a much more rapid, violent event. The striking of a Proof coin has been compared more to pressing out a hamburger patty than to cracking a nut. Each Proof coin is struck two or more times, depending on the size of the coin, the design and the composition of the metal. The multiple striking ensures that the detail is brought up fully on each coin. Business strikes are struck only once (although some U.S. business strikes in the past have been struck more than once, most notably the 1907 Saint-Gaudens, High Relief double eagle).

Proof coins are then sealed into plastic capsules or plastic holders to protect their surfaces from potentially damaging environmental factors.

U.S. Mint Proof set

Although most collectors of modern U.S. Proof coins are familiar with the Frosted Proofs in vogue today, there are many other types of Proof finishes. Some no longer used by the U.S. Mint include the Matte Proof, used in the early 20th century. The entire surface of the coin is uniformly dull or granular; the surface results from the struck coin being pickled in acid. A Satin Finish Proof coin has a matte, satiny surface; the finishing process, used in the early 20th century, is currently unknown. A Sandblast Proof is a type of Matte Proof in which the surface of the coin is sandblasted, not pickled in acid. A Roman Finish Proof was used on gold Proofs of 1909-10 and is similar to the Satin Finish Proof. A Brilliant Proof is one in which the entire surface is mirror-like; any frosted devices are accidental, found generally only on the first few strikes of the die. Brilliant Proofs were produced by the U.S. Mint until the late 1970s and early 1980s, when Mint officials began taking care to produce the Frosted Proofs.

The Philadelphia Mint struck its first true Proof coins in 1817, not for collectors but as presentation pieces. The Class I 1804 dollars, for example, were produced in 1834 for placement in sets of coins to be presented as diplomatic gifts to the King of Siam and the Sultan of Muscat. From 1817 to 1859, Proof coins were made in small batches whenever a number of orders had accumulated.

Proof coins were first offered to the public at large in 1858, thanks to a decision by Mint Director John Ross Snowden. It was not until 1860, however, that mintages jumped as collector interest caught hold and the Mint began anticipating demand rather than striking the Proof coins to order.

Coins were sold individually and in complete sets, the latter in limited quantities. Sets were sometimes broken into sets of minor coins and gold coins in addition to the complete sets.

From 1907-16, the Mint began experimenting with various Proof finishes, including the aforementioned Matte Proof, Sandblast Proof and Roman Finish Proof finishes.

The Mint stopped offering Proof coins in 1916. Walter Breen in his *Encyclopedia of United States and Colonial Proof Coins: 1722-1977* notes: "At first ostensibly because of the war, later more likely because of administration changes (there being no coin collectors in high office until William H. Woodin became Secretary of the Treasury), no Proofs were publicly sold. The few made went to VIPs and most are controversial."

Proof coinage resumed in 1936 with the production of Brilliant Proofs. Coins were sold by the piece with five denominations making a complete set. Mintages of the Proof sets from 1936 through 1942 are based on the coin with the largest mintage. Abandoned were the experiments with Matte Proofs and other experimental finishes. Proof production halted again at the end of 1942 because of World War II, and did not resume until 1950.

Beginning in 1950, customers could no longer purchase single coins. The five-coin sets were housed in individual cellophane envelopes, stapled together and placed into a cardboard box. The box and envelope combination was not meant to be a permanent resting place for the coins, a fact collectors learned after the staple began to rust. The Mint changed to new packaging in mid-1955 (the 1955 set is available each way): a plastic soft-pack inserted into an envelope. This packaging remained in use through 1964.

No Proof sets were struck in 1965-67 because of the massive coin shortage haunting the nation. As noted earlier, Special Mint sets were sold in place of the Proof and Uncirculated Mint sets normally offered.

Proof set production resumed in 1968, but at a new location. Prior to 1968, most Proof coins were struck at the Philadelphia Mint. All earlier branch Mint Proof coins were and are rare. Production was moved to the San Francisco Assay Office (the San Francisco Mint became an Assay Office in 1962, and a Mint again in 1988), and the S Mint mark was added to the coins. Also, the coins were housed in a hard-plastic holder.

Proof sets have been struck every year since 1968, with a Proof version of the Eisenhower copper-nickel dollar first placed in the set in 1973. A 40 percent silver version of the Proof Eisenhower dollar was offered in a separate package from 1971 through 1974.

Special Proof and Uncirculated sets were offered in recognition of the 1976 Bicentennial of American Independence. The Bicentennial event was numismatically celebrated with changes in the reverse designs of the Washington quarter dollar, Kennedy half dollar and Eisenhower dollar. Copper-nickel versions of all three were issued for circulation and for the regular Proof set.

Collectors were offered two three-coin sets of the same coins struck in a 40 percent silver composition, in Proof and Uncirculated versions. The silver collectors' coins were first offered Nov. 15, 1974, at prices of $15 for the Proof set and $9 for the Uncirculated set. In the 12 years of sales for the two three-coin sets, from November 1974 to Dec. 31, 1986, prices for the three-coin sets were changed no fewer than five times due to rising and falling silver prices. Mint officials reduced the prices for the Proof set Jan. 19, 1975, to $12. On Sept. 20, 1979, Mint officials suspended sales of the Bicentennial Uncirculated set because of the rising price of silver; the bullion value of the three coins in the set exceeded the Mint's price of $9. Sales of the Bicentennial Proof set were suspended in December 1979 as silver rose to even greater heights. When sales of the two Bicentennial sets were resumed Aug. 4, 1980, the prices rose to $15 for the Uncirculated sets and $20 for the Proof sets. Falling silver prices permitted the introduction of lower prices Sept. 1, 1981: $15 for the Proof set, $12 for the Uncirculated set. In September 1982, prices for the coins dropped even lower — to $12 for the Proof set, and $9 for the Uncirculated set. Prices maintained those levels until sales of the sets ceased: in 1985 for the Proof set, and Dec. 31, 1986, for the Uncirculated set.

From 1976-81, standard Proof sets were issued with either the Eisenhower dollar or Anthony dollar. With the resumption of commemorative coinage production in 1982, and the introduction of American Eagle bullion coins in 1986, Proof production was spread to all four coining facilities, in Philadelphia, Denver, San Francisco and West Point. The San Francisco Mint continues to strike the regular five-coin Proof set in addition to Proof commemorative and bullion coins. Prestige Proof sets were offered since 1983 in years when the Mint issued commemoratives. Prestige Proof sets contain the regular set and one or more Proof commemorative coins.

Another change occurred in 1986, in the Proof die production process. Since Mint marks were first used in 1838, the marks have been punched into the individual working dies. However, the inadvertent release of a 1983 Proof dime with no "S" Mint mark prompted Mint officials to place the Mint mark on the master die in an attempt to prevent this type of error from occurring again (it also happened in 1968, 1970, 1971 and, according to some sources, 1975). In 1986, the Mint mark was included on the plasticene model stage for all Proof coins, including commemoratives; thus, the Mint mark appears at every stage of the modeling and die-making process of all collectors' coins.

Congress mandated annual sales of a Silver Proof set in 1990; it authorized a Proof set with 90 percent silver versions of the dime, quarter dollar and half dollar. The Mint did not issue the first Silver Proof sets until 1992, citing 1991 production difficulties. The Mint offered two packaging versions of the new Proof set: a set in the same sort of holder as the standard Proof set marked with the word "silver," and a Premier Silver Proof set containing the same coins in a higher quality package.

Proof sets

Year Minted	Sets Sold	Prestige Commemorative	Selling Price	Face Value
1950	51,386		2.10	0.91
1951	57,500		2.10	0.91
1952	81,980		2.10	0.91
1953	128,800		2.10	0.91
1954	233,300		2.10	0.91
1955	378,200		2.10	0.91
1956	669,384		2.10	0.91
1957	1,247,952		2.10	0.91
1958	875,652		2.10	0.91
1959	1,149,291		2.10	0.91
1960 ‹1›	1,691,602		2.10	0.91
1961	3,028,244		2.10	0.91
1962	3,218,019		2.10	0.91
1963	3,075,645		2.10	0.91
1964	3,950,762		2.10	0.91
Production suspended during 1965, 1966, 1967				
1968 ‹2›	3,041,506		5.00	0.91
1969	2,934,631		5.00	0.91
1970 ‹3›	2,632,810		5.00	0.91
1971 ‹4›	3,220,733		5.00	0.91
1972	3,260,996		5.00	0.91
1973	2,760,339		7.00	1.91
1974	2,612,568		7.00	1.91
1975 ‹5›	2,845,450		7.00	1.91

Year Minted	Sets Sold	Prestige Commemorative	Selling Price	Face Value
1976 ‹6›	4,123,056		7.00	1.91
1977	3,236,798		9.00	1.91
1978	3,120,285		9.00	1.91
1979 ‹6›	3,677,175		9.00	1.91
1980	3,554,806		10.00	1.91
1981	4,063,083		11.00	1.91
1982 ‹7›	3,857,479		11.00	0.91
1983 ‹8›	3,138,765		11.00	0.91
1983 Prestige	140,361	1983-S Olympic silver dollar	59.00	1.91
1984	2,748,430		11.00	0.91
1984 Prestige	316,680	1984-S Olympic silver dollar	59.00	1.91
1985	3,362,821		11.00	0.91
1986	2,411,180		11.00	0.91
1986 Prestige	599,317	1986-S Immigrant half dollar, 1986-S Ellis Island silver dollar	48.50	2.41
1987	3,356,738		11.00	0.91
1987 Prestige	435,495	1987-S Constitution silver dollar	45.00	1.91
1988	3,031,287		11.00	0.91
1988 Prestige	231,661	1988-S Olympic silver dollar	45.00	1.91
1989	3,009,107		11.00	0.91
1989 Prestige	211,807	1989-S Congress half dollar 1989-S Congress silver dollar	52.00	2.41
1990 ‹9›	2,793,433		11.00	0.91
1990 Prestige	506,126	1990-P Eisenhower silver dollar	46.00	1.91
1991	2,610,833		11.00	0.91
1991 Prestige	256,954	1991-S Mount Rushmore half dollar 1991-S Mount Rushmore silver dollar	55.00	2.41
1992 ‹10›	2,675,618		11.00/12.50	0.91
1992 Prestige ‹11›	183,285	1992-S Olympic half dollar 1992-S Olympic silver dollar	49.00/56.00	2.41
1992 Silver ‹11, 12›	1,009,586		18.00/21.00	0.91
1992 Premiere ‹11,12›	308,055		29.50/37.00	0.91
1993	2,337,819		12.50	0.91
1993 Prestige ‹11›	232,063	1993-S James Madison half dollar 1993-S James Madison silver dollar	51.00/57.00	2.41
1993 Silver ‹11, 12›	589,712		18.00/21.00	0.91
1993 Premiere ‹11,12›	201,282		29.00/37.00	0.91
1994	2,308,701		12.50	0.91
1994 Prestige ‹11›	175,893	1994-P World Cup half dollar 1994-S World Cup silver dollar	49.00/56.00	2.41
1994 Silver ‹11, 12›	636,009		18.00/21.00	0.91
1994 Premiere ‹11,12›	149,320		29.00/37.00	0.91
1995	2,018,945		12.50	0.91
1995 Prestige ‹11›	105,845	1995-S Civil War Battlefields half dollar 1995-S Civil War Battlefields dollar	55.00/61.00	2.41
1995 Silver ‹11, 12›	537,374		18.00/21.00	0.91
1995 Premiere ‹11,12›	128,903		29.00/37.00	0.91
1996	Pending		12.50	0.91
1996 Prestige ‹11›	Pending	1996-S Olympic Soccer half dollar 1996-P Olympic Rowing dollar	55.00/61.00	2.41
1996 Silver ‹11, 12›	Pending		18.00/21.00	0.91
1996 Premiere ‹11,12›	Pending		29.00/37.00	0.91

40% silver clad dollars
Struck in San Francisco

	Uncirculated	Proof
1971	6,868,530	4,265,234
1972	2,193,056	1,811,631
1973	1,883,140	1,013,646
1974	1,900,156	1,306,579

Special Mint Sets

Year Minted	Sets Sold	Selling Price	Face Value
1965	2,360,000	4.00	0.91
1966	2,261,583	4.00	0.91
1967	1,863,344	4.00	0.91

Uncirculated sets

Year Minted	Sets Sold	Selling Price	Face Value
1947	12,600	4.87	4.46
1948	17,000	4.92	4.46
1949	20,739	5.45	4.96
1951	8,654	6.75	5.46
1952	11,499	6.14	5.46
1953	15,538	6.14	5.46
1954	25,599	6.19	5.46
1955	49,656	3.57	2.86
1956	45,475	3.34	2.64
1957	34,324	4.40	3.64
1958	50,314	4.43	3.64
1959	187,000	2.40	1.82
1960	260,485	2.40	1.82
1961	223,704	2.40	1.82
1962	385,285	2.40	1.82
1963	606,612	2.40	1.82
1964	1,008,108	2.40	1.82
1965	2,360,000	4.00	0.91
1966	2,261,583	4.00	0.91
1967	1,863,344	4.00	0.91
1968	2,105,128	2.50	1.33
1969	1,817,392	2.50	1.33
1970	2,038,134	2.50	1.33
1971	2,193,396	3.50	1.83
1972	2,750,000	3.50	1.83
1973	1,767,691	6.00	3.83
1974	1,975,981	6.00	3.83
1975	1,921,488	6.00	3.82
1976	1,892,513	6.00	3.82
1977	2,006,869	7.00	3.82
1978	2,162,609	7.00	3.82

Year Minted	Sets Sold	Selling Price	Face Value
1979	2,526,000	8.00	3.82[13]
1980	2,815,066	9.00	4.82[13]
1981	2,908,145	11.00	4.82[13]
1984	1,832,857	7.00	1.82
1985	1,710,571	7.00	1.82
1986	1,153,536	7.00	1.82
1987	2,890,758	7.00	1.82
1988	1,447,100	7.00	1.82
1989	1,987,915	7.00	1.82
1990	1,809,184	7.00	1.82
1991	1,352,101	7.00	1.82
1992	1,500,098	7.00/8.00	1.82
1993	1,297,094	8.00	1.82
1994	1,234,813	8.00	1.82
1995	1,013,559	8.00	1.82
1995 Deluxe	24,166	12.00	1.82
1996	Pending	8.00	1.92[14]

Proof American Eagle issue prices*

Year	1/10 oz	1/4 oz	1/2 oz	1 oz gold	Gold set	1 oz silver
1986	—	—	—	550.	—	21.00
1987	—	—	295.	585.	870.	23.00
1988	65.00	150.	295.	585.	1065.	23.00
1989	65.00	150.	295.	585.	1065.	23.00
1990	70.00	150.	285.	570.	999.	23.00
1991	70.00	150.	285.	570.	999.	23.00
1992	70.00	150.	285.	570.	999.	23.00
1993	70.00	150.	285.	570.	999.	23.00
1993 Philadelphia set**					499.	
1994	70.00	150.	285.	570.	999.	23.00
1995	70.00	150.	285.	570.	999.	23.00
1995 10th Anniversary set***					999.	
1996	70.00/75.00	150./159.	285./299.	570./589.	999./1025.	23.00

* Prices are for single-coin or -set purchase only; bulk discounts may apply; in 1996, a pre-issue discount was offered on gold coins

** Includes tenth-, quarter-, half-ounce gold, 1-ounce silver coin and 1-ounce silver medal

*** Includes four gold coins and one silver, all with West Point Mint mark

Bicentennial sets

Final mintages are 3,998,621 for the Proof set, and 4,908,319 for the Uncirculated set.

Notes

1. Includes Large Date and Small Date cents. The Small Date is rarer.
2. Some Proof sets contain dimes struck from Proof die missing the Mint mark, an engraver's oversight, not a filled die. Unofficially estimated that 20 specimens are

known. Beware of sets opened and reclosed with "processed" P-Mint coins inserted. Check edge of case for signs of tampering.

3. An estimated 2,200 Proof sets contain dimes struck from Proof die missing the Mint mark, an engraver's oversight, not a filled die.

4. An estimated 1,655 Proof sets contain 5-cent coins struck from Proof die missing the Mint mark, an engraver's oversight, not a filled die.

5. Contains 1776-1976 dated Bicentennial quarter dollar, half dollar and dollar.

6. 1979 Proof set: The Anthony dollar replaced the Eisenhower dollar. During latter 1979, a new, clearer Mint mark punch was used on the dies. Sets with all six coins bearing the new Mint mark command a premium.

7. 1982 Proof set: A new Mint mark punch with serifs was introduced.

8. 1983 10-cent piece: Some 1983 sets were issued with dimes missing the S Mint mark, similar to errors on 1968, 1970, 1971 and 1975 Proof coins.

9. The Mint released an estimated 3,555 1990 Proof sets with a cent missing the S Mint mark. The die was for business strikes at Philadelphia, but was inadvertently sent to San Francisco, prepared as a Proof and placed into Proof production.

10. Price increased from $11 to $12.50 July 1, 1992.

11. Prices are pre-issue discount/regular price.

12. Beginning in 1992 a new type of Proof set was issued, consisting of a regular Proof cent and 5 cents, but with the dime, quarter dollar and half dollar struck on 90 percent silver planchets, rather than the copper-nickel clad planchets of the circulating and regular Proof coinage. A "Premiere" edition — essentially fancy packaging — was sold at an additional premium.

13. 1979-81 Uncirculated sets: It has been erroneously reported in previous editions of this book and elsewhere that the 1979 Uncirculated set has a face value of $4.82. In fact, it was a 12-coin set with a face value of $3.82. While Anthony dollars were struck for circulation at the San Francisco Assay Office, the Unc. S dollar was not included in sets until the 1980 and 1981 sets, which are 13-coin sets with a face value of $4.82.

14. 1996 Uncirculated set and Deluxe Uncirculated set: A 1996-W Roosevelt dime, availableonly in these sets, was added at no additional cost to mark the 50th anniversary of the coin.

7

COMMEMORATIVES

AMERICA'S commemorative coins are graphic reminders of the United States' past, honoring its history, its heroes and its accomplishments.

U.S. commemorative coins were issued from 1892 to 1954, and from 1982 to date. They are special coinage issues, authorized by acts of Congress to recognize the people and events which have shaped the United States. They occasionally honor an individual, like Ulysses S. Grant. They may honor a historical event such as the Battle of Gettysburg. Or they may honor a more recent event such as the 1994 World Cup soccer tournament.

They are rarely issued for circulation, although that may be on the verge of changing. As this book was going to press, Congress was considering whether to authorize 50 different commemorative quarter dollars, one representing each state of the Union. If the bill becomes law in its current form, five different quarter dollars would be issued for circulation each year for 10 years. The states would be honored in the order in which they entered the Union. A unique obverse design would be created for each state, 50 in all; it was uncertain as to what would be done with the reverse, whether the design of the current Washington quarter dollar would continue in use, or whether a new deign might be created.

The selection of the quarter dollar is appropriate. The 1932 Washington quarter dollar is considered a commemorative issue, as are the 1776-1976 Bicentennial of the Declaration of Independence coins, and all were struck for circulation. However, most commemorative coins are sold directly to collectors in a variety of packaging options, often with a portion of the proceeds from sales going to special-interest groups.

When the 1976 Bicentennial of the Declaration of Independence quarter dollars, half dollars and dollars were issued in 1975-76, Treasury officials carefully avoided any and all use of the word "commemorative," although clearly the coins are commemorative in nature.

It came as a surprise, then, when in 1981 United States Treasurer Angela M. Buchanan announced Treasury Department support for a commemorative half dollar honoring George Washington's 250th birthday in 1982. Buchanan said that Treasury "has not objected to special coinage authorized by Congress for the government's own account," referring specifically to the 40 percent silver versions of the Bicentennial coinage. Buchanan said that Treasury had always objected to "the issuance of commemorative coins for the benefit of private sponsors and organizations." Congress passed the Washington half dollar bill and President Reagan signed it into law. Thus the commemorative coin program in the United States was reborn.

Since 1982, commemorative coins have been issued in every year but 1985, often with more than one program in each year.

In this section, we present the commemorative issues by year of their first issuance. For "classic" commemoratives, those produced from 1892-1954, we show original mintage, number melted and final mintage. For modern commems, produced since 1982, we show final, net mintage only. Each coin is listed with the designers, and original issue prices are given, so that the collector may determine the coin's performance against it original cost.

For a complete telling of the commemorative coin story, complete with politics and intrigue, we refer the reader to *Commemorative Coins of the United States* by Anthony Swiatek, published by Coin World.

Commemoratives 1892-1954

Commemorative Date	Original Mintage	Melted	Final Mintage	Designer Original Price
Columbian Exposition half dollar			Charles E. Barber/George Morgan	
1892	950,000	None	950,000	$1.00
1893	4,052,105	2,501,700	1,550,405	$1.00
Isabella quarter dollar			Charles E. Barber	
1893	40,023	15,809	24,124	
Lafayette-Washington silver dollar			Charles E. Barber	
1900	50,026	14,000	36,026	$2.00
Louisiana Purchase Exposition gold dollar			Charles E. Barber	
1903	250,258	215,250	each type 17,375	$3.00
Lewis and Clark Exposition gold dollar			Charles E. Barber	
1904	25,028	15,003	10,025	$2.00
1905	35,041	25,000	10,041	$2.00
Panama-Pacific Exposition half dollar			Charles E. Barber	
1915-S	60,030	32,896	27,134	$1.00
Panama-Pacific Exposition gold dollar			Charles Keck	
1915-S	25,034	10,034	15,000	$2.00
Panama-Pacific Exposition quarter eagle			Charles E. Barber	
1915-S	10,017	3,278	6,749	$4.00
Panama-Pacific Exposition $50			Robert Aiken	
1915-S Round	1,510	1,027	483	$100
1915-S Octag.	1,509	864	645	$100
McKinley Memorial gold dollar			Charles E. Barber/George T. Morgan	
1916	20,026	10,049	9,977	$3.00
1917	10,014	14	10,000	$3.00
Illinois Centennial half dollar			George T. Morgan/John R. Sinnock	
1918	100,058	None	100,058	$1.00
Maine Centennial half dollar			Anthony de Francisci	
1920	50,028	None	50,028	$1.00
Pilgrim Tercentenary half dollar			Cyrus E. Dallin	
1920	200,112	48,000	152,112	$1.00
1921	100,053	80,000	20,053	$1.00
Missouri Centennial half dollar			Robert Aitken	
1921 2*4	5,000	None	5,000	$1.00
1921 No 2*4	45,028	29,600	15,428	$1.00
Alabama Centennial half dollar			Laura Gardin Fraser	
1921 2X2	6,006	None	6,006	$1.00
1921 No 2X2	64,038	5,000	59,038	$1.00
Grant Memorial half dollar			Laura Gardin Fraser	
1922 Star	5,006	750	4,256	$1.00
1922 No Star	95,055	27,650	67,405	$1.00

| Commemorative | | | | Designer |
Date	Original Mintage	Melted	Final Mintage	Original Price
Grant Memorial gold dollar				Laura Gardin Fraser
1922 Star	5,016	None	5,016	$3.50
1922 No Star	5,000	None	5,000	$3.00
Monroe Doctrine Centennial half dollar				Chester Beach
1923-S	274,077	None	274,077	
Huguenot-Walloon Tercentenary half dollar				George T. Morgan
1924	142,080	None	142,080	$1.00
Lexington-Concord Sesquicentennial half dollar				Chester Beach
1925	162,099	86	162,013	$1.00
Stone Mountain half dollar				Gutzon Borglum
1925	2,314,709	1,000,000	1,314,709	$1.00
California Diamond Jubilee half dollar				Jo Mora
1925-S	150,200	63,606	86,594	$1.00
Fort Vancouver Centennial half dollar				Laura Gardin Fraser
1925	50,028	35,034	14,994	$1.00
American Independence Sesquicentennial half dollar				John R. Sinnock
1926	1,000,528	859,408	141,120	$1.00
American Independence Sesquicentennial quarter eagle				John R. Sinnock
1926	200,226	154,207	46,019	$4.00
Oregon Trail Memorial half dollar				James E. and Laura G. Fraser
1926	48,030	75	47,955	$1.00
1926-S	100,055	17,000	83,055	$1.00
1928	50,028	44,000	6,028	$2.00
1933-D	5,250	242	5,008	$2.00
1934-D	7,006	None	7,006	$2.00
1936	10,006	None	10,006	$1.60
1936-S	5,006	None	5,006	$1.60
1937-D	12,008	None	12,008	$1.60
1938	6,006	None	6,006	$6.25
1938-D	6,005	None	6,005	for
1938-S	6,006	None	6,006	three
1939	3,004	None	3,004	$7.50
1939-D	3,004	None	3,004	for
1939-S	3,005	None	3,005	three
Vermont Sesquicentennial half dollar				Charles Keck
1927	40,034	11,872	28,162	$1.00
Hawaiian Sesquicentennial half dollar				Juliette Mae Fraser/Chester Beach
1928	10,000	None	10,000	$2.00
Maryland Tercentenary half dollar				Hans Schuler
1934	25,015	None	25,015	$1.00
Texas Independence Centennial				Pompeo Coppini
1934	205,113	143,650	61,463	$1.00
1935	10,0078	12	9,996	$1.50
1935-D	10,007	None	10,007	$1.50
1935-S	10,008	None	10,008	$1.50

Commemorative Date	Original Mintage	Melted	Final Mintage	Designer Original Price
Texas Independence Centennial (continued)				
1936	10,008	1,097	8,911	$1.50
1936-D	10,007	968	9,039	$1.50
1936-S	10,008	943	9,055	$1.50
1937	8,005	1,434	6,571	$1.50
1937-D	8,006	1,401	6,605	$1.50
1937-S	8,007	1,370	6,637	$1.50
1938	5,005	1,225	3,780	$2.00
1938-D	5,005	1,230	3,775	$2.00
1938-S	5,006	1,192	3,814	$2.00
Daniel Boone Bicentennial half dollar				**Augustus Lukeman**
1934	10,007	None	10,007	$1.60
1935	10,010	None	10,010	$1.10
1935-D	5,005	None	5,005	$1.60
1935-S	5,005	None	5,005	$1.60
1935 W/1934	10,008	None	10,008	$1.10
1935-D W/1934	2,003	None	2,003	$3.70
1935-S W/1934	2,004	None	2,004	for two
1936	12,012	None	12,012	$1.10
1936-D	5,005	None	5,005	$1.60
1936-S	5,006	None	5,006	$1.60
1937	15,010	5,200	9,810	$1.60, $7.25 set
1937-D	7,506	5,000	2,506	$7.25 in set
1937-S	5,006	2,500	2,506	$5.15
1938	5,005	2,905	2,100	$6.50
1938-D	5,005	2,905	2,100	for
1938-S	5,006	2,906	2,100	three
Connecticut Tercentenary half dollar				**Henry G. Kreiss**
1935	25,018	None	25,018	$1.00
Arkansas Centennial half dollar				**Edward E. Burr**
1935	13,012	None	13,012	$1.00
1935-D	5,005	None	5,005	$1.00
1935-S	5,506	None	5,006	$1.00
1936	10,010	350	9,660	$1.50
1936-D	10,010	350	9,660	$1.50
1936-S	10,012	350	9,662	$1.50
1937	5,505	None	5,505	$8.75
1937-D	5,505	None	5,505	for
1937-S	5,506	None	5,506	three
1938	6,006	2,850	3,156	$8.75
1938-D	6,005	2,850	3,155	for
1938-S	6,006	2,850	3,156	three
1939	2,104	None	2,104	$10
1939-D	2,104	None	2,104	for
1939-S	2,105	None	2,105	three
Arkansas-Robinson half dollar				**E.E. Burr/Henry Kreiss**
1936	25,265	None	25,265	$1.85

Date	Original Mintage	Melted	Final Mintage	Designer / Original Price
Hudson, N.Y., Sesquicentennial half dollar				Chester Beach
1935	10,008	None	10,008	$1.00
California-Pacific International Expo				Robert Aitken
1935-S	250,132	180,000	70,132	$1.00
1936-D	180,092	150,000	30,092	$1.50
Old Spanish Trail half dollar				L.W. Hoffecker
1935	10,008	None	10,008	$2.00
Providence, R.I., Tercentenary				John H. Benson/Abraham G. Carey
1936	20,013	None	20,013	$1.00
1936-D	15,010	None	15,010	$1.00
1936-S	15,011	None	15,011	$1.00
Cleveland, Great Lakes Exposition half dollar				Brenda Putnam
1936	50,030	None	50,030	
Wisconsin Territorial Centennial half dollar				David Parsons/Benjamin Hawkins
1936	25,015	None	25,015	$1.50
Cincinnati Music Center half dollar				Constance Ortmayer
1936	5,005	None	5,005	$7.75
1936-D	5,005	None	5,005	for
1936-S	5,006	None	5,006	three
Long Island Tercentenary half dollar				Howard K. Weinmann
1936	100,053	18,227	81,826	$1.00
York County, Maine, Tercentanary half dollar				Walter H. Rich
1936	25,015	None	25,015	$1.50
Bridgeport, Conn., Centennial half dollar				Henry G. Kreiss
1936	25,015	None	25,015	$2.00
Lynchburg, Va., Sesquicentennial half dollar				Charles Keck
1936	20,013	None	20,013	$1.00
Elgin, Ill., Centennial half dollar				Trygve Rovelstad
1936	25,015	5,000	20,015	$1.50
Albany, N.Y., half dollar				Gertrude K. Lathrop
1936	25,013	7,342	17,671	$2.00
San Francisco-Oakland Bay Bridge half dollar				Jacques Schnier
1936-S	100,055	28,631	71,424	$1.50
Columbia, S.C., Sesquicentennial half dollar				A. Wolfe Davidson
1936	9,007	None	9,007	$6.45
1936-D	8,009	None	8,009	for
1936-S	8,007	None	8,007	three
Delaware Tercentenary half dollar				Carl L. Schmitz
1936	25,015	4,022	20,993	$1.75
Battle of Gettysburg half dollar				Frank Vittor
1936	50,028	23,100	26,928	$1.65
Norfolk, Va., Bicentennial half dollar				William M. Simpson/Marjorie E. Simpson
1936	25,013	8,077	16,936	$1.50

Commemorative Date	Original Mintage	Melted	Final Mintage	Designer Original Price
Roanoke Island, N.C., half dollar				William M. Simpson
1937	50,030	21,000	29,030	$1.65
Battle of Antietam half dollar				William M. Simpson
1937	50,028	32,000	18,028	$1.65
New Rochelle, N.Y., half dollar				Gertrude K. Lathrop
1938	25,015	9,749	15,266	$2.00
Iowa Statehood Centennial half dollar				Adam Pietz
1946	100,057	None	100,057	$2.50/$3.00
Booker T. Washington half dollar				Isaac S. Hathaway
1946	1,000,546	?	?	$1.00
1946-D	200,113	?	?	$1.50
1946-S	500,279	?	?	$1.00
1947	100,017	?	?	$6.00
1947-D	100,017	?	?	for
1947-S	100,017	?	?	three
1948	20,005	12,000	8,005	$7.50
1948-D	20,005	12,000	8,005	for
1948-S	20,005	12,000	8,005	three
1949	12,004	6,000	6,004	$8.50
1949-D	12,004	6,000	6,004	for
1949-S	12,004	6,000	6,004	three
1950	12,004	6,000	6,004	$8.50
1950-D	12,004	6,000	6,004	for
1950-S	512,091	?	?	three
1951	510,082	?	?	$3 or $10
1951-D	12,004	5,000	7,004	for
1951-S	12,004	5,000	7,004	three
Booker T. Washington/George Washington Carver				Isaac S. Hathaway
1951	?	?	110,018	$10
1951-D	?	?	10,004	for
1951-S	?	?	10,004	three
1952	?	?	2,006,292	$10
1952-D	?	?	8,006	for
1952-S	?	?	8,006	three
1953	?	?	8,003	$10
1953-D	?	?	8,003	for
1953-S	?	?	108,020	three
1954	?	?	12,006	$10
1954-D	?	?	12,006	for
1954-S	?	?	122,024	three

Commemorative coins 1982-1996

	Final Mintage	Original Price
George Washington half dollar		Elizabeth Jones
1982-D	2,210,458	$8.50/$10[1]
1982-S	4,894,044	$10/$12[1]
Los Angeles Olympic Games silver dollar		Elizabeth Jones
1983-P Unc.	294,543	$28 or $89[2]
1983-D Unc.	174,014	for
1983-S Unc.	174,014	three
1983-S Proof	1,577,025	$24.95[2]
Los Angeles Olympic Games silver dollar		Robert Graham
1984-P Unc.	217,954	$28 or $89[2]
1984-D Unc.	116,675	for
1984-S Unc.	116,675	three
1984-S Proof	1,801,210	$32[2]
Los Angeles Olympic Games gold eagle		James Peed/John Mercanti
1984-P Proof	33,309	$352[2]
1984-D Proof	34,533	$352[2]
1984-S Proof	48,551	$352[2]
1984-W Proof	381,085	$352[2]
1984-W Unc.	75,886	$339[2]
Statue of Liberty, immigrant half dollar		Edgar Steever/Sheri Winter
1986-D Unc.	928,008	$5/$6[3]
1986-S Proof	6,925,627	$6.50/$7.50[3]
Statue of Liberty, Ellis Island dollar		John Mercanti/Matthew Peleso
1986-P Unc.	723,635	$20.50/$22[3]
1986-S Proof	6,414,638	$22.50/$24[3]
Statue of Liberty half eagle		Elizabeth Jones
1986-W Unc.	95,248	$160/$165[3]
1986-W Proof	404,013	$170/$175[3]
Constitution Bicentennial silver dollar		Patricia L. Verani
1987-P Unc.	451,629	$22.50/$26[3]
1987-S Proof	2,747,116	$24/$28[3]
Constitution Bicentennial half eagle		Marcel Jovine
1987-W Unc.	214,225	$195/$215[3]
1987-W Proof	651,659	$200/$225[3]
1988 Olympic Games silver dollar		Patricia L. Verani/Sheri J. Winter
1988-D Unc.	191,368	$22/$27[3]
1988-S Proof	1,359,366	$23/$29[3]
1988 Olympic Games gold half eagle		Elizabeth Jones/Marcel Jovine
1988-W Unc.	62,913	$200/$225[3]
1988-W Proof	281,465	$205/$235[3]

Commemorative Date	Original Mintage	Melted	Final Mintage	Designer Original Price
Congress Bicentennial half dollar			Patricia L. Verani/William Woodward	
1989-D Unc.			163,753	$5/$6[3]
1989-S Proof			767,897	$7/$8[3]
Congress Bicentennial silver dollar			William Woodward	
1989-D Unc.			135,203	$23/$26[3]
1989-S Proof			762,198	$25/$29[3]
Congress Bicentennial half eagle			John Mercanti	
1989-W Unc.			46,899	$185/$200[3]
1989-W Proof			164,690	$195/$215[3]
Eisenhower Birth Centennial silver dollar			John Mercanti/Marcel Jovine	
1990-W Unc.			241,669	$23/$26[3]
1990-P Proof			1,144,461	$25/$29[3]
Mount Rushmore 50th Anniversary half dollar			Marcel Jovine/James Ferrell	
1991-D Unc.			172,754	$6/$7[3]
1991-S Proof			753,257	$8.50/$9.50[3]
Mount Rushmore 50th Anniversary silver dollar			Marika Somogyi/Frank Gasparro	
1991-P Unc.			133,139	$23/$26[3]
1991-S Proof			738,419	$28/$31[3]
Mount Rushmore 50th Anniversary half eagle			John Mercanti/Robert Lamb	
1991-W Unc.			31,959	$185/$210[3]
1991-W Proof			111,991	$195/$225[3]
Korean War Memorial silver dollar			John Mercanti/James Ferrell	
1991-D Unc.			213,049	$23/$26[3]
1991-P Proof			618,488	$28/$31[3]
USO 50th Anniversary silver dollar			Robert Lamb/John Mercanti	
1991-D Unc.			124,958	$23/$26[3]
1991-S Proof			321,275	$28/$31[3]
1992 Olympics clad half dollar			William Cousins/Steven Bieda	
1992-P Unc.			161,607	$6/$7.50[3]
1992-S Proof			519,645	$8.50/$9.50[3]
1992 Olympics silver dollar			John R. Deecken/Marcel Jovine	
1992-D Unc.			187,552	$24/$29[3]
1992-S Proof			504,505	$28/$32[3]
1992 Olympic gold half eagle			Jim Sharpe/Jim Peed	
1992-W Unc.			27,732	$185/$215[3]
1992-W Proof			77,313	$195/$230[3]
White House Bicentennial silver dollar			Edgar Z. Steever/Chester Y. Martin	
1992-D Unc.			123,803	$23/$28[3]
1992-W Proof			375,851	$28/$32[3]
Columbus Quincentenary clad half dollar			T. James Ferrell	
1992-D Unc.			135,702	$6.50/$7.50[3]
1992-S Proof			390,154	$8.50/$9.50[3]

Date	Original Mintage	Melted	Final Mintage	Designer Original Price
Columbus Quincentenary silver dollar				John M. Mercanti/Thomas D. Rogers Sr.
1992-D Unc.			106,949	$23/$28[3]
1992-P Proof			385,241	$27/$31[3]
Columbus Quincentenary half eagle				T. James Ferrell/Thomas D. Rogers Sr.
1992-W Unc.			24,329	$180/$210[3]
1992-W Proof			79,730	$190/$225[3]
Bill of Rights/Madison silver half dollar				T. James Ferrell/Dean E. McMullen
1993-W Unc.			193,346	$9.75/$11.50[3]
1993-S Proof			586,315	$12.50/$13.50[3]
Bill of Rights/Madison silver dollar				William J. Krawczewicz/Dean E. McMullen
1993-D Unc.			98,383	$22/$27[3]
1993-S Proof			534,001	$25/$29[3]
Bill of Rights/Madison gold $5 half eagle				Scott R. Blazek/Joseph D. Pena
1993-W Unc.			23,266	$175/$205[3]
1993-W Proof			78,651	$185/$220[3]
World War II 50th Anniversary clad half dollar				George Klauba/Bill J. Leftwich
1991-1995-P Unc. (1993[4])			197,072	$8/$9[3]
1991-1995-S Proof (1993[4])			317,396	$9/$10[3]
World War II 50th Anniversary silver dollar				Thomas D. Rogers Sr.
1991-1995-D Unc. (1993[4])			107,240	$23/$28[3]
1991-1995-W Proof (1993[4])			342,041	$27/$31[3]
World War II 50th Anniversary gold $5 half eagle				Charles J. Madsen/Edward Southworth Fisher
1991-1995-W Unc. (1993[4])			23,672	$170/$200[3]
1991-1995-W Proof (1993[4])			67,026	$185/$220[3]
Thomas Jefferson 250th Anniversary silver dollar				James Ferrell
1743-1993-P Unc. (1994[5])			266,927	$27/$32[3]
1743-1993-S Proof (1994[5])			332,891	$31/$35[3]
World Cup Soccer clad half dollar				Richard T. LaRoche/Dean E. McMullen
1994-D Unc.			168,208	$8.75/$9.50[3]
1994-P Proof			609,354	$9.75/$10.50[3]
World Cup Soccer silver dollar				Dean E. McMullen
1994-D Unc.			81,524	$23/$28[3]
1994-S Proof			577,090	$27/$31[3]
World Cup Soccer gold $5 half eagle				William J. Krawczewicz/Dean E. McMullen
1994-W Unc.			22,447	$170/$200[3]
1994-W Proof			89,614	$185/$220[3]
Prisoner of War silver dollar				Tom Nielsen and Alfred Maletsky/Edgar Z. Steever IV
1994-W Unc.			54,790	$27/$32[3]
1994-P Proof			220,100	$31/$35[3]
Vietnam Veterans Memorial silver dollar				John Mercanti/Thomas D. Rogers Sr.
1994-W Unc.			57,317	$27/$32[3]
1994-P Proof			226,262	$31/$35[3]
Women in Military Service silver dollar				T. James Ferrell/Thomas D. Rogers Sr.
1994-W Unc.			53,054	$27/$32[3]
1994-P Proof			213,201	$31/$35[3]

Commemorative Date	Original Mintage	Melted	Final Mintage	Designer Original Price
U.S. Capitol Bicentennial silver dollar			**William C. Cousins/John Mercanti**	
1994-D Unc.			68,332	$32/$37[3]
1994-S Proof			279,579	$36/$40[3]
Civil War Battlefields clad half dollar			**Don Troiani/T. James Ferrell**	
1995-D Unc			113,045	$9.50/$10.25[3]
1995-S Proof			326,801	$10.75/$11.75[3]
Civil War Battlefields silver dollar			**Don Troiani/John Mercanti**	
1995-P Unc			51,612	$27/$29[3]
1995-S Proof			327,686	$30/$34[3]
Civil War Battlefields gold half eagle			**Don Troiani/Alfred Maletsky**	
1995-W Unc.			12,623	$180/$190[3]
1995-W Proof			54,915	$195/$225[3]
Special Olympics World Games silver dollar	**Jamie Wyeth & T. James Ferrell/Thomas D. Rogers Sr.**			
1995-W Unc.			89,298	$29/$31[3,6]
1995-P Proof			352,449	$31/$35[3,6]
Games of the XXVI Olympiad, Atlanta clad half dollar			**Clint Hansen/T. James Ferrell**	
1995-S Basketball Unc.			Pending	$10.50/$11.50[6]
1995-S Basketball Proof			Pending	$11.50/$12.50[6]
Games of the XXVI Olympiad, Atlanta clad half dollar			**Edgar Steever/T. James Ferrell**	
1995-S Baseball Unc.			Pending	$10.50/$11.50[6]
1995-S Baseball Proof			Pending	$11.50/$12.50[6]
Games of the XXVI Olympiad, Atlanta silver dollar			**Jim Sharpe/William Krawczewicz**	
1995-D Gymnastics Unc.			Pending	$27.95/$31.95[6]
1995-S Gymnastics Proof			Pending	$30.95/$34.95[6]
Games of the XXVI Olympiad, Atlanta silver dollar			**John Mercanti/William Krawczewicz**	
1995-D Cycling Unc.			Pending	$27.95/$31.95[6]
1995-S Cycling Proof			Pending	$30.95/$34.95[6]
Games of the XXVI Olympiad, Atlanta silver dollar			**John Mercanti/William Krawczewicz**	
1995-D Track & Field Unc.			Pending	$27.95/$31.95[6]
1995-S Track & Field Proof			Pending	$30.95/$34.95[6]
Games of the XXVI Olympiad, Atlanta silver dollar			**Jim Sharpe/William Krawczewicz**	
1995-D Paralympic, blind runner Unc.			Pending	$27.95/$31.95[6]
1995-S Paralympic, blind runner Proof			Pending	$30.95/$34.95[6]
Games of the XXVI Olympiad, Atlanta gold half eagle			**Frank Gasparro/Frank Gasparro**	
1995-W Torch Runner gold Unc.			Pending	$229/$249[6]
1995-W Torch Runner gold Proof			Pending	$239/$259[6]
Games of the XXVI Olympiad, Atlanta gold half eagle			**Marcel Jovine/Frank Gasparro**	
1995-W Atlanta Stadium gold Unc.			Pending	$229/$249[6]
1995-W Atlanta Stadium gold Proof			Pending	$239/$259[6]
Games of the XXVI Olympiad, Atlanta clad half dollar			**William Krawczewicz/Malcolm Farley**	
1996-S Swimming clad Unc.			Pending	$10.50/$11.50[6]
1996-S Swimming clad Proof			Pending	$11.50/$12.50[6]
Games of the XXVI Olympiad, Atlanta clad half dollar			**Clint Hansen/Malcolm Farley**	
1996-S Soccer clad Unc.			Pending	$10.50/$11.50[6]
1996-S Soccer clad Proof			Pending	$11.50/$12.50[6]

Commemorative Date	Original Mintage	Melted	Final Mintage	Designer Original Price
Games of the XXVI Olympiad, Atlanta silver dollar				**Jim Sharpe/Thomas D. Rogers Sr.**
1996-D Tennis Unc.			Pending	$27.95/$31.95[8]
1996-S Tennis Proof			Pending	$30.95/$34.95[8]
Games of the XXVI Olympiad, Atlanta silver dollar				**Bart Forbes/Thomas D. Rogers Sr.**
1996-D Rowing Unc.*			Pending	$27.95/$31.95[8]
1996-S Rowing Proof			Pending	$30.95/$34.95[8]
Games of the XXVI Olympiad, Atlanta silver dollar				**Calvin Massey/Thomas D. Rogers Sr.**
1996-D High Jump Unc.			Pending	$27.95/$31.95[8]
1996-S High Jump Proof			Pending	$30.95/$34.95[8]
Games of the XXVI Olympiad, Atlanta silver dollar				**Jim Sharpe/Thomas D. Rogers Sr.**
1996-D Paralympic, wheelchair athlete Unc.			Pending	$27.95/$31.95[8]
1996-S Paralympic, wheelchair athlete Proof			Pending	$30.95/$34.95[8]
Games of the XXVI Olympiad, Atlanta gold half eagle				**Frank Gasparro/William Krawczewicz**
1996-W Olympic Flame brazier Unc.			Pending	$229/$249[8]
1996-W Olympic Flame brazier Proof			Pending	$239/$259[8]
Games of the XXVI Olympiad, Atlanta gold half eagle				**Patricia L. Verani/William Krawczewicz**
1996-W Flagbearer Unc.			Pending	$229/$249[8]
1996-W Flagbearer Proof			Pending	$239/$259[8]
National Community Service silver dollar				**Thomas D. Rogers Sr./William C. Cousins**
1996-P Unc.			Pending	$30/$32[3]
1996-S Proof			Pending	$33/$37[3]
Smithsonian 150th Anniversary silver dollar				**Thomas D. Rogers/John Mercanti**
1996-P Unc.			Pending	$30/$32[3]
1996-S Proof			Pending	$33/$37[3]
Smithsonian 150th Anniversary gold half eagle				**Alfred Maletsky/T. James Ferrell**
1996-W Unc.			Pending	$180/$205[3]
1996-W Proof			Pending	$195/$225[3]

Notes

1. Prices for 1982 George Washington half dollar are for 1982 and 1983-85.
2. Prices for 1983-84 Olympic coins in some cases are first prices charged and do not reflect highe prices charged later.
3. Prices since 1986 are pre-issue/regular issue of single coins only. Most modern commen programs have offered various packaging options and combinations.
4. Although produced and sold in 1993, none of these coins actually carries the year of issue in it legends, in apparent violation of law. The anniversary dates 1991-1995 refer to the 50tl anniversaries of the beginning and ending of United States involvement in World War II. Mor clearly, it would have been stated "1941-1991/1945-1995."
5. Although produced and sold in 1994, the coin does not carry the year of issue in its legends, in apparent violation of law. 1743 is the year of Jefferson's birth; 1993 is the 250th anniversary of that date.
6. The Special Olympics World Games silver dollar was offered "encapsulated only" without the usual presentation case. The case option was also available, at a slightly higher price.
7. Sales as of May 25, 1995. Figures are not final.
8. Price options for individual coins. The coins were offered on a subscription basis from Dec. 2, 1994, through Feb. 3, 1995. The coins were then to be released four at a time — one gold, two silver, one clad — in February 1995, July 1995, January 1996 and sometime in the Spring of 1996. Pre-issue prices and options were to be offered during the first few weeks of each release.

*P*ROBABLY no other subject has been more hotly debated in American numismatics by collectors, dealers and investors. Since a dealer first charged more for one specimen of a coin than for another of the same type, date and Mint mark simply because the second had less wear than the other, there has been controversy.

The grade of a coin (note, medal or token) represents what professional numismatist and researcher Dr. Richard Bagg aptly called its "level of preservation." The grading controversy arises both from disagreements over the grade of a coin and often the enormous differences in price between two specimens of the same type and date of a U.S. coin, even when the only difference lies in the placement of one or two marks or surface abrasions from contact with other coins, commonly referred to as "contact marks."

The grade measures the amount of wear, natural mishaps and other surface degradation a coin has received after leaving the coining press. The more wear and surface marks a coin has received, the less it is worth compared to other specimens of the same coin with less surface degradation.

However, not all coins have received circulation wear since they were struck. These coins are called Uncirculated or Mint State. Rather than being easier to grade because there are no points of wear to determine, Uncirculated coins become much harder to grade.

A non-collector unexposed to the intricacies of grading might be expected to show surprise at this last statement. After all, he might think, it seems logical that a coin which has received less wear is worth more than one which has received more wear. But if a coin hasn't received any wear, how can it be different from other unworn specimens of the same coin? Suffice to say, there are graduated levels of Mint State, as many as 11 (from Mint State 60 to Mint State 70), determined by such factors as contact marks, luster and — depending on the grading standard being used — the strength of the strike and toning. Therein lies the heart of the controversy.

For decades, the controversy lay mainly in the differences between the dealer's grade for a specific coin and that of the collector. As grading became more complicated and values increased in greater increments between coins of different grades, third-party grading services began operation.

The first third-party grading agency, the International Numismatic Society Authentication Bureau, began grading coins in December 1976, several months after it began authenticating coins. It laid the groundwork for third-party grading services, all of which provide an opinion about a coin's grade for a fee. INSAB was followed March 1, 1979, when the American Numismatic Association Certification Service began grading coins for a fee.

Another major step in third-party grading services was taken by the Professional Coin Grading Service, a private business founded in February 1986. PCGS is responsible for two firsts. It was the first grading service to encapsulate the coins it graded into hard plastic holders, nicknamed "slabs," and it was the first grading service to use 11 levels of Mint State (the term for a coin with no wear), from Mint State 60 to MS-70. It rapidly overtook ANACS, until then the most active of grading services in terms of numbers of coins graded.

PCGS was followed by the Numismatic Guaranty Corporation of America and the Numismatic Certification Institute, both of which grade and encapsulate coins for a fee. INSAB offered a "slab" service beginning in 1989, as did the ANA with its ANACS Cache.

In 1990 the American Numismatic Association sold ANACS — its grading and certification service — to Amos Press. ANA retained the right to authenticate — but not grade — coins, and now operates under the acronym ANAAB, the American Numismatic Association Authentication Bureau.

Amos Press has retained the ANACS name, but it no longer refers to the American Numismatic Association. Amos Press moved ANACS from ANA headquarters in Colorado Springs, Colo., to Columbus, Ohio.

In 1991, NGC announced plans to grade ancient coins but dropped them after widespread criticism from specialists in ancients.

PCGS later announced plans to begin grading Colonial-era coins; its plans also drew criticism, this time from Colonial coin specialists.

Grading: What's involved?

Dr. Richard Bagg, in *Grading Coins: A Collection of Readings* which he co-edited in 1977 with James J. Jelinski, described the grade of a coin as its "level of preservation." It is not entirely accurate to call grading the charting of wear on a coin, since the very definition of an Uncirculated coin (also called Mint State) is "a coin which has seen no circulation" (in *Official American Numismatic Association Grading Standards for United States Coins*) and a coin with "no wear" (in *New Photograde: A Photographic Grading Guide for United States Coins*). However, Uncirculated coins are subject to other forms of surface degradation other than circulation wear.

A coin becomes subject to external factors affecting its surface from the second it leaves the press. The moment a coin is struck, it is pushed from the surface of the anvil die. (Prior to 1836, the coin was removed manually by a nimble-fingered press operator; since the widescale mechanization of the Mint, various mechanical devices have removed the newly struck coin from the die.) The coin then falls into a bin of other coins. When the coin hits the previously struck coins lying in the bin, the portion of its surface coming into contact with the other coins will probably be marred. Then, as the coins are bundled into bags for shipment to banks, the coins will scrape, scratch and bump each other.

Contact marks

The collisions between coins create a variety of surface marks called "contact marks" or "bag marks." A contact mark may range in severity from a light, minor disruption of the coin's surface to a large, heavy scrape. Generally, the bigger and heavier the coin, the larger and more unsightly the contact marks, due to the heavier weight of the coins.

The location of contact marks plays a major role in determining at what level of Mint State a coin may be categorized. For example, marks that are clearly visible in the field of a coin, or on the cheeks, chin or forehead of a Liberty Head device, are more distracting than marks of equal severity hidden in curls of Liberty's hair or the wing feathers of the eagle found on the reverse of many U.S. coins.

The size of contact marks also plays a role in determining the proper Mint State level. Larger marks, of course, are more distracting than smaller marks. Remember, however, that a contact mark 1 millimeter long is less distracting on a large coin such as a silver dollar (diameter of 38.1mm) than it is on a smaller coin such as a silver half dime (diameter of 15.5mm).

The number of contact marks also play a significant role in determining the proper level of a Mint State coin. A coin with numerous contact marks is less appealing to the eye than a coin with one or two distracting marks. The diameter of the coin plays a role here too. A silver dollar with five contact marks scattered across its surfaces may be judged appealing; a much smaller half dime with five contact marks may be judged less appealing, since the half dime has a smaller surface area in which the marks appear.

Luster

Another factor involved in determining the level of Mint State and high-level circulated grades is luster. "Luster is simply the way light reflects from the microscopic flow lines of a coin," according to American Numismatic Association grader-authenticator Michael Fahey in "Basic Grading," a reprint from his series of articles in the American Numismatic Association's *The Numismatist*. James L. Halperin, author of the Numismatic Certification Institute's *The NCI Grading Guide*, defines luster as, "The brightness of a coin which results from the way in which it reflects light."

Luster is imparted to the surfaces of a coin at the moment of striking. The immense pressures used in the coining process create flow lines, the microscopic lines that trace the paths the metal took while filling the crevices of the die that compose the designs.

A coin with full luster is generally one which has a bright, shiny surface (although toning, to be discussed later, may obscure full luster), caused by the light reflecting off the surface of the coin. If the luster has been disturbed, the light reflects from the surface of the coin differently; the coin may appear dull.

Circulation wear erases the microscopic flow lines which cause the luster. Heavy cleaning, or cleaning with a substance that removes a microscopic layer of the surface metal, will also damage the flow lines and disrupt or eliminate the luster of a coin.

A Mint State coin cannot be lackluster. At best, an Uncirculated coin without full luster can be no higher than Mint State 63 under the American Numismatic Association grading standards. Under NCI grading standards, lackluster coins can be graded Mint State but must be described as being lackluster. Also, high-level circulated coins may show small patches of luster in protected areas.

Wear vs. friction

Once a coin enters the channels of commerce, it begins to receive wear. An individual reaches into his pocket to pull out some change and his fingers rub across the surfaces of the coin, creating wear. A coin is thrown into a cash register drawer where it bumps against other coins, creating more wear. A dime is used as an impromptu screwdriver, damaging the edge and creating more wear.

The amount of wear a coin receives determines its grade among the circulated grade levels. The high points of a design are usually the first to depict wear, since they are the most exposed. Then the raised inscriptions and date depict wear, and finally, the flat fields.

Circulation wear erases design details, ultimately to the point where the design features are only slightly visible to the naked eye. The separate curls of hair tend to merge, the eagle's feathers are rubbed away and the inscriptions begin to disappear into the fields.

Coins with only the slightest hint of wear are called About Uncirculated, a term which, if studied closely, defies logic. A coin is either Uncirculated or it is not. Then, in descending order, are Extremely Fine, Very Fine, Fine, Very Good, Good, About Good, Fair (and many years ago, Poor). Some of the higher circulated grades are broken into several levels to denote, for example, an Extremely Fine coin of higher quality than another legitimate Extremely Fine coin.

Many hobbyists differentiate between circulation wear and another form of wear labeled "friction." According to Halperin in *NCI Grading Guide*, friction is "A disturbance which appears either on the high points of a coin or in the fields, as a result of that coin rubbing against other projections." It is often referred to as cabinet friction, a term applied to the minute wear a coin received when sliding back and forth in the drawer of a cabinet used for storage by earlier numismatists.

According to some grading services, friction does disturb the luster of the coin, but it should not disturb the metal underneath. If it does, the disturbance falls into the category of wear, they believe. However, John Albanese of the Numismatic Guaranty Corporation of America says NGC graders make no distinction between circulation wear and friction. Steve Mayer of the Professional Coin Grading Service said PCGS graders do not consider cabinet friction to be wear unless it is heavy.

Some grading standards permit coins with friction to be Mint State. For example, ANACS distinguishes between a coin with circulation wear and one with friction wear, permitting Mint State coins to possess small amounts of friction wear. NGC, however, would consider a coin with just the slightest amount of friction to be no better than About Uncirculated, according to Albanese.

Strike

Strike is "The sharpness of detail which the coin had when it was Mint State," according to Halperin; Fahey defines it as "the evenness and fullness of metal-flow into all the crevices of a die."

The amount of pressure used to strike a coin controls the sharpness of a strike. Design elements may also affect the strike; if two large design features are centered on both sides of the same coin, there may not be enough metal to flow into every little crevice of the design, thus leaving some details weak and ill-defined.

A coin with a sharp strike has sharp design details. For example, the curls of hair on Liberty's head are strong and distinct. The feathers on the eagle's wings and breast are clearly visible. All of the other design details, legends and other elements are sharp and well defined.

A coin with a weak strike has weak and ill-defined design details. It may look worn, since design details are missing from the high points of a coin. However, luster is unimpaired. Lower striking pressures may not force the metal into the deepest crevices on the die (the highest point on the coin), thus the weaker design details.

Most grading services and dealers consider strike an important part of a coin's grade. An Uncirculated coin relatively free of marks and with full luster may still be placed at the lower end of the Mint State scale if it has a weak strike.

Strike does affect the value of a coin. A coin with a sharp strike will generally have a higher value than a coin with a weak strike, all other factors being equal.

Toning and color

As coins age, the original color changes in reaction to the environment. The original red of copper coins becomes brown (or green; witness the copper of the Statue of Liberty, which once had a deep copper color). Silver coins may tone into any color of the rainbow, depending on environmental factors. Gold is a more stable metal and even when immersed in seawater for centuries, generally shows little change in tone and color.

Many years ago, toned coins, particularly silver coins, were judged unattractive. Silver coins were "dipped," placed into a chemical solution that removed the toning and restored the shiny surface by stripping away the outer surface of the silver or the dirt.

However, in the last decade in the United States, attractively toned coins are more appreciated from an aesthetic viewpoint. A silver dollar with rainbow toning may bring a considerable premium because of its coloration. Still, coins which exhibit unattractive tarnish (a form of toning) are still considered to be lesser specimens.

Because attractively toned coins bring higher prices, some unscrupulous individuals have devised ways of artificially toning coins. Some use the bluing materials used by gunsmiths. Others bake their coins in ovens using various substances to impart different colors. Some chemically treat coins.

Novices will find it difficult to judge between natural toning and artificial toning. Experience is important here. An individual who has looked at a large number of coins will find that he can determine at a glance whether the toning is natural or whether it looks "odd." The value of an artificially toned coin is less, since the treatment is considered altering the coin.

Other factors

There are other factors involved in grading that under some grading standards, do not affect the grade but may affect the value. Under other standards, those same factors affect both the grade and the value of the coin.

Among these factors are die scratches, not to be confused with "hairline" scratches. Die scratches are thin raised lines on a coin, resulting from minute scratches in the surface of the die. A hairline is a thin scratch scraped into the surface of a coin inflicted after the coin is struck.

A close examination of a coin's surface through a magnifying glass should indicate whether a line on a coin is raised, and thus a die scratch, or incused, making it a hairline scratch.

Hairlines tend to affect the value more than die scratches. ANACS will not lower the grade of a coin for die scratches, since the scratches took place before the striking. Other grading services, however, will lower the grade of a coin for more extensive, distracting die scratches. For example, NGC considers die scratches when determining a coin's grade.

Adjustment marks are often found on older U.S. silver and gold coins. Planchets (unstruck coins) were individually weighed before striking. If found to be a little overweight, the excess gold or silver was filed away.

The striking pressures often did not obliterate the adjustment marks, which may resemble a series of parallel grooves. Under ANA standards, adjustment marks do not affect the grade, although they may affect value. Under NGC standards, adjustment marks may affect both the grade and the value.

Eye appeal

All of the factors mentioned earlier are ultimately considered when hobbyists decide on the "eye appeal" of a coin. Eye appeal relates to the overall attractiveness of a coin, and ultimately determines its value. A potential buyer, whether he is a dealer, collector or investor, decides just how attractive he believes the coin to be.

Judging eye appeal is a purely subjective action. For example, a coin could have a strong strike and full details, possess full luster and have few large, distracting contact marks and still not have eye appeal if it has toned to an unattractive color.

When examining a coin, a buyer must decide for himself just how "pretty" the coin is and whether its attractiveness warrants the price being asked. Only the buyer can decide the eye appeal, for aesthetic judgments differ from person to person.

"Raw" coins vs. "slabbed" coins

When the Professional Coin Grading Service began grading coins in early 1986, it introduced a new product onto the market: the "slabbed" coin. A "slab" is the hard plastic holder into which a coin graded by a third-party grading service is sealed. The grading information is sealed into the slab as well. The slab permits both obverse and reverse of the coin to be viewed.

Proponents of the "slab" cite several benefits: 1. A coin encased within a slab is protected from environmental factors which could cause a deterioration in the coin's surfaces, and a lowering of its grade; 2. By sealing a coin into the same holder that contains the grading certificate, a buyer is "assured" that a coin meets the grading requirements of a specific grading service, if graded accurately; and 3. It permits the "sight unseen" trading of a coin (in other words,

An encapsulated, or slabbed, coin

various dealers have agreed to purchase coins graded by a particular grading service at the grade indicated in the slab, even without seeing the coin first).

Individuals who do not like slabbed coins cite detracting factors: 1. A collector cannot handle the coin directly; 2. Most slabs do not permit the edge of the coin to be viewed; and 3. It may be difficult to form one's own opinion about a coin's grade if it has already been encapsulated, since most hobbyists like to grade a coin without having to examine it through a holder.

Related to the "slabbed" coin is the "raw" coin. A "raw" coin is the nickname used by some hobbyists for a coin which has not been graded and encapsulated by a third-party grading service.

Grading guidelines

The following guidelines are not presented as grading standards, but as introductions to the terminology of grading and its usage.

A few words regarding grading usage. When two grades are linked together by a virgule — as in Mint State 65/63 — it means that the coin has two grades; the first grade represents the obverse and the second, the reverse. When two grades are linked by a hyphen — as in Mint State 65-63 — it means that the grade for both sides is indeterminate and lies somewhere between the two grades given. Sometimes, a combination of both usages will appear, as in MS-60/60-63, meaning the obverse grades MS-60 and the reverse somewhere between MS-60 and MS-63.

Plus signs are used by many to indicate a coin slightly better than the numerical grade indicated, but not as good as the next numerical grade. A coin graded MS-60+ is better than an MS-60 coin, but not as good as an MS-61 coin. The term "premium quality" means the same as a plus.

Many dealers and collectors use adjectives instead of numerals, or combine adjectives and numerals when speaking about Mint State coins. A superb or superb gem coin is generally MS-67, and a gem coin is usually MS-65. Some dealers use choice to describe an MS-63 coin, and others use choice for an MS-65 coin. Mint State 60 coins are generally referred to as Uncirculated or Brilliant Uncirculated; sometimes an MS-60 coin is called typical Uncirculated. Collectors should determine what adjectival "system" the dealer uses when no numerals are present because of the disagreement over what the adjectives represent numerically.

Buyers should remember that different dealers and different collectors or investors use different grading systems. Even though various grading services use an 11-point Mint State system, this does not necessarily mean they use the same criteria for assigning grades. In fact, there is no universally-accepted standard for determining grades for U.S. coins.

Proof: Traditionally, Proof describes a method of manufacture, not a grade. However, since numerals are often assigned to Proof coins, there are different qualities of Proof coins; in effect, different grades. A circulated Proof is often called an "impaired Proof." Proof is rarely abbreviated.

Brilliant Proof coins are struck on highly-polished planchets, using slower, high-pressure presses; coins are struck two or more times to bring up greater detail in the design.

Mint State and Uncirculated: The two terms are interchangeable and describe a coin which has no wear. To qualify as Mint State, a coin must not have any level of wear. Even the slightest amount of wear will drop the coin into the About Uncirculated level. (Also, coins described by some dealers as "Borderline Uncirculated" have wear and are actually About Uncirculated.) Mint State is most often used with numerals.

The numerical Mint State system so widely used in the current rare coin market is based on a system created by Dr. William H. Sheldon for the U.S. large cents of 1793-1814. When the numerical system began to spread to other series, three levels of Mint State were used: Mint State 60, for an Uncirculated coin of average luster, strike and marks; MS-65, an Uncirculated coin of above average quality; and MS-70, a perfect coin as regards luster, strike and marks.

Uncirculated is usually abbreviated as Unc.; it often appears as Brilliant Uncirculated, abbreviated as BU. Sometimes used with numerals, generally as Unc. 60, and so on. Some dealers use a plus sign to indicate a coin better than one level of Mint State, but not as good as the next level.

About Uncirculated: This is a coin with only the barest traces of wear on the highest points of the design. It is abbreviated AU and often appears with numerals as AU-50, AU-55 and AU-58. The term has gained acceptance despite seeming inconsistency. Some people in the hobby still say that no coin can be About Uncirculated — it is either Uncirculated or it's not. Some use Almost Uncirculated, although all major U.S. grading guides use "About."

The AU-58 grade has been described as an MS-63 coin with just the slightest hint of wear. It should have fewer contact marks than lower level Mint State coins: MS-60, MS-61 and MS-62.

Extremely Fine: Light overall wear on highest points, but with all design elements sharp and clear, distinguishes this grade. It is abbreviated by most hobbyists as EF, although a few use XF. It appears as EF-40 and EF-45.

Very Fine: The coin has light to moderate even wear on surface and high points of design. Abbreviated VF, it appears with numerals as VF-20 and VF-30. The abbreviations VF-25 and VF-35 are infrequently used.

Fine: The wear is considerable although the entire design is still strong and visible. It is abbreviated as F-12.

Very Good: The design and surface are well worn, main features are clear but flat. Abbreviated as VG, it is used with numeral as VG-8 and VG-10.

Good: Design and surface are heavily worn, with some details weak and many details flat. It is abbreviated only when used with numeral, G-4; G-6 is infrequently used. Ironically, a coin in Good condition is not a "good" coin to collect; a Good coin is generally the lowest collectible grade.

About Good: The design is heavily worn with surface fading into rim, many details weak or missing. Abbreviated as AG, it is used with a numeral as AG-3. Few coins are collectible in About Good condition. Dealers also use the terms Fair and Fair 3 to describe a coin in this state of preservation.

UNITED States coinage history is a fascinating subject involving economics, politics, artistic expression, personal rivalry, technological breakthroughs, gold and silver discoveries and more. In short, the history of the country's coinage is the history of the United States.

Prior to the Revolution and the ratification of the U.S. Constitution, coinage in the British Colonies was a mixed bag of foreign coins, privately minted tokens and a few pieces authorized by the crown, and later, individual states.

Leading thinkers of the United States — Benjamin Franklin, Robert Morris and Thomas Jefferson, among them — suggested coinage systems. Franklin is even credited with the design concepts for the first true United States coin, the 1787 Fugio cent, struck under the provisions of the Articles of Confederation.

However, it was Alexander Hamilton, the country's first Secretary of the Treasury (later killed in a duel with Vice President Aaron Burr), who suggested a decimal coinage plan similar to what would be adopted in 1792. Hamilton's proposal, submitted to Congress in January 1791, recommended six denominations: gold $10 and $1 coins, silver $1 and 10-cent coins, and copper cents and half cents. Congress considered Hamilton's proposal, wrestled over the desires of many in Congress to place George Washington's portrait on U.S. coins (Washington vehemently opposed it), tinkered with weights and finenesses and finally arrived at the famous act that, to this day, still exerts controls over U.S. coinage.

The American coinage system was authorized under the Mint Act of April 2, 1792. The act also authorized the construction of a minting facility, and provided for the positions that would be required and outlined the responsibilities of the officers and set their salaries.

The 1792 act authorized 10 coinage denominations, eight of them legal tender. The two smallest denominations, the copper cent and half cent, had no legal tender status, unlike the silver and gold coins. Five silver denominations were authorized: half disme (pronounced with a silent S, as in "deem"), disme, quarter dollar, half dollar and dollar. Three gold denominations were authorized: quarter eagle, or $2.50 coin; half eagle, or $5 coin; and eagle, a $10 coin. The act even outlined what design elements should appear on the coins.

Since coinage began at the Philadelphia Mint in 1793, 21 denominations have appeared on the circulating and commemorative coins of the United States. In gold, the denominations have been $50 (commemorative and bullion coins only), $25 (the American Eagle bullion coin), $20, $10, $5, $3, $2.50 and $1. Among silver coins (many later changed to copper-nickel by the Mint Act of 1965), there have been the silver dollar, the Trade dollar, the half dollar (50 cents), the quarter dollar (25 cents), 20-cent coin, dime (10 cents), half dime (5 cents) and 3-cent coin. There have also been copper-nickel 5-cent, 3-cent and 1-cent coins; a bronze 2-cent coin; cents in six different alloys; and a copper half cent. (The gold dollar, standard silver dollar and Trade dollar are counted as separate denominations, as are the two 3-cent and two 5-cent coins. They did not replace each other and for a period, circulated alongside each other; also, separate laws authorized the various coins. However, the changes in alloy for the minor coins are not counted as separate denominations, since the changes followed one another.)

Production of U.S. coinage began in earnest in 1793 with the production of copper half cents and cents. However, the striking of the two copper denominations came several months after the 1792 half disme was struck in small quantities for circulation, according to a report by George Washington. Silver coinage began on a more regular basis one year after copper coinage production began. The Mint began striking silver half dimes, half dollars and dollars in 1794; and silver dimes and quarter dollars in 1796. Gold coinage began in 1795 with the $5 half eagle and the $10 eagle, followed by the $2.50 quarter eagle in 1796.

During the earlier years of the U.S. Mint, not all denominations were struck in all years. In 1804, coinage of the silver dollar ceased with the striking of 1803-dated coins; dollar coinage was not resumed until 1836. A few gold eagles were struck in 1804, but coinage of the $10 coin then ceased until 1838. No quarter eagles were struck from 1809 through 1820. Production of the other denominations was sporadic except for the cent; planchet shortages prevented any 1815-dated cents from being produced. Otherwise the cent series has been issued without interruption since 1793.

Meanwhile, as the country's borders and population grew, the monetary system grew with them. The denominations authorized in 1792 were no longer sufficient to meet the country's monetary needs at the midpoint of the 19th century. New denominations were authorized at the century's halfway mark. Congress authorized a gold dollar and a gold $20 double eagle, both under the Act of March 3, 1849. Two years later, a silver 3-cent coin was authorized to facilitate the purchase of 3-cent postage stamps (Act of March 3, 1851). A gold $3 coin was introduced in 1854 (Act of Feb. 21, 1853), again to help in the purchase of 3-cent stamps (in sheets of 100). A smaller, copper-nickel cent was approved in 1857, replacing the pure copper large cent. The half cent was eliminated, also in 1857.

The American Civil War erupted in 1861, causing massive hoarding of coinage and the necessity of coinage substitutes like encased postage stamps, privately produced copper-alloy cent-like tokens and finally, the first federal paper money. More changes to U.S. coins began in 1864, when the composition of the cent was changed to 95 percent copper and 5 percent tin and zinc (bronze), and when a bronze 2-cent coin was introduced (both under the Act of April 22, 1864).

A copper-nickel 3-cent coin was issued beginning in 1865 (Act of March 3, 1865) to circulate alongside the silver 3-cent coin (which was struck in decreasing numbers until the last coins were produced in 1873). A copper-nickel 5-cent piece was introduced in 1866 (Act of May 16, 1866); the silver half dime was eliminated after 1873.

In a bit of numismatic trivia that might be surprising to most non-collectors, the first coin to be called a "nickel" was the copper-nickel cent issued from 1857-64. The copper-nickel 3-cent coin was also called a "nickel" by 19th century users of the coin, with the copper-nickel 5-cent coin introduced in 1866 finally appropriating the nickname. The nickname persists to this day although the term "nickel" appears in none of the legislation authorizing the 5-cent coin. The nickname is based on the copper-nickel alloy that composes the coin, although ironically, the alloy used in the 5-cent coin since its inception has been 75 percent copper and just 25 percent nickel.

The year 1873 brought significant, unprecedented changes to the U.S. coinage system, under a law called by some the "Crime of '73." The Act of Feb. 12, 1873, is called by numismatic historian Don Taxay "the most exhaustive [coinage act] in our history." Four denominations were abolished by the act: the 2-cent coin, the silver 3-cent coin, the half dime and the standard silver dollar. A Trade silver dollar was authorized for use by merchants in the Orient; Congress revoked the coin's legal tender status in the United States in 1876. The weights of the silver dime, quarter dollar and half dollar were increased. In addition, the act, in effect, demonetized silver and placed the United States on a gold standard, triggering a national debate that would last for the next quarter century.

Another new denomination was authorized under the Act of March 3, 1875 — the silver 20-cent coin. The coin was struck for circulation in 1875-76, setting the record for the shortest-lived silver denomination in U.S. coinage history. Coinage of Proof 20-cent coins continued for collectors only in 1877-78.

Meanwhile, the powerful silver interests in the United States, faced with the demonetization of silver left by the Crime of '73, fought in Congress. The Act of Feb, 28, 1878, reinstituted the standard silver dollar abolished by the Act of Feb. 12, 1873. The specifications were unchanged from the silver dollar of 1837-73: an alloy of 90 percent silver and 10 percent copper, weighing 26.73 grams. Obverse and reverse designs created by Mint Engraver George T. Morgan were selected for the dollar, today generally called the Morgan dollar (it was also called the Bland-Allison dollar, after the names of the congressmen responsible for the bill). Coinage of the Morgan dollar continued through 1904. Coinage denominations in use continued unchanged through 1889, when the gold dollar and gold $3 denominations were struck for the last time.

The silver dollar was resurrected twice for circulation: in 1921, to continue through 1935; and in 1964, although the 1964-D Peace silver dollars were all destroyed before entering circulation. After government support for the 1964-D Peace dollars was withdrawn, the coins were destroyed, in part to ensure that none entered circulation or collector circles inadvertently. The copper-nickel dollar was introduced in 1971, and a smaller dollar (the Anthony dollar) was issued briefly from 1979-81. The standard silver dollar lives on in commemorative coinage, with 15 different commemorative dollars struck since 1983. In addition, there is a 1-ounce silver bullion coin which bears a $1 denomination, introduced in 1986 as part of the American Eagle bullion coin program.

Since the Mint Act of 1875, only two new denominations have been authorized, neither for circulation. A gold $50 coin was approved to commemorate the 1915 Panama-Pacific Exposition being held in San Francisco. More than 70 years later, in 1986, the $50 denomination was revived for the American Eagle bullion program. That same legislation (Act of Dec. 17, 1986, Public Law 99-185) also approved the United States' first $25 coin, the American Eagle half-ounce gold bullion coin.

The last gold denominations were struck for circulation in 1933, when coinage of the eagle and double eagle ceased under President Franklin Roosevelt's anti-gold executive orders. The gold quarter eagles and half eagles were last struck in 1929. All gold coins struck since 1984 have been commemorative or bullion coins.

Designs

The story behind the designs of U.S. coinage is one of artistic experimentation and drone-like uniformity; of political necessity and political favoritism; of beauty tempered by the realities of the coining process.

The congressmen who approved the U.S. monetary system created design parameters that affect new U.S. coin designs even today, nearly 200 years after that initial legislation. The Mint Act of April 2, 1792, specified that certain design features and legends appear on the coins which were authorized. On one side of all coins was to be an impression symbolic of Liberty, plus the word LIBERTY and the year of coinage. For the silver and gold coins, an eagle and UNITED STATES OF AMERICA were to appear on the reverse. The denomination was to appear on the reverses of the half cents and cents.

For more than 115 years in the history of U.S. coinage, Liberty was portrayed by allegorical female figures, appearing either as a bust or a full-length portrait. Liberty's changing face through the years says a lot about the artistic abilities of the craftsmen employed on the Mint staff and the artists hired from outside to design certain coins. Some of the most attractive U.S. coins were designed by non-Mint employees, often in the face of opposition from a jealous Mint engraving staff which seemed more concerned about whether a coin would stack than its physical beauty. Beautiful designs created by Mint staff engravers never went beyond the pattern stage in favor of the uniformity that characterized U.S. designs from the mid-1830s into the early 20th century.

The changing portrait of Liberty also reveals the embodiment of the "ideal woman" by the physical standards set by the American men of the time, and men had always dominated U.S. coinage design until the 1980s. (The Mint engraving staff was exclusively male until the Reagan administration appointed Elizabeth Jones Chief Sculptor-Engraver.) The first coinage portraits of Liberty are "Rubenesque" by modern standards. Among the most recent allegorical figures to appear on U.S. coins is on American Eagle gold bullion coins — depicting a reproduction of an 80-year-old design, "slimmed down" to resemble the trimmer woman championed by American advertising and dietary standards in the 1980s — and the 1989 Congress silver dollar and half eagle featuring William Woodward's and Patricia Lewis Verani's renditions of Thomas Crawford's *Statue of Freedom*, which appears above the Capitol Dome in Washington, D.C.

The 1793 half cents and cents introduced the allegorical themes used on U.S. coins: The half cent depicts a bust of Liberty with her hair flowing free. A Liberty Cap on a pole, a familiar symbol of Liberty in the American and French revolutions of the latter 18th century, rests on her right shoulder, giving the design its name: the Liberty Cap. On the first cents of 1793, another Flowing Hair Liberty appears. Contemporary reports claimed Liberty looks frightened on the cent. The designs are somewhat crude by modern standards. However, the Liberty busts were cut directly into steel by hand. Mint technicians had no access to the modern equipment and techniques available today.

Since the Mint Act of 1792 required only the denomination to appear on the reverses of the copper coins, the Mint engravers had a free rein. The first half cents have a wreath on the reverse, a device used as late as 1958 on the reverse of the Lincoln cent in the form of two "ears" of wheat. The reverse device on the first cents lasted only

Liberty Cap With Pole

months. A 15-link chain meant to represent the unity of the 15 states appears on the first 1793 cents. The public believed the chain was a symbol of enslavement perceived to represent "a bad omen for Liberty." Changes in the design of both sides of the cent came rapidly. The Chain reverse was replaced by a wreath, then the obverse design of the "frightened Liberty" was replaced with a Liberty Cap design similar to that on the half cent. Thus, three distinct cents were

Flowing Hair Liberty

struck with the 1793 date: the Flowing Hair Liberty, Chain cent; the Flowing Hair Liberty, Wreath cent; and the Liberty Cap, Wreath cent.

Additional design changes were instituted for the cent in 1796, when a Draped Bust design was introduced and used through 1807. Liberty appears without a cap, her hair falling over bare shoulders. Loose drapery covers Liberty's bust. Another Liberty Head design called the Classic Head design was used on the cent from 1808-14. It differs considerably from the earlier allegorical motifs, with Liberty wearing a ribbon inscribed with LIBERTY around her hair.

The Coronet design was introduced in 1816 on the large cent. This design would prove one of the more versatile of the 19th century. A variation of the Coronet design would appear on both copper coins until 1857, and on most of the gold denominations from the 1830s to the first decade of the 20th century. The design is similar on all of the coins, depicting Liberty wearing a coronet inscribed with LIBERTY.

Chain reverse

Designs for the half cent were generally similar to the cent's designs, although the timetable for introduction was often different. The half cent used a Liberty Cap design until 1797, and from 1800-08 a Draped Bust design was used. The Classic Head design was used

on the half cent from 1809-36 and
the Coronet design was introduced
in 1840.

The silver coins of the 18th cen-
tury feature designs similar to those
on the copper coins. The silver coins
used a Flowing Hair design in 1794-
95, and in 1795-96 a Draped Bust
design was introduced on all silver
coins. The Capped Bust design was
used first for the half dollar in 1807,
with the dime following in 1809, the

Draped Bust

quarter dollar in 1815 and the half dime in 1829. The eagles
appearing on the reverse of the silver coins appeared in several forms,
first in a Small Eagle design that some critics likened to a pigeon;
then, a Heraldic Eagle which was used on the dollar beginning in
1798, the half dollar in 1801 and the quarter dollar in 1804.

Allegorical Liberty figures with similar themes but somewhat
different details were used on the early gold coins. A Capped Bust,
Heraldic Eagle design was used from 1796-1807 for the quarter
eagle, then replaced in 1808 with the one-year-only Capped Draped
Bust type. The Capped Head quarter eagle was struck between 1821-
34. On the half eagle, the Capped Bust design was used from 1796-
1807; the Small Eagle reverse was used from 1796-98, and a
Heraldic Eagle design was used from 1795-1807, concurrently with
the Small Eagle at first. The Capped Draped Bust was used on the half
eagle from 1807-12, and the Capped Head, from 1813-29. The
Classic Head design was used briefly, from 1834-38. For the $10

Coronet cent

eagle, the Capped Bust design was
used from 1795 to 1804, when
production of the denomination
ceased. On the reverse of the $10
coin, the Small Eagle was used
from 1795-97, and the Heraldic
Eagle design was used from 1797
to 1804.

Several events took place in
the mid-1830s that were to affect
coinage designs for decades.
Among them was the Act of Jan.
18, 1837, which eliminated the

need for an eagle on the reverses of the half dime and dime. The other event was the resumption of coinage of the silver dollar in 1836, and the adoption of a new design that eventually would appear on six different denominations, on some of them for more than half a century.

Production of the silver dollar resumed in 1836 with the Gobrecht dollar. The obverse depicts a Seated Liberty figure on a rock, her body wrapped in robes. The reverse depicts a Flying Eagle design. The Seated Liberty dollar was the first of four coins which would use a similar Flying Eagle theme.

With the creation of the Seated Liberty design, a new age of uniformity ensued on U.S. coins. The Seated Liberty obverse design was introduced on the half dime and dime in 1837, the quarter dollar in 1838 and the half dollar in 1839. Wreaths were placed on the half dime and dime in 1837; eagles appeared on the new quarter dollar and half dollar; and the dollar received a new eagle design in 1840, with the Flying Eagle replaced by an eagle similar to those on the quarter dollar and half dollar.

Gold coins, too, entered the uniform age of coin designs when the Coronet (sometimes called Liberty Head on gold coins) design was introduced in 1838 for the $10 eagle, 1839 for the $5 half eagle and 1840 for the $2.50 quarter eagle. When the gold dollar and $20 double eagle were introduced in 1849 and 1850, the Coronet design was used for both. Like the silver coins, the gold coins would not break out of uniformity until the early 20th century, except for the dollar.

A new theme was introduced in 1854 on the gold dollar, replacing the Coronet figure. An Indian Head portrait by James B. Longacre was introduced, the first in a series of medallic tributes to the first native Americans that would last until shortly before the beginning of World War II . Ironically, the Indian was being used as a symbol of Liberty even as the American movement to push the Indians into decreasingly smaller portions of the West accelerated. However, the gold dollar portrait was not a true Indian; Longacre

Heraldic Eagle

Seated Liberty 50¢

Coronet gold $20

simply placed an Indian headdress on the same Liberty figure he would use in many different versions of the design. A slightly larger Indian Head was used beginning in 1856 on the gold dollar. The gold $3 coin depicts an Indian Head portrait, and the reverse depicts not an eagle but a wreath.

When the large cent was abandoned in 1857 for a smaller cent (see section titled "specifications"), a Flying Eagle design was placed on the obverse (the 1856 Flying Eagle cents are patterns, struck before Congress authorized a change in composition and size). This was the first non-human portrayal of Liberty, and the only time an eagle would appear on the cent. The obverse design was changed to an Indian Head design in 1859. Wreaths of various types appear on the reverses of both.

Several non-allegorical designs began to appear on U.S. coins in the 1850s. On the silver 3-cent coin, a six-point star appears as the central obverse design; the reverse depicts the Roman numeral III inside what resembles a large letter "C." Shields appear on the obverses of the 2-cent coin and the first copper-nickel 5-cent coin.

A Liberty Head design replaced the Shield design on the 5-cent coin in 1883. The silver dollar, abandoned in 1873 and reinstated in 1878, depicts a Liberty Head and an eagle (called the Morgan dollar).

The Seated Liberty coinage design was dusted off and placed on the short-lived 20-cent coin of 1875-78. However, the Seated Liberty design, used on most of the silver coins since 1836, was finally abandoned at the end of 1891. By this time, it was in use only on the dime, quarter dollar and half dollar, the other denominations having been repealed. It was replaced in 1892 with a Liberty Head design by Chief Mint Sculptor-Engraver Charles Barber, who also created a

Heraldic Eagle for use on the reverse of the quarter dollar and half dollar; the reverse wreath appearing on the Seated Liberty dime was maintained on the reverse of the "Barber" dime. The Barber designs were used through mid-1916 for the dime and quarter dollar, and through 1915 for the half dollar.

The first two decades of the 20th century resulted in two major design trends for U.S. coins. One, beginning in 1907, resulted in what can be called the "Golden Age of U.S. Coin Designs." The other, beginning in 1909, was the first step away from the allegorical depictions that had characterized U.S. coins since 1793 in favor of medallic tributes to prominent political figures from American history.

Flying Eagle cent

The "golden age" began with the election of Theodore Roosevelt as president of the United States. Roosevelt, best-known among non-numismatists as a vibrant president who built the Panama Canal and advocated the carrying of a "big stick," did more to improve the aesthetics of U.S. coins than any other politician since Washington. He invited Augustus Saint-Gaudens, the premier U.S. sculptor of the day, to create coin designs Roosevelt hoped would relive the beauty of ancient Greece. Saint-Gaudens submitted designs for the cent, $10 eagle and $20 double eagle. Roosevelt choose from the submissions the designs for the two gold coins: The $10 coin depicts an allegorical

Indian Head $3 gold

Liberty Head wearing an Indian headdress on the obverse, and a standing eagle on the reverse; the double eagle depicts a Standing Liberty facing the viewer on the obverse, and a Flying Eagle design for the reverse.

The Mint engraving staff, led by Charles Barber, was not happy with the hiring of outside talent, even though Saint-Gaudens' double eagle design is considered by many collectors to be the finest ever portrayed on a U.S. coin. The first $20 coins struck in 1907 feature high relief features, an artistic creation that caused problems in production. The coins required too many strikings for efficient production, so the relief was lowered later in 1907. Saint-Gaudens, who had been in ill-health for some time, was dead by this time and unable to protest the changes.

Saint-Gaudens high relief

The "golden age" continued in 1908, with new designs for the $2.50 quarter eagle and $5 half eagle by Bela Lyon Pratt: an American Indian on the obverse, and a Standing Eagle on the reverse. These were the first true Indians to appear on U.S. coins. What made the designs so unusual, however, was their placement on the coin. The designs were created in the oxymoronic "incused relief." Often incorrectly referred to as incused, the designs are raised, but sunken into the fields

Saint-Gaudens low relief

so the highest points are level with the flat fields. This design feature was criticized, with some suggesting that the "incused" portions would permit enough germs to accumulate to prove a health hazard. The experiment also did not please Barber.

In 1913, the designs for the 5-cent coin were changed. An American Indian was placed on the obverse, and an American bison was placed on the reverse. The coin, known variously as the Indian Head, Bison or Buffalo 5-cent coin (also nicknamed the Buffalo nickel), is considered the most American of U.S. coin designs because of the two themes portrayed on the coin. The Indian design appearing on the obverse is probably the finest to be placed on a U.S. coin. Three Indians, Iron Tail, Two Moons and Chief John Tree, posed for designer James Fraser, who created a composite portrait. The model for the bison was Black Diamond, a resident of the New York Zoological Gardens.

More design changes were made in 1916, when the Barber designs for the dime and quarter dollar were replaced in mid-year. The dime features a Winged Liberty Head on the obverse. The design is often called the "Mercury" dime. However, Mercury was a Roman male god with wings on his ankles who wore a winged hat, while the figure on the dime is female and wears a winged cap. The artist never intended the figure to represent Mercury. The reverse depicts a fasces.

The quarter dollar design introduced in 1916 proved controversial. The Standing Liberty figure had an exposed right breast, an anatomical feature which had also appeared on the allegorical figure of Electricity on the Series 1896 $5 silver certificate until it was replaced in 1899 with a less prurient American Indian vignette. The offending breast was covered with a coat of mail in 1917 (both varieties of the 1917 coin exist). Although many numismatic books claim there was a hue and cry over Liberty's bare breast, no contemporary evidence exists that backs that theory. The reverse depicts a Flying Eagle; its position was modified slightly in 1917 when Liberty was given additional clothing. Amusingly, correspondence between Mint officials and designer A.A. Weinman refer to changes in the placement of the eagle but apparently do not mention the unclad Liberty. The coat of mail was added very quietly. The change was illegal, since Congress did not authorize it as required by law.

Indian Head 5 cents

Peace dollar

The Walking Liberty half dollar was also introduced in 1916. The obverse depicts a Walking Liberty figure. The reverse depicts one of the most attractive eagles on a regular issue of U.S. coins.

The Peace dollar replaced the Morgan dollar in 1921, which had been briefly resurrected in 1921 (coinage had ceased after 1904). The Peace dollar commemorates the peace which followed the end of World War I. Coinage of the dollar ceased at the end of 1935 when the denomination was temporarily abandoned.

The second coinage trend to begin in the early 20th century occurred in 1909 when a portrait of Abraham Lincoln replaced the Indian Head on the cent. For the first time, a historical, non-allegorical figure was used on a circulating coin of the United States. Lincoln's 100th birthday was celebrated in 1909. His 150th birthday in 1959 resulted in the Lincoln Memorial replacing the wheat found on the Lincoln cents of 1909-58.

The trend continued in 1932, when the Standing Liberty quarter dollar was replaced with the Washington portrait on the bicentennial of Washington's birth. A portrait of Thomas Jefferson replaced the American Indian in 1938 on the 5-cent coin (the Treasury Department held a design contest), and Franklin Roosevelt's portrait was placed on the dime in 1946, a year after his death. A portrait of Benjamin Franklin was placed on the half dollar in 1948, replacing the Walking Liberty designs. Franklin was replaced in turn in 1964 by a portrait of John F. Kennedy in a numismatic tribute to the assassinated president.

In 1971, a copper-nickel dollar coin was introduced bearing President Dwight D. Eisenhower's portrait on the obverse and an allegorical figure of an eagle landing on Earth's moon, commemorating the Apollo 11 moon landing.

The Bicentennial of the Declaration of Independence in 1976 brought changes to the reverses of the quarter dollar, half dollar and dollar. The reverse of the 1976 quarter dollar depicts a Revolutionary War drummer; the half dollar depicts Independence Hall in Philadelphia; and the dollar depicts the Liberty Bell superimposed over the moon. The designs reverted to their original versions in 1977.

In 1979, a new copper-nickel dollar sized between the quarter dollar and half dollar was introduced, replacing the Eisenhower dollar. The new design depicts feminist Susan B. Anthony and a reduced version of the moon-landing design. Anthony was the first non-allegorical U.S. woman to appear on a circulating coin. The choice was not a popular one, since many collectors had hoped a reincarnation of the Flowing Hair Liberty, designed by Chief Sculptor-Engraver Frank Gasparro especially for the smaller dollar, would appear. Many letters from collectors focused on the supposed unattractiveness of Anthony, who was shown in her later years on the coin. However, those same writers apparently had never criticized the physical attributes of Lincoln (who, after all, was referred to as an ape by the press of his time, before he achieved martyrdom upon his assassination) and Washington, another of the American presidents not known for his appearance. Ironically, a descendant of Anthony was critical of an early version of Gasparro's Anthony portrait as too "pretty," and not at all indicative of the woman's strong character; Gasparro modified the design before it was placed on the coin. However, the coin did not circulate well, mainly because of its similarity in size to the quarter dollar (many found the two coins too close to each other in diameter). Poor public usage of the smaller dollar resulted in none being struck after 1981 (the 1979-80 coins were struck for circulation, and the 1981 coins were struck for collectors only).

The reintroduction of commemorative coins and the American Eagle bullion coins have brought renewed interest in coinage designs, and renewed controversy. Collectors and others have been critical of some of the designs on the commemorative coins (the two torchbearers on an early version of the 1984 Olympic $10 eagle were lampooned as "Dick and Jane running" by congressional members). Others, most notably the obverse of the 1986-W Statue of Liberty half eagle, designed by Chief Sculptor-Engraver Elizabeth Jones, have been praised.

Reusing older designs on the American Eagle coins has proven controversial. The obverse of the silver dollar depicts the Walking

Liberty half dollar obverse, enlarged for placement on the larger coin. A new Heraldic Eagle appears on the reverse.

The designs chosen for the gold bullion coins were even more controversial. Saint-Gaudens' obverse Liberty for the double eagle was chosen, but not until Treasury Secretary James A. Baker III ordered Liberty on a diet in 1986. The Mint engraver assigned to the project was ordered to reduce Liberty's apparent weight by giving her

Family of Eagles

slimmer arms and legs. Members of the Commission of Fine Arts decried the changes to what is considered a classic design. Members were also critical of the reverse, a Family of Eagles design by Dallas sculptor Miley Busiek. The legislation authorizing the gold coins mandated the Busiek design. Busiek had been an untiring champion of her design, which shows two adult eagles and two younger birds. She lobbied in Congress and the Treasury Department for months in a politically successful attempt to have her design placed on the bullion coins. She says the design reflects the values of the American family.

Currently, hobbyists and others are calling for new designs on circulating coins, which the Treasury Secretary may change without congressional approval after they have been in use 25 years. The 25-year limitation was placed on the coinage system in the Act of Sept. 26, 1890. Until then, there were no limitations concerning the life of a coin design. This act is now a part of Title 31 of the U.S. Code.

For decades, Mint officials have publicly opposed changes to U.S. coinage designs, stating that to change coinage designs would cause hoarding of the old designs, thus generating a coinage shortage. However, that policy briefly changed in April 1988 when Mint Director Donna Pope, appearing before the Senate Banking Committee, reported that the Treasury had no major objections to a bill calling for the redesign of all circulating U.S. coins. However, since then Treasury has dropped any support it had for coinage redesign.

Congress has split over the redesign issue. The Senate has supported the measure for years, having passed redesign legislation more than a half dozen times. Redesign advocates found a champion in Sen. Alan Cranston, D-Calif. Cranston made the coinage redesign issue his last great issue. He retired at the end of the 102nd Congress at the end of 1992.

The House of Representatives, however, has long opposed coinage redesign as unnecessary and unwanted by a majority of the American public. Again and again the House voted down redesign legislation. At one point in early 1992, it appeared as though the Senate and House had reached agreement on coinage redesign. The measure was added to an omnibus coin bill seeking a variety of commemorative coins for 1992 and beyond. However, on the day the vote was scheduled, someone began spreading the false rumor that the legislation would eliminate "In God We Trust" from U.S. coinage. The House defeated the bill because of the false rumors. Coinage redesign died in the 102nd Congress and was a non-issue in the 103rd Congress when this book went to press.

Specifications

The physical specifications of U.S. coins — metallic content, weights, diameters — have been ever changing. Changes were in response to increases and decreases in metal prices; public rejection of large-diameter coins; and other factors.

Even before the first copper coins were struck in 1793, their weights were reduced under the Act of May 8, 1792. The modified weights are 6.74 grams for the half cent, and 13.48 grams for the cent (weights are given in grams for modern convenience; the early coinage laws specified the weights in grains). Weights for both copper coins were reduced in 1795, to 5.44 grams for the half cent, and to 10.89 grams for the cent.

The 1794-95 silver coinage was struck in a composition of 90 percent silver and 10 percent copper, according to some sources. When additional silver denominations were added in 1796, the composition for all five coins was changed to 892.427 silver and 107.572 copper, until additional change came in 1836-37.

Composition of the first gold coins is 916.667 gold and 83.333 copper and silver.

The only changes made to U.S. coins from the first decade of the 19th century and 1834 were to the designs. Then, on June 28, 1834, the weight of gold coins was reduced and the alloy changed for two years to 899.225 percent gold and 100.775 copper and silver. In 1836, the gold alloy was changed again, to 90 percent gold and 10 percent copper and silver, an alloy unchanged until 1873. Changes were made to silver coins in 1836 as well, when the silver content was changed to 90 percent silver and 10 percent copper, an alloy used until the mid-1960s.

The rising price of silver resulted in a reduction in weights for the silver coins during 1853 (except for the silver dollar). Arrows were added to both sides of the dates on the reduced weight half dimes, dimes, quarter dollars and dollars, a design feature used for 1853-54. The arrows were removed in 1855 although the weights of the silver coins remained the same.

Major changes were made to the country's copper coinage in 1857. The half cent was eliminated and the large copper cent was replaced with a smaller cent composed of 88 percent copper and 12 percent nickel (Act of Feb. 21, 1857). Diameter of the old cent is approximately 29 millimeters; the new cent has a diameter of 19mm.

The weights of the Seated Liberty silver coinage increased in 1873, and once again arrows were placed at either side of the date to signify the increased weight. Also, silver was dropped from the gold-coin alloy, which changed to 90 percent gold and 10 percent copper.

Arrows signify change

The next major changes in U.S. coins were made during World War II. At the beginning of the United States' entry into World War II, several metals used in coinage became critical. The first to be affected was the 5-cent coin, which had nickel removed in mid-1942 after some copper-nickel specimens were struck. The new composition was 56 percent copper, 35 percent silver and 9 percent manganese. The old alloy was resumed in 1946.

Also during the war, the composition of the cent changed. First, tin was removed late in 1942. Then, in 1943, a zinc-plated steel cent was introduced to conserve copper. The brass alloy of 95 percent copper and 5 percent zinc was resumed in 1944 through 1946. The 95 percent copper, 5 percent tin and zinc composition resumed in 1947 and continued until late 1962. Once again, tin was removed from the bronze alloy, turning the alloy into the same composition, called brass, used in 1944-46.

The 175-year-old history of United States coinage was changed with the stroke of a pen on July 23, 1965. On that day President Lyndon Johnson signed into law the Coinage Act of 1965, the most sweeping changes to the U.S. coinage system since the Mint Act of 1873. The 1965 act eliminated silver in dimes and quarter dollars and reduced the silver content of the half dollars to 40 percent.

Special congressional hearings relative to the nationwide coin shortage were first held in 1964. Coin shortages had continually worsened in the decade prior to 1965 as a result of the population growth, expanding vending machine businesses, popularity of Kennedy half dollars and the worldwide silver shortage.

In the face of the worldwide silver shortage, it was essential that dependence on silver for coinage be reduced. Otherwise the country would be faced with a chronic coin shortage.

As a result of studies conducted by both the Treasury and the Battelle Memorial Institute, a clad metal composed of three bonded layers of metal bonded was selected for the new composition. Battelle tested various alloys to determine their suitability for coinage. (Battelle is a Columbus, Ohio-based company which specializes in high-tech experimentation and research.)

Zinc-plated steel cent

The dimes and quarter dollars were composed of two layers of 75 percent copper and 25 percent nickel bonded to a core of pure copper. The half dollars were composed of two layers of 80 percent silver and 20 percent copper bonded to a core of approximately 20 percent silver and 80 percent copper, such that the entire coin is composed of 40 percent silver.

The combination of copper-nickel and copper gave the new coins the required electrical conductivity, a necessary property for vending machines. The copper-nickel surfaces also continued the traditional silvery color of the coins and would be much harder to counterfeit.

The legal weights of the coins were affected by the change in alloy. The new clad dime weight is 2.27 grams, the quarter dollar weighs 5.67 grams and the half dollar weighs 11.5 grams. With the elimination of silver from half dollars in 1971 and the introduction of a copper-nickel clad version, the weight was changed to 11.34 grams. The cladding of all coins constitutes approximately 30 percent of the coin by weight.

At first all of the strip (coinage metal rolled out into the proper thickness) was produced at the Olin Brass Division of Olin Mathison Chemical Corp. in East Alton, Ill. From there it was shipped to the U.S. Mints at Philadelphia and Denver and to the San Francisco Assay Office. As time had passed and the Mints built new facilities, more and more of the cladding was produced at the Mints. However, the Mint currently buys all strip from outside manufacturers. Mint officials claim it is more efficient and less expensive to do so. In addition, the Mint buys some of its planchets from private contractors, including all of the copper-plated zinc cent planchets and all of the precious metal planchets for special programs.

In an effort to maximize coin production, 1964-dated silver coins were struck into 1965. The Coinage Act of 1965 also made it mandatory that clad coins be dated not earlier than 1965. All clad coins actually made in 1965 bear that date. The first clad dimes were struck in late December 1965 and were released March 8, 1966. The first clad quarter dollars were struck Aug. 23, 1965, and released Nov. 1, 1965. The first silver-clad half dollars were released March 8, 1966, but were struck starting Dec. 30, 1965. The 1965 date was retained until July 31, 1966, when the date was changed to 1966. Normal dating resumed Jan. 1, 1967.

The last great compositional change to U.S. circulating coinage came in mid-1982, when the brass cent was replaced with a cent of nearly pure zinc, plated with a thin layer of pure copper to retain its copper appearance. Rising copper prices were the cause. The switch over to the copper-plated zinc cent was made with few noting the difference.

When the American Eagle bullion coins were introduced in 1986, some numismatists were critical of the .9167 gold content, a composition they deemed "non-traditional"; there was some preference for a .900 gold content. However, the chosen composition is virtually identical to the alloy first used for U.S. gold coins, from 1795 to 1834. A new silver composition was introduced with the production of the .999 fine silver American Eagle dollar.

The Treasury Secretary now has authority under a change in the law in 1992 to change the composition of the coin without seeking congressional approval. The coin has slipped in the standing, compared to sales of gold bullion coins of other countries. Serious consideration is being given to issuing a .9999 fine gold American Eagle bullion coin in order to sell better than the current composition.

Future changes in the specifications of U.S. coins will depend on metals markets and politics. Legislation seeking a palladium commemorative coin honoring six Western states found little support in Congress and even less support in the numismatic community and the U.S. Mint as a non-traditional coinage material.

Mint officals experimented with ring bimetallic experimental pieces in early 1993. The coins — consisting of an outer ring of one metal bonded to an inner ring of another, different-colored metal — are being used in circulation by several countries.

A gold-colored, nearly pure copper dollar is being promoted by some. A Federal Reserve official testified in 1992 favor of such a dollar coin and the elimination of the $1 Federal Reserve note. Government studies have shown that a dollar coin would circulate extensively only if the $1 Federal Reserve note were withdrawn from circulation. Those same studies also showed public opposition to eliminating the paper dollar.

*T*HE United States Mint built in Philadelphia in 1792 has the distinction of being the first building constructed by the federal government. The importance of a federal coinage was widely recognized by national leaders following the ratification of the Constitution. The newly elected president, George Washington, had spoken about coinage issues and the need for a national Mint in his first three addresses to Congress, in 1789, 1790 and 1791. Congress passed a resolution March 3, 1791, saying, "That a Mint shall be established under such regulations as shall be directed by law." That law came a little more than a year later, with passage of the Mint Act of April 2, 1792, the same legislation which set denominations, specifications and legal tender status for the first U.S. coins. The Mint Act specified, "That a Mint for the purpose of a national coinage be, and the same is established; to be situate[d] and carried on at the seat of the Government of the United States, for the time being. ..."

The 1792 Mint Act also specified which officials would be required to conduct operations at the Mint, including the chief position, that of Director. David Rittenhouse, widely considered America's top scientist at the time, was selected as the nation's first Mint Director. He became Director in April 1792, and wasted little time in beginning construction of a new Mint. Rittenhouse laid the foundation stone of the new Mint at 10 a.m. July 31, 1792. Construction moved promptly, with the building completed Sept. 7. However, much of the minting equipment was beyond the capabilities of America, and had to be ordered from abroad.

The first U.S. coins struck under the provisions of the Constitution were the 1792 half dismes. (The act called for half dismes and dismes, and those

First Philadelphia Mint

spellings appear on the 1792 pieces. By the time coinage of both denominations began in earnest several years later, the "s" was dropped from the spelling.) Research by numismatist Walter Breen indicates the 1792 half dismes were struck outside of the Mint facility on presses newly arrived from Europe. The striking of coins within the walls of the Philadelphia Mint for circulation began in 1793, with copper half cents and cents. Silver and gold coins followed.

The first Philadelphia Mint was primitive by modern standards. The presses were hand-operated, with the other equipment powered by human or horse. The typical coining press in use at the Mint was the screw press, powered by human muscle. One person removed planchets from the bottom die by hand and another planchet was placed on the die by an early feed system, two other men grasped ropes tied to the two arms of the press and pulled quickly, causing the upper die to descend and strike the coin (and an occassional finger). The first steam-powered equipment was installed June 24, 1816. Steam powered the machines that rolled the coinage metal to the proper thickness, and the punch press used to produce planchets. Further mechanization came in 1833, when the second Philadelphia Mint was opened. The man-powered screw presses were replaced with steam-powered coining presses. Other equipment was also mechanized.

The growth of the United States Mint was linked to the westward expansion of the nation. Despite the improved output of the second Philadelphia Mint, by the mid-1830s additional coining facilities were needed. Gold discoveries in the Appalachian Mountains triggered America's first gold rush.

To meet the growing coinage needs of an ever-expanding country and population, Congress authorized the first branch Mints in 1835: Dahlonega, Ga.; Charlotte, N.C.; and New Orleans. All the Southern branch Mints opened for coining in 1838. The Dahlonega and Charlotte Mints were never prolific; they struck gold coins only, generally in smaller numbers than struck at Philadelphia. The New Orleans Mint was a better match for the Philadelphia Mint, striking both silver and gold coins.

Meanwhile, eyes turned toward California. William Marshall's discovery of gold on the American River in 1848 triggered the biggest gold rush in U.S. history. Ever larger numbers of men with visions of unlimited wealth undertook the hazardous journey. California became a state in 1850; the population grew, as did the need for coinage. However, the closest Mint was in New Orleans. A number of private mints sprang up in California, striking native gold and fulfilling a need for coinage the U.S. Mint was unable to fill. Congress authorized the San Francisco Mint in 1852. It began operations in 1854, striking both silver and gold coins.

Old San Francisco Mint

Denver Mint in 1962

Even as thousands moved West to seek their fortune, the nation moved ever closer to war. California had entered the Union a free state, without slavery, the result of the Compromise of 1850. However, the Compromise only postponed the inevitable. The sectional troubles that had been tearing the country apart for decades burst into full, horrible bloom with the election of Abraham Lincoln as president in 1860. One by one, the Southern states seceded from the Union. As Louisiana, Georgia and North Carolina left the Union, the federal Mints in those states changed hands. There was no need for Southern troops to use force to capture the facilities; the majority of Mint officials and employees at the three facilities were sympathetic to the Confederate cause. All three facilities struck small quantities of coins in early 1861, the New Orleans facility even striking four half dollars with a special Confederate design on one side. However, coinage at all three Mints ended in 1861 due to dwindling resources. The Dahlonega and Charlotte Mints never reopened following the war; however, New Orleans resumed coining activities from 1879 to 1909.

Other gold and silver discoveries in the West, particularly in Nevada and Colorado, triggered the need for additional Mints.

The private Clark, Gruber & Co. mint in Denver was purchased by the Federal government in 1863 and extensively remodeled. Although officially designated a branch Mint, it served instead as an Assay Office. A new Mint was built in Denver at the turn of the century, opening for coining in 1906. Denver has struck coins of all alloys: copper, copper-nickel, silver and gold.

The Carson City Mint in Nevada opened in 1870 and closed in 1893. Carson City struck silver and gold coins only.

The San Francisco Mint closed after striking 1955 coinage; its presses no longer needed to keep up with the national demand for coinage. Congress revised its status in 1962, naming it the San Francisco Assay Office. However, a coin shortage struck the country and in 1965 the Assay Office resumed striking coins. The facility regained Mint status in 1988.

Currently, there are four federal Mints in operation in the United States. The Philadelphia Mint strikes all denominations of coins for circulation and some collectors' coins; the Chief Sculptor-Engraver and engraving staff work there; and the Mint produces all coining dies used at all four Mints. The Denver Mint is in its original 1906 building, although there have been recent additions; it, too, strikes a combination of circulation issues and collectors' coins. The San Francisco Mint is in its third building, opened in 1937; today, it strikes coins for collectors only, although in recent years it has struck coins for circulation. The West Point Mint is the newest facility, having gained Mint status in early 1988; previously, it had been the West Point Bullion Depository (opening in 1938) although its coining facilities have been used since 1974. West Point is currently used only for collectors' programs and bullion coins although it has struck coins for circulation in the recent past. All gold bullion and commemorative coins are struck at West Point. A special 1996-W Roosevelt dime was struck West Point to commemorate the 50th anniversary of the coin's introduction. It was included at no extra charge in 1996 Uncirculated Mint sets.

History of Mint marks

A Mint mark on a United States coin is a small letter (or letters) placed on the field (the flat, featureless areas surrounding the designs and lettering) of the coin to show which Mint manufactured it. Mint marks on U.S. coins were authorized by the act of March 3, 1835.

Mint marks:

C for Charlotte, N.C., (gold coins only), 1838-1861
CC for Carson City, Nev., 1870-1893
D for Dahlonega, Ga. (gold coins only), 1838-1861
D for Denver, Colo., 1906-present
O for New Orleans, La., 1838-1861; 1879-1909
P for Philadelphia, Pa., 1793-present
S for San Francisco, Calif., 1854-1955; 1968-present
W for West Point, N.Y., 1984-present

With one four-year exception, U.S. coins struck at the Philadelphia Mint bore no Mint marks until 1979. The initial use of the "P" on a U.S. coin appears on the Jefferson, Wartime 5-cent coins, struck from 1942 to 1945 in a silver alloy. The "P" Mint mark on these issues was designed to distinguish the silver alloy issues from regular copper-nickel 5-cent coins.

With the passage of the Coinage Act of 1965, which gave the United States copper-nickel clad coinage, Mint marks were not used on coins dated 1965 through 1968. The move was designed to help alleviate a coin shortage by removing the distinction between coins struck at branch Mints and those struck in Philadelphia so collectors could not determine which were the more limited strikes.

With the announcement Jan. 4, 1968, that Mint marks would return to coins, Mint Director Eva Adams made several changes in Mint mark application. First, to achieve uniformity, she directed that all Mint marks be placed on the obverse. Second, she announced Proof coins would be manufactured at the San Francisco Assay Office with an "S" Mint mark. Previously, all Proof sets were produced at Philadelphia and had no Mint mark, except for some 1942 5¢ coins.

Mint marks were again omitted from certain U.S. coins when cents were struck at the West Point Bullion Depository in 1974 and later, and when dimes were struck in San Francisco in 1975.

Major changes were made in Mint mark policy beginning in 1978. Mint officials in 1978 announced that the 1979 Anthony dollar would bear the "P" Mint mark for Philadelphia business strikes. The list of coins to bear the "P" Mint mark grew in 1980, when all other denominations but the 1-cent coin received the new Mint mark.

A new Mint mark, "W," was established in September 1983, when the West Point Bullion Depository (now the West Point Mint) began striking 1984-dated $10 gold eagles commemorating the Los Angeles Olympic Games.

Additional changes were placed into effect beginning in 1985 to forestall Mint mark errors, when the Mint mark was placed on the master die instead of the working dies for all Proof coinage. In 1986, Mint officials decided to add the Mint mark on all commemorative and Proof coins at the initial model stage. Thus, on these special collectors' coins, the Mint mark appears on all stages of models, hubs and dies.

In 1990, Mint officials decided to add the Mint mark at the master die stage for coins intended for circulation. The cent and 5-cent coins underwent the change in procedure in 1990, with the remaining denominations following in 1991.

*T*HE various coining facilities of the United States Mint are factories, whose products happen to be coinage of the realm. Like any other metal-working factory, the U.S. Mint has a variety of presses, engraving and reducing machines and metal-working equipment.

Like any metal product, coins don't "just happen." A number of intricate steps must be taken, from the preparation of the raw metal used in the coins to the striking of the coins. And before the coins can be struck, dies must be produced.

The dies used for striking coins start out as an approved sketch in the Engraving Department at the Philadelphia Mint. The sculptor-engraver makes a plasticene (modeling wax) model in bas-relief (with the design portions raised above the surface of the coin) from the sketch. The model will be anywhere from three to 12 times as large as the finished coin. Next, a plaster-of-paris negative is cast from the model. The negative is touched up and details are added. Then a plaster-of-paris positive is made. The positive is used as the model to be approved by the Mint Director and the Secretary of the Treasury if a new design is being created.

When final approval is received another negative is made and a hard epoxy positive model is prepared. The epoxy model replaces the copper galvano (a large metallic version of a coinage design from which the design was traced and cut into the hub) once used by the U.S. Mint.

The completed epoxy model is then mounted on a Janvier transfer engraving machine. This machine cuts the design into soft tool steel — tracing the exact details of the epoxy model — and produces a positive replica of the model called a "hub." The hub, which is the exact size of the coin, is then

Janvier reducing machine transfers image from large
epoxy model at right to coin-sized steel hub at left

heat treated to harden it and is placed in a hydraulic press. The hub
is slowly pressed into a blank piece of soft die steel until a negative
replica is made, called a master die. The original hub is stored in a safe
place to ensure against loss of the original reduction.

Working hubs are made from the master die in the hydraulic
press in the same way as the original, master hub. Working dies are
made from the working hubs in the same way. A blank piece of soft
die steel is impressed with the working hub, an act which hardens
the metal.

The number of impressions of hub into die or die into hub to fully
form a usable image depends on the equipment in use. At the
Philadelphia Mint, where older machinery is used, two to three
cycles are required to properly impress all details into the steel blank,
and annealing (heating the dies between hubbings to soften them to
make the hubbing easier) is usually needed between hubbings. At the
Denver Mint, where a new die shop (the first there) went into
operation May 13, 1996, newer equipment permits single-impres-
sion hubbing, with the complete image formed during one impres-
sion of die into hub.

Mint marks — found on all U.S. coins since 1980 but the Lincoln
cent struck at the Philadelphia Mint — are added at various stages

of the die-production process. Traditionally, Mint engravers have placed the Mint mark by hand on each of the thousands of working dies. That is no longer the case. Beginning in 1990, the Mint began placing the Mint mark on the master die for the cent and 5-cent coin. The other denominations — dime, quarter dollar and half dollar — followed in 1991. Doing so lessens the possibility of producing Mint mark errors and varieties. Mint marks on commemorative coins and Proof coins are placed at the initial modeling stage.

Modern United States coins have their beginnings in the private sector, where a number of companies produce some coinage blanks and planchets and all coils of strip metal the Mint purchases. Blanks and planchets represent the same product at different stages of production: the unstruck, circular pieces of metal that become coins when struck between the dies. The Mint produced its own strip metal as late as Fiscal Year 1982 at the Philadelphia Mint, but the operations were closed officially in Fiscal 1983. The Mint still produces some of its coin blanks and planchets.

In preparing the raw metals used in coining, the coinage metals are assayed, melted and formed into slabs which are then rolled to the proper thickness. For clad coinage, bonding operations are required to bond the two layers of copper-nickel to the core of pure copper. The strip is then coiled and shipped to the Mint for blanking.

Blanks are unfinished planchets that haven't been through all of the processing steps necessary before they can be struck into coins. Once a blank has been through all of the processing steps, it becomes a planchet and is ready to be struck.

Blanks are produced on blanking presses, which are simply punch presses similar to those found in any machine shop. They have a bank of punches (or rams) which travel downward through the strip of coinage metal and into a steel bedplate which has holes corresponding to the punches. The presses punch out blanks each time the punches make their downward cycle. The blanks made at this stage are slightly larger than the finished coins. Because of the shearing action of the punches, the blanks have rough edges. Most of the rough edges (or burrs) are removed during succeeding operations.

The blanks are next passed over sorting screens which are supposed to eliminate all of the defective pieces. Thin and incomplete blanks will fall through the screens. Rejected blanks are remelted.

During the finish rolling and blanking press operations the blanks have again been hardened and must now be softened.heated to controlled temperatures, approximately 1400 degrees Fahrenheit, changing their crystal structure to a softer state. Planchets are "frozen" into that state by a water quench bath. The annealing process prolongs the life of the coining dies by ensuring well-struck coins with lower striking pressures.

Despite a protective atmosphere, annealing causes some discoloration on the surfaces of the blanks which must be removed. The blanks are tumbled against each other and passed through a chemical bath. Then they are dried by forced hot air. Many of the blanks' next stop is an upsetting mill. (The Mint no longer finds it necessary to upset the rims of 5-cent blanks.)

The upsetting mill consists of a rotating wheel with a groove on its edge. The grooved edge of the wheel fits into a curved section (or shoe) which has a corresponding groove. The distance between the wheel and the shoe gets progressively narrower so that, as the blank is rolled along the groove, a raised rim is formed on both sides of the blank. This raised rim serves several purposes. It sizes and shapes the blank for better feed at the press and it work-hardens the edge to prevent escape of metal between the obverse die and the collar.

The blanks are now planchets and are ready to be struck into coins on the Mint's coining presses.

A new prototype inspection system underwent testing at the Denver Mint in 1996. Planchets are carried along a conveyor belt beneath electronic sensors that reject substandard pieces. Both sides of the

Die being polished for a Proof coin

planchets are examined. A *Coin World* staff member examining planchets rejected by the prototype was amazed at how well the machine caught even minor imperfections.

Coining presses are designed for any denomination of coin. Dies and collars are interchangeable and striking pressures are adjustable for the various denominations and metals. A circular piece of hardened steel forms the collar, which acts as the wall of the coining chamber, and one die forms the bottom. The dies impress the various designs and devices on the obverse and reverse for the coin while the collar forms the edge of the coin, flat and smooth on cents and 5-cent coins and reeded on the larger denominations. The collar, which is five-thousandths of an inch larger in diameter than the dies, is mounted on springs which allow slight vertical movement.

Generally, the reverse die is the lower (or anvil) die while the obverse die is the upper (or hammer) die; however, there are exceptions, and on some presses, the dies are mounted horizontally so that they move parallel to the floor. Still, the terms anvil die and hammer die are appropriate.

Planchets are fed by gravity from a basin attached to the press through a cylindrical tube. This tube stacks 20 or so planchets. From this stack the bottom planchet is fed into the press by one of several feed devices.

One device is called the feed fingers: two parallel pieces of metal joined in such a way that they can open and close; on one end of the two pieces is a covered recessed slot and in the center is a hole. A second device is a dial feeder: a circular piece slotted with holes which transport the planchets to the coining chamber and then transport the newly struck coin from the dies.

No matter which feed device is used, the coining process is same. The anvil die at this point is stationary. As the hammer die moves toward the anvil die it impresses the designs of both sides into the planchet and then completes its cycle by moving upward to its original position. On presses using the dial feeder, the dial remains stationary so that the hole transporting the planchet remains centered over the anvil die, with the hammer die passing through the hole to strike the coin. Now the anvil die starts to move above the collar, actuated by an eccentric cam, raising the struck coin out of the coining chamber. Depending on the feeder system used, one of two things happens.

As the anvil die moves, about the same time the feeder fingers, in a closed position, start to move forward with a planchet lying in the center hole. At this time the anvil die reaches the top of its cycle, the recessed slot (ejection slot) slides over the struck coin, and pushes the coin away from the coining chamber. The feed fingers have completed their forward movement and now the center hole is moving towards the coining chamber. Having imparted movement to the struck coin, that coin continues onward until it hits a shield which deflects it into the struck coin hopper. The feed fingers open, allowing the planchet to fall into the coining chamber. Then the feed fingers reverse direction to return to their original position.

On presses using a dial feeder, the struck coin is pushed back up into the hole that had carried the planchet; the dial rotates, moving the coin away from the coining chamber while the next hole drops a new planchet onto the lower die. The cam action now causes the lower die to move to its stationary position.

Presses fed by dial feeders have sensors that automatically stop the press if a planchet is mispositioned, of the wrong size or incomplete, or is completely missing. The Denver Mint especially has good use of this feature to largely eliminate many of the error coins that entice collectors.

Frequently, while a press is in operation, the press attendant will pick up a finished coin for inspection to catch some of the remaining varieties and errors that arre still produced. The inspector examines the coin under a magnifier and it reveals any defects made in the die during operation. Another attempt is made to prevent improperly shaped coins from reaching circulation by passing them through a second riddler.

Throughout the minting process, computers track such statistics as the productivity of each press operator, any repairs to a coining press, quantities of coins struck per press, plus installation, movement and destruction of the dies.

After the coins have been struck they are ready for a final inspection. After passing the inspection, they are counted automatically by machines, weighed and bagged or boxed. The bags are sewn shut and the boxes shut. The coins now are ready for shipment from the Mint to the Federal Reserve Banks or private money-handling firms like Brinks for distribution.

*E*RROR COIN collecting found a resurgence in 1995 following the discovery of the 1995 Lincoln, Doubled Die cent.

The coin appeared without warning in *Coin World's* offices at the end of February, sent in by Connecticut collector Felix Dausilio, who correctly identified it as one of the most popular of error-variety coins: the doubled die. The word LIBERTY was strongly doubled, as was IN GOD WE in the motto. (The mechanism by which doubled dies are produced is explained later in this chapter.) It was the first significant doubled die to enter circulation in more than a decade, since 1983 and 1984 doubled die cents were struck.

The announcement of the coin's discovery in *Coin World's* March 13, 1995, issue swept through the coin collecting community like a firestorm. For years, the hobby's leaders, lamenting the lack of collectible coins in circulation, had hoped for another good doubled die coin to stimulate interest in a hobby that found itself competing for Americans' leisure time with other hobbies and activities.

Coin World's editors, believing the news of the coin's discovery should be spread outside of the coin collecting community, contacted the general media with the story, prompting what one error-variety leader termed the greatest, quickest publicity any coin has ever received. Thanks to *Coin World's* efforts, the discovery made international headlines, including a Page One story in *USA Today*, and was the topic of radio talk shows as far distant as South Africa.

Once the news spread, large quantities of the coin began to be discovered. Specialists believe that from a half million to more than a million of the doubled die cents were struck, ensuring sufficient supplies for generations of collectors to come. And while values for the coin dropped as supplies increased, a growing number of specialists agreed that the coin is a major variety that is deserving of all the attention it has received.

What is an error coin? An error coin deviates from the norm as a result of a mishap in the minting processes; in effect, an error represents a "substandard" product of the Mint. However, some collectors prefer these items over normal coins.

Values for error coins depend on the same factors affecting normal numismatic merchandise: supply, demand and condition. Errors are in very short supply when compared to total mintages. However, error collectors represent a fraction of the total number of collectors, so demand is less for most items. Some error coins, such as the 1955 Lincoln, Doubled Die cent, because of publicity and dealer promotion, cross over and become popular with general collectors; thus, demand is higher for a fixed supply, and values are correspondingly higher. Condition is important, although error collectors seem less concerned with "perfection" than other collectors.

Rare does not necessarily mean great value. Many error coins struck in small quantities are available for a few dollars. Even errors which are considered unique are often available for several dollars. Sometimes, many persons not familiar with errors, including some dealers, place uncharacteristically high values on error coins. In fact, some coin dealers began charging higher-than-average prices for 1995 cents containing what are generally considered minor errors and varieties, all because of the attention paid to the 1995 Doubled Die cent. Some dealers, particularly in the error-variety field, were critical of the pricing practices of those other dealers.

Any discussion of error coins must include a discussion of varieties. A numismatic variety is defined as the difference between individual dies (for example, the difference in the placement of the four digits of the date may differ from die to die, making each die a different variety). Among the coins considered varieties are such coins as the 1955, 1972 and 1995 Lincoln, Doubled Die cents, and the 1937-D Indian Head, Three-Legged 5-cent coin.

Error and variety coins can be found in circulation, unlike many other collectors' items. Some collectors go to banks and obtain large quantities of coins to search through; coins not bearing errors are returned to the bank. Many errors, particularly of the minor classification, can be discovered simply by going through pocket change and wallets. All it takes are sharp eyes and a knowledge of what to look for.

Many error collectors are adept at what they call "cherry picking." They use their superior knowledge of errors and varieties when going through a dealer's stock to obtain scarcer pieces at prices less than what a specialist might charge.

Some of that knowledge comes from a clear understanding of the minting process. The minting of a coin is a manufacturing process, and should be fully understood by anyone interested in collecting and studying error coins (see **Chapter 11, "How coins are made"**). Many forms of alteration and damage received outside the Mint resemble certain types of errors, but none precisely duplicate genuine Mint errors. Collectors who understand the minting process should be better able to distinguish between errors and damage and alteration.

The following section presents error coins in three parts: **die errors, planchet errors** and **striking errors.** Our categorization of error types may differ from other specialists. Die errors are those produced due to a mishap involving the die or hub. Planchet errors are the result of defective or improperly selected planchets. Striking errors are created during the actual coining process.

Die errors

BIE: The term commonly used for minor errors affecting the letters of the word liberty on Lincoln cents. A small break in the die between the letters, especially BE, often resembles the letter I, hence the BIE designation. Such errors are much more common on the coins of the 1950s and early 1960s than more recent issues. Collectors tend to be less interested in such errors in the 1990s than they were 20 years ago, although interest picked up in 1995 when the discovery of the 1995 Doubled Die cent prompted collectors to closely examine their cents, resulting in the discovery of many BIE cents and other minor varieties and errors.

Clashed dies: When during the striking process two dies come together without a planchet between them, the dies clash (come into direct contact). Depending on the force with which the dies come together and the nature of the designs, a portion of the obverse design is trans-

Clashed dies

ferred to the reverse, and a portion of the reverse is transferred to the obverse. Coins struck from the clashed dies will show signs of the transferred designs. Although the cause of this type of error occurs during the striking process, the die is affected; thus it is considered a die error.

Die breaks, chips, cracks, gouges, scratches: Dies, like any other piece of steel, are subject to all sorts of damage. Any incused mark on the die leaves raised areas on coins. Breaks and cracks are similar, appearing on coins as raised lines. A die break affects a larger area than the die crack, and breaks often result in pieces of the die falling out. A die chip occurs when a small portion of the die breaks away, while gouges and scratches generally occur when a foreign object scores the surface of the die.

Die crack

Major die break

A major die break is often though misleadingly referred to as a "cud." It occurs when the die breaks at the rim and a piece of the die falls out of the press. The metal of coins struck from that die flows up into the missing area, resulting in a raised blob of metal bearing no image; these are nicknamed "cud" errors. The side of the coin opposite the raised blob is often weak and indistinct; this is because metal flows along the path of least resistance, flowing into the broken area and not the recesses of the other die. A retained major die break occurs when the die breaks at the rim, but the piece does not fall out. Coins struck from these dies show the break, but also depict the image inside the break.

Doubled dies: If during the hubbing and die making process, a misalignment between hub and partially completed die occurs, overlapping, multiple images may appear on the die. Coins struck from the die will show the overlapping images, like the doubled LIBERTY on the 1995 Doubled Die cent. Die doubling on coins with raised designs feature a rounded second image; on coins with incused designs, the second image is flat and shelf-like. At the corners of the

Doubled die

overlapping images are distinct "notches" on coins with raised designs. A tripled or quadrupled die is caused by the same misalignment, but bears a tripled or quadrupled image.

Engraving varieties and errors: While more common on the dies of the 18th and 19th centuries, engraving errors and varieties have been made on modern dies. On the earlier dies, numerals and letters were often repunched to strengthen the design, punched in upside down or otherwise out of alignment, and sometimes, wrong letters or numbers were punched into the die. On more modern dies, engraving errors include the use of the wrong size Mint mark by mistake and Mint marks placed too close to design elements or too far from their intended locations. Other "engraving" errors, discussed in separate sections, include doubled dies, overdates and multiple Mint marks.

Misaligned dies: Although one side of the coin appears to have been struck off-center, it is not a striking error. A misaligned die occurs when one die is horizontally displaced to the side, causing only a partial image to appear on that side of the coin. However, unlike the off-center coin which it resembles, only one side is affected. The other side is normal. Some specialists classify misaligned dies as striking errors.

Overdates: When one or more numerals in the date are engraved, punched or hubbed over a different numeral or numerals, both the original date and the second date can be seen. Modern hubbed examples include the 1943/2-P

Overdate

Jefferson 5-cent coin and the 1942/1 Winged Liberty Head dime (both are also doubled dies). The traditional, pre-20th century overdate occurred when one date was punched over another date, as on the 1818/5 Capped Bust quarter dollar.

Over Mint marks: A form of repunched Mint mark, but when punches of two different Mints are used. Examples include the

1944-D/S Lincoln cent and the 1938-D/S Indian Head 5-cent piece.

Polished dies: Mint employees polish dies to extend their working life and to remove such things as clash marks, die scratches, dirt and grease. If the die is polished too much, details may be erased, or small raised lines may appear on the coins. Most over-polished errors have little value, but there are exceptions, including the 1937-D Indian Head, Three-Legged 5-cent coin.

Polished die

Repunched Mint marks: Mint marks were punched into each individual working die (for coins issued for circulation) by hand with mallet and punch until changes were mmade to the process in 1990-91 (see **Chapter 11, "How Coins Are Made,"** and **Chapter 10, "Mints and Mint marks,"** for details).

Over Mint mark

Under the old system, several blows to the punch were needed to properly sink the Mint mark into the working die. If the punch was not properly placed after the first blow, a multiple image may have resulted. These are known as doubled D and doubled S Mint marks, for the Denver and San Francisco Mints.

Rotated dies: Most U.S. coins have the obverse and reverse sides oriented so each side is upright when rotated vertically. The alignment between the two is 180 degrees. However, if the dies are aligned at anything other than 180 degrees, the dies are considered rotated. Coins rotated 5 degrees or less are considered within tolerance by the Mint. Some specialists consider rotated dies to be striking errors since the die's face is unchanged.

Worn dies: Dies have a limited life, based on the hardness of the coinage metal being struck and the striking pressures involved. When a die wears beyond a certain point, details around the rim tend to flow into the rim, while other details weaken. The surface of the die becomes scarred, as if heavily polished. Coins struck from worn dies rarely have collector value as die errors.

Planchet errors

Alloy errors: All U.S. coins are produced from alloyed metals, mixed when molten to strict specifications. If mixed incorrectly, the metals may cool in non-homogeneous form, with streaks of different metals appearing on the surface of the coin.

Damaged planchets: Planchets are subject to various sorts of damage, including cracks (not to be confused with die cracks), holes and major breaks. (A planchet is unstruck metal that when struck between coining dies, becomes a coin.)

Damaged planchet

Fragments, scrap struck: Small pieces of coinage metal - fragments and scrap left over from the blanking process - sometimes fall between the dies and are struck. Fragments must be struck on both sides and weigh less than 25 percent of a normal coin's weight to qualify as a struck fragment. Planchet scrap is generally larger than a fragment, and usually has straight or curved edges as a result of the blanking process.

Incomplete planchets: Often, though erroneously, called a "clip," an incomplete planchet results from a mishap in the blanking process. If the planchet strip does not advance far enough after a bank of punches rams through the metal, producing planchets, the punches come down and overlap the holes where the planchets were already punched out.

Struck fragment

Where the overlapping takes place, there is a curved area that appears to be "missing" from the planchet. The word "clip," commonly used, suggests a piece of the planchet was cut off, which is not the cause of the incomplete planchet. "Clip," when properly used, refers to the ancient process of cutting small pieces of metal from the edges of

Incomplete planchet

precious metal coins for the bullion; that is why U.S. gold and silver coins have lettered or reeded edges, to make it more difficult to clip a coin.

An "incomplete planchet planchet" occurs when the punch does not completely punch out a planchet, but leaves a circular groove. If the strip advances improperly, planchets overlapping the incomplete punch will bear a curved groove; the groove remains visible after the coin is struck.

Most incomplete planchet errors have a "signature" known as the Blakesley effect. The area of the rim 180 degrees opposite the "clip" is weak or non-existent since the rim-making process in the upset mill is negated by the "clip." The lack of pressure in the upset mill at the clip results in improper formation of the rim on the opposite side.

Laminations: During the preparation of the planchet strip, foreign materials - grease, dirt, oil, slag or gas - may become trapped just below the surface of the metal. Coins struck from this strip later may begin to flake and peel since adhesion is poor in the location of the trapped material. The Jefferson, Wartime 5-cent pieces are particularly susceptible to lamination, due to the poor mixing qualities of the metals used during the war metal emergency.

Lamination

Split planchets: Planchets can split due to deep internal laminations, or in the case of clad coinage, because of poor adhesion of the copper-nickel outer layers to the copper core. Planchets may split before or after striking. Those splitting before generally exhibit weak details due to lack of metal

Split planchet

to fill the dies, while those split afterwards usually depict full detailing. On non-clad coins, the inner portion of the split shows parallel striations typical of the interior structure of coinage metal.

Thick and thin planchets: Planchets of the wrong thickness are produced from strip that was not rolled properly. Too little pressure can result in planchet stock that is too thick; too much pressure can

Thin planchet, right

result in a thin planchet. If the rollers are out of alignment on one side, a tapered planchet - thicker on one side than the other - is created.

Unplated planchets: New in U.S. coinage, unplated planchets became possible in 1982 with the introduction of the copper-plated zinc cent (and briefly in 1943 with the zinc-coated steel cents). The zinc-copper alloy planchets are plated after they are punched from the strip but some planchets miss the plating process. Coins struck on the unplated planchets are grayish-white in color. Beware of cents which have had their plating removed after leaving the Mint. Although beyond the ability of a neophyte to detect, any of the authentication services currently operating should be able to distinguish between a genuine piece and an altered version.

Wrong metal, planchet, stock: A wrong metal error is struck on a planchet intended for a denomination of a different composition. This includes 5-cent coins struck on cent planchets, cents on dime planchets, and higher denominations struck on cent and 5-cent planchets.

Wrong planchet

A second type is the wrong planchet error, defined as a coin struck on a planchet of the correct composition, but the wrong denomination. These include quarter dollars struck on dime planchets, half dollars struck on quarter and dime planchets, and dollars struck on other clad planchets.

Wrong stock

Some specialists claim that wrong metal and wrong planchet errors are striking errors, not planchet errors. Their argument? The planchet is OK. It was just fed into the wrong coining press.

A third type is the wrong planchet stock error. It occurs when clad coinage strip rolled to the thickness of one denomination is fed into the blanking press of another denomination; the diameter is correct, but the thickness is thicker or thinner than normal. The most common appears to be quarter dollars struck on planchet stock intended for dimes.

A fourth, rarer form is the double denomination. It occurs when a coin is struck on a previously struck coin, such as a cent struck over a dime. Since the U.S. Mint has struck coins for foreign governments in the past, it has been possible to find in circulation U.S. coins struck on planchets intended for foreign coins, as well as U.S. coins struck on previously struck foreign coins.

Double denomination

Another rare type of wrong metal error is called the transitional error. It occurs as the composition of a coin changes. Some 1965 coins are known struck on silver planchets of 1964 composition, while some 1964 coins were struck on clad planchets (1964 coins were struck through 1965, with planchets for both types of coins available side by side).

One fact true for all errors of this broad category is that the planchets must be of an equal size or smaller than the intended planchet. A 5-cent planchet, for example, would not fit between the dies of the smaller cent.

Striking errors

Broadstrikes: If the surrounding collar is pushed below the surface of the lower die during the moment of striking, the metal of the coin being struck is free to expand beyond the confines

Broadstrike

of the dies. The design of the coin is normal at center, but as it nears the periphery, becomes distorted due to the uncontrolled spread of metal.

Brockage

Brockage and capped die strikes: If a newly struck coin sticks to the surface of one of the dies, it acts as a die itself - called a die cap - and produces images on succeeding coins. The image produced by any die is the direct opposite on a coin, and brockages are no different. Since the image is raised on the coin adhering to the die, the image on the brockage is incused and reversed - a true mirror image. The first brockage strikes, perfect mirror images and undistorted, are most prized. As additional coins are struck from the capped die, the die cap begins to spread and thin under the pressures of striking, distorting its image. At some point, as the die cap becomes more distorted, the coins struck cease to be brockages and are known as capped die strikes. While a brockage image is undistorted or relatively so, images on capped die strikes are increasingly malformed. Although the image is recognizable, the design expands, producing an image that can be several times the normal size. Finally, the die cap breaks off or is pounded so thin it ceases to affect succeeding strikes. Sometimes, the die caps fall off early and in a relatively undistorted state. Die caps resemble bottle caps, with the metal wrapping around the surface of the die. Die caps are very rare and collectible, much more so than capped die strikes.

Double and multiple strikes: Double strikes are coins struck more than once. If the coin rotates slightly between strikes, but remains centered within the coining chamber, two images will appear on both sides of the coin. The first strike will be almost totally obliterated by the second strike, and the first strike will be flattened and have almost no relief. Sometimes, a struck coin will flip - some-

Double strike

what like a pancake on a hot griddle - and fall upside down onto the surface of the die; thus, the second strike has an obverse image obliterating the original reverse, and a reverse image flattening the first obverse image. If the coin falls partially outside the dies after the first strike, the second image is only partial. The partial second strike obliterates the original image beneath it, but the rest of the first strike is undistorted, except in the immediate vicinity of the second strike. A saddle strike is generally not a true double strike, but usually the result of having a planchet fall partially between two pairs of dies on a multi-die press. Saddle strikes have two partial images, and an expanse of unstruck planchet between the struck areas, resembling Mickey Mouse's head with the partial coin images representing his ears.

Examples of coins struck three, four or more times are known.

Filled dies: The Mint factory has its share of dirt, grease and other lubricants, and metal filings. The recessed areas of the dies sometimes fill up with a combination of this foreign material,

preventing the metal of the coins from flowing into the incused areas. This results in weak designs or missing design details, and is probably the most common type of error. Filled-die coins are a form of struck-through error (see later explanation).

Filled die

Indented errors: An indented error is a coin struck with another coin or planchet lying partially on its surface. The area covered by the planchet does not come into contact with the die, and

thus is blank if indented by a planchet, or shows a partial brockage if indented by a struck coin. The most desirable of the indented errors are larger coins with the indentation of a smaller planchet centered on one side. Indented error coins are a form of struck-through error (see later explanation).

Indented error

Machine, strike doubling: A form of doubling, this is probably the most common type of Mint error. Some do not consider it an error, but believe it to be a form of Mint-caused damage. Most, however, believe it a true form of error coin.

Strike doubling

The most common cause is a looseness of the die or other parts in the press which causes the die to bounce across the surface of the newly struck coin. In bouncing, the die shoves the metal of the raised designs to one side, creating the doubled image. The doubling is flat, like a shelf.

Off-center coins: If a planchet lies partially outside of the dies during the striking, it receives an off-center strike. Each coin struck off center is unique, but due to the large numbers available, are very inexpensive in the lower denominations. Off-center coins with dates are more valuable than coins without dates. Generally, on dated coins, the greater the off-center strike, the more it is worth. Some

Off-center strike

collectors collect off-center coins by their "clock" positions. Hold the coin with portrait upright and look for the direction the strike lies. If it is at 90 degrees, the strike is at 3 o'clock; if it lies at 270 degrees, the strike is at 9 o'clock.

Partial collar: Often known as "railroad rim" errors, the edge, not the rim, is the portion of the coin affected. It occurs when the collar is pushed somewhat below the surface of the lower die, so that the upper portion of the coin is free to expand beyond the confines of the collar, while the lower portion is restrained. On coins struck from a reeded collar, partial reeding exists on the area restrained by the collar. The error gets the nickname "railroad rim" from its appearance - the coin, viewed edge-on, resembles the wheel from a railroad car.

Partial collar

Struck-through errors:
Struck-through errors occur when foreign objects fall between die and planchet during striking. Pieces of cloth, metal frag-

Struck-through

ments, wire, slivers of reeding, grease, oil, dirt, wire bristles (from wire brushes used to clean dies, resembling staples), die covers and other objects may fall between the dies and the coin. The most collectible struck-through errors are those with the foreign object still embedded in the surface of the coin.

Weak strikes: Weak strikes often resemble coins struck from grease-filled dies, but can be identified. They occur either when the press has been turned off — it tends to cycle through several strikings, each with less pressure than the previous — or when the press is being set up by the operators who test the placement of the dies at lower coining pressures. On reeded coins, weak strikes generally have poorly formed reeding (it is strong on filled dies). Depending on the pressure used, the image may be only slightly weak, or practically non-existent, or any stage in between.

MYSTERIOUS RARITIES

*T*HROUGH the years, some "coins" have achieved a certain notoriety in the numismatic field because of their rarity, their mysterious background and dealer promotion. These are coins which when sold may bring prices in the five- and six-figure range and which when displayed at a show, bring a gleam to the eyes of even the most experienced numismatists.

Ironically, many of these "coins" are in reality fantasies, produced under cloudy circumstances, usually at the United States Mint but without official sanction, a move that if practiced today would bring congressional investigations and condemnation. During the mid-19th century, a number of Mint employees profited from the sale of fantasy pieces produced for collectors.

Then there are the legitimate coins, produced under official sanction but consigned to the melting pot before they ever entered circulation. Examples include the 1964-D Peace dollar and the 1974 Lincoln cent struck in aluminum. Patterns — proposed coin designs or denominations not adopted for circulation in the year in which they are struck, possibly never — normally listed in most price guides but without explanation along with the regular coinage. Among those patterns listed here are the 1856 Flying Eagle cent and the Stella, a proposed $4 gold coin that never got beyond the pattern stage. Not all patterns are listed, however.

Nor are all of the Proof-only coins listed. This list generally cites those Proof-only coins that were produced after the fact, in the years following the date shown on the coin.

Some of these fantasies, patterns and others are of questionable legal status.

Whatever their status, official or unofficial, legal or illegal, their stories are fascinating and deserve to be told. A listing of many of these mysterious pieces follows, with details about their origin noted, when known. The listing is by denomination.

Half cents

1831-36, 1840-49, 1852 Coronet half cents: None were struck for circulation; all were struck for sale to collectors. They are characterized as Original strikes and Restrikes, with the latter struck in the period of 1858-59. (A restrike is a coin struck from the original dies by the original minting authority, but in a later year than appears on the coin; restrikes are generally produced specifically for collectors and not for circulation.)

Cents

1795 Liberty Cap, Jefferson Head cent: Opinions differ concerning this piece. Many believe it was struck outside of the U.S. Mint by John Harper hoping to obtain a contract to strike U.S. coinage at a time when some congressional leaders tried to eliminate the Mint. If true, the piece is a contemporary counterfeit.

1804 Draped Bust, Restrike cent: A counterfeit produced about 1860 outside of the Mint, using genuine though mismatched dies. The reverse design is of the type used in 1820, and the obverse die was altered from an 1803 die.

1823 Coronet, Restrike cent: A counterfeit struck at the same time as the 1804 counterfeit, using mismatched dies. The reverse die was originally used for 1813 cents.

1856 Flying Eagle cent: A pattern, struck before the Act of Feb. 21, 1857, authorized the replacement of the copper large cent with a smaller copper-nickel cent. The 1856 patterns were produced to show congressmen what the proposed smaller cent would look like.

1942 Experimental cents: A number of private companies struck experimental cents under Mint contract using special dies. In addition to various metallic

Jefferson Head cent

alloys, pieces were struck in uranium-bearing glass and an early plastic. While they were once confiscated by Treasury officials, collectors now appear to be free to collect them.

1974 Lincoln, Aluminum cent: The 1974 aluminum cent was struck by Mint officials in 1973 as copper prices rose to a point where the copper content became worth more than its face value. A total of 1,579,324 1974 aluminum cents were struck. Like the 1856 Flying Eagle cent, a number were given to congressmen and their staff members to illustrate what an aluminum cent would look like. But when the copper crisis passed and Mint officials asked for the aluminum cents back, approximately a dozen were missing. Not all of the cents have been returned and presumably are "hidden or lost" somewhere, although one was turned over by a congressional aide to the Smithsonian Institution for the National Numismatic Collection. All Mint specimens were destroyed. They have questionable legal status, and are probably subject to confiscation.

Two-cent coins

1873 Open 3 2-cent coin: A restrike and companion piece to the 1873 Closed 3 2-cent coin. Both varieties were struck in Proof only.

Five-cent coins

1913 Liberty Head 5-cent coin: A fantasy. The Liberty Head design was replaced with the Indian Head design (more commonly known as the "Buffalo nickel") in 1913. Five pieces turned up in 1919 in the hands of a former U.S. Mint employee, who left the Mint in November 1913. Dies were apparently prepared in 1913 for the Liberty Head coinage but were never officially used. Somehow, someone at the Mint managed to strike five of the coins. One piece is missing and hasn't been seen in decades.

Half dimes

1859 and 1860 Seated Liberty, Transitional half dime: The so-called "transitional" coins, struck without the legend UNITED STATES OF AMERICA. The legend was moved from the reverse to the obverse in 1860, but a small number of pieces were struck from pairs of dies not bearing the legend. Numismatic researcher and author Walter Breen labeled them fantasies.

Dimes

1859 Seated Liberty, Transitional dime: A fantasy. See explanation for similar half dime.

1894-S Barber dime: According to former *Coin World* Collectors' Clearinghouse Editor James G. Johnson, San Francisco Mint Superintendent J. Daggett was approached by a banking friend and asked to strike a small number of dimes in 1894. Although no dimes were scheduled to be struck in San Francisco that year, Daggett apparently complied with the request, and 24 coins were struck and distributed among eight individuals. Daggett reportedly received three coins, as did his daughter. About a dozen are known today.

Quarter dollars

1866 Seated Liberty, No Motto quarter dollar: The motto IN GOD WE TRUST was added to the reverse of the quarter dollar, half dollar and dollar in 1866. However, at least four coins were struck with the 1866 date and no motto. The quarter dollar and half dollar are unique, and there are two of the silver dollars. There are no Mint records of the coins having been struck.

Half dollars

1866 Seated Liberty, No Motto half dollar: See quarter dollars above.

Silver dollars

1804 Draped Bust dollar: A fantasy. The Mint Report for 1804 records 19,570 silver dollars being struck. However, the 1804 dollar is one of the greatest of U.S. rarities, with just 15 pieces known. So what happened to all those dollars struck in 1804?

Rumors about the coins abounded in the 19th century. One story is linked to 19th century terrorism in the Middle East. That story claims that all of the 1804 dollars were sent to the Barbary pirates as ransom for the release of American hostages captured in 1804 when the *USS Philadelphia* ran aground in Tripoli Harbor. Another rumor said all of the dollars were

1804 dollar

relegated to the melting pot. None of the rumors, however, had any basis in fact.

In fact, none of the dollars struck in 1804 bore that date. It was common practice to use dies dated for one year in later years in the early days of the U.S. Mint. This saved materials and expense, and cut down on the number of new dies that had to be made.

Mintages for the silver dollar dropped annually from 1798 to 1804. The Spanish Pillar dollar was considered legal tender in the United States at that time, even though it contained less silver than the U.S. dollar. Also, the silver dollar was the basic unit in payment for commercial goods shipped from overseas. Thus, dollars were shipped abroad almost as quickly as they could be struck. Dollar production was halted between 1805 (although a few 1803-dated dollars were struck in 1805) and 1835.

Meanwhile, in 1832, the U.S. government was seeking to establish diplomatic and commercial relationships with several countries in the Far East. At that time, rulers of many countries expected foreign diplomats to bring gifts to them. Gifts of coins were one of the more popular gifts, so diplomatic officials requested that complete sets of coins be struck and placed in presentation cases.

Dollar production still had not resumed at this time. Mint officials, desiring to place a dollar coin in the set, examined Mint records and found that silver dollars were last struck in 1804. What they failed to account for was that those coins were dated 1803, not 1804. Nevertheless, silver dollar dies dated 1804 were prepared in 1834 and several coins struck. Several of the presentation sets were given to foreign rulers, notably the King of Siam and the Sultan of Muscat. The remaining 1804 dollar fantasies were held in Mint vaults.

The remaining specimens were gradually distributed, beginning in the early 1840s. One was sold to collector Matthew A. Stickney in 1843. A total of eight of the pieces struck about 1834, referred to as the Class I specimens, are known. Demand, however, quickly outstripped the supply and in 1858, additional pieces were struck for sale and trade to prominent collectors. The sole Class II coin known today was struck over an 1857 shooting taler from Switzerland, thus confirming its illegitimate birthday; it resides today in the National Numismatic Collection at the Smithsonian Institution. The six Class III pieces were all sold to collectors. Eventually, the scandal of striking and restriking rare coins for wealthy collectors became public and their production slowed but did not stop until about the turn of the century.

(The Proof 1801, 1802 and 1803 Draped Bust dollars date from the time of the Class I 1804 dollars, and are generally labeled restrikes.)

1836, 1838, 1839 Gobrecht, Restrike dollars: The Gobrecht dollar is one of the most confusing series in U.S. coinage history. Of the nine different varieties, three were struck for circulation, two are legitimate patterns and four are restrikes. Of the restrikes, they can be distinguished from the patterns and circulation issues by rotating the coin from obverse to reverse. If the eagle is flying level, it is a restrike. On the patterns and circulation pieces, the eagle is flying upward.

1866 Seated Liberty, No Motto dollar: See listing for quarter dollars. Two pieces; one has been missing since a 1967 robbery.

1884, 1885 Trade dollars: Proof only. For years, many numismatists considered these two coins to be fantasies, struck years later. However, recent research indicates that the 1884 Trade dollars were struck that year, and it is likely the 1885 Trade dollars were coined in 1885 as well. Specimens did not appear until 1908 in the hands of dealer John W. Haseltine. They were apparently struck specifically for collectors, as are all Proof coins.

1964-D Peace dollar: Even as Treasury officials considered proposals to eliminate silver from U.S. coinage in 1964, special-interest groups persuaded Congress to authorize the striking of Peace dollars, last struck in 1935. A total of 45 million coins were authorized by the Act of Aug. 3, 1964, and 316,076 pieces were struck at the Denver Mint. However, those who recognized the reality of the silver shortage won out over the special-interest groups and none of the dollars were released into circulation. All were eventually melted although rumors persist that some escaped the Mint; none of these rumors has ever been confirmed. Treasury officials would probably consider it illegal to own any missing dollars.

$4 Stellas

1879 and 1880 $4 Stellas: The $4 Stellas are patterns. However, these pieces are often listed with other gold coins, although only the gold patterns are cited. The off-metal pieces (aluminum, copper, white metal) are not listed in other price guides.

Eagles

1907 Indian Head, Wire Rim, Periods eagle: A pattern. Often referred to incorrectly as a Wire Edge variety.

1907 Indian Head, Rounded Rim, Periods eagle: A pattern. Often incorrectly referred to as a Rounded Edge variety. The circulation issues do not have periods separating the words E PLURIBUS UNUM.

Double eagles

1849 Coronet double eagle: A pattern piece, and unique.

$4 Stellas

Double eagles

1849 Coronet double eagle: A pattern piece, and unique.

1907 Saint-Gaudens, Extremely High Relief double eagle: The 1907 double eagles bearing the Saint-Gaudens designs were struck in varying reliefs. The High Relief variety with Roman Numerals and the Low Relief variety with Arabic Numerals were struck for circulation. All of the Extremely High Relief pieces, however, are considered patterns. (The differences between the High Relief and Low Relief varieties are obvious when compared side-by-side. The design areas on the Low Relief variety are raised the same height above the flat fields as on modern coins; on the High Relief variety, the relief rises much higher above the field.)

1933 Saint-Gaudens: The Mint struck 445,500 1933 double eagles but before they were released, President Franklin D. Roosevelt signed several executive orders making it illegal for American citizens to own most forms of gold. Thus, the coins were never released.

However, specimens of the 1933 double eagle appeared at auction in the 1940s, and several private sales occurred. Treasury officials confiscated several specimens, although it is believed by some in numismatic circles that specimens remain in hiding. The specimen in Egypt's King Farouk auction was removed from the offering at the request of U.S. Treasury officials, but the coin was not turned over by Egyptian officials. In early 1996 a specimen believed to be the Farouk coin surfaced in dealer hands. It was promptly confiscated by the United States government, and as this book is being edited, legal action was pending. In addition, the Smithsonian Institution has two specimens in the National Numismatic Collection.

GLOSSARY OF TERMS

NUMISMATICS (pronounced nu-mis-mat-iks), like any science, has a language of its own spoken by its practitioners and students. New collectors unfamiliar with terms like obverse, reverse, Mint mark and double eagle may feel confused by a bewildering lexicon. But the language need not be confusing.

The terms defined here are those that may be commonly encountered during the normal course of coin collecting.

Alloy: Mixture of more than one metal.

Altered: A coin that has been deliberately changed to make it resemble a rare or more valuable piece.

American Eagle: A legal tender bullion coin struck and issued by the United States Mint beginning in 1986. The Mint strikes four .9167 fine gold coins and a .999 fine silver coin. Refer to "Values" section for other specifications.

Bag marks: See Contact marks.

Bicentennial coins: Quarter dollar, half dollar and dollar struck in 1975-76 with special reverse designs commemorating the 200th anniversary of the signing of the Declaration of Independence.

Buffalo nickel: Nickname given the Indian Head 5-cent coin. Nickname is commonly though incorrectly used; most U.S. coins are named after their obverse design; the creature on the reverse is a bison, not a buffalo; and no U.S. coin denomination is legally called a "nickel."

Clad: Composite coinage metal strip composed of a core, usually of a base metal such as copper, and surface layers of more valuable metal like copper-nickel. The U.S. dimes, quarter dollars and half dollars struck since 1965 are a clad coinage.

Coin: Usually a piece of metal, marked with a device, issued by a governing authority and intended to be used as money.

Colonial coins: Coins struck by one of the 13 British Colonies prior to the American Revolution. Few of the Colonial coins were struck with the authority of the British throne, which legally had all coinage rights in Great Britain and the Colonies.

Contact marks: Surface abrasions found on U.S. coins, as a result of coins striking the surfaces of other coins during bagging and shipping procedures. See Chapter 4, "Grading," for details.

Coronet: A style of Liberty Head used on U.S. copper and gold coins for much of the 19th century. Liberty wears a coronet (usually marked with the word LIBERTY).

Denomination: The face value of a coin; the amount of money it is worth as legal tender.

Device: The principal design element, such as a portrait, shield or heraldic emblem, on the obverse or reverse of a coin.

Die: A hardened metal punch, the face of which carries an intaglio or incuse mirror-image to be impressed on one side of a planchet.

Disme: Original spelling of "dime." Believed to have been pronounced to rhyme with "team."

Double eagle: A $20 gold coin of the United States.

Eagle: A $10 gold coin of the United States.

Edge: Often termed the third side of a coin, it is the surface perpendicular to the obverse and reverse. Not to be confused with the rim. Edges can be plain, reeded or lettered.

Fantasy: An object having the physical characteristics of a coin, issued by an agency other than a governing authority (or without official sanction) yet purporting to be issued by a real or imagined governing authority as a coin.

Field: The flat part of a surface of a coin surrounding and between the head, legend or other designs.

Flow lines: Microscopic striations in a coin's surface caused by the movement of metal under striking pressures.

Frost: Effect caused by striking a coin with sandblasted dies, often used in reference to Proof coins.

Half dimes, half dismes: A silver 5-cent coin of the United States. The Mint Act of April 2, 1792, authorized "half dismes." The "s" in "disme" was probably silent, and probably rhymed with "team."

Half eagle: A $5 gold coin of the United States.

Hub: A right-reading, positive punch used to impress wrong-reading, mirror-image dies.

Large cent: Refers to the U.S. cents of 1793-1857, with diameters between 26-29 millimeters, depending on the year it was struck.

Legal tender: Currency (coins or paper money) explicitly determined by a government to be acceptable in the discharge of debts.

Lettered edge: An incused or raised inscription on the edge of a coin.

Minor coin: A silver coin of less than crown weight, or any coin struck in base metal.

Mint mark: A letter or other symbol indicating the Mint of origin.

Money: A medium of exchange.

Nickel: A silver-white metal widely used for coinage. It is factually incorrect to use "nickel" for the copper-nickel 5-cent coin. In the mid-19th century, copper-nickel cents and 3-cent coins were also nicknamed "nickel," like the modern 5-cent coin. The U.S. Mint has never struck a coin officially called a "nickel."

Numismatics: The science, study or collecting of coins, medals, paper money, tokens, orders and decorations and similar objects.

Numismatist: A person knowledgeable in numismatics, with greater knowledge than a collector.

Obverse: The side of a coin which bears the principal design or device, often as prescribed by the issuing authority. In informal English, the "heads."

Pattern: Coin-like pieces designed to test coin designs, mottoes or denominations proposed for adoption as a regular issue and struck in the metal to be issued for circulation, but which were not adopted, at least in year of pattern issue. The 1856 Flying Eagle cent is a pattern; the coin was not struck for circulation or authorized until 1857.

Penny: The nickname given the 1-cent coin. The United States Mint has never struck a penny for use in the United States. The nickname derives from the country's English origins; England still uses a denomination called a penny.

Pioneer gold: Gold coins, often privately produced, struck in areas of the United States to meet the demands of a shortage of coins, generally in traditional U.S. coin denominations. Often called "private gold," which is correct for many but not all of the issues, and "territorial gold," which is incorrect since none of the coins were struck by a territorial government.

Planchet: The disc of metal which when placed between the dies and struck becomes a coin. Also called flan or blank.

Restrike: A numismatic item produced from original dies at a later date. In the case of a coin, the restrike usually occurs to fulfill a collector demand and not a monetary requirement.

Reverse: The side opposite the obverse, usually but not always the side with the denomination. The side opposite the side containing the principal design. Informally, the "tails."

Slab: A rigid plastic, permanently sealed holder, usually rectangular, especially those used by third-party grading services.

Series: Related coinage of the same denomination, design and type, including modifications and varieties.

Type: A basic coin design, regardless of minor modifications. The Indian Head and Jefferson 5-cent coins are different types.

Variety: The difference between individual dies or hubs of the same basic design or type. The Bison on Mound and Bison on Plain are two varieties of the Indian Head 5-cent coin. The basic design was slightly modified, but otherwise unchanged.

Index